Suhrkamp BasisBibliothek 88

Diese Ausgabe der »Suhrkamp BasisBibliothek – Arbeitstexte für Schule und Studium« bietet nicht nur Friedrich Schillers Drama *Don Karlos* nach der letzten Ausgabe von 1805 einschließlich seiner eigenen Rechtfertigung der Konzeption (*Briefe über Don Karlos*) sowie des ersten Entwurfs des Stückes, sondern auch einen Kommentar, der alle für das Verständnis erforderlichen Informationen enthält: eine Zeittafel zu Leben und Werk des Autors, die Entstehungs- und Textgeschichte, die Rezeptions- und Deutungsgeschichte, Literaturhinweise sowie ausführliche Wort- und Sacherläuterungen. Die Schreibweise des Kommentars entspricht den neuen Rechtschreibregeln.

Zu ausgesuchten Texten der Suhrkamp BasisBibliothek erscheinen im Cornelsen Verlag Hörbücher und CD-ROMs. Weitere Informationen erhalten Sie unter www.cornelsen.de.

Helmut Nobis, geb. 1947, lebt und arbeitet in Krefeld. Veröffentlichungen zu Christoph Martin Wieland, Heinrich Heine, Theodor Fontane (SBB 81), Gabriel García Márquez, zum bürgerlichen Trauerspiel, zur Literaturtheorie und -methodologie sowie zur Literaturgeschichtsschreibung.

Friedrich Schiller
Don Karlos
Infant von Spanien
Ein dramatisches Gedicht

Letzte Ausgabe 1805

Mit einem Kommentar
von Helmut Nobis

Suhrkamp

Der vorliegende Text folgt der Ausgabe:
Friedrich Schiller, *Werke und Briefe in zwölf Bänden.*
Herausgegeben von Klaus Harro Hilzinger, Rolf-Peter Janz, Gerhard Kluge, Herbert Kraft, Georg Kurscheidt und Norbert Oellers.
Band 3: *Dramen II.* Herausgegeben von Gerhard Kluge, Frankfurt am Main: Deutscher Klassiker Verlag 1989, S. 9–13, S. 423–472, S. 773–986.

Originalausgabe
Suhrkamp BasisBibliothek 88
Erste Auflage 2007

Satz: pagina GmbH, Tübingen
Druck: Ebner & Spiegel, Ulm
Umschlagabbildung: Deutsches Literaturarchiv, Marbach
Umschlaggestaltung: Regina Göllner und Hermann Michels
Printed in Germany

ISBN 978-3-518-18888-0

1 2 3 4 5 6 – 12 11 10 09 08 07

Inhalt

Friedrich Schiller
Don Karlos
Infant von Spanien
⌜Ein dramatisches Gedicht⌝
Letzte Ausgabe 1805

Personen

⌜PHILIPP DER ZWEITE, *König von Spanien.*⌝
⌜ELISABETH VON VALOIS, *seine Gemahlin.*⌝
⌜DON KARLOS, *der Kronprinz.*⌝
⌜ALEXANDER FARNESE, *Prinz von Parma, Neffe des Königs.*⌝
⌜INFANTIN KLARA EUGENIA, *ein Kind von drei Jahren.*⌝
HERZOGIN VON OLIVAREZ, *Oberhofmeisterin.*
MARQUISIN VON MONDEKAR,
⌜PRINZESSIN VON EBOLI,⌝ } *Damen der Königin.*
GRÄFIN FUENTES,
⌜MARQUIS VON POSA, *Oberpostmeister*⌝
⌜HERZOG VON ALBA,⌝
GRAF VON LERMA, *Oberster der Leibwache,* } *Granden von Spanien.*
HERZOG VON FERIA, *Ritter des Vließes,*
HERZOG VON MEDINA SIDONIA, *Admiral,*
DON RAYMOND VON TAXIS, *Oberpostmeister*
DOMINGO, *Beichtvater des Königs.*
Der GROSSINQUISITOR *des Königreichs.*
Der PRIOR *eines Kartäuserklosters.*
EIN PAGE DER KÖNIGIN.
DON LUDWIG MERKADO, *Leibarzt der Königin. Mehrere Damen und Granden, Pagen, Offiziere, die Leibwache, und verschiedene stumme Personen.*

Erster Akt

Der königliche Garten in Aranjuez

Erster Auftritt

Karlos. Domingo.

DOMINGO Die schönen Tage in Aranjuez* — Lustschloss und Parkanlagen südl. von Madrid
Sind nun zu Ende. Eure königliche Hoheit
Verlassen es nicht heiterer. Wir sind
Vergebens hier gewesen. Brechen Sie
Dies rätselhafte Schweigen. Öffnen Sie
Ihr Herz dem Vaterherzen, Prinz. Zu teuer
Kann der Monarch die Ruhe seines Sohns –
Des einz'gen Sohns – zu teuer nie erkaufen.
Karlos sieht zur Erde und schweigt.
Wär noch ein Wunsch zurücke*, den der Himmel — übrig, offen
Dem liebsten seiner Söhne weigerte?
Ich stand dabei, als in ⌜Toledo's Mauern
Der stolze Karl die Huldigung empfing,
Als Fürsten sich zu seinem Handkuß drängten⌝.
Und jetzt in Einem – Einem Niederfall
⌜Sechs Königreiche⌝ ihm zu Füßen lagen –
Ich stand und sah das junge stolze Blut
In seine Wangen steigen, seinen Busen
Von fürstlichen Entschlüssen wallen, sah
Sein trunknes Aug' durch die Versammlung fliegen,
In Wonne brechen – Prinz, und dieses Auge
Gestand: Ich bin gesättigt.
Karlos wendet sich weg. Dieser stille
Und feierliche Kummer, Prinz, den wir
Acht Monde* schon in Ihren Blicken lesen, — Monate
Das Rätsel dieses ganzen Hofs, die Angst

Des Königreichs, hat Seiner Majestät
Schon manche sorgenvolle Nacht gekostet,
Schon manche Träne Ihrer Mutter.
KARLOS *dreht sich rasch um:* ⌜Mutter!
– O Himmel, gib, daß ich es dem vergesse,
Der sie zu meiner Mutter machte!⌝
DOMINGO Prinz!
KARLOS *besinnt sich und fährt mit der Hand über die Stirne:*
⌜Hochwürd'ger Herr – ich habe sehr viel Unglück
Mit meinen Müttern. Meine erste Handlung,
Als ich das Licht der Welt erblickte, war
Ein Muttermord.⌝
DOMINGO Ist's möglich, gnäd'ger Prinz?
Kann dieser Vorwurf Ihr Gewissen drücken?
KARLOS ⌜Und meine neue Mutter – hat sie mir
Nicht meines Vaters Liebe schon gekostet?⌝
Mein Vater hat mich kaum geliebt. Mein ganzes
Verdienst war noch, sein Einziger zu sein.
Sie gab ihm eine Tochter – O wer weiß
Was in der Zeiten Hintergrunde schlummert?
DOMINGO Sie spotten meiner, Prinz. Ganz Spanien
Vergöttert seine Königin. Sie sollten
Nur mit des Hasses Augen sie betrachten?
Bei ihrem Anblick nur die Klugheit hören?
Wie, Prinz? Die schönste Frau auf dieser Welt,
Und Königin – und ehmals Ihre Braut*?
Vgl. Erl. zu V. 27–29.
Unmöglich Prinz! Unglaublich! Nimmermehr!
Wo alles liebt, kann Karl allein nicht hassen;
So seltsam widerspricht sich Karlos nicht.
Verwahren* Sie Sich, Prinz, daß sie es nie,
Sehen Sie sich vor
Wie sehr sie ihrem Sohn mißfällt, erfahre;
Die Nachricht würde schmerzen.
KARLOS Glauben Sie?
DOMINGO Wenn Eure Hoheit Sich des letzteren
Turniers zu Saragossa* noch entsinnen,
Hauptstadt der span. Provinz Aragonien

Wo unsern Herrn ein Lanzensplitter streifte –
Die Königin mit ihren Damen saß
Auf des Pallastes mittlerer Tribüne,
Und sah dem Kampfe zu. Auf einmal rief's:
»Der König blutet!« – Man rennt durch einander,
Ein dumpfes Murmeln dringt bis zu dem Ohr
Der Königin. »Der Prinz?« ruft sie und will,
Und will sich von dem obersten Geländer
Herunter werfen*. – »Nein! Der König selbst!«
Gibt man zur Antwort – »So laßt Ärzte holen!«
Erwidert sie, indem sie Atem schöpfte.
Nach einigem Stillschweigen.
Sie stehen in Gedanken?

herabeilen

KARLOS Ich bewundre
Des Königs lust'gen Beichtiger, der so
Bewandert ist in witzigen Geschichten.
ernsthaft und finster.
Doch hab' ich immer sagen hören, daß
Gebärdenspäher* und Geschichtenträger*
Des Übels mehr auf dieser Welt getan,
Als Gift und Dolch in Mörders Hand nicht konnten.
Die Mühe, Herr, war zu ersparen. Wenn
Sie Dank erwarten, gehen Sie zum König.

Deuter von Gebärden, Verhaltensbeobachter

Geschichtenerzähler

DOMINGO Sie tun sehr wohl, mein Prinz, Sich vorzusehn
Mit Menschen – nur mit Unterscheidung. Stoßen
Sie mit dem Heuchler nicht den Freund zurück,
Ich mein' es gut mit Ihnen.

KARLOS Lassen Sie
Das meinen Vater ja nicht merken. Sonst
Sind Sie um Ihren Purpur*.

Fürchten Sie um Ihre Kardinalswürde

DOMINGO *stutzt:* Wie?

KARLOS Nun ja.
⌜Versprach er Ihnen nicht den ersten Purpur,
Den Spanien vergeben würde?⌝

DOMINGO Prinz,
Sie spotten meiner.

KARLOS Das verhüte Gott,
Daß ich des fürchterlichen Mannes spotte,
Der meinen Vater selig sprechen und
Verdammen kann!
DOMINGO Ich will mich nicht
Hier: erdreisten, erlauben
Vermessen*, Prinz, in das ehrwürdige
Geheimnis Ihres Kummers einzudringen.
Nur bitt' ich Eure Hoheit, eingedenk
Zu sein, daß dem beängstigten Gewissen
Die Kirche eine Zuflucht aufgetan,
Wozu Monarchen keinen Schlüssel haben,
Wo selber Missetaten unterm Siegel
Beicht-geheimnis
Des Sakramentes* aufgehoben liegen –
Sie wissen was ich meine, Prinz, ich habe
Genug gesagt.
KARLOS Nein! Das soll ferne von mir sein,
Daß ich den Siegelführer so versuchte!
DOMINGO Prinz, dieses Mißtraun – Sie verkennen Ihren
Getreusten Diener.
KARLOS *faßt ihn bei der Hand:*
Also geben Sie
frei heraus gesagt
Mich lieber auf. Sie sind ein heil'ger Mann,
Das weiß die Welt – doch, frei heraus* – für mich
mit Ehren, Rechten und Pflichten
Sind Sie bereits zu überhäuft*. Ihr Weg,
Hochwürd'ger Vater, ist der weiteste,
Papstthron
Bis Sie auf Peters Stuhle* niedersitzen.
Viel Wissen möchte Sie beschweren. Melden
Sie das dem König, der Sie hergesandt.
DOMINGO Mich hergesandt –
KARLOS So sagt' ich. O zu gut,
Zu gut weiß ich, daß ich an diesem Hof
Verraten bin – ich weiß, daß hundert Augen
Gedungen sind, mich zu bewachen, weiß,
Daß König Philipp seinen einz'gen Sohn
An seiner Knechte schlechtesten verkaufte,

Und jede von mir aufgefangne Sylbe
Dem Hinterbringer fürstlicher bezahlt,
Als er noch keine gute Tat bezahlte.
Ich weiß – O still! Nichts mehr davon. Mein Herz
Will überströmen, und ich habe schon
Zu viel gesagt.
DOMINGO Der König ist gesonnen
Vor Abend in Madrid noch einzutreffen.
Bereits versammelt sich der Hof. Hab' ich
Die Gnade, Prinz –
KARLOS Schon gut. Ich werde folgen.
Domingo geht ab. Nach einem Stillschweigen.
⌜Beweinenswerter Philipp, wie dein Sohn
Beweinenswert!⌝ – Schon seh' ich deine Seele
Vom gift'gen Schlangenbiß des Argwohns bluten,
Dein unglücksel'ger Vorwitz* übereilt*
Die fürchterlichste der Entdeckungen,
Und rasen wirst du, wenn du sie gemacht.

Neugier, Besserwisserei

nimmt vorweg, überschreitet

Zweiter Auftritt

Karlos. Marquis von Posa.
KARLOS Wer kommt? – Was seh' ich! O ihr guten Geister!
Mein Roderich*!
MARQUIS Mein Karlos!
KARLOS Ist es möglich?
Ist's wahr? Ist's wirklich? Bist du's? – O du bist's!
Ich drück' an meine Seele dich, ich fühle
Die deinige allmächtig an mir schlagen.
O jetzt ist alles wieder gut. In dieser
Umarmung heilt mein krankes Herz. Ich liege
Am Halse meines Roderich.
MARQUIS Ihr krankes,
Ihr krankes Herz? Und was ist wieder gut?

Eindeutschung des span. Namens Rodrigo (noch in den *Thalia-Fragmenten*)

Was ist's, das wieder gut zu werden brauchte?
Sie hören, was mich stutzen macht.

KARLOS Und was
Bringt dich so unverhofft aus Brüssel wieder?
Wem dank' ich diese Überraschung? Wem?
Ich frage noch? Verzeih dem Freudetrunknen,
Erhabne Vorsicht*, diese Lästerung!
Wem sonst als dir, Allgütigste? Du wußtest,
Daß Karlos ohne Engel war, du sandtest
Mir diesen, und ich frage noch?

Personifikation (Allegorisierung) der Vorsehung (providentia)

MARQUIS Vergebung,
Mein teurer Prinz, wenn ich dies stürmische
Entzücken mit Bestürzung nur erwidre.
So war es nicht, wie ich Don Philipps Sohn
Erwartete. Ein unnatürlich Rot
Entzündet sich auf Ihren blassen Wangen,
Und Ihre Lippen zittern fieberhaft.
Was muß ich glauben, teurer Prinz? – Das ist
Der löwenkühne Jüngling nicht, zu dem
Ein unterdrücktes Heldenvolk* mich sendet –
⌜Denn jetzt steh' ich als Roderich nicht hier,
Nicht als des Knaben Karlos Spielgeselle –
Ein Abgeordneter der ganzen Menschheit
Umarm' ich Sie⌝ – es sind die Flandrischen
Provinzen*, die an Ihrem Halse weinen,
Und feierlich um Rettung Sie bestürmen.
Getan ist's um Ihr teures Land, wenn Alba,
Des Fanatismus rauher Henkersknecht,
Vor Brüssel rückt mit Spanischen Gesetzen.
⌜Auf Kaiser Karls glorwürd'gem Enkel ruht
Die letzte Hoffnung dieser edeln Lande.⌝
Sie stürzt dahin, wenn sein erhabnes Herz
Vergessen hat für Menschlichkeit* zu schlagen.

die Niederländer

die heutigen Gebiete der Niederlande und Belgiens

Vgl. Erl. zu V. 155–158.

KARLOS Sie stürzt dahin.

MARQUIS Weh mir! Was muß ich hören!

KARLOS Du sprichst von Zeiten, die vergangen sind.
Auch mir hat einst von einem Karl geträumt,
Dem's feurig durch die Wangen lief, wenn man
Von Freiheit* sprach – doch der ist lang begraben.
Vgl. Erl. zu V. 155–158.
Den du hier siehst, das ist der Karl nicht mehr,
Der in Alkala* von dir Abschied nahm,
Stadt in Neukastilien; bis 1836 Sitz der berühmtesten span. Universität
Der sich vermaß in süßer Trunkenheit,
Der Schöpfer eines neuen goldnen Alters*
Zeitalters
In Spanien zu werden – O der Einfall
War kindisch, aber göttlich schön. Vorbei
Sind diese Träume. –
MARQUIS Träume, Prinz! – So wären
Es Träume nur gewesen?
KARLOS ⌜Laß mich weinen⌝,
An deinem Herzen, heiße Tränen weinen,
Du einz'ger Freund. Ich habe niemand – niemand –
Auf dieser großen weiten Erde niemand.
So weit das Zepter meines Vaters reicht,
So weit die Schiffahrt unsre Flaggen sendet,
Ist keine Stelle – keine – keine, wo
Ich meiner Tränen mich entlasten darf,
Als diese. O bei allem, Roderich,
Was du und ich dereinst im Himmel hoffen,
Verjage mich von dieser Stelle nicht.
MARQUIS *neigt sich über ihn in sprachloser Rührung.*
KARLOS Berede dich*, ich wär' ein Waisenkind,
Stell' dir vor
Das du am Thron mitleidig aufgelesen.
⌜Ich weiß ja nicht was Vater heißt – ich bin
Ein Königssohn⌝ – O wenn es eintrifft, was
Mein Herz mir sagt, wenn du aus Millionen
Heraus gefunden bist, mich zu verstehn,
Wenn's wahr ist, daß die schaffende Natur
Den Roderich im Karlos wiederholte,
Und unsrer Seelen zartes Saitenspiel
Am Morgen unsres Lebens gleich bezog,

Wenn eine Träne, die mir Lindrung gibt,
Dir teurer ist, als meines Vaters Gnade –

MARQUIS O teurer als die ganze Welt.

KARLOS So tief
Bin ich gefallen – bin so arm geworden,
Daß ich an unsre frühen Kinderjahre
Dich mahnen muß – daß ich dich bitten muß,
Die lang vergeßnen Schulden abzutragen,
Die du noch im Matrosenkleide machtest –
zwei Als du und ich, zween* Knaben wilder Art,
So brüderlich zusammen aufgewachsen,
Kein Schmerz mich drückte, als von deinem Geiste
So sehr verdunkelt mich zu sehn – ich endlich
Mich kühn entschloß, dich grenzenlos zu lieben,
Weil mich der Mut verließ, dir gleich zu sein.
⌜Da fing ich an mit tausend Zärtlichkeiten
Und treuer Bruderliebe dich zu quälen;
Du, stolzes Herz, gabst sie mir kalt zurück.⌝
Oft stand ich da, und – doch das sahst du nie!
Und heiße, schwere Tränentropfen hingen
übergehend In meinem Aug', wenn du, mich überhüpfend*,
Gering're Kinder in die Arme drücktest.
Warum nur diese? rief ich trauernd aus:
Bin Ich dir nicht auch herzlich gut? – Du aber,
Du knietest kalt und ernsthaft vor mir nieder:
Das, sagtest du, gebührt dem Königssohn.

MARQUIS O stille, Prinz, von diesen kindischen
Geschichten, die mich jetzt noch schamrot machen.

KARLOS Ich hatt' es nicht um dich verdient. Verschmähen,
Zerreißen konntest du mein Herz, doch nie
Von dir entfernen. Dreimal wiesest du
Den Fürsten von dir, dreimal kam er wieder
Als Bittender, um Liebe dich zu flehn
Und dir gewaltsam Liebe aufzudringen.
Ein Zufall tat, was Karlos nie gekonnt.

Einmal geschah's bei unsern Spielen, daß
Der Königin von Böhmen, meiner Tante,
Dein Federball ins Auge flog. Sie glaubte,
Daß es mit Vorbedacht* geschehn, und klagt' es
Absicht, Vorsatz
Dem Könige mit tränendem Gesicht.
Die ganze Jugend des Pallastes muß
Erscheinen, ihm den Schuldigen zu nennen.
Der König schwört, die hinterlist'ge Tat,
Und wär' es auch an seinem eig'nen Kinde,
Auf's schrecklichste zu ahnden*. – Damals sah ich
bestrafen
Dich zitternd in der Ferne stehn, und jetzt,
Jetzt trat ich vor und warf mich zu den Füßen
Des Königs. Ich, ich tat es, rief ich aus:
An deinem Sohn erfülle deine Rache.

MARQUIS Ach! woran mahnen Sie mich, Prinz!

KARLOS Sie wards:
Im Angesicht des ganzen Hofgesindes,
Das mitleidsvoll im Kreise stand, ward sie
Auf Sklavenart an deinem Karl vollzogen.
Ich sah auf dich und weinte nicht. Der Schmerz
Schlug meine Zähne knirschend an einander;
Ich weinte nicht. Mein königliches Blut
Floß schändlich unter unbarmherz'gen Streichen;
Ich sah auf dich und weinte nicht – Du kamst;
Laut weinend sankst du mir zu Füßen. Ja!
Ja, riefst du aus; mein Stolz ist überwunden.
Ich will bezahlen, wenn du König bist.

MARQUIS *reicht ihm die Hand:*
Ich will es, Karl. Das kindische* Gelübde
Hier: kindliche (wertneutral)
Erneur' ich jetzt als Mann. Ich will bezahlen.
Auch meine Stunde schlägt vielleicht*.
Vgl. Erl. zu V. 4715–4720.

KARLOS Jetzt, jetzt.
O zög're nicht. Jetzt hat sie ja geschlagen.
Die Zeit ist da, wo du es lösen kannst.
Ich brauche Liebe. – Ein entsetzliches

Geheimnis brennt auf meiner Brust. Es soll,
Es soll heraus. In deinen blassen Mienen
Will ich das Urteil meines Todes lesen.
Hör' an – erstarre – doch erwidre nichts –
⌜Ich liebe meine Mutter.⌝

MARQUIS O mein Gott!

KARLOS Nein! Diese Schonung will ich nicht. Sprich's aus,
Sprich, daß auf diesem großen Rund der Erde
Kein Elend an das meine grenze – sprich –
Was du mir sagen kannst, errat' ich schon.
⌜Der Sohn liebt seine Mutter. Weltgebräuche,
Die Ordnung der Natur und Roms Gesetze
Verdammen diese Leidenschaft.⌝ Mein Anspruch
Stößt fürchterlich auf meines Vaters Rechte.
Ich fühl's, und dennoch lieb' ich. Dieser Weg
Führt nur zum Wahnsinn oder Blutgerüste.
Ich liebe ohne Hoffnung – lasterhaft –
Mit Todesangst und mit Gefahr des Lebens –
Das seh ich ja, und dennoch lieb' ich.

MARQUIS Weiß
Die Königin um diese Neigung?

KARLOS Konnt' ich
Mich ihr entdecken? Sie ist Philipps Frau,
Und Königin, und das ist Span'scher Boden.
Von meines Vaters Eifersucht bewacht,
Von Etikette* ringsum eingeschlossen,
Wie konnt' ich ohne Zeugen mich ihr nahn?
Acht höllenbange Monde sind es schon,
Daß von der hohen Schule* mich der König
Zurückberief, daß ich sie täglich anzuschauen
Verurteilt bin, und wie das Grab zu schweigen.
Acht höllenbange Monde, Roderich,
Daß dieses Feu'r in meinem Busen wütet,
Daß tausendmal sich das entsetzliche
Geständnis schon auf meinen Lippen meldet,

Hofsitte, höfische Form

Universität

Doch scheu und feig zurück zum Herzen kriecht.
O Roderich – nur wen'ge Augenblicke
Allein mit ihr –
MARQUIS Ach! Und Ihr Vater, Prinz –
KARLOS Unglücklicher! Warum an den mich mahnen?
Sprich mir von allen Schrecken des Gewissens;
Von meinem Vater sprich mir nicht.
MARQUIS Sie hassen Ihren Vater?
KARLOS Nein! Ach nein!
Ich hasse meinen Vater nicht – doch Schauer
Und Missetäters-Bangigkeit ergreifen
Bei diesem fürchterlichen Namen mich.
Kann ich dafür, wenn eine knechtische
Erziehung schon in meinem jungen Herzen
Der Liebe zarten Keim zertrat? Sechs Jahre
Hatt' ich gelebt, als mir zum ersten Mal
⌜Der Fürchterliche⌝, der, wie sie mir sagten,
Mein Vater war, vor Augen kam. Es war
An einem Morgen, wo er steh'nden Fußes
Vier Bluturteile unterschrieb. Nach diesem
Sah ich ihn nur, wenn mir für ein Vergehn
Bestrafung angekündigt ward. – O Gott!
Hier fühl' ich, daß ich bitter werde – Weg –
Weg, weg von dieser Stelle.
MARQUIS Nein, Sie sollen,
Jetzt sollen Sie Sich öffnen, Prinz. In Worten
Erleichtert sich der schwer beladne Busen.
KARLOS Oft hab' ich mit mir selbst gerungen, oft
Um Mitternacht, wenn meine Wachen schliefen,
Mit heißen Tränengüssen vor das Bild
Der Hochgebenedeiten* mich geworfen, Jungfrau Maria
Sie um ein kindlich Herz gefleht – doch ohne
Erhörung stand ich auf. Ach Roderich!
⌜Enthülle du dies wunderbare Rätsel
Der Vorsicht mir – Warum von tausend Vätern

Just eben diesen Vater Mir? Und Ihm
Just diesen Sohn von tausend bessern Söhnen?
Zwei unverträglichere Gegenteile
Fand die Natur in ihrem Umkreis nicht.⌉
Wie mochte sie die beiden letzten Enden
Des menschlichen Geschlechtes – Mich und Ihn –
Durch ein so heilig Band zusammen zwingen?
Furchtbares Los! Warum mußt' es geschehn?
Warum zwei Menschen, die sich ewig meiden,
Elisabeth von Valois
In Einem Wunsche* schrecklich sich begegnen?
Hier, Roderich, siehst du zwei feindliche
Gestirne, die im ganzen Lauf der Zeiten
senkrechter
Ein einzig Mal in scheitelrechter* Bahn
Zerschmetternd sich berühren, dann auf immer
Und ewig aus einander fliehn.

MARQUIS Mir ahnet
Ein unglücksvoller Augenblick.

KARLOS Mir selbst.
Röm. Rachegöttinnen
Wie Furien* des Abgrunds folgen mir
Die schauerlichsten Träume. Zweifelnd ringt
Mein guter Geist mit gräßlichen Entwürfen;
verworrene Trugschlüsse, Spitzfindigkeiten
Durch labyrinthische Sophismen* kriecht
Mein unglücksel'ger Scharfsinn, bis er endlich
jähem, unvorhergesehenem
stehen bleibt
Vor eines Abgrunds gähem* Rande stutzt* –
O Roderich, wenn ich den Vater je
In ihm verlernte – Roderich – ich sehe,
Dein totenblasser Blick hat mich verstanden.
Wenn ich den Vater je in ihm verlernte,
Was würde mir der König sein?

MARQUIS *nach einigem Stillschweigen:*
Darf ich
An meinen Karlos eine Bitte wagen?
⌈Was Sie auch Willens sind zu tun, versprechen Sie
Nichts ohne Ihren Freund zu unternehmen.
Versprechen Sie mir dieses?

KARLOS Alles, alles,
Was deine Liebe mir gebeut*. Ich werfe
Mich ganz in deine Arme.┐

gebietet

MARQUIS Wie man sagt,
Will der Monarch zur Stadt zurücke kehren.
Die Zeit ist kurz. Wenn Sie die Königin
Geheim zu sprechen wünschen, kann es nirgends
Als in Aranjuez geschehn. Die Stille
Des Orts – des Landes ungezwungne Sitte
Begünstigen –

KARLOS Das war auch meine Hoffnung.
Doch ach, sie war vergebens!

MARQUIS Nicht so ganz.
Ich gehe, mich sogleich ihr vorzustellen.
Ist sie in Spanien dieselbe noch,
Die sie vordem an Heinrichs Hof* gewesen,
So find' ich Offenherzigkeit. Kann ich
In ihren Blicken Karlos Hoffnung lesen,
Find' ich zu dieser Unterredung sie
Gestimmt – sind ihre Damen zu entfernen –

Heinrich II. v. Frankreich (1518–1559), der Vater Elisabeths

KARLOS Die meisten sind mir zugetan. – Besonders
Die Mondekar hab' ich durch ihren Sohn,
Der mir als Page dient, gewonnen. –

MARQUIS Desto besser.
So sind Sie in der Nähe, Prinz, sogleich
Auf mein gegebnes Zeichen zu erscheinen.

KARLOS Das will ich – will ich – also eile nur.

MARQUIS Ich will nun keinen Augenblick verlieren.
Dort also, Prinz, auf Wiedersehn.

Beide gehen ab auf verschiedenen Seiten.

Die Hofhaltung der Königin in Aranjuez

Eine einfache ländliche Gegend, von einer Allee durchschnitten, vom Landhause der Königin begrenzt

Dritter Auftritt

Die Königin. Die Herzogin von Olivarez. Die Prinzessin von Eboli, und die Marquisin von Mondekar, welche die Allee herauf kommen.

KÖNIGIN *zur Marquisin:*
Sie will ich um mich haben, Mondekar.
Die muntern Augen der Prinzessin quälen
Mich schon den ganzen Morgen. Sehen Sie,
Kaum weiß sie ihre Freude zu verbergen,
Weil sie vom Lande Abschied nimmt.

EBOLI Ich will es
Nicht leugnen, meine Königin, daß ich
Madrid mit großen Freuden wieder sehe.

MONDEKAR Und Ihre Majestät nicht auch? Sie sollten
So ungern von Aranjuez Sich trennen?

KÖNIGIN Von – dieser schönen Gegend wenigstens.
⌜Hier bin ich wie in meiner Welt. Dies Plätzchen
Hab' ich mir längst zum Liebling auserlesen.
Hier grüßt mich meine ländliche Natur,
Die Busenfreundin meiner jungen Jahre.
Hier find' ich meine Kinderspiele wieder,
Und meines Frankreichs Lüfte wehen hier.⌝
Verargen Sie mir's nicht. Uns alle zieht
Das Herz zum Vaterland.

EBOLI Wie einsam aber,
Wie tot und traurig ist es hier! Man glaubt
Sich in la Trappe*.

KÖNIGIN Das Gegenteil vielmehr.

* Zisterzienserkloster in der Normandie mit absolutem Schweigegebot

Tot find' ich es nur in Madrid. – Doch was
Spricht unsre Herzogin dazu?
OLIVAREZ Ich bin
Der Meinung, Ihro Majestät, daß es
So Sitte war, den einen Monat hier,
Den andern in dem Pardo* auszuhalten,
Den Winter in der Residenz, so lange
Es Könige in Spanien gegeben.

Pardo: Jagdschloss nördl. v. Madrid

KÖNIGIN Ja, Herzogin, das wissen Sie, mit Ihnen
Hab' ich auf immer mich des Streits begeben.
MONDEKAR Und wie lebendig es mit nächstem in
Madrid sein wird! Zu einem Stiergefechte*
Wird schon die Plaza Mayor zugerichtet,
Und ein Auto da Fe* hat man uns auch
Versprochen –
KÖNIGIN Uns versprochen! Hör ich das
Von meiner sanften Mondekar?

Stiergefechte: Stierkampf
Auto da Fe: Autodafé: öffentliche Verbrennung von Ketzern auf dem Scheiterhaufen

MONDEKAR Warum nicht?
Es sind ja Ketzer, die man brennen sieht.
KÖNIGIN Ich hoffe, meine Eboli denkt anders.
EBOLI Ich? – Ihre Majestät, ich bitte sehr,
Für keine schlecht're Christin mich zu halten,
Als die Marquisin Mondekar.
KÖNIGIN Ach! Ich
Vergesse wo ich bin. – Zu etwas anderm. –
Vom Lande, glaub' ich, sprachen wir. Der Monat
Ist, deucht mir, auch erstaunlich schnell vorüber.
Ich habe mir der Freude viel, sehr viel,
Von diesem Aufenthalt versprochen, und
Ich habe nicht gefunden, was ich hoffte.
Geht es mit jeder Hoffnung so? Ich kann
Den Wunsch nicht finden, der mir fehlgeschlagen.
OLIVAREZ Prinzessin Eboli, Sie haben uns
Noch nicht gesagt, ob Gomez* hoffen darf?
Ob wir Sie bald als seine Braut begrüßen?

Gomez: Hist. der Gemahl der Eboli, der hier aber als Bewerber auftritt

KÖNIGIN Ja! Gut, daß Sie mich mahnen, Herzogin.
Zur Prinzessin.
Man bittet mich bei Ihnen fürzusprechen.
Wie aber kann ich das? Der Mann, den ich
Mit meiner Eboli belohne, muß
Ein würd'ger Mann sein.

OLIVAREZ Ihre Majestät,
Das ist er, ein sehr würd'ger Mann, ein Mann,
Den unser gnädigster Monarch bekanntlich
Mit ihrer königlichen Gunst beehren.

KÖNIGIN
Das wird den Mann sehr glücklich machen – Doch
Wir wollen wissen, ob er lieben kann,
Und Liebe kann verdienen. – Eboli,
Das frag' ich Sie.

EBOLI *steht stumm und verwirrt, die Augen zur Erde geschlagen, endlich fällt sie der Königin zu Füßen:*
Großmüt'ge Königin,
Erbarmen Sie Sich meiner. Lassen Sie –
Um Gottes willen, lassen Sie mich nicht –
Nicht aufgeopfert werden.

KÖNIGIN Aufgeopfert?
Ich brauche nichts mehr. Stehn Sie auf. ⌜Es ist
Ein hartes Schicksal, aufgeopfert werden.⌝
Ich glaube Ihnen. Stehn Sie auf. – Ist es
Schon lang', daß Sie den Grafen ausgeschlagen?

EBOLI *aufstehend:* O viele Monate. Prinz Karlos war
Noch auf der hohen Schule.

KÖNIGIN *stutzt und sieht sie mit forschenden Augen an:*
Haben Sie
Sich auch geprüft, aus welchen Gründen?

EBOLI *mit einiger Heftigkeit:* Niemals
Kann es geschehen, meine Königin,
Aus tausend Gründen niemals.

KÖNIGIN *sehr ernsthaft:* Mehr als Einer ist

Zu viel. Sie können ihn nicht schätzen – das
Ist mir genug. Nichts mehr davon.
Zu den andern Damen. Ich habe
Ja die Infantin* heut noch nicht gesehen.
Marquisin, bringen Sie sie mir. –

Klara Eugenia, das gemeinsame Kind Philipps und Elisabeths

OLIVAREZ *sieht auf die Uhr:* Es ist
Noch nicht die Stunde, Ihre Majestät. –
KÖNIGIN ⌜Noch nicht die Stunde, wo ich Mutter sein darf?
Das ist doch schlimm. Vergessen Sie es ja nicht,
Mich zu erinnern wenn sie kommt.⌝
Ein Page tritt auf und spricht leise mit der Oberhofmeisterin, welche sich darauf zur Königin wendet.
OLIVAREZ Der Marquis
Von Posa, Ihre Majestät –
KÖNIGIN Von Posa?
OLIVAREZ Er kommt aus Frankreich und den Niederlanden,
Und wünscht die Gnade zu erhalten, Briefe
Von der Regentin Mutter übergeben
Zu dürfen.
KÖNIGIN Und das ist erlaubt?
OLIVAREZ *bedenklich:* In meiner Vorschrift
Ist des besondern Falles nicht gedacht,
Wenn ein Kastilian'scher Grande* Briefe
Von einem fremden Hof der Königin
Von Spanien in ihrem Gartenwäldchen
Zu überreichen kommt.

Höchster Adelstitel in Kastilien

KÖNIGIN So will ich denn
Auf meine eigene Gefahr es wagen!
OLIVAREZ Doch mir vergönne Ihro Majestät
Mich so lang' zu entfernen. –
KÖNIGIN Halten Sie
Das, wie Sie wollen, Herzogin.
Die Oberhofmeisterin geht ab, und die Königin gibt dem Pagen einen Wink, welcher sogleich hinaus geht.

Vierter Auftritt

Königin. Prinzessin von Eboli. Marquisin von Mondekar, und Marquis von Posa.

KÖNIGIN Ich heiße Sie
Willkommen, Chevalier, auf Span'schem Boden.
MARQUIS Den ich noch nie mit so gerechtem Stolze
Mein Vaterland genannt als jetzt. –
KÖNIGIN *zu den beiden Damen:* Der Marquis
Von Posa, der im Ritterspiel zu Rheims
Mit meinem Vater eine Lanze brach,
Und meine Farbe dreimal siegen machte –
Der erste seiner Nation, der mich
Den Ruhm empfinden lehrte, Königin
Der Spanier zu sein.
Zum Marquis sich wendend.
Als wir im Louvre*
Zum letzten Mal uns sahen, Chevalier*,
Da träumt' es Ihnen wohl noch nicht, daß Sie
Mein Gast sein würden in Kastilien.
MARQUIS Nein, große Königin – denn damals träumte
Mir nicht, daß Frankreich noch das Einzige
An uns verlieren würde, was wir ihm
Beneidet hatten.
KÖNIGIN Stolzer Spanier!
Das Einzige? – Und das zu einer Tochter
Vom Hause Valois?
MARQUIS Jetzt darf ich es
Ja sagen, Ihro Majestät – denn jetzt
Sind Sie ja unser.
KÖNIGIN Ihre Reise, hör' ich,
Hat auch durch Frankreich Sie geführt. – Was bringen
Sie mir von meiner hochverehrten Mutter
Und meinen viel geliebten Brüdern?
MARQUIS *überreicht ihr die Briefe:*

Das heutige Museum war urspr. der königliche Palast in Paris.

Elisabeth spricht Posa als Ritter des Malteserordens an.

Die Königin Mutter* fand ich krank, geschieden
Von jeder andern Freude dieser Welt,
Als ihre königliche Tochter glücklich
Zu wissen auf dem Span'schen Thron.

Katharina von Medici (1519–1589)

KÖNIGIN Muß sie
Es nicht sein bei dem teuern Angedenken
So zärtlicher Verwandten? bei der süßen
Erinnrung an – Sie haben viele Höfe
Besucht auf Ihren Reisen, Chevalier;
Und viele Länder, vieler Menschen Sitte
Gesehn – ⌜Und jetzt, sagt man, sind Sie gesonnen
In Ihrem Vaterland Sich Selbst zu leben?
Ein größ'rer Fürst in Ihren stillen Mauern,
Als König Philipp auf dem Thron – ein Freier!
Ein Philosoph!⌝ – Ich zweifle sehr, ob Sie
Sich werden können in Madrid gefallen.
Man ist sehr – ruhig in Madrid.

MARQUIS Und das
Ist mehr, als sich das ganze übrige
Europa zu erfreuen hat.

KÖNIGIN So hör' ich.
Ich habe alle Händel dieser Erde
Bis fast auf die Erinnerung verlernt.
Zur Prinzessin von Eboli.
Mir deucht, Prinzessin Eboli, ich sehe
Dort eine Hyazinthe blühen – Wollen
Sie mir sie bringen?
Die Prinzessin geht nach dem Platze. Die Königin etwas leiser zum Marquis. Chevalier, ich müßte
Mich sehr betrügen, oder Ihre Ankunft
Hat einen frohen Menschen mehr gemacht
An diesem Hofe.

MARQUIS Einen Traurigen
Hab' ich gefunden – den auf dieser Welt
Nur etwas fröhlich –

Die Prinzessin kommt mit der Blume zurück.

EBOLI Da der Chevalier
So viele Länder hat gesehen, wird
Er ohne Zweifel viel merkwürdiges
Uns zu erzählen wissen.

MARQUIS Allerdings.
Und Abenteuer suchen ist bekanntlich
Der Ritter Pflicht – die heiligste von allen,
Die Damen zu beschützen.

MONDEKAR Gegen Riesen!
Jetzt gibt es keine Riesen mehr.

MARQUIS Gewalt
Ist für den Schwachen jederzeit ein Riese.

KÖNIGIN Der Chevalier hat Recht. Es gibt noch Riesen,
Doch keine Ritter gibt es mehr.

MARQUIS Noch jüngst,
Auf meinem Rückweg von Neapel, war
Ich Zeuge einer rührenden Geschichte,
Die mir der Freundschaft heiliges Legat*
Zu meiner eigenen gemacht. – Wenn ich
Nicht fürchten müßte, Ihre Majestät
Durch die Erzählung zu ermüden –

Vermächtnis

KÖNIGIN Bleibt
Mir eine Wahl? Die Neugier der Prinzessin
Läßt sich nichts unterschlagen. Nur zur Sache.
Auch ich bin eine Freundin von Geschichten.

MARQUIS ⌜Zwei edle Häuser in Mirandola*,
Der Eifersucht, der langen Feindschaft müde,
Die von den Gibellinen* und den Guelfen*
Jahrhunderte schon fortgeerbt, beschlossen,
Durch der Verwandtschaft zarte Bande sich
In einem ew'gen Frieden zu vereinen.
Des mächtigen Pietro Schwestersohn,
Fernando, und die göttliche Mathilde,
Colonna's Tochter, waren ausersehn,

Kleine Stadt in Norditalien, in der Nähe von Modena

Im MA Anhänger des Kaisers

Anhänger des Papstes

Dies schöne Band der Einigkeit zu knüpfen.
Nie hat zwei schön're Herzen die Natur
Gebildet für einander – nie die Welt,
Nie eine Wahl so glücklich noch gepriesen.
Noch hatte seine liebenswürd'ge Braut
Fernando nur im Bildnis angebetet –
Wie zitterte Fernando, wahr zu finden,
Was seine feurigsten Erwartungen
Dem Bilde nicht zu glauben sich getrauten!
In Padua, wo seine Studien
Ihn fesselten, erwartete Fernando
Des frohen Augenblickes nur, der ihm
Vergönnen sollte, zu Mathildens Füßen
Der Liebe erste Huldigung zu stammeln.

Die Königin wird aufmerksamer. Der Marquis fährt nach einem kurzen Stillschweigen fort, die Erzählung, so weit es die Gegenwart der Königin erlaubt, mehr an die Prinzessin von Eboli gerichtet.

Indessen macht der Gattin Tod die Hand
Pietro's frei. – Mit jugendlicher Glut
Verschlingt der Greis die Stimmen des Gerüchtes,
Das in dem Ruhm Mathildens sich ergoß.
Er kommt! – Er sieht! – Er liebt! Die neue Regung
Erstickt die leis're Stimme der Natur,
Der Oheim wirbt um seines Neffen Braut,
Und heiligt seinen Raub vor dem Altare.

KÖNIGIN

Und was beschließt Fernando?

MARQUIS

Auf der Liebe Flügeln,
Des fürchterlichen Wechsels unbewußt,
Eilt nach Mirandola der Trunkene.
Mit Sternenschein erreicht sein schnelles Roß
Die Tore – ein bachantisches* Getön
Von Reigen und von Pauken donnert ihm
Aus dem erleuchteten Pallast entgegen.

* Adjektiv vom Namen des röm. Weingottes Bacchus: trunkenes, ausgelassenes

Er bebt die Stufen scheu hinauf, und sieht
Sich unerkannt im lauten Hochzeitsaale,
Wo in der Gäste taumelndem Gelag
Pietro saß – ein Engel ihm zur Seite,
Ein Engel, den Fernando kennt, der ihm
In Träumen selbst so glänzend nie erschienen.
Ein einz'ger Blick zeigt ihm, was er besessen,
Zeigt ihm, was er auf immerdar verloren.

EBOLI Unglücklicher Fernando!

KÖNIGIN Die Geschichte
Ist doch zu Ende, Chevalier? – Sie muß
Zu Ende sein.

MARQUIS Noch nicht ganz.

KÖNIGIN Sagten Sie
Uns nicht, Fernando sei Ihr Freund gewesen?

MARQUIS Ich habe keinen teurern.

EBOLI Fahren Sie
Doch fort in der Geschichte, Chevalier.

MARQUIS Sie wird sehr traurig – und das Angedenken
Erneuert meinen Schmerz. Erlassen Sie
Mir den Beschluß –

Ein allgemeines Stillschweigen.

KÖNIGIN *wendet sich zur Prinzessin von Eboli:*
Nun wird mir endlich doch
Vergönnt sein, meine Tochter zu umarmen. –
Prinzessin, bringen Sie sie mir.

Diese entfernt sich. Der Marquis winkt einem Pagen, der sich im Hintergrunde zeigt und sogleich verschwindet. Die Königin erbricht die Briefe, die der Marquis ihr gegeben, und scheint überrascht zu werden. In dieser Zeit spricht der Marquis geheim und sehr angelegentlich mit der Marquisin von Mondekar. – Die Königin hat die Briefe gelesen, und wendet sich mit einem ausforschenden Blicke zum Marquis. Sie haben
Uns von Mathilden nichts gesagt? Vielleicht
Weiß sie es nicht, wie viel Fernando leidet?

MARQUIS Mathildens Herz hat niemand noch ergründet –
Doch große Seelen dulden still.
KÖNIGIN Sie sehn Sich um? Wen suchen Ihre Augen?
MARQUIS Ich denke nach, wie glücklich ein Gewisser,
Den ich nicht nennen darf, an meinem Platze
Sein müßte.
KÖNIGIN Wessen Schuld ist es, daß er
Es nicht ist?
MARQUIS *lebhaft einfallend:*
Wie? Darf ich mich unterstehen
Dies zu erklären wie ich will? – Er würde
Vergebung finden, wenn er jetzt erschiene?
KÖNIGIN *erschrocken:*
Jetzt, Marquis? Jetzt? Was meinen Sie damit?
MARQUIS Er dürfte hoffen – Dürft' er?
KÖNIGIN *mit wachsender Verwirrung:*
Sie erschrecken mich
Marquis – Er wird doch nicht –
MARQUIS Hier ist er schon.

Fünfter Auftritt

Die Königin. Karlos.
Marquis von Posa und die Marquisin von Mondekar treten nach dem Hintergrunde zurück.

KARLOS *vor der Königin niedergeworfen:*
So ist er endlich da der Augenblick,
Und Karl darf diese teure Hand berühren! –
KÖNIGIN Was für ein Schritt – Welch eine strafbare,
Tollkühne Überraschung! Stehn Sie auf!
Wir sind entdeckt. Mein Hof ist in der Nähe.
KARLOS Ich steh' nicht auf – Hier will ich ewig knien.
Auf diesem Platz will ich verzaubert liegen,
In dieser Stellung angewurzelt –

KÖNIGIN Rasender!
Zu welcher Kühnheit führt Sie meine Gnade?
Wie? Wissen Sie, daß es die Königin,
Daß es die Mutter ist, an die sich diese
Verweg'ne Sprache richtet? Wissen Sie,
Daß ich – ich selbst von diesem Überfalle
Dem Könige –
KARLOS Und daß ich sterben muß!
Man reiße mich von hier aufs Blutgerüste!
Ein Augenblick gelebt im Paradiese
Wird nicht zu teuer mit dem Tod gebüßt.
KÖNIGIN Und Ihre Königin?
KARLOS *steht auf:* Gott! Gott! ich gehe –
Ich will Sie ja verlassen. – Muß ich nicht,
Wenn Sie es also fordern? Mutter! Mutter!
Wie schrecklich spielen Sie mit mir! Ein Wink,
Ein halber Blick, ein Laut aus Ihrem Munde
Gebietet mir zu sein und zu vergehen.
Was wollen Sie, daß noch geschehen soll?
Was unter dieser Sonne kann es geben,
Das ich nicht hinzuopfern eilen will,
Wenn Sie es wünschen?
KÖNIGIN Fliehen Sie.
KARLOS O Gott!
KÖNIGIN Das einz'ge, Karl, warum ich Sie mit Tränen
Beschwöre – Fliehen Sie! – eh' meine Damen –
Eh' meine Kerkermeister Sie und mich
Neuigkeit, Nachricht Beisammen finden, und die große Zeitung*
Vor Ihres Vaters Ohren bringen –
KARLOS Ich erwarte
Mein Schicksal – es sei Leben oder Tod.
Wie? Hab' ich darum meine Hoffnungen
Auf diesen einz'gen Augenblick verwiesen,
Der Sie mir endlich ohne Zeugen schenkt,
Daß falsche Schrecken mich am Ziele täuschten?

Nein, Königin! Die Welt kann hundertmal,
Kann tausendmal um ihre Pole treiben,
Eh' diese Gunst der Zufall wiederholt.
KÖNIGIN Auch soll er das in Ewigkeit nicht wieder.
Unglücklicher! Was wollen Sie von mir?
KARLOS O Königin, daß ich gerungen habe,
Gerungen, wie kein Sterblicher noch rang,
Ist Gott mein Zeuge – Königin! Umsonst!
Hin ist mein Heldenmut. Ich unterliege.
KÖNIGIN Nichts mehr davon – um meiner Ruhe willen –
KARLOS Sie waren mein – im Angesicht der Welt
Mir zugesprochen von zwei großen Thronen,
Mir zuerkannt von Himmel und Natur,
Und Philipp, Philipp hat mir Sie geraubt –
KÖNIGIN Er ist Ihr Vater.
KARLOS Ihr Gemahl.
KÖNIGIN Der Ihnen
Das größte Reich der Welt zum Erbe gibt.
KARLOS Und Sie zur Mutter –
KÖNIGIN Großer Gott! Sie rasen –
KARLOS Und weiß er auch wie reich er ist? Hat er
Ein fühlend Herz, das Ihrige zu schätzen?
Ich will nicht klagen, nein, ich will vergessen,
Wie unaussprechlich glücklich Ich mit ihr
Geworden wäre – wenn nur Er es ist.
Er ist es nicht – Das, das ist Höllenqual!
Er ist es nicht und wird es niemals werden.
Du* nahmst mir meinen Himmel nur, um ihn
In König Philipps Armen zu vertilgen.
KÖNIGIN Abscheulicher Gedanke!
KARLOS O ich weiß,
Wer dieser Ehe Stifter war* – ich weiß,
Wie Philipp lieben kann und wie er freite.
Wer sind Sie denn in diesem Reich? Laß hören.
Regentin etwa? Nimmermehr! Wie könnten,

Nicht Elisabeth, sondern die Vorsehung wird angesprochen.

Gemeint sind die polit. Umstände.

Wo *Sie* Regentin sind, die Alba würgen?
Wie könnte Flandern für den Glauben bluten?
Wie, oder sind Sie Philipps Frau? Unmöglich!
Ich kann's nicht glauben. Eine Frau besitzt
Des Mannes Herz – und wem gehört das seine?
Und bittet er nicht jede Zärtlichkeit,
Die ihm vielleicht in Fieberglut entwischte,
Dem Zepter ab und seinen grauen Haaren*?

Anspielung auf das Alter (60 Jahre) des Königs (V. 2039)

KÖNIGIN Wer sagte Ihnen, daß an Philipps Seite
Mein Los beweinenswürdig sei?
KARLOS Mein Herz,
Das feurig fühlt, wie es an meiner Seite
Beneidenswürdig wäre.
KÖNIGIN Eitler Mann!
Wenn mein Herz nun das Gegenteil mir sagte?
Wenn Philipps ehrerbiet'ge Zärtlichkeit
Und seiner Liebe stumme Mienensprache
Weit inniger als seines stolzen Sohns
Verwegene Beredsamkeit mich rührten?
Wenn eines Greises überlegte Achtung –
KARLOS Das ist was andres – Dann – ja dann Vergebung.
Ich wußt' es nicht. – Das wußt' ich nicht, daß Sie
Den König lieben.
KÖNIGIN Ihn ehren ist mein Wunsch und mein Vergnügen.
KARLOS Sie haben nie geliebt?
KÖNIGIN Seltsame Frage!
KARLOS Sie haben nie geliebt?
KÖNIGIN – Ich liebe nicht mehr.
KARLOS Weil es Ihr Herz? weil es Ihr Eid verbietet?
KÖNIGIN Verlassen Sie mich, Prinz, und kommen Sie
Zu keiner solchen Unterredung wieder.
KARLOS Weil es Ihr Eid? weil es Ihr Herz verbietet?
KÖNIGIN ⌜Weil meine Pflicht – – Unglücklicher, wozu
Die traurige Zergliederung des Schicksals,
Dem Sie und ich gehorchen müssen?⌝

KARLOS Müssen?
Gehorchen müssen?
KÖNIGIN Wie? Was wollen Sie
Mit diesem feierlichen Ton?
KARLOS ⌜So viel,
Daß Karlos nicht gesonnen ist, zu müssen,
Wo er zu wollen hat; daß Karlos nicht
Gesonnen ist, der Unglückseligste
In diesem Reich zu bleiben, wenn es ihm
Nichts als den Umsturz der Gesetze kostet,
Der Glücklichste zu sein.⌝
KÖNIGIN Versteh' ich Sie?
Sie hoffen noch? Sie wagen es, zu hoffen,
Wo alles, alles schon verloren ist?
KARLOS Ich gebe nichts verloren als die Toten.
KÖNIGIN Auf mich, auf Ihre Mutter hoffen Sie? –
Sie sieht ihn lange und durchdringend an – dann mit Würde und Ernst.
Warum nicht? O! Der neu erwählte König
Kann mehr als das – ⌜kann die Verordnungen
Des Abgeschied'nen durch das Feu'r vertilgen⌝,
Kann seine Bilder stürzen, kann sogar –
Wer hindert ihn? – die Mumie des Toten
Aus ihrer Ruhe zu Eskurial* Palast und Totengruft der span. Könige
Hervor an's Licht der Sonne reißen, seinen
Entweihten Staub in die vier Winde streun,
Und dann zuletzt, um würdig zu vollenden –
KARLOS Um Gottes willen, reden Sie nicht aus.
KÖNIGIN Zuletzt noch mit der Mutter sich vermählen.
KARLOS Verfluchter Sohn!
Er steht einen Augenblick starr und sprachlos.
Ja, es ist aus. Jetzt ist
Es aus. – Ich fühle klar und helle, was
Mir ewig, ewig dunkel bleiben sollte.
Sie sind für mich dahin – dahin – dahin –

Anspielung auf das lat. dictum: alea iacta sunt (»Die Würfel sind gefallen«)

Auf immerdar! – Jetzt ist der Wurf* gefallen.
Sie sind für mich verloren – O in diesem
Gefühl liegt Hölle. Hölle liegt im andern,
Sie zu besitzen. – Weh! Ich faß' es nicht,
Und meine Nerven fangen an zu reißen.

KÖNIGIN Beklagenswerter, teurer Karl! Ich fühle –
Ganz fühl' ich sie, die namenlose Pein,
Die jetzt in Ihrem Busen tobt. Unendlich,
Wie Ihre Liebe, ist Ihr Schmerz. Unendlich,
Wie er, ist auch der Ruhm, ihn zu besiegen.
Erringen Sie ihn, junger Held. Der Preis
Ist dieses hohen, starken Kämpfers wert,
Des Jünglings wert, durch dessen Herz die Tugend
So vieler königlichen Ahnen rollt.
Ermannen Sie Sich, edler Prinz. – Der Enkel
Des großen Karls fängt frisch zu ringen an,
Wo andrer Menschen Kinder mutlos enden.

KARLOS Zu spät! O Gott! Es ist zu spät!

KÖNIGIN Ein Mann
Zu sein? O Karl! ⌜Wie groß wird unsre Tugend,
Wenn unser Herz bei ihrer Übung bricht!⌝
Hoch stellte Sie die Vorsicht – höher, Prinz,
Als Millionen Ihrer andern Brüder.
Parteilich gab sie ihrem Liebling, was
Sie andern nahm, und Millionen fragen:
Verdiente der im Mutterleibe schon
Mehr als wir andern Sterblichen zu gelten?
Auf! retten Sie des Himmels Billigkeit!
Verdienen Sie, der Welt voran zu gehn,
Und opfern Sie, was keiner opferte.

KARLOS Das kann ich auch. – Sie zu erkämpfen, hab'
Ich Riesenkraft; Sie zu verlieren, keine.

KÖNIGIN Gestehen Sie es, Karlos – Trotz ist es
Und Bitterkeit und Stolz, was Ihre Wünsche
So wütend nach der Mutter zieht. Die Liebe,

Das Herz, das Sie verschwenderisch mir opfern,
Gehört den Reichen an, die Sie dereinst
Regieren sollen. Sehen Sie, Sie prassen
Von Ihres Mündels* anvertrautem Gut.
Die Liebe ist Ihr großes Amt. Bis jetzt
Verirrte sie zur Mutter. – ⌜Bringen Sie,
O bringen Sie sie Ihren künft'gen Reichen,
Und fühlen Sie, statt Dolchen des Gewissens,
Die Wollust Gott zu sein. Elisabeth
War Ihre erste Liebe. Ihre zweite
Sei Spanien. Wie gerne, guter Karl,
Will ich der besseren Geliebten weichen!⌝

*Mündel: Minderjährige, unter Vormundschaft stehende Person

KARLOS *wirft sich, von Empfindung überwältigt, zu ihren Füßen:*
Wie groß sind Sie, o Himmlische! – Ja alles,
Was Sie verlangen, will ich tun! – Es sei!
Er steht auf.
Hier steh' ich in der Allmacht Hand und schwöre,
Und schwöre Ihnen, schwöre ewiges –
O Himmel! Nein! Nur ewiges Verstummen,
Doch ewiges Vergessen nicht.

KÖNIGIN Wie könnt' ich
Von Karlos fordern, was ich selbst zu leisten
Nicht Willens bin?

MARQUIS *eilt aus der Allee:*
Der König!

KÖNIGIN Gott!

MARQUIS Hinweg!
Hinweg aus dieser Gegend, Prinz!

KÖNIGIN Sein Argwohn
Ist fürchterlich, erblickt er Sie –

KARLOS Ich bleibe!

KÖNIGIN Und wer wird dann das Opfer sein?

KARLOS *zieht den Marquis am Arme:* Fort! Fort!
Komm Roderich!

Er geht und kommt noch einmal zurück.
⌐Was darf ich mit mir nehmen?

KÖNIGIN
Die Freundschaft Ihrer Mutter.

KARLOS
Freundschaft! Mutter!

KÖNIGIN Und diese Tränen aus den Niederlanden.¬

Sie gibt ihm einige Briefe. Karl und der Marquis gehen ab. Die Königin sieht sich unruhig nach ihren Damen um, welche sich nirgends erblicken lassen. Wie sie nach dem Hintergrunde zurück gehen will, erscheint der König.

Sechster Auftritt

König. Königin. Herzog von Alba. Graf Lerma. Domingo. Einige Damen und Granden, welche in der Entfernung zurück bleiben.

KÖNIG *sieht mit Befremdung umher und schweigt eine Zeitlang:* So allein, Madame?
Und auch nicht Eine Dame zur Begleitung?
Das wundert mich – Wo blieben Ihre Frauen?

KÖNIGIN Mein gnädigster Gemahl –

KÖNIG
Warum allein?
Zum Gefolge.
Von diesem unverzeihlichen Versehn
Soll man die strengste Rechenschaft mir geben.
Wer hat das Hofamt bei der Königin?
Wen traf der Rang* sie heute zu bedienen?

Reihenfolge im Dienst am Hofe

KÖNIGIN O zürnen Sie nicht, mein Gemahl – ich selbst,
Ich bin die Schuldige – auf mein Geheiß
Entfernte sich die Fürstin Eboli.

KÖNIG Auf Ihr Geheiß?

KÖNIGIN
Die Kammerfrau zu rufen,
Weil ich nach der Infantin mich gesehnt.

KÖNIG Und darum die Begleitung weggeschickt?

Doch dies entschuldigt nur die erste Dame:
Wo war die zwote?

MONDEKAR *welche indessen zurück gekommen ist und sich unter die übrigen Damen gemischt hat, tritt hervor:*
Ihre Majestät,
Ich fühle, daß ich strafbar bin –

KÖNIG Deswegen
Vergönn' ich Ihnen zehen Jahre Zeit,
Fern von Madrid darüber nachzudenken.

Die Marquisin tritt mit weinenden Augen zurück. Allgemeines Stillschweigen. Alle Umstehenden sehen bestürzt auf die Königin.

KÖNIGIN Marquisin, wen beweinen Sie?
Zum König. Hab' ich
Gefehlt, mein gnädigster Gemahl, so sollte
Die Königskrone dieses Reichs, wornach
Ich selber nie gegriffen habe, mich
Zum mindesten vor dem Erröten schützen.
Gibt's ein Gesetz in diesem Königreich,
Das vor Gericht Monarchentöchter fordert?
Bloß Zwang bewacht die Frauen Spaniens?
Schützt sie ein Zeuge mehr als ihre Tugend?
Und jetzt Vergebung, mein Gemahl. – Ich bin
Es nicht gewohnt, die mir mit Freude dienten,
In Tränen zu entlassen. – Mondekar!

Sie nimmt ihren Gürtel ab und überreicht ihn der Marquisin.

Den König haben Sie erzürnt – nicht mich –
Drum nehmen Sie dies Denkmal meiner Gnade
Und dieser Stunde. – Meiden Sie das Reich –
Sie haben nur in Spanien gesündigt;
In meinem Frankreich wischt man solche Tränen
Mit Freuden ab. – O muß mich's ewig mahnen?

Sie lehnt sich an die Oberhofmeisterin und bedeckt das Gesicht.

In meinem Frankreich war's doch anders.

KÖNIG *in einiger Bewegung:* Konnte
Ein Vorwurf meiner Liebe Sie betrüben?
Ein Wort betrüben, das die zärtlichste
Bekümmernis auf meine Lippen legte?
*Er wendet sich gegen die Grandezza**.
Hier stehen die Vasallen meines Throns!
Sank je ein Schlaf auf meine Augenlider,
Ich hätte denn am Abend jedes Tags
Berechnet, wie die Herzen meiner Völker
In meinen fernsten Himmelsstrichen schlagen? –
Und sollt' ich ängstlicher für meinen Thron,
Als für die Gattin meines Herzens beben? –
Für meine Völker kann mein Schwert mir haften
Und – Herzog Alba: dieses Auge nur
Für meines Weibes Liebe.

Hier: die versammelten Adligen

KÖNIGIN Wenn ich Sie
Beleidigt habe, mein Gemahl –
KÖNIG Ich heiße
Der reichste Mann in der getauften Welt;
Die Sonne geht in meinem Staat nicht unter* –
Doch alles das besaß ein andrer schon,
Wird nach mir mancher andre noch besitzen.
Das ist mein eigen. Was der König hat,
Gehört dem Glück – Elisabeth dem Philipp.
Hier ist die Stelle, wo ich sterblich bin.

Geflügeltes Wort, Kaiser Karl V. zugeschrieben

KÖNIGIN Sie fürchten, Sire?
KÖNIG Dies graue Haar doch nicht?
Wenn ich einmal zu fürchten angefangen,
Hab' ich zu fürchten aufgehört –
Zu den Granden. Ich zähle
Die Großen meines Hofs – der erste fehlt.
Wo ist Don Karlos, mein Infant?
Niemand antwortet. Der Knabe
Don Karl fangt an mir fürchterlich zu werden.*
⌜Er meidet meine Gegenwart, seitdem

Philipp, der Fürchterliche, belegt hier seinen Sohn mit diesem Epitheton.

Er von Alkala's hoher Schule kam.
Sein Blut ist heiß, warum sein Blick so kalt?
So abgemessen festlich sein Betragen?
Seid wachsam. Ich empfehl' es Euch.⌝

ALBA
Ich bin's.
So lang' ein Herz an diesen Panzer schlägt,
Mag sich Don Philipp ruhig schlafen legen.
Wie Gottes Cherub vor dem Paradies,
Steht Herzog Alba vor dem Thron.

LERMA
Darf ich
Dem weisesten der Könige in Demut
Zu widersprechen wagen? – Allzu tief
Verehr' ich meines Königs Majestät,
Als seinen Sohn so rasch und streng zu richten.
Ich fürchte viel von Karlos heißem Blut,
Doch nichts von seinem Herzen.

KÖNIG
Graf von Lerma,
Ihr redet gut den Vater zu bestechen:
Des Königs Stütze wird der Herzog sein –
Nichts mehr davon –
Er wendet sich gegen sein Gefolge.
Jetzt eil' ich nach Madrid.
Mich ruft mein königliches Amt. Die Pest
Der Ketzerei steckt meine Völker an,
Der Aufruhr wächst in meinen Niederlanden.
Es ist die höchste Zeit. ⌜Ein schauerndes
Exempel soll die Irrenden bekehren.
Den großen Eid, den alle Könige
Der Christenheit geloben, lös' ich morgen.
Dies Blutgericht soll ohne Beispiel sein;
Mein ganzer Hof ist feierlich geladen.⌝
Er führt die Königin hinweg, die übrigen folgen.

Siebenter Auftritt

Don Karlos mit Briefen in der Hand, Marquis von Posa, kommen von der entgegen gesetzten Seite.

KARLOS ⌜Ich bin entschlossen. Flandern sei gerettet.
Sie will es – das ist mir genug.

MARQUIS Auch ist
Kein Augenblick mehr zu verlieren. Herzog
Von Alba, sagt man, ist im Kabinett
Bereits zum Gouverneur ernannt.⌝

KARLOS Gleich morgen
Verlang' ich Audienz bei meinem Vater.
Ich fordre dieses Amt für mich. Es ist
Die erste Bitte, die ich an ihn wage.
Er kann sie mir nicht weigern. Lange schon
Sieht er mich ungern in Madrid. Welch ein
Willkommner Vorwand mich entfernt zu halten!
Und – soll ich dir's gestehen, Roderich?
Ich hoffe mehr – ⌜Vielleicht gelingt es mir,
Von Angesicht zu Angesicht mit ihm,
In seiner Gunst mich wieder herzustellen.
Er hat noch nie die Stimme der Natur
Gehört – Laß mich versuchen, Roderich,
Was sie auf meinen Lippen wird vermögen.⌝

MARQUIS Jetzt endlich hör' ich meinen Karlos wieder!
Jetzt sind Sie wieder ganz Sie selbst.

Achter Auftritt

Vorige. Graf Lerma.

LERMA So eben
Hat der Monarch Aranjuez verlassen.
Ich habe den Befehl –

KARLOS Schon gut, Graf Lerma,
Ich treffe mit dem König ein.

MARQUIS *macht Miene sich zu entfernen. Mit einigem Zeremoniel:* Sonst haben
Mir Eure Hoheit nichts mehr aufzutragen?
KARLOS Nichts, Chevalier. Ich wünsche Ihnen Glück
Zu Ihrer Ankunft in Madrid. Sie werden
Noch mehreres von Flandern mir erzählen.
Zu Lerma, welcher noch wartet
Ich folge gleich.
Graf Lerma geht ab.

Neunter Auftritt

Don Karlos. Der Marquis.

KARLOS Ich habe dich verstanden.
Ich danke dir. Doch diesen Zwang entschuldigt
Nur eines Dritten Gegenwart. Sind wir
Nicht Brüder? – Dieses Possenspiel des Ranges
Sei künftighin aus unserm Bund verwiesen!
Berede dich*, wir beide hätten uns

Vgl. V. 26.

Auf einem Ball mit Masken eingefunden,
In Sklavenkleider du, und ich aus Laune
In einen Purpur eingemummt. So lange
Der Fasching währt, verehren wir die Lüge,
Der Rolle treu mit lächerlichem Ernst,
Den süßen Rausch des Haufens nicht zu stören.
Doch durch die Larve winkt dein Karl dir zu,
Du drückst mir im Vorübergehn die Hände,
Und wir verstehen uns.
MARQUIS Der Traum ist göttlich.
Doch wird er nie verfliegen? Ist mein Karl
Auch seiner so gewiß, den Reizungen
Der unumschränkten Majestät zu trotzen?
Noch ist ein großer Tag zurück* – ein Tag –

steht ein großer Tag bevor

Wo dieser Heldensinn – ich will Sie mahnen –

In einer schweren Probe sinken wird.
Don Philipp stirbt. Karl erbt das größte Reich
Der Christenheit. – ⌜Ein ungeheurer Spalt
Reißt vom Geschlecht der Sterblichen ihn los,
Und Gott ist heut, wer gestern Mensch noch war.⌝
Jetzt hat er keine Schwächen mehr. Die Pflichten
Der Ewigkeit verstummen ihm. Die Menschheit
– Noch heut ein großes Wort in seinem Ohr –
Verkauft sich selbst und kriecht um ihren Götzen.
Sein Mitgefühl löscht mit dem Leiden aus,
In Wollüsten ermattet seine Tugend,
Für seine Torheit schickt ihm Peru* Gold,
Für seine Laster zieht sein Hof ihm Teufel.
Er schläft berauscht in diesem Himmel ein,
Den seine Sklaven listig um ihn schufen.
Lang', wie sein Traum, währt seine Gottheit. – Wehe
Dem Rasenden, der ihn mitleidig weckte.
Was aber würde Roderich? – Die Freundschaft
Ist wahr und kühn – die kranke Majestät
Hält ihren fürchterlichen Strahl nicht aus.
Den Trotz des Bürgers würden Sie nicht dulden,
Ich nicht den Stolz des Fürsten.

Gemeint ist Pizarro, der Eroberer Perus.

KARLOS Wahr und schrecklich
Ist dein Gemälde von Monarchen. Ja,
Ich glaube dir. – Doch nur die Wollust schloß
Dem Laster ihre Herzen auf. – Ich bin
Noch rein, ein drei und zwanzigjähr'ger Jüngling.
Was vor mir Tausende gewissenlos
In schwelgenden Umarmungen verpraßten,
Des Geistes beste Hälfte, Männerkraft,
Hab' ich dem künft'gen Herrscher aufgehoben.
Was könnte dich aus meinem Herzen drängen,
Wenn es nicht Weiber tun?

MARQUIS Ich selbst. Könnt' ich
So innig Sie noch lieben, Karl, wenn ich
Sie fürchten müßte?

KARLOS Das wird nie geschehen.
Bedarfst du meiner? Hast du Leidenschaften,
Die von dem Throne betteln? Reizt dich Gold?
Du bist ein reich'rer Untertan, als ich
Ein König je sein werde. – Geizest du
Nach Ehre? Schon als Jüngling hattest du
Ihr Maß erschöpft – du hast sie ausgeschlagen.
Wer von uns wird der Gläubiger des andern,
Und wer der Schuldner sein? – Du schweigst? Du zitterst
Vor der Versuchung? Nicht gewisser bist
Du deiner selbst?

MARQUIS Wohlan. Ich weiche.
Hier meine Hand.

KARLOS Der Meinige?

MARQUIS Auf ewig
Und in des Worts verwegenster Bedeutung.

KARLOS So treu und warm, wie heute dem Infanten,
Auch dermaleinst* dem König zugetan?

*in Zukunft, zukünftig

MARQUIS
Das schwör' ich Ihnen.

KARLOS Dann auch, wenn der Wurm
Der Schmeichelei mein unbewachtes Herz
Umklammerte – wenn dieses Auge Tränen
Verlernte, die es sonst geweint – dies Ohr
Dem Flehen sich verriegelte, willst du,
Ein schreckenloser Hüter meiner Tugend,
Mich kräftig fassen, meinen Genius
Bei seinem großen Namen rufen?

MARQUIS Ja.

KARLOS ⌜Und jetzt noch eine Bitte! Nenn mich Du.
Ich habe deinesgleichen stets beneidet
Um dieses Vorrecht der Vertraulichkeit.
Dies brüderliche Du betrügt mein Ohr,
Mein Herz mit süßen Ahnungen von Gleichheit.⌝
– Keinen Einwurf. – Was du sagen willst, errat' ich.

Dir ist es Kleinigkeit, ich weiß – doch mir,
Dem Königssohne, ist es viel. Willst du
Mein Bruder sein?

MARQUIS Dein Bruder!

KARLOS Jetzt zum König,
Ich fürchte nichts mehr – ⌜Arm in Arm mit dir,
So fodr' ich mein Jahrhundert in die Schranken.⌝
Sie gehen ab.

Zweiter Akt

Im königlichen Pallast zu Madrid

Erster Auftritt

König Philipp, unter einem Thronhimmel. Herzog von Alba, in einiger Entfernung von dem König mit bedecktem Haupt. Karlos.

KARLOS Den Vortritt hat das Königreich. Sehr gerne
Steht Karlos dem Minister nach. Er spricht
Für Spanien – ich bin der Sohn des Hauses.
Er tritt mit einer Verbeugung zurück.
PHILIPP Der Herzog bleibt, und der Infant mag reden.
KARLOS *sich gegen Alba wendend:*
So muß ich denn von Ihrer Großmut, Herzog,
Den König mir als ein Geschenk erbitten.
Ein Kind – Sie wissen ja – kann mancherlei
An seinen Vater auf dem Herzen tragen,
Das nicht für einen Dritten taugt. Der König
Soll Ihnen unbenommen sein – ich will
Den Vater nur für diese kurze Stunde.
PHILIPP Hier steht sein Freund.
KARLOS Hab' ich es auch verdient
Den meinigen im Herzog zu vermuten?
PHILIPP Auch je verdienen mögen? – Mir gefallen
Die Söhne nicht, die beßre Wahlen treffen,
Als ihre Väter.
KARLOS Kann der Ritterstolz
Des Herzogs Alba diesen Auftritt hören?
So wahr ich lebe, den Zudringlichen,
Der zwischen Sohn und Vater, unberufen,
Sich einzudrängen nicht errötet, der

In seines Nichts durchbohrendem Gefühle
So dazustehen sich verdammt, möcht' ich
Bei Gott – und galt's ein Diadem – nicht spielen.

PHILIPP *verläßt seinen Sitz mit einem zornigen Blick auf den Prinzen:*
Entfernt euch, Herzog!
Dieser geht nach der Haupttüre, durch welche Karlos gekommen war; der König winkt ihm nach einer andern. Nein, ins Kabinett,
Bis ich euch rufe.

Zweiter Auftritt

König Philipp. Don Karlos.

KARLOS *geht, sobald der Herzog das Zimmer verlassen hat, auf den König zu, und fällt vor ihm nieder, im Ausdruck der höchsten Empfindung:*
Jetzt mein Vater wieder,
Jetzt wieder mein, und meinen besten Dank
Für diese Gnade. – Ihre Hand, mein Vater. –
O süßer Tag! – Die Wonne dieses Kusses
War Ihrem Kinde lange nicht gegönnt.
Warum von Ihrem Herzen mich so lange
Verstoßen, Vater? Was hab' ich getan?

PHILIPP Infant, dein Herz weiß nichts von diesen Künsten.
Erspare sie, ich mag sie nicht.

KARLOS *aufstehend:* Das war es!
Da hör' ich Ihre Höflinge – Mein Vater!
Es ist nicht gut, bei Gott! nicht alles gut,
Nicht alles, was ein Priester sagt, nicht alles,
Was eines Priesters Kreaturen sagen.
Ich bin nicht schlimm, mein Vater – heißes Blut
Ist meine Bosheit, mein Verbrechen Jugend.
Schlimm bin ich nicht, schlimm wahrlich nicht –
wenn auch

Oft wilde Wallungen mein Herz verklagen,
Mein Herz ist gut –

PHILIPP Dein Herz ist rein, ich weiß es,
Wie dein Gebet.

KARLOS Jetzt oder nie! – Wir sind allein.
Der Etikette bange Scheidewand
Ist zwischen Sohn und Vater eingesunken.
Jetzt oder nie. Ein Sonnenstrahl der Hoffnung
Glänzt in mir auf, und eine süße Ahnung
Fliegt durch mein Herz – der ganze Himmel beugt
Mit Scharen froher Engel sich herunter,
Voll Rührung sieht der Dreimalheilige*
Dem großen, schönen Auftritt zu! – Mein Vater!
Versöhnung

Er fällt ihm zu Füßen.

dreifaltige Gott

PHILIPP Laß mich und steh auf!

KARLOS Versöhnung!

PHILIPP *will sich von ihm losreißen:*
Zu kühn wird mir dies Gaukelspiel* –

Blendwerk, Taschenspielerkunst

KARLOS Zu kühn
Die Liebe deines Kindes?

PHILIPP Vollends Tränen?
Unwürd'ger Anblick! – Geh aus meinen Augen.

KARLOS Jetzt, oder nie – Versöhnung, Vater!

PHILIPP Weg
Aus meinen Augen! Komm mit Schmach bedeckt
Aus meinen Schlachten, meine Arme sollen
Geöffnet sein dich zu empfangen – So
Verwerf ich dich! – Die feige Schuld allein
Wird sich in solchen Quellen schimpflich waschen.
Wer zu bereuen nicht errötet, wird
Sich Reue nie ersparen.

KARLOS Wer ist das?
Durch welchen Mißverstand hat dieser Fremdling
Zu Menschen sich verirrt? – Die ewige

Beglaubigung der Menschheit sind ja Tränen,
Sein Aug' ist trocken, ihn gebar kein Weib –
O zwingen Sie die nie benetzten Augen
Noch zeitig Tränen einzulernen, sonst,
Sonst möchten Sie's in einer harten Stunde
Noch nachzuholen haben.⌉

PHILIPP Denkst du den schweren Zweifel deines Vaters
Mit schönen Worten zu erschüttern?

KARLOS Zweifel?
Ich will ihn tilgen, diesen Zweifel – will
Mich hängen an das Vaterherz, will reißen,
Will mächtig reißen an dem Vaterherzen,
Bis dieses Zweifels felsenfeste Rinde
Von diesem Herzen niederfällt. – Wer sind sie,
Die mich aus meines Königs Gunst vertrieben?
Was bot der Mönch dem Vater für den Sohn?
Was wird ihm Alba für ein kinderlos
Verscherztes Leben zur Vergütung geben?
Sie wollen Liebe? – Hier in diesem Busen
Springt eine Quelle, frischer, feuriger,
Als in den trüben, sumpfigen Behältern,
Die Philipps Gold erst öffnen muß.

PHILIPP Vermeßner,
Halt ein! – Die Männer, die du wagst zu schmähn,
Sind die geprüften Diener meiner Wahl,
Und du wirst sie verehren.

KARLOS Nimmermehr.
Ich fühle mich. Was ihre Alba leisten,
Das kann auch Karl, und Karl kann mehr. Was fragt
Ein Mietling* nach dem Königreich, das nie
Sein eigen sein wird? – Was bekümmert's *den*,
Wenn Philipps graue Haare weiß sich färben?
Ihr Karlos hätte Sie geliebt. – ⌈Mir graut
Vor dem Gedanken, einsam und allein,
Auf einem *Thron* allein zu sein. –

* Höfling, urspr. Lohnarbeiter

PHILIPP *von diesen Worten ergriffen, steht nachdenkend und in sich gekehrt. Nach einer Pause:* Ich bin allein.

KARLOS *mit Lebhaftigkeit und Wärme auf ihn zugehend:*
Sie sind's gewesen. Hassen Sie mich nicht mehr,
Ich will Sie kindlich, will Sie feurig lieben,
Nur hassen Sie mich nicht mehr. – Wie entzückend
Und süß ist es, in einer schönen Seele*
Verherrlicht uns zu fühlen, es zu wissen
Daß unsre Freude fremde Wangen rötet,
Daß unsre Angst in fremden Busen zittert,
Daß unsre Leiden fremde Augen wässern! –
Wie schön ist es und herrlich, Hand in Hand
Mit einem teuern, vielgeliebten Sohn
Der Jugend Rosenbahn zurück zu eilen,
Des Lebens Traum noch einmal durchzuträumen!
Wie groß und süß, in seines Kindes Tugend
Unsterblich, unvergänglich fortzudauern,
Wohltätig für Jahrhunderte! – Wie schön
Zu pflanzen, was ein lieber Sohn einst erntet,
Zu sammeln, was ihm wuchern wird, zu ahnen,
Wie hoch sein Dank einst flammen wird! – Mein Vater,
Von diesem Erdenparadiese schwiegen
Sehr weislich ihre Mönche.

* empfindenden, fühlenden Menschen

PHILIPP *nicht ohne Rührung:* O mein Sohn,
Mein Sohn! du brichst dir selbst den Stab. Sehr reizend
Malst du ein Glück, das – du mir nie gewährtest.

KARLOS Das richte der Allwissende! – Sie selbst,
Sie schlössen mich, wie aus dem Vaterherzen,
Von Ihres Zepters Anteil aus. Bis jetzt,
Bis diesen Tag – o war das gut, war's billig? –
Bis jetzt mußt' ich, der Erbprinz Spaniens,
In Spanien ein Fremdling sein, Gefangner
Auf diesem Grund, wo ich einst Herr sein werde.
War das gerecht, war's gütig? – O wie oft,
Wie oft, mein Vater, sah ich schamrot nieder,

Wenn die Gesandten fremder Potentaten,
Wenn die Zeitungsblätter mir das Neueste
Vom Hofe zu Aranjuez erzählten!

PHILIPP Zu heftig braust das Blut in deinen Adern.
Du würdest nur zerstören.

KARLOS Geben Sie
Mir zu zerstören, Vater. – Heftig braust's
In meinen Adern – ⌜Drei und zwanzig Jahre,
Und nichts für die Unsterblichkeit getan!
Ich bin erwacht, ich fühle mich.⌝ – Mein Ruf
Zum Königsthron pocht wie ein Gläubiger
Aus meinem Schlummer mich empor, und alle
Verlorne Stunden meiner Jugend mahnen
⌜Mich laut wie Ehrenschulden. Er ist da,
Der große schöne Augenblick, der endlich
Des hohen Pfundes Zinsen von mir fodert:
Mich ruft die Weltgeschichte, Ahnenruhm,
Gerichtes
Und des Gerüchtes* donnernde Posaune.
Nun ist die Zeit gekommen, mir des Ruhmes
Glorreiche Schranken aufzutun.⌝ – Mein König,
Darf ich die Bitte auszusprechen wagen,
Die mich hierher geführt?

PHILIPP Noch eine Bitte?
Entdecke sie.

KARLOS Der Aufruhr in Brabant
Wächst drohend an. Der Starrsinn der Rebellen
Heischt starke, kluge Gegenwehr. Die Wut
Der Schwärmer zu bezähmen, soll der Herzog
Ein Heer nach Flandern führen, von dem König
Mit suveräner Vollmacht ausgestattet.
Wie ehrenvoll ist dieses Amt, wie ganz
Dazu geeignet, Ihren Sohn im Tempel
Des Ruhmes einzuführen! – Mir, mein König,
Mir übergeben Sie das Heer. Mich lieben
Die Niederländer, ich erkühne mich
Mein Blut für ihre Treue zu verbürgen.

PHILIPP Du redest wie ein Träumender. Dies Amt
Will einen Mann und keinen Jüngling –
KARLOS Will
Nur einen Menschen, Vater, und das ist
Das Einzige, was Alba nie gewesen.
PHILIPP Und Schrecken bändigt die Empörung nur.
Erbarmung hieße Wahnsinn. – Deine Seele
Ist weich, mein Sohn, der Herzog wird gefürchtet –
Steh ab von deiner Bitte.
KARLOS Schicken Sie
Mich mit dem Heer nach Flandern, wagen Sie's
Auf meine weiche Seele. Schon der Name
Des königlichen Sohnes, der voraus
Vor meinen Fahnen fliegen wird, erobert*,
Wo Herzog Alba's Henker nur verheeren.
Auf meinen Knieen bitt' ich drum. Es ist
Die erste Bitte meines Lebens – Vater,
Vertrauen Sie mir Flandern –
PHILIPP *den Infanten mit einem durchdringenden Blick betrachtend:* Und zugleich
Mein bestes Kriegsheer deiner Herrschbegierde?
Das Messer meinem Mörder?
KARLOS O mein Gott!
Bin ich nicht weiter, und ist das die Frucht
Von dieser längst erbetnen großen Stunde?
Nach einigem Nachdenken, mit gemildertem Ernst.
Antworten Sie mir sanfter. Schicken Sie
Mich so nicht weg. Mit dieser übeln Antwort
Möcht' ich nicht gern entlassen sein, nicht gern
Entlassen sein mit diesem schweren Herzen.
Behandeln Sie mich gnädiger. Es ist
Mein dringendes Bedürfnis, ist mein letzter,
Verzweifelter Versuch – ich kann's nicht fassen,
Nicht standhaft tragen wie ein Mann, daß Sie
Mir alles, alles, alles so verweigern. –

zerstört, vernichtet

Jetzt lassen Sie mich von Sich. Unerhört,
Von tausend süßen Ahnungen betrogen,
Geh' ich aus Ihrem Angesicht. – Ihr Alba
Und Ihr Domingo werden siegreich thronen,
Wo jetzt Ihr Kind im Staub geweint. Die Schar
Der Höflinge, die bebende Grandezza,
Der Mönche sünderbleiche Zunft war Zeuge,
Als Sie mir feierlich Gehör geschenkt.
Beschämen Sie mich nicht! So tödlich, Vater,
Verwunden Sie mich nicht, dem frechen Hohn
Des Hofgesindes schimpflich mich zu opfern,
Daß Fremdlinge von Ihrer Gnade schwelgen,
Ihr Karlos nichts erbitten kann. Zum Pfande
Daß Sie mich ehren wollen, schicken Sie
Mich mit dem Heer nach Flandern.

PHILIPP Wiederhole
Dies Wort nicht mehr, bei deines Königs Zorn.

KARLOS Ich wage meines Königs Zorn, und bitte
Zum letzten Mal – vertrauen Sie mir Flandern.
Ich soll und muß aus Spanien. Mein Hiersein
Ist Atemholen unter Henkershand –
Schwer liegt der Himmel zu Madrid auf mir,
Wie das Bewußtsein eines Mords. Nur schnelle
Veränderung des Himmels kann mich heilen.
Wenn Sie mich retten wollen – schicken Sie
Mich ungesäumt nach Flandern.

PHILIPP *mit erzwungener Gelassenheit:*
Solche Kranke
Wie du, mein Sohn, verlangen gute Pflege,
Und wohnen unterm Aug' des Arzts. Du bleibst
In Spanien; der Herzog geht nach Flandern.

KARLOS *außer sich:*
O jetzt umringt mich, gute Geister –

PHILIPP *der einen Schritt zurück tritt:* Halt!
Was wollen diese Mienen sagen?

KARLOS *mit schwankender Stimme:* Vater,
Unwiderruflich bleibt's bei der Entscheidung?
PHILIPP Sie kam vom König.
KARLOS Mein Geschäft ist aus.
geht ab in heftiger Bewegung.

Dritter Auftritt

Philipp bleibt eine Zeit lang in düstres Nachdenken versunken stehen – endlich geht er einige Schritte im Saale auf und nieder.
Alba nähert sich verlegen.

PHILIPP Seid jede Stunde des Befehls gewärtig,
Nach Brüssel abzugehen.
ALBA Alles steht
Bereit, mein König.
PHILIPP Eure Vollmacht liegt
Versiegelt schon im Kabinett. Indessen
Nehmt euren Urlaub von der Königin,
Und zeiget euch zum Abschied dem Infanten.
ALBA Mit den Gebärden eines Wütenden
Sah ich ihn eben diesen Saal verlassen.
Auch Eure königliche Majestät
Sind außer Sich und scheinen tief bewegt –
Vielleicht der Inhalt des Gesprächs?
PHILIPP *Nach einigem Auf- und Niedergehen:*
Der Inhalt
War Herzog Alba.
Der König bleibt mit dem Aug' auf ihm haften, finster.
– Gerne mag ich hören,
Daß Karlos meine Räte haßt, doch mit
Verdruß entdeck' ich, daß er sie verachtet.
ALBA *entfärbt sich und will auffahren.*
PHILIPP Jetzt keine Antwort. Ich erlaube euch
Den Prinzen zu versöhnen.

ALBA Sire!

PHILIPP ⌜Sagt an,
Wer war es doch, der mich zum ersten Mal
Vor meines Sohnes schwarzem Anschlag warnte?
Da hört' ich e u c h und nicht auch i h n . Ich will
Die Probe wagen, Herzog. Künftighin
Steht Karlos meinem Throne näher.⌝ Geht.

Der König begibt sich in das Kabinett. Der Herzog entfernt sich durch eine andere Türe.

Vierter Auftritt

Ein Vorsaal vor dem Zimmer der Königin

Don Karlos kommt im Gespräche mit einem Pagen durch die Mitteltüre. Die Hofleute, welche sich im Vorsaal befinden, zerstreuen sich bei seiner Ankunft in den angrenzenden Zimmern.

KARLOS Ein Brief an mich? – Wozu denn dieser Schlüssel?
Und beides mir so heimlich überliefert?
Komm näher. – Wo empfingst du das?

PAGE *geheimnisvoll:* Wie mich
Die Dame merken lassen, will sie lieber
Erraten als beschrieben sein –

KARLOS *zurück fahrend:* Die Dame?
Indem er den Pagen genauer betrachtet.
Was? – Wie? – Wer bist du denn?

PAGE Ein Edelknabe
Von Ihrer Majestät der Königin –

KARLOS *erschrocken auf ihn zugehend, und ihm die Hand auf den Mund drückend:*
Du bist des Todes. Halt! Ich weiß genug.
Er reißt hastig das Siegel auf, und tritt an das äußerste

Ende des Saals, den Brief zu lesen. Unterdessen kommt der Herzog von Alba, und geht, ohne von dem Prinzen bemerkt zu werden, an ihm vorbei in der Königin Zimmer. Karlos fängt an heftig zu zittern, und wechselsweise zu erblassen und zu erröten. Nachdem er gelesen hat, steht er lange sprachlos, die Augen starr auf den Brief geheftet. – Endlich wendet er sich zu dem Pagen.
Sie gab dir selbst den Brief?

PAGE Mit eignen Händen.

KARLOS Sie gab dir selbst den Brief? – O spotte nicht!
⌜Noch hab' ich nichts von ihrer Hand gelesen⌝,
Ich muß dir glauben, wenn du schwören kannst.
Wenn's Lüge war, gesteh' mir's offenherzig,
Und treibe keinen Spott mit mir.

PAGE Mit wem?

KARLOS *sieht wieder in den Brief, und betrachtet den Pagen mit zweifelhafter forschender Miene. Nachdem er einen Gang durch den Saal gemacht hat:*
Du hast noch Eltern? Ja? Dein Vater dient
Dem Könige, und ist ein Kind des Landes?

PAGE Er fiel bei Saint Quentin*, ein Oberster
Der Reiterei des Herzogs von Savoyen*,
Und hieß Alonzo Graf von Henarez.

Hier: Schlacht bei St. Quentin zwischen Spanier und Franzosen 1557

Befehlshaber der siegreichen span. Truppen

KARLOS *indem er ihn bei der Hand nimmt, und die Augen bedeutend auf ihn heftet:*
⌜Den Brief gab dir der König?⌝

PAGE *empfindlich:* Gnäd'ger Prinz,
Verdien' ich diesen Argwohn?

KARLOS *liest den Brief:* »Dieser Schlüssel öffnet
Die hintern Zimmer im Pavillon
Der Königin. Das äußerste von allen
Stößt seitwärts an ein Kabinett, wohin
Noch keines Horchers Fußtritt sich verloren.
Hier darf die Liebe frei und laut gestehn,
Was sie so lange Winken nur vertraute.

Erhörung wartet auf den Furchtsamen,
Und schöner Lohn auf den bescheidnen Dulder.«
Wie aus einer Betäubung erwachend.
Ich träume nicht – ich rase nicht – das ist
Mein rechter Arm – das ist mein Schwert – das sind
Geschriebne Sylben. Es ist wahr und wirklich,
Ich bin geliebt – ich bin es – ja ich bin
Ich bin geliebt!
Außer Fassung durchs Zimmer stürzend und die Arme zum Himmel empor geworfen.

PAGE So kommen Sie, mein Prinz, ich führe Sie.

KARLOS Erst laß mich zu mir selber kommen. – Zittern
Nicht alle Schrecken dieses Glücks noch in mir?
Hab' ich so stolz gehofft? Hab' ich das je
Zu träumen mir getraut? Wo ist der Mensch,
Der sich so schnell gewöhnte Gott zu sein? –
⌜Wer war ich, und wer bin ich nun? Das ist
Ein andrer Himmel, eine andre Sonne,
Als vorhin da gewesen war – Sie liebt mich!⌝

PAGE *will ihn fortführen:*
Prinz, Prinz, hier ist der Ort nicht – Sie vergessen –

KARLOS *von einer plötzlichen Erstarrung ergriffen:*
Den König, meinen Vater!
Er läßt die Arme sinken, blickt scheu umher und fängt an sich zu sammeln. Das ist schrecklich –
Ja ganz recht, Freund. Ich danke dir, ich war
So eben nicht ganz bei mir. – Daß ich das
Verschweigen soll, der Seligkeit so viel
In diese Brust vermauern soll, das ist schrecklich.
Ist schrecklich! –
den Pagen bei der Hand fassend und bei Seite führend.
Was du gesehn – hörst du? – und nicht gesehen,
Sei wie ein Sarg in deiner Brust versunken.
(zu mir kommen, mich beruhigen)
Jetzt geh. Ich will mich finden*. Geh. Man darf
Uns hier nicht treffen. Geh –

PAGE *will fort.*

KARLOS Doch halt! doch höre! –

Der Page kommt zurück. Karlos legt ihm eine Hand auf die Schulter, und sieht ihm ernst und feierlich ins Gesicht.

Du nimmst ein schreckliches Geheimnis mit,
Das, jenen starken Giften gleich, die Schale,
Worin es aufgefangen wird, zersprengt –
Beherrsche deine Mienen gut. Dein Kopf
Erfahre niemals, was dein Busen hütet.
Sei wie das tote Sprachrohr, das den Schall
Empfängt und wiedergibt, und selbst nicht höret.
Du bist ein Knabe – sei es immerhin
Und fahre fort, den Fröhlichen zu spielen –
Wie gut verstund's die kluge Schreiberin,
Der Liebe einen Boten auszulesen!
⌜Hier sucht der König seine Nattern nicht.⌝

PAGE Und ich, mein Prinz, ich werde stolz drauf sein,
Um ein Geheimnis reicher mich zu wissen,
Als selbst der König –

KARLOS Eitler junger Tor,
Das ist's, wovor du zittern mußt. – Geschieht's,
Daß wir uns öffentlich begegnen, schüchtern,
Mit Unterwerfung nah'st du mir. Laß nie
Die Eitelkeit zu Winken dich verführen,
Wie gnädig der Infant dir sei. Du kannst
Nicht schwerer sündigen, mein Sohn, als wenn
Du mir gefällst. – Was du mir künftig magst
Zu hinterbringen haben, sprich es nie
Mit Sylben aus, vertrau es nie den Lippen;
Den allgemeinen Fahrweg der Gedanken
Betrete deine Zeitung nicht. Du sprichst
Mit deinen Wimpern, deinem Zeigefinger,
Ich höre dir mit Blicken zu. Die Luft,
Das Licht um uns ist Philipps Kreatur;

Die tauben Wände stehn in seinem Solde –
Man kommt –
Das Zimmer der Königin öffnet sich, und der Herzog von Alba tritt heraus. Hinweg! auf Wiedersehen!

PAGE Prinz,
Daß Sie das rechte Zimmer nur nicht fehlen!
ab.

KARLOS Es ist der Herzog. – Nein doch, nein, schon gut,
Ich finde mich.

Fünfter Auftritt

Don Karlos. Herzog von Alba.

ALBA *ihm in den Weg tretend:*
Zwei Worte, gnäd'ger Prinz.

KARLOS Ganz recht – schon gut – ein andermal.
Er will gehen.

ALBA Der Ort
Scheint freilich nicht der schicklichste. Vielleicht
Gefällt es Eurer königlichen Hoheit
Auf Ihrem Zimmer mir Gehör zu geben?

KARLOS Wozu? Das kann hier auch geschehn. –
Nur schnell,
Nur kurz –

ALBA Was eigentlich hierher mich führt,
Ist, Eurer Hoheit untertän'gen Dank
Für das Bewußte abzutragen –

KARLOS Dank?
Mir Dank? Wofür? – Und Dank von Herzog Alba?

ALBA Denn kaum daß Sie das Zimmer des Monarchen
Verlassen hatten, ward mir angekündigt
Nach Brüssel abzugehen.

KARLOS Brüssel! So!

ALBA Wem sonst, mein Prinz, als Ihrer gnädigen

Verwendung bei des Königs Majestät
Kann ich es zuzuschreiben haben? –

KARLOS Mir?
Mir ganz und gar nicht – mir wahrhaftig nicht.
Sie reisen – reisen Sie mit Gott!

ALBA Sonst nichts?
Das nimmt mich Wunder. – Eure Hoheit hätten
Mir weiter nichts nach Flandern aufzutragen?

KARLOS
Was sonst? was dort?

ALBA Doch schien es noch vor kurzem,
Als forderte das Schicksal dieser Länder
Don Karlos eigne Gegenwart.

KARLOS Wie so?
Doch ja – ja recht – das war vorhin – das ist
Auch so ganz gut, recht gut, um so viel besser –

ALBA Ich höre mit Verwunderung –

KARLOS *nicht mit Ironie:* Sie sind
Ein großer General – wer weiß das nicht?
Der Neid muß es beschwören. Ich – ich bin
Ein junger Mensch. So hat es auch der König
Gemeint. Der König hat ganz Recht, ganz Recht.
Ich seh's jetzt ein, ich bin vergnügt, und also
Genug davon. Glück auf den Weg. Ich kann
Jetzt, wie Sie sehen, schlechterdings – ich bin
So eben etwas überhäuft* – das Weitere
Auf morgen, oder wenn Sie wollen, oder
Wenn Sie von Brüssel wiederkommen –

* mit zu vielem beschäftigt

ALBA Wie?

KARLOS *Nach einigem Stillschweigen, wie er sieht, daß der Herzog noch immer bleibt:*
Sie nehmen gute Jahrszeit mit. – Die Reise
Geht über Mailand, Lothringen, Burgund
Und Deutschland – Deutschland? – Recht, in Deutschland war es!

Da kennt man Sie! – Wir haben jetzt April;
Mai – Junius, – im Julius, ganz recht,
Und spätestens zu Anfang des Augusts
Sind Sie in Brüssel. O ich zweifle nicht,
Man wird sehr bald von Ihren Siegen hören.
Sie werden unsers gnädigsten Vertrauens
Sich wert zu machen wissen.

ALBA *mit Bedeutung:* Werd' ich das,
In meines Nichts durchbohrendem Gefühle?

KARLOS *nach einigem Stillschweigen, mit Würde und Stolz:*
Sie sind empfindlich, Herzog – und mit Recht.
Es war, ich muß bekennen, wenig Schonung
Von meiner Seite, Waffen gegen Sie
Zu führen, die Sie nicht im Stande sind
Mir zu erwidern.

ALBA Nicht im Stande? –

KARLOS *ihm lächelnd die Hand reichend:* Schade,
fehlt, mangelt
Daß mir's gerade jetzt an Zeit gebricht*,
Den würd'gen Kampf mit Alba auszufechten.
Ein andermal –

ALBA Prinz, wir verrechnen uns
Auf ganz verschiedne Weise. Sie zum Beispiel,
Sie sehen Sich um zwanzig Jahre später,
Ich Sie um eben so viel früher.

KARLOS Nun?

ALBA Und dabei fällt mir ein, wie viele Nächte
Bei seiner schönen Portugiesischen
Maria von Portugal (vgl. Erl. zu V. 30–33)
Gemahlin, Ihrer Mutter*, der Monarch
Wohl drum gegeben hätte, einen Arm
Wie d i e s e n seiner Krone zu erkaufen?
Ihm mocht' es wohl bekannt sein, wie viel leichter
Die Sache sei, Monarchen fortzupflanzen,
Als Monarchieen – wie viel schneller man
Die Welt mit einem Könige versorge,
Als Könige mit einer Welt.

KARLOS Sehr wahr!
Doch, Herzog Alba? doch –
ALBA Und wie viel Blut,
Blut I h r e s Volkes fließen mußte, bis
Zwei Tropfen* S i e zum König machen konnten.
KARLOS Sehr wahr, bei Gott – und in zwei Worte alles
Gepreßt, was des Verdienstes Stolz* dem Stolze
Des Glücks entgegen setzen kann. – Doch nun
Die Anwendung? doch, Herzog Alba?
ALBA Wehe
Dem zarten Wiegenkinde Majestät,
Das seiner Amme spotten kann! Wie sanft
Mag's auf dem weichen Küssen unsrer Siege
Sich schlafen lassen! An der Krone funkeln
Die Perlen nur, und freilich nicht die Wunden,
Mit denen sie errungen ward. – ⌜Dies Schwert
Schrieb fremden Völkern spanische Gesetze,
Es blitzte dem Gekreuzigten voran,
Und zeichnete dem Samenkorn des Glaubens
Auf diesem Weltteil blut'ge Furchen vor:
Gott richtete im Himmel, ich auf Erden –⌝
KARLOS Gott oder Teufel, gilt gleich viel! Sie waren
Sein rechter Arm. Ich weiß das wohl – und jetzt
Nichts mehr davon. Ich bitte. Vor gewissen
Erinnerungen möcht' ich gern mich hüten. –
Ich ehre meines Vaters Wahl. Mein Vater
Braucht einen Alba; d a ß er diesen braucht,
Das ist es nicht, warum ich ihn beneide.
Sie sind ein großer Mann. – Auch das mag sein;
Ich glaub' es fast. Nur fürcht' ich, kamen Sie
Um wenige Jahrtausende zu zeitig.
Ein Alba, sollt' ich meinen, war der Mann,
Am Ende aller Tage* zu erscheinen!
Dann, wann des Lasters Riesentrotz die Langmut
Des Himmels aufgezehrt, die reiche Ernte

Salböl bei der Königskrönung

Stolz auf das Geleistete

Zum Jüngsten Gericht

Der Missetat in vollen Halmen steht,
ohne — Und einen Schnitter sonder* Beispiel fordert,
Dann stehen Sie an Ihrem Platz. – O Gott,
Mein Paradies! mein Flandern! – Doch ich soll
Es jetzt nicht denken. Still davon. Man spricht,
Todesurteile — Sie führten einen Vorrat Blutsentenzen*,
Im voraus unterzeichnet, mit? Die Vorsicht
Ist lobenswert. So braucht man sich vor keiner
Schikane mehr zu fürchten. – O mein Vater,
Hier: Absicht — Wie schlecht verstand ich deine Meinung*! Härte
Ich beschuldigte dich der Härte — Gab ich dir Schuld*, weil du mir ein Geschäft
Verweigertest, wo deine Alba glänzen? –
Es war der Anfang deiner Achtung.

ALBA Prinz,
Dies Wort verdiente –

KARLOS *auffahrend:* Was?

ALBA Doch davor schützt Sie
Der Königssohn.

KARLOS *nach dem Schwert greifend:*
Das fodert Blut! – Das Schwert
Gezogen, Herzog!

ALBA *kalt:* Gegen wen?

KARLOS *heftig auf ihn eindringend:* Das Schwert
Gezogen, ich durchstoße Sie.

ALBA *zieht:* Wenn es
Denn sein muß –
Sie fechten.

Sechster Auftritt

Die Königin. Don Karlos. Herzog von Alba.

KÖNIGIN *welche erschrocken aus ihrem Zimmer tritt:*
Bloße Schwerter!
Zum Prinzen, unwillig und mit gebietender Stimme.
Karlos!

KARLOS *Vom Anblick der Königin außer sich gesetzt, läßt den Arm sinken, steht ohne Bewegung und sinnlos*, dann eilt er auf den Herzog zu, und küßt ihn:*

sinnlos: der Sinne oder des Bewusstseins beraubt

Versöhnung, Herzog! Alles sei vergeben!

Er wirft sich stumm zu der Königin Füßen, steht dann rasch auf, und eilt außer Fassung fort.

ALBA *der voll Erstaunen da steht, und kein Auge von ihnen verwendet:*

Bei Gott, das ist doch seltsam! –

KÖNIGIN *steht einige Augenblicke beunruhigt und zweifelhaft, dann geht sie langsam nach ihrem Zimmer, an der Türe dreht sie sich um:*

Herzog Alba!

Der Herzog folgt ihr in das Zimmer.

Ein Kabinett der Prinzessin von Eboli

Siebenter Auftritt

Die Prinzessin in einem idealischen Geschmack, schön, aber einfach gekleidet, spielt die Laute und singt. Darauf der Page der Königin.*

idealischen Geschmack: Eboli trägt ihre eigenen Kleider, nicht die übliche schwarze Hoftracht.

PRINZESSIN *springt schnell auf:*

Er kommt!

PAGE *eilfertig:*

Sind Sie allein? Mich wundert sehr
Ihn noch nicht hier zu finden; doch er muß
Im Augenblick erscheinen.

PRINZESSIN Muß er? Nun
So w i l l er auch – so ist es ja entschieden –

PAGE Er folgt mir auf den Fersen. – Gnäd'ge Fürstin,
Sie sind geliebt – geliebt, geliebt wie Sie
Kanns niemand sein und niemand sein gewesen.
Welch eine Szene* sah ich an!

Szene: Auftritt, Vorgang

PRINZESSIN *zieht ihn voll Ungeduld an sich:*
Geschwind!
Du sprachst mit ihm? Heraus damit! Was sprach er?
Wie nahm er sich? Was waren seine Worte?
Er schien verlegen, schien bestürzt? Erriet
Er die Person, die ihm den Schlüssel schickte?
Geschwinde – Oder riet er nicht? Er riet
Wohl gar nicht? riet auf eine falsche? – Nun?
Antwortest du mir denn kein Wort? O pfui,
Pfui schäme dich: so hölzern bist du nie,
So unerträglich langsam nie gewesen.
PAGE Kann ich zu Worte kommen, Gnädigste?
Ich übergab ihm Schlüssel und Billet*
Im Vorsaal bei der Königin. Er stutzte
Und sah mich an, da mir das Wort entwischte,
Ein Frauenzimmer sende mich.
PRINZESSIN Er stutzte?
Sehr gut! sehr brav! Nur fort, erzähle weiter.
PAGE Ich wollte mehr noch sagen, da erblaßt' er,
Und riß den Brief mir aus der Hand, und sah
Mich drohend an, und sagt', er wisse alles.
Den Brief durchlas er mit Bestürzung, fing
Auf einmal an zu zittern.
PRINZESSIN Wisse alles?
Er wisse alles? Sagt' er das?
PAGE Und fragte
Mich dreimal, viermal, ob Sie selber, wirklich
Sie selber mir den Brief gegeben?
PRINZESSIN Ob
Ich selbst? Und also nannt' er meinen Namen?
PAGE Den Namen – nein, den nannt' er nicht. –
Es möchten
Kundschafter, sagt' er, in der Gegend horchen,
Und es dem König plaudern.
PRINZESSIN *befremdet:* Sagt' er das?

*Billet: (franz.) Briefchen, Zettel

PAGE Dem König, sagt' er, liege ganz erstaunlich,
Gar mächtig viel daran, besonders viel,
Von diesem Briefe Kundschaft zu erhalten.
PRINZESSIN Dem König? Hast du recht gehört? Dem König?
War das der Ausdruck, den er brauchte?
PAGE Ja!
Er nannt' es ein gefährliches Geheimnis,
Und warnte mich, mit Worten und mit Winken
Gar sehr auf meiner Hut zu sein, daß ja
Der König keinen Argwohn schöpfe.
PRINZESSIN *nach einigem Nachsinnen, voll Verwunderung:* ⌜Alles
Trifft zu. – Es kann nicht anders sein – er muß
Um die Geschichte wissen. – Unbegreiflich!
Wer mag ihm wohl verraten haben? – Wer?
Ich frage noch – Wer sieht so scharf, so tief,
Wer anders, als der Falkenblick der Liebe?⌝
Doch weiter, fahre weiter fort: er las
Das Billet –
PAGE Das Billet enthalte
Ein Glück, sagt' er, vor dem er zittern müsse;
Das hab' er nie zu träumen sich getraut.
Zum Unglück trat der Herzog in den Saal,
Dies zwang uns –
PRINZESSIN *ärgerlich:*
Aber was in aller Welt
Hat jetzt der Herzog dort zu tun? Wo aber,
Wo bleibt er denn? Was zögert er? Warum
Erscheint er nicht? – Siehst du, wie falsch man dich
Berichtet hat? Wie glücklich wär' er schon
In so viel Zeit gewesen, als du brauchtest,
Mir zu erzählen, daß er's werden wollte!
PAGE Der Herzog, fürcht' ich –
PRINZESSIN Wiederum der Herzog?

Was will der *hier*? Was hat der tapfre Mann
Mit meiner stillen Seligkeit zu schaffen?
Den könnt' er stehen lassen, weiter schicken,
Wen auf der Welt kann man das nicht? – O wahrlich!
Dein Prinz versteht sich auf die Liebe selbst
So schlecht, als, wie es schien, auf Damenherzen.
Er weiß nicht was Minuten sind – Still! Still!
Ich höre kommen. Fort. Es ist der Prinz.
Page eilt hinaus.
Hinweg, hinweg. – Wo hab' ich meine Laute?
Er soll mich überraschen. – Mein Gesang
Soll ihm das Zeichen geben –

Achter Auftritt

Die Prinzessin und bald nachher Don Karlos.

(franz.) Ottomane: türk. Ruhebett

PRINZESSIN *hat sich in eine Ottomanne* geworfen, und spielt.*

KARLOS *stürzt herein. Er erkennt die Prinzessin, und steht da, wie vom Donner gerührt:* Gott!
Wo bin ich?

PRINZESSIN *läßt die Laute fallen. Ihm entgegen:*
Ah Prinz Karlos? Ja wahrhaftig!

KARLOS ⌜Wo bin ich? Rasender Betrug – ich habe
Das rechte Kabinett verfehlt.⌝

PRINZESSIN Wie gut
Versteht es Karl, die Zimmer sich zu merken,
Wo Damen ohne Zeugen sind.

KARLOS Prinzessin –
Verzeihen Sie, Prinzessin – ich – ich fand
Den Vorsaal offen.

PRINZESSIN Kann das möglich sein?
Mich deucht ja doch, daß ich ihn selbst verschloß.

KARLOS Das deucht Sie nur, das deucht Sie –

doch versichert!
Sie irren Sich. Verschließen wollen, ja,
Das geb' ich zu, das glaub' ich – doch verschlossen?
Verschlossen nicht, wahrhaftig nicht. Ich höre
Auf einer – Laute jemand spielen – War's
Nicht eine Laute?
indem er sich zweifelhaft umsieht.
Recht! dort liegt sie noch –
Und Laute – das weiß Gott im Himmel! – Laute,
Die lieb' ich bis zur Raserei. Ich bin
Ganz Ohr, ich weiß nichts von mir selber, stürze
Ins Kabinett, der süßen Künstlerin,
Die mich so himmlisch rührte, mich so mächtig
Bezauberte, ins schöne Aug' zu sehen.
PRINZESSIN Ein liebenswürd'ger Vorwitz, den Sie doch
Sehr bald gestillt, wie ich beweisen könnte.
Nach einigem Stillschweigen mit Bedeutung.
O schätzen muß ich den bescheidnen Mann,
Der, einem Weib Beschämung zu ersparen,
In solchen Lügen sich verstrickt.
KARLOS *treuherzig:* Prinzessin,
Ich fühle selber, daß ich nur verschlimmre,
Was ich verbessern will. Erlassen Sie
Mir eine Rolle, die ich durchzuführen
So ganz und gar verdorben bin. Sie suchten
Auf diesem Zimmer Zuflucht vor der Welt.
Hier wollten Sie, von Menschen unbehorcht,
Den stillen Wünschen Ihres Herzens leben.
Ich Sohn des Unglücks zeige mich; sogleich
Ist dieser schöne Traum gestört. – Dafür
Soll mich die schleunigste Entfernung –
Er will gehen.
PRINZESSIN *überrascht und betroffen, doch sogleich wieder gefaßt:* Prinz –
O das war boshaft.

KARLOS Fürstin – ich verstehe,
Was *dieser* Blick in diesem Kabinett
Bedeuten soll, und diese tugendhafte
Verlegenheit verehr' ich. Weh dem Manne,
Den weibliches Erröten mutig macht!
Ich bin verzagt, wenn Weiber vor mir zittern.

PRINZESSIN Ist's möglich? – Ein Gewissen ohne Beispiel
Für einen jungen Mann und Königssohn!
Ja, Prinz – jetzt vollends müssen Sie mir bleiben,
Jetzt bitt' ich selbst darum: bei so viel Tugend
Erholt sich jedes Mädchens Angst. Doch wissen Sie,
Daß Ihre plötzliche Erscheinung mich
Bei meiner liebsten Arie erschreckte?
Sie führt ihn zum Sopha, und nimmt ihre Laute wieder.
Die Arie, Prinz Karlos, werd' ich wohl
Noch einmal spielen müssen, Ihre Strafe
Soll sein, mir zuzuhören.

KARLOS *Er setzt sich, nicht ganz ohne Zwang, neben die Fürstin:* Eine Strafe,
So wünschenswert, als mein Vergehn – und wahrlich,
Der Inhalt war mir so willkommen, war
So göttlich schön, daß ich zum – drittenmal
Sie hören könnte.

PRINZESSIN Was? Sie haben alles
Gehört? Das ist abscheulich, Prinz. – Es war,
Ich glaube gar, die Rede von der Liebe?

KARLOS Und, irr' ich nicht, von einer glücklichen –
Der schönste Text in diesem schönen Munde;
Doch freilich nicht so wahr gesagt, als schön.

PRINZESSIN Nicht? Nicht so wahr? – Und also zweifeln Sie? –

KARLOS *ernsthaft:*
Ich zweifle fast, ob Karlos und die Fürstin
Von Eboli sich je verstehen können,
Wenn Liebe abgehandelt wird.

Die Prinzessin stutzt: er bemerkt es, und fährt mit einer leichten Galanterie fort. Denn wer,
Wer wird es diesen Rosenwangen glauben,
Daß Leidenschaft in dieser Brust gewühlt?
Läuft eine Fürstin Eboli Gefahr,
Umsonst und unerhört zu seufzen? Liebe
Kennt der allein, der ohne Hoffnung liebt.

PRINZESSIN *mit ihrer ganzen vorigen Munterkeit:*
O still! Das klingt ja fürchterlich. – Und freilich
Scheint dieses Schicksal Sie vor allen andern,
Und vollends heute – heute zu verfolgen.
Ihn bei der Hand fassend, mit einschmeichelndem Interesse.
Sie sind nicht fröhlich, guter Prinz. – Sie leiden –
Bei Gott, Sie leiden ja wohl gar. Ist's möglich?
Und warum leiden, Prinz? bei diesem lauten
Berufe zum Genuß der Welt, bei allen
Geschenken der verschwend'rischen Natur,
Und allem Anspruch auf des Lebens Freuden?
Sie – eines großen Königs Sohn, und mehr,
Weit mehr als das, schon in der Fürstenwiege
Mit Gaben ausgestattet, die sogar
Auch Ihres Ranges Sonnenglanz verdunkeln?
Sie – der im ganzen strengen Rat der Weiber
Bestochne Richter sitzen hat, der Weiber,
Die über Männerwert und Männerruhm
Ausschließend ohne Widerspruch entscheiden?
Der, wo er nur bemerkte, schon erobert,
Entzündet, wo er kalt geblieben, wo
Er glühen will, mit Paradiesen spielen
Und Götterglück verschenken muß – Der Mann,
Den die Natur zum Glück von Tausenden
Und wenigen mit gleichen Gaben schmückte,
Er selber sollte elend sein? – O Himmel,
Der du ihm alles, alles gabst, warum,

Warum denn nur die Augen ihm versagen,
Womit er seine Siege sieht?

KARLOS *der die ganze Zeit über in die tiefste Zerstreuung versunken war, wird durch das Stillschweigen der Prinzessin plötzlich zu sich selbst gebracht, und fährt in die Höhe:* Vortrefflich!
Ganz unvergleichlich, Fürstin. Singen Sie
Mir diese Stelle doch noch einmal.

PRINZESSIN *sieht ihn erstaunt an:* Karlos,
Wo waren Sie indessen?

KARLOS *springt auf:* Ja bei Gott!
Sie mahnen mich zur rechten Zeit. – Ich muß,
Muß fort – muß eilends fort.

PRINZESSIN *hält ihn zurück:* Wohin?

KARLOS *in schrecklicher Beängstigung:* Hinunter
Ins Freie. – Lassen Sie mich los – Prinzessin,
Mir wird, als rauchte hinter mir die Welt
In Flammen auf –

PRINZESSIN *hält ihn mit Gewalt zurück:*
Was haben Sie? Woher
Dies fremde unnatürliche Betragen?
Karlos bleibt stehen, und wird nachdenkend. Sie ergreift diesen Augenblick, ihn zu sich auf den Sopha zu ziehen.
Sie brauchen Ruhe, lieber Karl – Ihr Blut
Ist jetzt in Aufruhr – setzen Sie Sich zu mir –
Weg mit den schwarzen Fieberphantasien!
Wenn Sie Sich selber offenherzig fragen,
Weiß dieser Kopf, was dieses Herz beschwert?
Und wenn er's nun auch wüßte – sollte denn
Von allen Rittern dieses Hofs nicht Einer,
Von allen Damen keine – Sie zu heilen,
Sie zu verstehen, wollt' ich sagen – keine
Von allen würdig sein?

KARLOS *flüchtig, gedankenlos:*
Vielleicht die Fürstin
Von Eboli –

PRINZESSIN *freudig, rasch:*
Wahrhaftig?
KARLOS Geben Sie
Mir eine Bittschrift – ein Empfehlungsschreiben
An meinen Vater. Geben Sie! Man spricht,
Sie gelten viel.
PRINZESSIN Wer spricht das? (Ha! so war es
Der Argwohn, der dich stumm gemacht!)
KARLOS Wahrscheinlich
Ist die Geschichte schon herum. Ich habe
Den schnellen Einfall nach Brabant zu gehn,
Um – bloß um meine Sporen zu verdienen.
Das will mein Vater nicht. – Der gute Vater
Besorgt, wenn ich Armeen kommandierte, –
Mein Singen könne drunter leiden.
PRINZESSIN Karlos!
Sie spielen falsch. Gestehen Sie, Sie wollen
In dieser Schlangenwindung mir entgehn.
Hieher gesehen, Heuchler. Aug' in Auge.
Wer nur von Rittertaten träumt – wird der,
Gestehen Sie, – wird der auch wohl so tief
Herab sich lassen, Bänder, die den Damen
Entfallen sind, begierig wegzustehlen,
Und – Sie verzeihn –
Indem sie mit einer leichten Fingerbewegung seine Hemdkrause wegschnellt, und eine Bandschleife, die da verborgen war, wegnimmt. so kostbar zu verwahren?
KARLOS *mit Befremdung zurück tretend:*
Prinzessin – Nein, das geht zu weit. – Ich bin
Verraten. Sie betrügt man nicht. – Sie sind
Mit Geistern, mit Dämonen einverstanden.
PRINZESSIN Darüber scheinen Sie erstaunt? Darüber?
Was soll die Wette gelten, Prinz, ich rufe
Geschichten in Ihr Herz zurück, Geschichten –
Versuchen Sie es; fragen Sie mich aus.

Wenn selbst der Laune Gaukelei'n, ein Laut
Verstümmelt in die Luft gehaucht, ein Lächeln
Von schnellem Ernste wieder ausgelöscht,
Wenn selber schon Erscheinungen, Gebärden,
Wo Ihre Seele ferne war, mir nicht
Entgangen sind, urteilen Sie, ob ich
Verstand, wo Sie verstanden werden wollten?

KARLOS Nun das ist wahrlich viel gewagt. – Die Wette
Soll gelten, Fürstin. Sie versprechen mir
Entdeckungen in meinem eignen Herzen,
Um die ich selber nie gewußt.

PRINZESSIN *etwas empfindlich und ernsthaft:*
Nie, Prinz?
Besinnen Sie Sich besser. Sehn Sie um Sich. –
Dies Kabinett ist keines von den Zimmern
Der Königin, wo man das Bißchen Maske
Noch allenfalls zu loben fand. – Sie stutzen?
Sie werden plötzlich lauter Glut? – O freilich,
Wer sollte wohl so scharfklug, so vermessen,
So müßig sein, den Karlos zu belauschen,
Wenn Karlos unbelauscht sich glaubt? – Wer sah's,
Wie er beim letzten Hofball seine Dame,
Die Königin, im Tanze stehen ließ,
Und mit Gewalt ins nächste Paar sich drängte,
Statt seiner königlichen Tänzerin
Der Fürstin Eboli die Hand zu reichen?
Ein Irrtum, Prinz, den der Monarch sogar,
Der eben jetzt erschienen war, bemerkte!

KARLOS *mit ironischem Lächeln:*
Auch sogar d e r? Ja freilich, gute Fürstin,
Für d e n besonders war das nicht.

PRINZESSIN So wenig
Als jener Auftritt in der Schloßkapelle,
Worauf sich wohl Prinz Karlos selbst nicht mehr
Besinnen wird. Sie lagen zu den Füßen

Der heil'gen Jungfrau in Gebet ergossen,
Als plötzlich – konnten Sie dafür? – die Kleider
Gewisser Damen hinter Ihnen rauschten.
Da fing Don Philipps heldenmüt'ger Sohn,
Gleich einem Ketzer vor dem heil'gen Amte,
Zu zittern an, auf seinen bleichen Lippen
Starb das vergiftete Gebet – im Taumel
Der Leidenschaft – es war ein Possenspiel
Zum Rühren, Prinz – ergreifen Sie die Hand,
Der Mutter Gottes heil'ge kalte Hand,
Und Feuerküsse regnen auf den Marmor.

KARLOS Sie tun mir Unrecht, Fürstin. Das war Andacht.

PRINZESSIN
Ja, dann ist's etwas andres, Prinz – dann freilich
War's damals auch nur Furcht vor dem Verluste,
Als Karlos mit der Königin und mir
Beim Spielen saß, und mit bewundernswerter
Geschicklichkeit mir diesen Handschuh stahl –
Karlos springt bestürzt auf.
Den er zwar gleich nachher so artig war
Statt einer Karte wieder auszuspielen.

KARLOS O Gott – Gott – Gott! Was hab' ich da gemacht?

PRINZESSIN Nichts, was Sie widerrufen werden, hoff' ich.
Wie froh erschrak ich, als mir unvermutet
Ein Briefchen in die Finger kam, das Sie
In diesen Handschuh zu verstecken wußten.
Es war die rührendste Romanze, Prinz,
Die –

KARLOS *ihr rasch ins Wort fallend:*
Poesie! – Nichts weiter. – Mein Gehirn
Treibt öfters wunderbare Blasen auf,
Die schnell, wie sie entstanden sind, zerspringen.
Das war es alles. Schweigen wir davon.

PRINZESSIN *vor Erstaunen von ihm weggehend und ihn eine Zeit lang aus der Entfernung beobachtend:*

Ich bin erschöpft – all' meine Proben gleiten
Von diesem schlangenglatten Sonderling.
Sie schweigt einige Augenblicke.
Doch wie? – War's ungeheurer Männerstolz,
Der nur, sich desto süßer zu ergötzen,
Schüchternheit
Die Blödigkeit* als Larve* brauchte? – Ja?
Maske
Sie nähert sich dem Prinzen wieder, und betrachtet ihn zweifelhaft.
Belehren Sie mich endlich, Prinz – Ich stehe
Vor einem zauberisch verschloßnen Schrank,
Wo alle meine Schlüssel mich betrügen.

KARLOS Wie ich vor Ihnen.

PRINZESSIN *Sie verläßt ihn schnell, geht einigemal stillschweigend im Kabinett auf und nieder, und scheint über etwas wichtiges nachzudenken. Endlich nach einer großen Pause ernsthaft und feierlich:*
Endlich sei es denn –
Ich muß einmal zu reden mich entschließen.
Zu meinem Richter wähl' ich Sie. Sie sind
Ein edler Mensch – ein Mann, sind Fürst und Ritter.
An Ihren Busen werf' ich mich. Sie werden
Mich retten, Prinz, und wo ich ohne Rettung
Verloren bin, teilnehmend um mich weinen.
Der Prinz rückt näher mit erwartungsvollem, teilnehmendem Erstaunen.
Ein frecher Günstling des Monarchen buhlt
Vgl. V. 435.
Um meine Hand – Rui Gomez, Graf von Silva* –
Der König will, schon ist man Handels einig,
Ich bin der Kreatur verkauft.

KARLOS *heftig ergriffen:* Verkauft?
Anspielung auf den »Dämon in Süden« (Mercier), König Philipp II.
Und wiederum verkauft? und wiederum
Von dem berühmten Handelsmann in Süden*?

PRINZESSIN Nein, hören Sie erst alles. Nicht genug,
Daß man der Politik mich hingeopfert,
Auch meiner Unschuld stellt man nach – ⌜Da! Hier!
Dies Blatt kann diesen Heiligen entlarven.⌝

Karlos nimmt das Papier, und hängt voll Ungeduld an ihrer Erzählung, ohne sich Zeit zu nehmen, es zu lesen.
Wo soll ich Rettung finden. Prinz? Bis jetzt
War es mein Stolz, der meine Tugend schützte;
Doch endlich –

KARLOS Endlich fielen Sie? Sie fielen?
Nein, nein, um Gottes willen, nein!

PRINZESSIN *stolz und edel:* Durch wen?
Armselige Vernünftelei! Wie schwach
Von diesen starken Geistern! Weibergunst,
Der Liebe Glück der Ware gleich zu achten,
Worauf geboten werden kann! Sie ist
Das Einzige auf diesem Rund der Erde,
Was keinen Käufer leidet als sich selbst.
⌜Die Liebe ist der Liebe Preis. Sie ist
Der unschätzbare Diamant, den ich
Verschenken, oder, ewig ungenossen,
Verscharren muß⌝ – dem großen Kaufmann gleich,
Der, ungerührt von des Rialto* Gold,
Und Königen zum Schimpfe, seine Perle
Dem reichen Meere wiedergab, zu stolz
Sie unter ihrem Werte loszuschlagen.

Hauptbrücke Venedigs über den Canal Grande

KARLOS (Beim wunderbaren Gott! – das Weib ist schön!)

PRINZESSIN Man nenn' es Grille* – Eitelkeit: gleich viel.
Ich teile meine Freuden nicht. Dem Mann,
Dem Einzigen, den ich mir auserlesen,
Geb' ich für alles, alles hin. Ich schenke
Nur Einmal, aber ewig. Einen nur
Wird meine Liebe glücklich machen – Einen –
Doch diesen einzigen zum Gott. Der Seelen
Entzückender Zusammenklang – ein Kuß –
Der Schäferstunde schwelgerische Freuden –
Der Schönheit hohe, himmlische Magie
Sind Eines Strahles schwesterliche Farben,
Sind Einer Blume Blätter nur. Ich sollte,

Laune; wunderlicher, seltsamer Einfall

Ich Rasende! ein abgerißnes Blatt
Aus dieser Blume schönem Kelch verschenken?
Ich selbst des Weibes hohe Majestät,
Der Gottheit großes Meisterstück, verstümmeln,
Den Abend eines Prassers zu versüßen?

KARLOS (Unglaublich! Wie? Ein solches Mädchen hatte
Madrid, und ich – und ich erfahr' es heute
Zum ersten Mal?)

PRINZESSIN Längst hätt' ich diesen Hof
Verlassen, diese Welt verlassen, hätte
In heil'gen Mauern mich begraben; doch
Ein einzig Band ist noch zurück, ein Band,
Das mich an diese Welt allmächtig bindet.
Ach, ein Phantom* vielleicht! Doch mir so wert!
Ich liebe und bin – nicht geliebt.

(griech.) Sinnestäuschung

KARLOS *voll Feuer auf sie zugehend:* Sie sind's!
So wahr ein Gott im Himmel wohnt. Ich schwör' es.
Sie sind's, und unaussprechlich.

PRINZESSIN Sie? Sie schwören's?
O das war meines Engels Stimme! Ja,
Wenn freilich Sie es schwören, Karl, dann glaub' ich's,
Dann bin ich's.

KARLOS *der sie voll Zärtlichkeit in die Arme schließt:*
Süßes, seelenvolles Mädchen!
Anbetungswürdiges Geschöpf! – Ich stehe
Ganz Ohr – ganz Auge – ganz Entzücken – ganz
Bewunderung. – Wer hätte Dich gesehn,
Wer unter diesem Himmel dich gesehn,
Und rühmte sich – er habe nie geliebt? –
Doch hier an König Philipps Hof? Was hier?
Was, schöner Engel, willst du hier? bei Pfaffen
Und Pfaffenzucht? Das ist kein Himmelsstrich
Für solche Blumen. – Möchten sie sie brechen?
Sie möchten – o ich glaub' es gern. – Doch nein!
So wahr ich Leben atme, nein! – Ich schlinge

Den Arm um dich, auf meinen Armen trag' ich
Durch eine teufelvolle Hölle dich!
Ja – laß mich deinen Engel sein. –

PRINZESSIN *mit dem vollen Blick der Liebe:*
O Karlos!
Wie wenig hab' ich Sie gekannt! Wie reich
Und grenzenlos belohnt Ihr schönes Herz
Die schwere Müh', es zu begreifen!

Sie nimmt seine Hand, und will sie küssen.

KARLOS *der sie zurück zieht:* Fürstin,
Wo sind Sie jetzt?

PRINZESSIN *mit Feinheit und Grazie, indem sie starr in seine Hand sieht:* Wie schön ist diese Hand!
Wie reich ist sie! – ⌜Prinz, diese Hand hat noch
Zwei kostbare Geschenke zu vergeben –
Ein Diadem und Karlos Herz – und beides
Vielleicht an Eine Sterbliche? – An Eine?
Ein großes göttliches Geschenk! – Beinahe
Für Eine Sterbliche zu groß! – Wie, Prinz?
Wenn Sie zu einer Teilung Sich entschlössen?
Die Königinnen lieben schlecht – ein Weib,
Das lieben kann, versteht sich schlecht auf Kronen:
Drum besser, Prinz, Sie teilen, und gleich jetzt,
Gleich jetzt⌝ – Wie? Oder hätten Sie wohl schon?
Sie hätten wirklich? O dann um so besser!
Und kenn' ich diese Glückliche?

KARLOS Du sollst.
Dir Mädchen, Dir entdeck' ich mich – der Unschuld,
Der lautern, unentheiligten Natur
Entdeck' ich mich. An diesem Hof bist du
Die Würdigste, die Einzige, die Erste,
Die meine Seele ganz versteht. – Ja denn!
Ich leugn' es nicht – ich liebe!

PRINZESSIN Böser Mensch!
So schwer ist das Geständnis dir geworden?

Beweinenswürdig mußt' ich sein, wenn du
Mich liebenswürdig finden solltest?
KARLOS *stutzt:* Was?
Was ist das?
PRINZESSIN Solches Spiel mit mir zu treiben!
O wahrlich, Prinz, es war nicht schön. Sogar
Den Schlüssel zu verleugnen!
KARLOS Schlüssel! Schlüssel!
Nach einem dumpfen Besinnen.
Ja so – so war's. – Nun merk' ich – O mein Gott!
Seine Kniee wanken, er hält sich an einen Stuhl, und verhüllt das Gesicht.
PRINZESSIN *Eine lange Stille von beiden Seiten. Die Fürstin schreit laut und fällt:*
Abscheulich! Was hab' ich getan?
KARLOS *sich aufrichtend, im Ausbruch des heftigsten Schmerzes:* So tief
Herab gestürzt von allen meinen Himmeln! –
O das ist schrecklich!
PRINZESSIN *das Gesicht in das Küssen verbergend:*
Was entdeck' ich? Gott!
KARLOS *vor ihr niedergeworfen:*
Ich bin nicht schuldig, Fürstin – Leidenschaft –
Ein unglücksel'ger Mißverstand* – Bei Gott!
Ich bin nicht schuldig.

Missverständnis

PRINZESSIN *stößt ihn von sich:*
Weg aus meinen Augen,
Um Gottes willen –
KARLOS Nimmermehr! In dieser
Entsetzlichen Erschüttrung Sie verlassen?
PRINZESSIN *ihn mit Gewalt wegdrängend:*
Aus Großmut, aus Barmherzigkeit hinaus
Von meinen Augen. – Wollen Sie mich morden?
Ich hasse Ihren Anblick!
Karlos will gehen. Meinen Brief

Und meinen Schlüssel geben Sie mir wieder.
Wo haben Sie den andern Brief?

KARLOS Den andern?
Was denn für einen andern?

PRINZESSIN Den vom König.

KARLOS *zusammenschreckend:*
Von wem?

PRINZESSIN Den Sie vorhin von mir bekamen.

KARLOS Vom König? und an wen? an Sie?

PRINZESSIN O Himmel!
Wie schrecklich hab' ich mich verstrickt! Den Brief!
Heraus damit! ich muß ihn wieder haben.

KARLOS Vom König Briefe, und an Sie?

PRINZESSIN Den Brief!
Im Namen aller Heiligen!

KARLOS Der einen
Gewissen mir entlarven sollte – diesen?

PRINZESSIN Ich bin des Todes! – Geben Sie.

KARLOS Der Brief –

PRINZESSIN *in Verzweiflung die Hände ringend:*
Was hab' ich Unbesonnene gewagt?

KARLOS Der Brief – der kam vom König? – Ja, Prinzessin,
Das ändert freilich alles schnell. – Das ist
den Brief frohlockend emporhaltend.
Ein unschätzbarer – schwerer – teurer Brief,
Den alle Kronen Philipps einzulösen
Zu leicht, zu nichtsbedeutend sind. – Den Brief
Behalt' ich.*
Er geht.

Vgl. Erl. zu V. 1762–1763.

PRINZESSIN *wirft sich ihm in den Weg:*
Großer Gott! Ich bin verloren!

Neunter Auftritt

Die Prinzessin allein.
Sie steht noch betäubt, außer Fassung; nachdem er hinaus ist, eilt sie ihm nach, und will ihn zurück rufen:

Prinz, noch ein Wort. Prinz, hören Sie – Er geht!
Auch das noch! Er verachtet mich – Da steh' ich
In fürchterlicher Einsamkeit – verstoßen,
Verworfen –
Sie sinkt auf einen Sessel. Nach einer Pause.
Nein! Verdrungen* nur, verdrungen
Von einer Nebenbuhlerin. Er liebt.
Kein Zweifel mehr. Er hat es selbst bekannt.
Doch wer ist diese Glückliche? – So viel
Ist offenbar – er liebt was er nicht sollte.
Er fürchtet die Entdeckung. Vor dem König
Verkriecht sich seine Leidenschaft – Warum
Vor diesem, der sie wünschte? – Oder ist's
Der Vater nicht, was er im Vater fürchtet?
Als ihm des Königs buhlerische Absicht
Verraten war – da jauchzten seine Mienen,
Frohlockt' er wie ein Glücklicher … Wie kam es,
Daß seine strenge Tugend hier verstummte?
Hier? Eben hier? – Was kann denn er dabei,
Er zu gewinnen haben, wenn der König
Der Königin die –
Sie hält plötzlich ein, von einem Gedanken überrascht. – Zu gleicher Zeit reißt sie die Schleife, die ihr Karlos gegeben hat, von dem Busen, betrachtet sie schnell, und erkennt sie. O ich Rasende!
Jetzt endlich, jetzt – Wo waren meine Sinne?
Jetzt gehen mir die Augen auf – Sie hatten
Sich lang' geliebt, eh' der Monarch sie wählte.
Nie ohne s i e sah mich der Prinz. – Sie also,
Sie war gemeint, wo ich so grenzenlos,

Stark flektierte Partizipialform des Verbs ›verdrängen‹

So warm, so wahr mich angebetet glaubte?
O ein Betrug, der ohne Beispiel ist!
Und meine Schwäche hab' ich ihr verraten –
Stillschweigen.
Daß er ganz ohne Hoffnung lieben sollte!
Ich kann's nicht glauben – Hoffnungslose Liebe
Besteht in diesem Kampfe nicht. Zu schwelgen,
Wo unerhört der glänzendste Monarch
Der Erde schmachtet – Wahrlich! solche Opfer
Bringt hoffnungslose Liebe nicht. Wie feurig
War nicht sein Kuß! Wie zärtlich drückt' er mich,
Wie zärtlich an sein schlagend Herz! – Die Probe
War fast zu kühn für die romant'sche Treue,
Die nicht erwidert werden soll – Er nimmt
Den Schlüssel an, den, wie er sich beredet,
Die Königin ihm zugeschickt – Er glaubt
An diesen Riesenschritt der Liebe – kommt,
Kommt wahrlich, kommt! – So traut er Philipps Frau
Die rasende Entschließung zu. – Wie kann er,
Wenn hier nicht große Proben ihn ermuntern?
Es ist am Tag'. Er wird erhört. Sie liebt!
Beim Himmel, diese Heilige empfindet!
Wie fein ist sie! ... Ich zitterte, ich selbst,
Vor dem erhabnen Schreckbild dieser Tugend.
Ein höh'res Wesen ragt sie neben mir,
In ihrem Glanz erlösch' ich. Ihrer Schönheit
Mißgönnt' ich diese hohe Ruhe, frei
Von jeder Wallung sterblicher Naturen.
Und diese Ruhe war nur Schein? Sie hätte
An beiden Tafeln* schwelgen wollen? hätte
Den Götterschein der Tugend schaugetragen,
Und doch zugleich des Lasters heimliche
Entzückungen zu naschen sich erdreistet?
Das durfte sie? Das sollte ungerochen*
Der Gauklerin gelungen sein? gelungen,

als tugendhafte Ehefrau und Liebhaberin des Prinzen

ungerächt

Weil sich kein Rächer meldet? – Nein bei Gott!
Ich betete sie an – ⌜Das fordert Rache!
Der König wisse den Betrug⌝ – Der König?
Nach einigem Besinnen.
Ja recht – das ist ein Weg zu seinem Ohre.
Sie geht ab.

Zehnter Auftritt

Ein Zimmer im königlichen Pallaste

Herzog von Alba. Pater Domingo.

DOMINGO Was wollen Sie mir sagen?
ALBA Eine wicht'ge
Entdeckung, die ich heut gemacht, worüber
Ich einen Aufschluß haben möchte.
DOMINGO Welche
Entdeckung? Wovon reden Sie?
ALBA Prinz Karlos
Und ich begegnen diesen Mittag* uns
Im Vorgemach der Königin. Ich werde
Beleidigt. Wir erhitzen uns. Der Streit
Wird etwas laut. Wir greifen zu den Schwertern.
Die Königin auf das Getöse öffnet
Das Zimmer, wirft sich zwischen uns und sieht
Mit einem Blick despotischer Vertrautheit
Den Prinzen an. – Es war ein einz'ger Blick. –
Sein Arm erstarrt – er fliegt an meinen Hals –
Ich fühle einen heißen Kuß – er ist
Verschwunden.

Vgl. Szenen II,5 und II,6.

DOMINGO *nach einigem Stillschweigen:*
Das ist sehr verdächtig. – Herzog,
Sie mahnen mich an etwas. – – Ähnliche
Gedanken, ich gesteh' es, keimten längst

In meiner Brust. – Ich flohe diese Träume –
Noch hab' ich niemand sie vertraut. Es gibt
Zweischneid'ge Klingen, ungewisse Freunde –
Ich fürchte diese. Schwer zu unterscheiden,
Noch schwerer zu ergründen sind die Menschen.
Entwischte Worte sind beleidigte
Vertraute – drum begrub ich mein Geheimnis,
Bis es die Zeit ans Licht hervorgewälzt.
Gewisse Dienste Königen zu leisten
Ist mißlich, Herzog – ein gewagter Wurf,
Der, fehlt* er seine Beute, auf den Schützen   verfehlte
Zurücke prallt. – Ich wollte, was ich sage,
Auf eine Hostie beschwören – doch
Ein Augenzeugnis, ein erhaschtes Wort,
Ein Blatt Papier fällt schwerer in die Waage,
Als mein lebendigstes Gefühl. – Verwünscht,
Daß wir auf Span'schem Boden stehn!

ALBA Warum
Auf diesem nicht?

DOMINGO An jedem andern Hofe
Kann sich die Leidenschaft vergessen. Hier
Wird sie gewarnt von ängstlichen Gesetzen.
Die Span'schen Königinnen haben Müh
Zu sündigen – ich glaub' es – doch zum Unglück
Nur da* – gerade da nur, wo es uns   am Hofe
Am besten glückte, sie zu überraschen.

ALBA Hören Sie weiter – Karlos hatte heut
Gehör beim König. Eine Stunde währte
Die Audienz. Er bat um die Verwaltung
Der Niederlande. Laut und heftig bat er;
Ich hört' es in dem Kabinett. Sein Auge
War rot geweint, als ich ihm an der Türe
Begegnete. Den Mittag drauf erscheint er
Mit einer Miene des Triumphs. Er ist
Entzückt, daß mich der König vorgezogen.

Er dankt es ihm. Die Sachen stehen anders,
Sagt er, und besser. Heucheln könnt' er nie.
entwirren, erklären
Wie soll ich diese Widersprüche reimen*?
Der Prinz frohlockt, hintangesetzt zu sein,
Und mir erteilt der König eine Gnade
Mit allen Zeichen seines Zorns! – Was muß
Ich glauben? Wahrlich, diese neue Würde
Sieht einer Landsverweisung ähnlicher
Als einer Gnade.

DOMINGO Dahin also wär' es
Gekommen? Dahin? ⌜Und ein Augenblick
Zertrümmerte, was wir in Jahren bauten?⌝ –
Und Sie so ruhig? so gelassen? – Kennen
Sie diesen Jüngling? Ahnen Sie, was uns
Erwartet, wenn er mächtig wird? – Der Prinz –
– Ich bin sein Feind nicht. Andre Sorgen nagen
An meiner Ruhe, Sorgen für den Thron,
Für Gott und seine Kirche. – Der Infant
(Ich kenn' ihn – ich durchdringe seine Seele)
Anrede für Ferdinand Alvarez de Toledo, Herzog von Alba
Hegt einen schrecklichen Entwurf – Toledo* –
Den rasenden Entwurf, Regent zu sein,
Und unsern heil'gen Glauben zu entbehren. –
Sein Herz entglüht für eine neue Tugend,
Die, stolz und sicher und sich selbst genug,
Von keinem Glauben betteln will. – Er ⌜*denkt*!
Sein Kopf entbrennt von einer seltsamen
(franz.) Trugbild, Hirngespinst
Chimäre* – er verehrt den Menschen⌝ – Herzog,
Ob er zu unserm König taugt?

ALBA Phantomen!
Was sonst? Vielleicht auch jugendlicher Stolz,
Der eine Rolle spielen möchte. – Bleibt
Ihm eine andre Wahl? Das geht vorbei,
Trifft ihn einmal die Reihe zu befehlen.

DOMINGO Ich zweifle. – Er ist stolz auf seine Freiheit,
Des Zwanges ungewohnt, womit man Zwang

Zu kaufen sich bequemen muß. – Taugt er
Auf unsern Thron? Der kühne Riesengeist
Wird unsrer Staatskunst Linien durchreißen.
Umsonst versucht' ich's, diesen trotz'gen Mut
In dieser Zeiten Wollust abzumatten*;

durch Wollust ruinieren

Er überstand die Probe – Schrecklich ist
In diesem Körper dieser Geist – und Philipp
Wird sechzig Jahre alt.

ALBA Ihre Blicke reichen
Sehr weit.

DOMINGO Er und die Königin sind Eins.
Schon schleicht, verborgen zwar, in beider Brust
Das Gift der Neuerer*; doch bald genug,

aufgeklärte, selbstständig denkende Menschen, aber auch Protestanten

Gewinnt es Raum, wird es den Thron ergreifen.
Ich kenne diese Valois*. – Fürchten wir

Gemeint ist die Königin.

Die ganze Rache dieser stillen Feindin,
Wenn Philipp Schwächen sich erlaubt. Noch ist
Das Glück uns günstig. Kommen wir zuvor.
In Eine Schlinge stürzen beide. – Jetzt
Ein solcher Wink dem Könige gegeben,
Bewiesen oder nicht bewiesen – viel
Ist schon gewonnen, wenn er wankt. Wir selbst,
Wir zweifeln beide nicht. Zu überzeugen
Fällt keinem Überzeugten schwer. Es kann
Nicht fehlen, wir entdecken mehr, sind wir
Vorher gewiß, daß wir entdecken müssen.

ALBA Doch nun die wichtigste von allen Fragen!
Wer nimmt's auf sich, den König zu belehren?

DOMINGO Noch Sie, noch ich. ⌜Erfahren Sie also,
Was lange schon, des großen Planes voll,
Mein stiller Fleiß dem Ziele zugetrieben.
Noch mangelt, unser Bündnis zu vollenden,
Die dritte, wichtigste Person. – Der König
Liebt die Prinzessin Eboli. Ich nähre
Die Leidenschaft, die meinen Wünschen wuchert*.

Gewinn bringt

Ich bin sein Abgesandter – Unserm Plane
Erzieh' ich sie. – In dieser jungen Dame,
Gelingt mein Werk, soll eine Bundsverwandtin,
Soll eine Königin uns blühn.⌉ Sie selbst
Hat jetzt in dieses Zimmer mich berufen.
Ich hoffe alles. – ⌈Jene Lilien
Von Valois zerknickt ein Span'sches Mädchen
Vielleicht in Einer Mitternacht.⌉

ALBA Was hör' ich?
Ist's Wahrheit, was ich jetzt gehört? – Beim Himmel!
Das überrascht mich! Ja! Der Streich vollendet!
Dominikaner! ich bewundre dich.
Jetzt haben wir gewonnen –

DOMINGO Still! Wer kommt! –
Sie ist's – sie selbst.

ALBA Ich bin im nächsten Zimmer,
Wenn man –

DOMINGO Schon recht. Ich rufe Sie.

Der Herzog von Alba geht ab.

Elfter Auftritt

Die Prinzessin. Domingo.

DOMINGO Zu Ihren
Befehlen, gnäd'ge Fürstin.

PRINZESSIN *dem Herzog neugierig nachsehend:*
Sind wir etwa
Nicht ganz allein? Sie haben, wie ich sehe,
Noch einen Zeugen bei Sich?

DOMINGO Wie?

PRINZESSIN Wer war es,
Der eben jetzt von Ihnen ging?

DOMINGO Der Herzog
Von Alba, gnäd'ge Fürstin, der nach mir

Um die Erlaubnis bittet, vorgelassen
Zu werden.
PRINZESSIN Herzog Alba? Was will der?
Was kann er wollen? Wissen Sie vielleicht
Es mir zu sagen?
DOMINGO Ich? und eh' ich weiß,
Was für ein Vorfall von Bedeutung mir
Das lang' entbehrte Glück verschafft, der Fürstin
Von Eboli mich wiederum zu nähern?
Pause, worin er ihre Antwort erwartet.
Ob sich ein Umstand endlich vorgefunden,
Der für des Königs Wünsche spricht? ob ich
Mit Grund gehofft, daß beßre Überlegung
Mit einem Anerbieten Sie versöhnt,
Das Eigensinn, das Laune bloß verworfen?
Ich komme voll Erwartung –
PRINZESSIN Brachten Sie
Dem König meine letzte Antwort?
DOMINGO Noch
Verschob ich's, ihn so tödlich zu verwunden.
Noch, gnäd'ge Fürstin, ist es Zeit. Es steht
Bei Ihnen, sie zu mildern.
PRINZESSIN ⌜Melden Sie
Dem König, daß ich ihn erwarte.⌝
DOMINGO Darf
Ich das für Wahrheit nehmen, schöne Fürstin?
PRINZESSIN Für Scherz doch nicht? Bei Gott!
Sie machen mir
Ganz bange. – Wie? Was hab' ich denn getan,
Wenn sogar Sie – Sie selber Sich entfärben?
DOMINGO Prinzessin, diese Überraschung* – kaum
Kann ich es fassen –
PRINZESSIN Ja, hochwürd'ger Herr,
Das sollen Sie auch nicht. Um alle Güter
Der Welt möcht' ich nicht haben, daß Sie's faßten.

dieser überraschende, nicht erklärte Wandel

Genug für Sie, daß es so ist. Ersparen
Sie Sich die Mühe zu ergrübeln, wessen
Beredsamkeit Sie diese Wendung danken.
Zu Ihrem Trost setz' ich hinzu: Sie haben
Nicht Teil an dieser Sünde. Auch wahrhaftig
Die Kirche nicht; obschon Sie mir bewiesen,
Daß Fälle möglich wären, wo die Kirche
Sogar die *Körper* ihrer jungen Töchter
Für höh're Zwecke zu gebrauchen wüßte.
Auch diese nicht. – Dergleichen fromme Gründe,
Ehrwürd'ger Herr, sind mir zu hoch –

DOMINGO Sehr gerne,
Prinzessin, nehm' ich sie zurück, sobald
Sie überflüssig waren.

PRINZESSIN Bitten Sie
Von meinetwegen den Monarchen, ja
In dieser Handlung Mich nicht zu verkennen.
Was ich gewesen, bin ich noch. Die Lage
Der Dinge nur hat seitdem sich verwandelt.
Als ich sein Anerbieten mit Entrüstung
Zurücke stieß, da glaubt' ich im Besitze
Der schönsten Königin ihn *glücklich* – glaubte
Die treue Gattin meines Opfers wert.
Das glaubt' ich damals – damals. Freilich jetzt,
Jetzt weiß ich's besser.

DOMINGO Fürstin, weiter, weiter.
Ich hör' es, wir verstehen uns.

PRINZESSIN Genug,
Sie ist erhascht*. Ich schone sie nicht länger.
Die schlaue Diebin ist erhascht. Den König,
Ganz Spanien, und mich hat sie betrogen.
Sie liebt. Ich weiß es, daß sie liebt. Ich bringe
Beweise, die sie zittern machen sollen.
Der König ist betrogen – doch bei Gott!
Er sei es ungerochen nicht. Die Larve

überführt, entlarvt

Erhabner, übermenschlicher Entsagung
Reiß' ich ihr ab, daß alle Welt die Stirne
Der Sünderin erkennen soll. Es kostet
Mir einen ungeheuern Preis, doch – das
Entzückt mich, das ist mein Triumph – doch ihr
Noch einen größern.

DOMINGO Nun ist alles reif.
Erlauben Sie, daß ich den Herzog rufe.
Er geht hinaus.

PRINZESSIN *erstaunt:*
Was wird das?

Zwölfter Auftritt

Die Prinzessin. Herzog Alba. Domingo.

DOMINGO *der den Herzog herein führt:*
Unsre Nachricht*, Herzog Alba, Mitteilung
Kommt hier zu spät. ⌜Die Fürstin Eboli
Entdeckt uns ein Geheimnis, das sie eben
Von uns erfahren sollte.⌝

ALBA Mein Besuch
Wird dann um so viel minder sie befremden.
Ich traue *meinen* Augen nicht. Dergleichen
Entdeckungen verlangen Weiberblicke.

PRINZESSIN
Sie sprechen von Entdeckungen? –

DOMINGO Wir wünschten
Zu wissen, gnäd'ge Fürstin, welchen Ort,
Und welche beß're Stunde Sie –

PRINZESSIN Auch das!
So will ich morgen Mittag Sie erwarten.
Ich habe Gründe, dieses strafbare
Geheimnis länger nicht zu bergen – es
Nicht länger mehr dem König zu entziehn.

ALBA Das war es, was mich hergeführt. Sogleich
Muß der Monarch es wissen. Und durch Sie,
Durch Sie, Prinzessin, muß er das. Wem sonst,
Wem sollt' er lieber glauben, als der strengen,
Der wachsamen Gespielin seines Weibes?
DOMINGO Wem mehr, als Ihnen, die, sobald sie will,
Ihn unumschränkt beherrschen kann?
ALBA Ich bin
Erklärter Feind des Prinzen.
DOMINGO Eben das
Ist man gewohnt, von mir vorauszusetzen.
Die Fürstin Eboli ist frei. Wo wir
Verstummen müssen, zwingen Pflichten Sie
Zu reden, Pflichten Ihres Amts. Der König
Entflieht uns nicht, wenn Ihre Winke wirken,
Und dann vollenden wir das Werk.
ALBA Doch bald,
Gleich jetzt muß das geschehn. Die Augenblicke
Sind kostbar. Jede nächste Stunde kann
Mir den Befehl zum Abmarsch bringen. –
DOMINGO *sich nach einigem Überlegen zur Fürstin kehrend:* ⌜Ob
Sich Briefe finden ließen? Briefe freilich,
Von dem Infanten aufgefangen*, müßten
entgegengenommen, empfangen
Hier Wirkung tun.⌝ – Laß sehen. – Nicht wahr? – Ja.
Sie schlafen doch – so deucht mir – in demselben
Gemache mit der Königin.
PRINZESSIN Zunächst
An diesem. – Doch was soll mir das?
DOMINGO Wer sich
Auf Schlösser gut verstände! – Haben Sie
Bemerkt, wo sie den Schlüssel zur Schatulle*
(franz.) Kästchen, Kassette
Gewöhnlich zu bewahren pflegt?
PRINZESSIN *nachdenkend:* Das könnte
Zu etwas führen. – Ja – der Schlüssel wäre
Zu finden, denk' ich. –

DOMINGO Briefe wollen Boten – –
Der Königin Gefolg' ist groß. – – Wer hier
Auf eine Spur geraten könnte! – – Gold
Vermag zwar viel –
ALBA Hat niemand wahrgenommen,
Ob der Infant Vertraute hat?
DOMINGO Nicht Einen;
In ganz Madrid nicht Einen.
ALBA Das ist seltsam.
DOMINGO Das dürfen Sie mir glauben; er verachtet
Den ganzen Hof; ich habe meine Proben.
ALBA Doch wie? Hier eben fällt mir ein, als ich
Von dem Gemach der Königin heraus kam,
Stand der Infant bei einem ihrer Pagen;
Sie sprachen heimlich –
PRINZESSIN *rasch einfallend:*
Nicht doch! Nein! Das war –
Das war von etwas anderm.
DOMINGO Können wir
Das wissen? – Nein, der Umstand ist verdächtig. –
Zum Herzog.
Und kannten Sie den Pagen?
PRINZESSIN Kinderpossen!
Was wird's auch sonst gewesen sein? Genug,
Ich kenne das. – Wir sehn uns also wieder,
Eh' ich den König spreche. – Unterdessen
Entdeckt sich viel.
DOMINGO *sie auf die Seite führend:*
Und der Monarch darf hoffen?
Ich darf es ihm verkündigen? Gewiß?
Und welche schöne Stunde seinen Wünschen
Erfüllung endlich bringen wird? Auch dies?
PRINZESSIN
⌜In ein'gen Tagen werd' ich krank; man trennt mich
Von der Person der Königin – das ist

An unserm Hofe Sitte, wie Sie wissen.
Ich bleibe dann auf meinem Zimmer.⌝
DOMINGO Glücklich.
Gewonnen ist das große Spiel. Trotz sei
Geboten allen Königinnen –
PRINZESSIN Horch!
Man fragt nach mir – die Königin verlangt mich.
Auf Wiedersehen.
Sie eilt ab.

Dreizehnter Auftritt

Alba. Domingo.
DOMINGO *nach einer Pause, worin er die Prinzessin mit den Augen begleitet hat:* ⌜Herzog, diese Rosen,
Und Ihre Schlachten –
ALBA Und dein Gott – so will ich
Den Blitz erwarten, der uns stürzen soll!⌝
Sie gehen ab.

Vierzehnter Auftritt

In einem Kartäuserkloster

Don Karlos. Der Prior.
KARLOS *zum Prior, indem er herein tritt:*
Schon da gewesen also? – Das beklag' ich.
PRIOR Seit heute Morgen schon das dritte Mal.
Vor einer Stunde ging er weg –
KARLOS Er will
Doch wiederkommen? Hinterließ er nicht?*
PRIOR Vor Mittag noch, versprach er.
KARLOS *an ein Fenster und sich in der Gegend umsehend:*

Hinterließ er keine Nachricht?

Euer Kloster
Liegt weit ab von der Straße. – Dorthin zu
Sieht man noch Türme von Madrid. – Ganz recht,
Und hier fließt der Mansanares* – Die Landschaft
Ist, wie ich sie mir wünsche. – Alles ist
Hier still, wie ein Geheimnis.

Fluss, der durch Madrid fließt

PRIOR Wie der Eintritt
Ins andre Leben.

KARLOS Eurer Redlichkeit,
Hochwürd'ger Herr, hab' ich mein Kostbarstes,
Mein Heiligstes vertraut. Kein Sterblicher
Darf wissen oder nur vermuten, wen
Ich hier gesprochen und geheim*. Ich habe
Sehr wicht'ge Gründe, vor der ganzen Welt
Den Mann, den ich erwarte, zu verleugnen,
Drum wählt' ich dieses Kloster. Vor Verrätern,
Vor Überfall sind wir doch sicher? Ihr
Besinnt euch doch, was ihr mir zugeschworen?

Hier: heimlich

PRIOR Vertrauen Sie uns, gnäd'ger Herr. Der Argwohn
Der Könige wird Gräber nicht durchsuchen.
Das Ohr der Neugier liegt nur an den Türen
Des Glückes und der Leidenschaft. Die Welt
Hört auf in diesen Mauern.

KARLOS Denkt ihr etwa,
Daß hinter diese Vorsicht, diese Furcht
Ein schuldiges Gewissen sich verkrieche?

PRIOR Ich denke nichts.

KARLOS Ihr irrt euch, frommer Vater,
Ihr irrt euch wahrlich. Mein Geheimnis zittert
Vor Menschen, aber nicht vor Gott.

PRIOR Mein Sohn,
Das kümmert uns sehr wenig. Diese Freistatt*
Steht dem Verbrechen offen, wie der Unschuld.
Ob, was du vorhast, gut ist oder übel,
Rechtschaffen oder lasterhaft – das mache
Mit deinem eignen Herzen aus.

Zufluchtsort für flüchtige Verbrecher

KARLOS *mit Wärme:* Was wir
Verheimlichen, kann euern Gott nicht schänden.
Es ist sein eignes, schönstes Werk. – Zwar euch,
Euch kann ich's wohl entdecken*.

mitteilen, enthüllen

PRIOR Zu was Ende?*

Zu welchem Zweck?

Erlassen Sie mir's, lieber Prinz. Die Welt
Und ihr Geräte liegt schon lange Zeit
Versiegelt da auf jene große Reise.
Wozu die kurze Frist vor meinem Abschied
Noch einmal es erbrechen? – Es ist wenig,
Was man zur Seligkeit bedarf. – Die Glocke
Zur Hora* läutet. Ich muß beten gehen.
Der Prior geht ab.

Stundengebet im Kloster

Fünfzehnter Auftritt

Don Karlos. Der Marquis von Posa tritt herein.

KARLOS Ach endlich einmal, endlich –
MARQUIS Welche Prüfung
Für eines Freundes Ungeduld! Die Sonne
Ging zweimal auf und zweimal unter*, seit
Das Schicksal meines Karlos sich entschieden;
Und jetzt, erst jetzt werd' ich es hören. – Sprich.
Ihr seid versöhnt?

Zwei Tage sind seit den Ereignissen im Palast vergangen.

KARLOS Wer?
MARQUIS Du und König Philipp:
Und auch mit Flandern ist's entschieden?
KARLOS Daß
Der Herzog morgen dahin reist? – Das ist
Entschieden, ja.
MARQUIS Das kann nicht sein. Das ist nicht.
Soll ganz Madrid belegen sein? Du hattest
Geheime Audienz, sagt man. Der König –
KARLOS Blieb unbewegt. Wir sind getrennt auf immer,
Und mehr, als wir's schon waren –

MARQUIS Du gehst nicht
Nach Flandern?
KARLOS Nein! Nein! Nein!
MARQUIS O meine Hoffnung!
KARLOS Das nebenbei. O Roderich, seitdem
Wir uns verließen, was hab' ich erlebt!
Doch jetzt vor allem deinen Rat! Ich muß
Sie sprechen –
MARQUIS Deine Mutter? – Nein! – Wozu?
KARLOS Ich habe Hoffnung. – Du wirst blaß? Sei ruhig.
Ich soll und werde glücklich sein. – Doch davon
Ein andermal. Jetzt schaffe Rat, wie ich
Sie sprechen kann. –
MARQUIS Was soll das? Worauf gründet
Sich dieser neue Fiebertraum?
KARLOS Nicht Traum!
Beim wundervollen Gott nicht! – Wahrheit, Wahrheit!
den Brief des Königs an die Fürstin von Eboli hervorziehend.
In diesem wichtigen Papier enthalten!
Die Königin ist frei; vor Menschenaugen,
Wie vor des Himmels Augen frei. Da lies,
Und höre auf, dich zu verwundern.
MARQUIS *den Brief eröffnend:* Was?
Was seh' ich? Eigenhändig vom Monarchen?
Nachdem er es gelesen.
An wen ist dieser Brief?
KARLOS An die Prinzessin
Von Eboli. – Vorgestern bringt ein Page
Der Königin von unbekannten Händen
Mir einen Brief und einen Schlüssel. Man
Bezeichnet mir im linken Flügel des
Pallastes, den die Königin bewohnt,
Ein Kabinett, wo eine Dame mich
Erwarte, die ich längst geliebt. Ich folge
Sogleich dem Winke –

Vgl. Erl. zu V. 1268.

MARQUIS Rasender, du folgst?
KARLOS Ich kenne ja die Handschrift nicht* – Ich kenne
Nur Eine solche Dame. Wer als sie
Wird sich von Karlos angebetet wähnen?
Voll süßen Schwindels flieg' ich nach dem Platze;
Ein göttlicher Gesang, der aus dem Innern
Des Zimmers mir entgegen schallt, dient mir
Zum Führer – ich eröffne das Gemach –
Und wen entdeck' ich? – Fühle mein Entsetzen!
MARQUIS O ich errate alles.
KARLOS Ohne Rettung
War ich verloren, Roderich, wär' ich
In eines Engels Hände nicht gefallen.
Welch unglücksel'ger Zufall! Hintergangen
Von meiner Blicke unvorsicht'ger Sprache,
Gab sie der süßen Täuschung sich dahin,
Sie selber sei der Abgott dieser Blicke.
Gerührt von meiner Seele stillen Leiden,
Beredet sich großmütig-unbesonnen
Ihr weiches Herz, mir Liebe zu erwidern.
Die Ehrfurcht schien mir Schweigen zu gebieten;
Sie hat die Kühnheit es zu brechen – offen
Liegt ihre schöne Seele mir –
MARQUIS So ruhig
Erzählst du das? – ⌜Die Fürstin Eboli
Durchschaute dich. Kein Zweifel mehr, sie drang
In deiner Liebe innerstes Geheimnis.
Du hast sie schwer beleidigt. Sie beherrscht
Den König.
KARLOS *zuversichtlich:*
Sie ist tugendhaft.
MARQUIS Sie ist's
Aus Eigennutz der Liebe.⌝ – Diese Tugend,
Ich fürchte sehr, ich kenne sie – wie wenig
Reicht sie empor zu jenem Ideale,

Das aus der Seele mütterlichem Boden,
In stolzer, schöner Grazie empfangen,
Freiwillig sproßt und ohne Gärtners Hülfe
Verschwenderische Blüten treibt! Es ist
Ein fremder Zweig, mit nachgeahmtem Süd*
In einem rauhern Himmelsstrich getrieben;
Erziehung, Grundsatz, nenn' es wie du willst,
Erworbne Unschuld, dem erhitzten Blut
Durch List und schwere Kämpfe abgerungen,
Dem Himmel, der sie fordert und bezahlt,
Gewissenhaft sorgfältig angeschrieben.
Erwäge selbst. ⌜Wird sie der Königin
Es je vergeben können, daß ein Mann
An ihrer eignen, schwer erkämpften Tugend
Vorüber ging, sich für Don Philipps Frau
In hoffnungslosen Flammen zu verzehren?⌝

*Künstlich erzeugter Südwind

KARLOS Kennst du die Fürstin so genau?
MARQUIS Gewiß nicht.
Kaum daß ich zweimal sie gesehn. Doch nur
Ein Wort laß mich noch sagen: ⌜Mir kam vor,
Daß sie geschickt des Lasters Blößen mied,
Daß sie sehr gut um ihre Tugend *wußte*.
Dann sah ich auch die Königin. – O Karl,
Wie anders alles, was ich hier bemerkte!
In angeborner stiller Glorie*,
Mit sorgenlosem Leichtsinn, mit des Anstands
Schulmäßiger Berechnung unbekannt,
Gleich ferne von Verwegenheit und Furcht,
Mit festem Heldenschritte wandelt sie
Die schmale Mittelbahn des *Schicklichen*,
Unwissend, daß sie Anbetung erzwungen,
Wo sie von eignem Beifall nie geträumt.
Erkennt mein Karl auch hier in diesem Spiegel
Auch jetzt noch seine Eboli? – Die Fürstin
Blieb standhaft, weil sie liebte; Liebe war

*Glanz, Ruhm

In ihre Tugend wörtlich einbedungen.
Du hast sie nicht belohnt – sie fällt.⌉

KARLOS *mit einiger Heftigkeit:* Nein! Nein!
Nachdem er heftig auf und nieder gegangen.
Nein, sag' ich dir. – O wüßte Roderich,
Wie trefflich es ihn kleidet, seinem Karl
Der Seligkeiten göttlichste, den Glauben
An menschliche Vortrefflichkeit, zu stehlen!

MARQUIS Verdien' ich das? – Nein, Liebling meiner Seele,
Das wollt' ich nicht, bei Gott im Himmel nicht! –
O diese Eboli – sie wär' ein Engel,
Und ehrerbietig wie du selbst stürzt' ich
Vor ihrer Glorie mich nieder, hätte
Sie – dein Geheimnis nicht erfahren.

KARLOS Sieh,
Wie eitel deine Furcht ist! Hat sie andre
Beweise wohl, als die sie selbst beschämen?
Wird sie der Rache trauriges Vergnügen
Mit ihrer Ehre kaufen?

MARQUIS Ein Erröten
Zurück zu nehmen, haben manche schon
Der Schande sich geopfert.

KARLOS *mit Heftigkeit aufstehend:*
Nein, das ist
Zu hart, zu grausam. Sie ist stolz und edel;
Ich kenne sie und fürchte nichts. Umsonst
Versuchst du meine Hoffnungen zu schrecken.
Ich spreche meine Mutter.

MARQUIS Jetzt? Wozu?

KARLOS Ich habe nun nichts mehr zu schonen – muß
Mein Schicksal wissen. Sorge nur, wie ich
Sie sprechen kann.

MARQUIS Und diesen Brief willst du
Ihr zeigen? Wirklich willst du das?

KARLOS Befrage

Mich darum nicht. Das Mittel jetzt, das Mittel,
Daß ich sie spreche!

MARQUIS *mit Bedeutung:*
⌜Sagtest du mir nicht,
Du liebtest deine Mutter? – Du bist Willens
Ihr diesen Brief zu zeigen?
Karlos sieht zur Erde und schweigt.
Karl, ich lese
In deinen Mienen etwas – mir ganz neu –
Ganz fremd bis diesen Augenblick. – Du wendest
Die Augen von mir? So ist's wahr? – Ob ich
Denn wirklich recht gelesen? Laß doch sehn –
Karlos gibt ihm den Brief. Der Marquis zerreißt ihn.

KARLOS Was, bist du rasend?
Mit gemäßigter Empfindlichkeit.
Wirklich – ich gesteh' es –
An diesem Briefe lag mir viel.

MARQUIS So schien es.
Darum zerriß ich ihn.⌝
Der Marquis ruht mit einem durchdringenden Blick auf dem Prinzen, der ihn zweifelhaft ansieht. Langes Stillschweigen. Sprich doch – was haben
Entweihungen des königlichen Bettes
Mit Deiner – Deiner Liebe denn zu schaffen?
War Philipp dir gefährlich? Welches Band
Kann die verletzten Pflichten des Gemahls
Mit deinen kühnern Hoffnungen verknüpfen?
Hat er gesündigt, wo du liebst? Nun freilich
Lern' ich dich fassen. O wie schlecht hab' ich
Bis jetzt auf deine Liebe mich verstanden!

KARLOS Wie, Roderich? Was glaubst du?

MARQUIS O ich fühle,
Wovon ich mich entwöhnen* muß. Ja einst,
Einst war's ganz anders. ⌜Da warst du so reich,
So warm, so reich! ein ganzer Weltkreis hatte

*Was nicht mehr gilt, was ich nicht mehr annehmen darf

In deinem weiten Busen Raum. Das alles
Ist nun dahin, von einer Leidenschaft,
Von einem kleinen Eigennutz verschlungen.
Dein Herz ist ausgestorben. Keine Träne,
Dem ungeheuern Schicksal der Provinzen
Nicht einmal eine Träne mehr. – O Karl,
Wie arm bist du, wie bettelarm geworden,
Seitdem du niemand liebst als Dich!⌉

KARLOS *wirft sich in einen Sessel. – Nach einer Pause mit kaum unterdrücktem Weinen:* Ich weiß,
Daß du mich nicht mehr achtest.

MARQUIS Nicht so, Karl!
Ich kenne diese Aufwallung. Sie war
Verirrung lobenswürdiger Gefühle.
Die Königin gehörte dir, war dir
Geraubt von dem Monarchen – doch bis jetzt
Mißtrautest du bescheiden deinen Rechten.
Vielleicht war Philipp ihrer wert. Du wagtest,
Nur leise noch, das Urteil ganz zu sprechen.
Der Brief entschied. Der Würdigste warst Du.
Mit stolzer Freude sahst Du nun das Schicksal
Der Tyrannei, des Raubes überwiesen.
Du jauchztest, der Beleidigte zu sein;
Denn Unrecht leiden schmeichelt großen Seelen.
Doch hier verirrte deine Phantasie,
Dein Stolz empfand Genugtuung – dein Herz
Versprach sich Hoffnung. Sieh, ich wußt' es wohl,
Du hattest diesmal selbst Dich mißverstanden.

KARLOS *gerührt:*
Nein, Roderich, du irrest sehr. Ich dachte
So edel nicht, bei weitem nicht, als du
Mich gerne glauben machen möchtest.

MARQUIS Bin
Ich denn so wenig hier bekannt? Sieh, Karl,
Wenn Du verirrest, such' ich allemal

Die Tugend unter Hunderten zu raten,
Die ich des Fehlers zeihen kann. Doch nun
Wir besser uns verstehen, sei's! Du sollst
Die Königin jetzt sprechen, mußt sie sprechen. –

KARLOS *ihm um den Hals fallend:*
O wie erröt' ich neben dir!

MARQUIS ⌜Du hast
Mein Wort. Nun überlaß mir alles andre.
Ein wilder, kühner, glücklicher Gedanke
Steigt auf in meiner Phantasie.⌝ – Du sollst
Ihn hören, Karl, aus einem schönern Munde.
Ich dränge mich zur Königin. Vielleicht
Daß morgen schon der Ausgang sich erwiesen.
Bis dahin, Karl, vergiß nicht, daß, ⌜»ein Anschlag,
Den höhere Vernunft gebar, das Leiden
Der Menschheit drängt, zehntausendmal vereitelt
Nie aufgegeben werden darf.«⌝ – Hörst du?
Erinnre dich an Flandern!

KARLOS Alles, Alles,
Was D u und hohe Tugend mir gebieten.

MARQUIS *geht an ein Fenster:*
Die Zeit ist um. Ich höre dein Gefolge.
Sie umarmen sich.
Jetzt wieder Kronprinz und Vasall.

KARLOS Du fährst
Sogleich zur Stadt?

MARQUIS Sogleich.

KARLOS ⌜Halt! noch ein Wort!
Wie leicht war das vergessen! – Eine Nachricht,
Die äußerst wichtig: – »Briefe nach Brabant
Erbricht der König.« Sei auf deiner Hut!
Die Post des Reichs, ich weiß es, hat geheime
Befehle. –⌝

MARQUIS Wie erfuhrst du das?

KARLOS Don Raymond
Von Taxis ist mein guter Freund.

MARQUIS *nach einigem Stillschweigen:* Auch das!
So nehmen sie den Umweg über Deutschland!
Sie gehen ab zu verschiedenen Türen.

Dritter Akt

Das Schlafzimmer des Königs

Erster Auftritt

Auf dem Nachttische zwei brennende Lichter. Im Hintergrunde des Zimmers einige Pagen auf den Knieen, eingeschlafen. Der König, von oben herab halb ausgekleidet, steht vor dem Tische, einen Arm über den Sessel gebeugt, in einer nachdenkenden Stellung. Vor ihm liegt ein ⌜Medaillon und Papiere⌝.

KÖNIG Daß sie sonst Schwärmerin* gewesen – wer
Kann's leugnen? Nie könnt' ich ihr Liebe geben,
Und dennoch – schien sie Mangel je zu fühlen?
So ist's erwiesen, sie ist falsch.
Hier macht er eine Bewegung, die ihn zu sich selbst bringt. Er sieht mit Befremdung auf. Wo war ich?
Wacht denn hier niemand, als der König? – Was?
Die Lichter schon herab gebrannt? doch nicht
Schon Tag? – Ich bin um meinen Schlummer*. Nimm
Ihn für empfangen an, Natur. Ein König hat
Nicht Zeit, verlorne Nächte nachzuholen;
Jetzt bin ich wach und Tag soll sein.
Er löscht die Lichter aus und öffnet eine Fenstergardine. – Indem er auf und nieder geht, bemerkt er die schlafenden Knaben, und bleibt eine Zeit lang schweigend vor ihnen stehen; darauf zieht er die Glocke.
Schläft's irgend
Vielleicht in meinem Vorsaal auch?

Schwärmerin: Hier negativ gemeint: überspannte, in der Liebe enttäuschte Person

Schlummer: Zu ergänzen: gebracht

Zweiter Auftritt

Der König. Graf Lerma.

LERMA *mit Bestürzung, da er den König gewahr wird:*
Befinden
Sich Ihre Majestät nicht wohl?
KÖNIG Im linken
Pavillon war Feuer. Hörtet ihr
Den Lärmen nicht?
LERMA Nein, Ihre Majestät.
KÖNIG Nein? Wie? Und also hätt' ich nur geträumt?
Das kann von Ungefähr* nicht kommen. Schläft
Auf jenem Flügel nicht die Königin?
LERMA Ja, Ihre Majestät.
KÖNIG Der Traum erschreckt mich.
Man soll die Wachen künftig dort verdoppeln,
Hört ihr? so bald es Abend wird – doch ganz,
Ganz insgeheim. – Ich will nicht haben, daß –
Ihr prüft mich mit den Augen?
LERMA Ich entdecke
Ein brennend Auge, das um Schlummer bittet,
Darf ich es wagen, Ihre Majestät
An ein kostbares Leben zu erinnern,
An Völker zu erinnern, die die Spur
Durchwachter Nacht mit fürchtender Befremdung
In solchen Mienen lesen würden – Nur
Zwei kurze Morgenstunden Schlafes –
KÖNIG *mit zerstörten Blicken:* Schlaf?
Schlaf find' ich in Eskurial. – So lange
Der König schläft, ist er um seine Krone,
Der Mann um seines Weibes Herz – Nein! Nein!
Es ist Verleumdung. – War es nicht ein Weib,
Ein Weib, das mir es flüsterte? ⌜Der Name
Des Weibes heißt Verleumdung.⌝ Das Verbrechen
Ist nicht gewiß, bis mir's ein Mann bekräftigt.

* zufällig

Zu den Pagen, welche sich unterdessen ermuntert haben.
Ruft Herzog Alba!
Pagen gehen. Tretet näher, Graf!
Ist's wahr?
Er bleibt forschend vor dem Grafen stehen.
O eines Pulses Dauer nur
Allwissenheit. – Schwört mir, ist's wahr? Ich bin
Betrogen? Bin ich's? Ist es wahr?

LERMA Mein großer,
Mein bester König. –

KÖNIG *zurück fahrend:* König! König nur
Und wieder König! – Keine beßre Antwort
Als leeren hohlen Widerhall? ⌜Ich schlage
An diesen Felsen und will Wasser, Wasser
Für meinen heißen Fieberdurst – Er gibt
Mir glühend Gold.⌝

LERMA Was wäre wahr, mein König?

KÖNIG
Nichts. Nichts. Verlaßt mich. Geht.
Der Graf will sich entfernen, er ruft ihn noch einmal zurück. Ihr seid vermählt?
Seid Vater? Ja?

LERMA Ja, Ihre Majestät.

KÖNIG Vermählt, und könnt' es wagen, eine Nacht,
Bei Eurem Herrn zu wachen? ⌜Euer Haar
Ist silbergrau und ihr errötet nicht,
An eures Weibes Redlichkeit zu glauben?
O geht nach Hause. Eben trefft ihr sie
In eures Sohns blutschändrischer Umarmung.
Glaubt eurem König, geht – Ihr steht bestürzt?
Ihr seht mich mit Bedeutung an? – weil ich,
Ich selber etwa graue Haare trage?
Unglücklicher, besinnt euch. Königinnen
Beflecken ihre Tugend nicht.⌝ Ihr seid
Des Todes, wenn ihr zweifelt –

Eifer LERMA *mit Hitze:** Wer kann das?
In allen Staaten meines Königs wer
Ist frech genug, mit giftigem Verdacht
Die engelreine Tugend anzuhauchen?
Die beste Königin so tief –
KÖNIG Die Beste?
Und eure Beste also auch? Sie hat
Sehr warme Freunde um mich her, find' ich.
Das muß ihr viel gekostet haben – mehr,
Als mir bekannt ist, daß sie geben kann.
Ihr seid entlassen. Laßt den Herzog kommen.
LERMA Schon hör' ich ihn im Vorsaal –
Im Begriff zu gehen.
KÖNIG *mit gemildertem Tone:* Graf! – Was ihr
Vorhin bemerkt, ist doch wohl wahr gewesen.
Mein Kopf glüht von durchwachter Nacht. – Vergeßt,
Was ich im wachen Traum gesprochen. Hört ihr?
Vergeßt es. Ich bin euer gnäd'ger König.
Er reicht ihm die Hand zum Kusse. Lerma geht, und öffnet dem Herzog von Alba die Türe.

Dritter Auftritt

Der König und Herzog von Alba.
ALBA *nähert sich dem König mit ungewisser Miene:*
Ein mir so überraschender Befehl –
Zu dieser außerordentlichen Stunde?
Er stutzt, wie er den König genauer betrachtet.
Und dieser Anblick –
KÖNIG *hat sich niedergesetzt und das Medaillon auf dem Tische ergriffen. Er sieht den Herzog eine lange Zeit stillschweigend an:* Also wirklich wahr?
Ich habe keinen treuen Diener?
ALBA *steht betreten still:* Wie?

KÖNIG Ich bin auf's tödlichste gekränkt – man weiß es,
Und niemand, der mich warnte!

ALBA *mit einem Blick des Erstaunens:*
Eine Kränkung,
Die meinem König gilt und meinem Aug'
Entging?

KÖNIG *zeigt ihm die Briefe:*
Erkennt ihr diese Hand?

ALBA
Es ist
Don Karlos Hand. –

KÖNIG *Pause, worin er den Herzog scharf beobachtet:*
Vermutet ihr noch nichts?
Ihr habt vor seinem Ehrgeiz mich gewarnt?
War's nur sein Ehrgeiz, dieser nur, wovor
Ich zittern sollte?

ALBA
Ehrgeiz ist ein großes –
Ein weites Wort, worin unendlich viel
Noch liegen kann.

KÖNIG
Und wißt ihr nichts besonders
Mir zu entdecken?

ALBA *nach einigem Stillschweigen mit verschloßner Miene:*
Ihre Majestät
Vertrauten meiner Wachsamkeit das Reich.
Dem Reiche bin ich mein geheimstes Wissen
Und meine Einsicht schuldig. Was ich sonst
Vermute, denke oder weiß, gehört
Mir eigen zu. Es sind geheiligte
Besitzungen, die der verkaufte Sklave
Wie der Vasall den Königen der Erde
Zurück zu halten Vorrecht hat – Nicht alles,
Was klar vor m e i n e r Seele steht, ist reif
Genug für meinen König. Will er doch
Befriedigt sein, so muß ich bitten, nicht
Als Herr zu fragen.

KÖNIG *gibt ihm die Briefe:*
Les't.

ALBA *lies't und wendet sich erschrocken gegen den König:*
Wer war
Der Rasende, dies unglückselge Blatt
In meines Königs Hand zu geben?
KÖNIG Was?
So wißt ihr, wen der Inhalt meint? – Der Name
Ist, wie ich weiß, auf dem Papier vermieden.
ALBA *betroffen zurück tretend:*
Ich war zu schnell.
KÖNIG Ihr wißt?
ALBA *nach einigem Bedenken:* Es ist heraus.
Mein Herr befiehlt – ich darf nicht mehr zurücke –
Ich leugn' es nicht – ich kenne die Person.
KÖNIG *aufstehend in einer schrecklichen Bewegung:*
O einen neuen Tod hilf mir erdenken,
Der Rache fürchterlicher Gott! – So klar,
So weltbekannt, so laut ist das Verständnis,
Daß man, des Forschens Mühe überhoben,
Schon auf den ersten Blick es rät – Das ist
Zu viel! Das hab' ich nicht gewußt! Das nicht!
Ich also bin der Letzte, der es findet!
Der Letzte durch mein ganzes Reich –
ALBA *wirft sich dem König zu Füßen:* Ja ich bekenne
Mich schuldig, gnädigster Monarch. Ich schäme
Mich einer feigen Klugheit, die mir da
Zu schweigen riet, wo meines Königs Ehre,
Gerechtigkeit und Wahrheit laut genug
Zu reden mich bestürmten – Weil doch alles
Verstummen will – weil die Bezauberung
Der Schönheit aller Männer Zungen bindet,
So sei's gewagt, ich rede; weiß ich gleich,
Daß eines Sohns einschmeichelnde Beteurung,
Daß die verführerischen Reizungen,
Die Tränen der Gemahlin –
KÖNIG *rasch und heftig:* Stehet auf.

Ihr habt mein königliches Wort – Steht auf.
Sprecht unerschrocken.
ALBA *aufstehend:* Ihre Majestät
Besinnen Sich vielleicht noch jenes Vorfalls
Im Garten zu Aranjuez.* Sie fanden Vgl. I,5.
Die Königin von allen ihren Damen
Verlassen – mit zerstörtem Blick – allein
In einer abgelegnen Laube.
KÖNIG Ha!
Was werd' ich hören? Weiter!
ALBA Die Marquisin
Von Mondekar ward aus dem Reich verbannt,
Weil sie Großmut genug besaß, sich schnell
Für ihre Königin zu opfern – Jetzt
Sind wir berichtet – Die Marquisin hatte
Nicht mehr getan, als ihr befohlen worden.
Der Prinz war dort gewesen.
KÖNIG *schrecklich auffahrend:* Dort gewesen?
Doch also –
ALBA Eines Mannes Spur im Sande,
Die von dem linken Eingang dieser Laube
Nach einer Grotte sich verlor, wo noch
⌈Ein Schnupftuch lag, das der Infant vermißte⌉,
Erweckte gleich Verdacht. Ein Gärtner hatte
Dem Prinzen dort begegnet, und das war,
Beinah' auf die Minute ausgerechnet,
Dieselbe Zeit, wo Eure Majestät
Sich in der Laube zeigten.
KÖNIG *aus einem finstern Nachsinnen zurück kommend:*
Und sie weinte,
Als ich Befremdung blicken ließ! Sie machte
Vor meinem ganzen Hofe mich erröten!
Erröten vor mir selbst – Bei Gott! ich stand
Wie ein Gerichteter vor ihrer Tugend –
Eine lange und tiefe Stille. Er setzt sich nieder und ver-

hüllt das Gesicht.
Ja, Herzog Alba – Ihr habt Recht – Das könnte
Zu etwas Schrecklichem mich führen – Laßt
Mich einen Augenblick allein.

ALBA Mein König,
Selbst das entscheidet noch nicht ganz –

KÖNIG *nach den Papieren greifend:* Auch das nicht?
Und das? Und wieder das? Und dieser laute
Zusammenklang verdammender Beweise?
O es ist klärer als das Licht – Was ich
Schon lange Zeit voraus gewußt – ⌈Der Frevel
Begann da schon, als ich von euern Händen
Sie in Madrid zuerst empfing⌉ – Noch seh' ich
Mit diesem Blick des Schreckens, geisterbleich,
Auf meinen grauen Haaren sie verweilen.
Da fing es an, das falsche Spiel!

ALBA Dem Prinzen
Starb eine Braut in seiner jungen Mutter.
Schon hatten sie mit Wünschen sich gewiegt,
In feurigen Empfindungen verstanden,
Die ihr der neue Stand verbot. ⌈Die Furcht
War schon besiegt, die Furcht, die sonst das erste
Geständnis zu begleiten pflegt, und kühner
Sprach die Verführung in vertrauten Bildern
Erlaubter Rückerinnerung. Verschwistert
Durch Harmonie der Meinung und der Jahre,
Durch gleichen Zwang erzürnt, gehorchten sie
Den Wallungen der Leidenschaft so dreister.
Die Politik griff ihrer Neigung vor;
Ist es zu glauben, mein Monarch, daß sie
Dem Staatsrat diese Vollmacht zuerkannte?
Daß sie die Lüsternheit bezwang, die Wahl
Des Kabinetts aufmerksamer zu prüfen?
Sie war gefaßt auf Liebe, und empfing –
Ein Diadem⌉;

KÖNIG *beleidigt und mit Bitterkeit:*
Ihr unterscheidet sehr –
Sehr weise, Herzog – Ich bewundre eure
Beredsamkeit. Ich dank' euch.
Aufstehend, kalt und stolz. Ihr habt Recht:
Die Königin hat sehr gefehlt, mir Briefe
Von diesem Inhalt zu verbergen – mir
Die strafbare Erscheinung des Infanten
Im Garten zu verheimlichen. Sie hat
Aus falscher Großmut sehr gefehlt. Ich werde
Sie zu bestrafen wissen. *Er zieht die Glocke*
Wer ist sonst
Im Vorsaal? – Euer, Herzog Alba,
Bedarf ich nicht mehr. Tretet ab.
ALBA Sollt' ich
Durch meinen Eifer Eurer Majestät
Zum zweiten Mal* mißfallen haben?

Alba spielt auf die in II,3 entstandene Situation an.

KÖNIG *zu einem Pagen, der herein tritt:* Laßt
Domingo kommen.
Der Page geht ab. Ich vergeb' es euch,
Daß ihr beinahe zwei Minuten lang
Mich ein Verbrechen hättet fürchten lassen,
Das gegen E u c h begangen werden kann.
Alba entfernt sich.

Vierter Auftritt

Der König. Domingo.
Der KÖNIG *geht einigemal auf und ab, sich zu sammeln.*
DOMINGO *tritt einige Minuten nach dem Herzog herein, nähert sich dem König, den er eine Zeit lang mit feierlicher Stille betrachtet:*
Wie froh erstaun' ich, Eure Majestät
So ruhig, so gefaßt zu sehn.

KÖNIG Erstaunt ihr –

DOMINGO Der Vorsicht sei's gedankt, daß meine Furcht
Doch also nicht gegründet war! Nun darf
Ich um so eher hoffen.

KÖNIG Eure Furcht?
Was war zu fürchten?

DOMINGO Ihre Majestät,
Ich darf nicht bergen*, daß ich allbereits
Um ein Geheimnis weiß –

KÖNIG *finster:* Hab' ich denn schon
Den Wunsch geäußert, es mit euch zu teilen?
Wer kam so unberufen mir zuvor?
Sehr kühn, bei meiner Ehre!

DOMINGO Mein Monarch
Der Ort, der Anlaß, wo ich es erfahren,
Das Siegel, unter dem ich es erfahren,
Spricht wenigstens von dieser Schuld mich frei.
Am Beichtstuhl ward es mir vertraut – vertraut
Als Missetat, die das empfindliche
Gewissen der Entdeckerin belastet,
Und Gnade bei dem Himmel sucht. Zu spät
Beweint die Fürstin eine Tat, von der
Sie Ursach hat die fürchterlichsten Folgen
Für ihre Königin zu ahnen.

KÖNIG Wirklich?
Das gute Herz – Ihr habt ganz recht vermutet,
Weswegen ich euch rufen ließ. Ihr sollt
Aus diesem dunkeln Labyrinth mich führen,
Worein ein blinder Eifer mich geworfen.
Von Euch erwart' ich Wahrheit. Redet offen
Mit mir. Was soll ich glauben, was beschließen?
Von eurem Amte fodr' ich Wahrheit.

DOMINGO Sire,
Wenn meines Standes Müdigkeit mir auch
Der Schonung süße Pflicht nicht auferlegte,

* bergen: verbergen

Doch würd' ich Eure Majestät beschwören,
Um Ihrer Ruhe willen Sie beschwören,
Bei dem Entdeckten still zu stehn – das Forschen
In ein Geheimnis ewig aufzugeben,
Das niemals freudig sich entwickeln kann.
Was jetzt bekannt ist, kann vergeben werden.
Ein Wort des Königs – und die Königin
Hat nie gefehlt. Der Wille des Monarchen
Verleiht die Tugend wie das Glück – und nur
Die immer gleiche Ruhe meines Königs
Kann die Gerüchte mächtig niederschlagen,
Die sich die Lästerung erlaubt.

KÖNIG Gerüchte?
Von Mir, und unter meinem Volke?

DOMINGO Lügen!
Verdammenswerte Lügen! Ich beschwör' es.
Doch freilich gibt es Fälle, wo der Glaube
Des Volks, und war' er noch so unerwiesen,
Bedeutend wie die Wahrheit wird.

KÖNIG Bei Gott!
Und hier gerade war' es –

DOMINGO Guter Name
Ist das kostbare, einz'ge Gut, um welches
Die Königin mit einem Bürgerweibe
Wetteifern muß –

KÖNIG Für den doch, will ich hoffen,
Hier nicht gezittert werden soll?
Er ruht mit ungewissem Blick auf Domingo. Nach einigem Stillschweigen. Kaplan,
Ich soll noch etwas Schlimmes von euch hören.
Verschiebt es nicht. Schon lange les' ich es
In diesem Unglück bringenden Gesichte.
Heraus damit! Sei's was es wolle! Laßt
Nicht länger mich auf dieser Folter beben.
Was glaubt das Volk?

DOMINGO Noch einmal, Sire, das Volk
Kann irren – und es irrt gewiß. Was es
Behauptet, darf den König nicht erschüttern –
Nur – d a ß es so weit schon sich wagen durfte,
Dergleichen zu behaupten –

KÖNIG Was? Muß ich
So lang' um einen Tropfen Gift euch bitten?

DOMINGO ⌜Das Volk denkt an den Monat noch zurücke,
Der Eure königliche Majestät
Dem Tode nahe brachte – Dreißig Wochen
Nach diesem liest es von der glücklichen
Entbindung –⌝
Der König steht auf und zieht die Glocke. Herzog von Alba tritt herein. Domingo betroffen.
Ich erstaune, Sire!

KÖNIG *dem Herzog Alba entgegen gehend:*
Toledo!
Ihr seid ein Mann. Schützt mich vor diesem Priester.

DOMINGO *Er und Herzog Alba geben sich verlegene Blicke. Nach einer Pause:*
Wenn wir voraus es hätten wissen können,
Daß diese Nachricht an dem Überbringer
Geahndet werden sollte –

KÖNIG Bastard sagt ihr?
Ich war, sagt ihr, vom Tode kaum erstanden,
Als sie sich Mutter fühlte? – Wie? Das war
Ja damals, wenn ich anders mich nicht irre,
Als ihr den heiligen Dominikus
In allen Kirchen für das hohe Wunder lobtet,
Das er an mir gewirkt? – ⌜Was damals Wunder
Gewesen, ist es jetzt nicht mehr? So habt
Ihr damals, oder heute mir gelogen.
An was verlangt ihr daß ich glauben soll?
O ich durchschau' euch. Wäre das Komplott
Schon damals reif gewesen – ja dann war
Zu ergänzen: gebracht
Der Heilige um seinen Ruhm*.⌝

ALBA Komplott!

KÖNIG Ihr solltet
Mit dieser beispiellosen Harmonie
Jetzt in derselben Meinung euch begegnen,
Und doch nicht einverstanden sein? Mich wollt
Ihr das bereden? Mich? Ich soll vielleicht
Nicht wahrgenommen haben, wie erpicht
Und gierig ihr auf euren Raub euch stürztet?
Mit welcher Wollust ihr an meinem Schmerz,
An meines Zornes Wallung euch geweidet?
Nicht merken soll ich, wie voll Eifer dort
Der Herzog brennt, der Gunst zuvorzueilen,
Die meinem Sohn beschieden war*? Wie gerne
Der fromme Mann hier seinen kleinen Groll
Mit meines Zornes Riesenarm bewehrte?
⌜Ich bin der Bogen, bildet ihr euch ein,
Den man nur spannen dürfe nach Gefallen? –
Noch hab' ich meinen Willen auch – und wenn
Ich zweifeln soll, so laßt mich wenigstens
Bei euch den Anfang machen.⌝

Philipp erinnert an seine Entscheidung in II,3 (V. 1256 f.).

ALBA Diese Deutung
Hat unsre Treue nicht erwartet.

KÖNIG Treue!
Die Treue warnt vor drohenden Verbrechen,
Die Rachgier spricht von den begangenen.
Laßt hören! Was gewann ich denn durch eure
Dienstfertigkeit? – Ist, was ihr vorgebt, wahr;
Was bleibt mir übrig als der Trennung Wunde?
Der Rache trauriger Triumph? – Doch nein,
Ihr fürchtet nur, ihr gebt mir schwankende
Vermutungen – Am Absturz einer Hölle
Laßt ihr mich stehen und entflieht.

DOMINGO Sind andre
Beweise möglich, wo das Auge selbst
Nicht überwiesen* werden kann?

widerlegt

KÖNIG *Nach einer großen Pause ernst und feierlich zu Domingo sich wendend:* Ich will
Die Großen meines Königreichs versammeln,
Und selber zu Gerichte sitzen. Tretet
Heraus vor allen – habt ihr Mut – und klaget
Als eine Buhlerin sie an! – Sie soll
Des Todes sterben – ohne Rettung – sie
Und der Infant soll sterben – aber – merkt euch!
Kann sie sich reinigen – ihr selbst!* Wollt ihr
Die Wahrheit durch ein solches Opfer ehren?
Entschließet euch. Ihr wollt nicht? Ihr verstummt!
Ihr wollt nicht? – Das ist eines Lügners Eifer.

Zu ergänzen: seid ihr selbst des Todes!

ALBA *der stillschweigend in der Ferne gestanden, kalt und ruhig:*
Ich will es.

KÖNIG *dreht sich erstaunt um, und sieht den Herzog eine Zeit lang starr an:*
Das ist kühn! Doch mir fällt ein,
Daß ihr in scharfen Schlachten euer Leben
An etwas weit geringeres gewagt –
Mit eines Würfelspielers Leichtsinn für
Des Ruhmes Unding es gewagt – Und was
Ist euch das Leben? – ⌜Königliches Blut
Geb' ich dem Rasenden nicht Preis, der nichts
Zu hoffen hat, als ein geringes Dasein
Erhaben aufzugeben – Euer Opfer
Verwerf' ich. Geht⌝ – Geht, und im Audienzsaal
Erwartet meine weiteren Befehle.
Beide gehen ab.

Fünfter Auftritt

Der KÖNIG *allein.*

Jetzt gib mir einen Menschen, gute Vorsicht –
Du hast mir viel gegeben. Schenke mir
Jetzt einen Menschen. Du – du bist allein,
Denn deine Augen prüfen das Verborgne,
Ich bitte dich um einen Freund, denn ich
Bin nicht wie du allwissend. Die Gehülfen,
Die du mir zugeordnet hast, was sie
Mir sind, weißt du. Was sie verdienen, haben
Sie mir gegolten. Ihre zahmen Laster,
Beherrscht vom Zaume, dienen meinen Zwecken
Wie deine Wetter reinigen die Welt.
Ich brauche Wahrheit – Ihre stille Quelle
Im dunkeln Schutt des Irrtums aufzugraben,
Ist nicht das Los der Könige. ⌜Gib mir
Den seltnen Mann mit reinem, offnem Herzen,
Mit hellem Geist und unbefangnen Augen,
Der mir sie finden helfen kann⌝ – ich schütte
Die Lose auf; laß unter Tausenden,
Die um der Hoheit Sonnenscheibe flattern,
Den Einzigen mich finden.

Er öffnet eine Schatulle, und nimmt eine Schreibtafel heraus. Nachdem er eine Zeit lang darin geblättert.

Bloße Namen –
Nur Namen stehen hier, und nicht einmal
Erwähnung des Verdiensts, dem sie den Platz
Auf dieser Tafel danken – und was ist
Vergeßlicher als Dankbarkeit? Doch hier
Auf dieser andern Tafel les' ich jede
Vergehung pünktlich beigeschrieben. Wie?
Das ist nicht gut. Braucht etwa das Gedächtnis
Der Rache dieser Hülfe noch?

Liest weiter. Graf Egmont?* Vgl. V. 1274 f.

Was will der hier? – Der Sieg bei Saint Quentin
War längst verwirkt. Ich werf ihn zu den Toten.
Er löscht diesen Namen aus, und schreibt ihn auf die andre Tafel. Nachdem er weiter gelesen.
Marquis von Posa? – Posa? – Posa? Kann
Ich dieses Menschen mich doch kaum besinnen!
Und zweifach angestrichen – ein Beweis,
Daß ich zu großen Zwecken ihn bestimmte!
Und war es möglich? ⌜dieser Mensch entzog
Sich meiner Gegenwart bis jetzt? vermied
Die Augen seines königlichen Schuldners?
Bei Gott! im ganzen Umkreis meiner Staaten
Der einz'ge Mensch, der meiner nicht bedarf.
Besaß' er Habsucht oder Ehrbegierde,
Er wäre längst vor meinem Thron erschienen.
Wag' ich's mit diesem Sonderling? Wer mich
Entbehren kann, wird Wahrheit für mich haben.⌝
Er geht ab.

Sechster Auftritt

Der Audienzsaal

Don Karlos im Gespräch mit dem Prinzen von Parma. Die Herzoge von Alba, Feria, und Medina Sidonia. Graf von Lerma, und noch andere Granden mit Schriften in der Hand. Alle den König erwartend.

MEDINA SIDONIA *von allen Umstehenden sichtbar vermieden, wendet sich zum Herzog von Alba, der allein und in sich gekehrt auf- und abgeht:*
Sie haben ja den Herrn gesprochen, Herzog. –
Wie fanden Sie ihn aufgelegt?

ALBA Sehr übel
Für Sie und Ihre Zeitungen.

MEDINA SIDONIA Im Feuer
Des Englischen Geschützes* war mir's leichter,
Als hier auf diesem Pflaster.

Untergang der span. Armada-Flotte 1588, die Schiller in das Jahr 1568 verlegt

Karlos, der mit stiller Teilnahme auf ihn geblickt hat, nähert sich ihm jetzt, und drückt ihm die Hand.

Warmen Dank
Für diese großmutsvolle Träne, Prinz.
Sie sehen, wie mich alles flieht. Nun ist
Mein Untergang beschlossen.

KARLOS Hoffen Sie
Das Beste, Freund, von meines Vaters Gnade
Und Ihrer Unschuld.

MEDINA SIDONIA Ich verlor ihm eine Flotte,
Wie keine noch im Meer erschien – Was ist
Ein Kopf wie dieser gegen siebzig
Versunkne Gallionen*? – Aber Prinz –
Fünf Söhne, hoffnungsvoll wie Sie – das bricht
Mein Herz –

(span.) Galeonen: hochbordige, dreimastige Kriegsschiffe

Siebenter Auftritt

Der König kommt angekleidet heraus. Die Vorigen. Alle nehmen die Hüte ab und weichen zu beiden Seiten aus, indem sie einen halben Kreis um ihn bilden. Stillschweigen.

KÖNIG *den ganzen Kreis flüchtig durchschauend:*
Bedeckt euch!*

Zur Königsaudienz mussten die Anwesenden eigentlich ohne Kopfbedeckung erscheinen.

Don Karlos und der Prinz von Parma nähern sich zuerst, und küssen dem König die Hand. Er wendet sich mit einiger Freundlichkeit zu dem letzten, ohne seinen Sohn bemerken zu wollen.

Eure Mutter*, Neffe,
Will wissen, wie man in Madrid mit euch
Zufrieden sei.

Margarete von Parma (1522–1586), Halbschwester Philipps II.

PARMA Das frage sie nicht eher,
Als nach dem Ausgang meiner ersten Schlacht.

KÖNIG Gebt euch zufrieden. Auch an euch wird einst
Die Reihe sein, wenn diese Stämme brechen.
Zum Herzog von Feria.
Was bringt ihr mir?
FERIA *ein Knie vor dem König beugend:*
Der Großkomtur* des Ordens

Großmeister

Von Calatrava* starb an diesem Morgen.

1158 gegründeter Ritterorden, urspr. zur Verteidigung der Stadt Calatrava gegen die Mauren gegründet

Hier folgt sein Ritterkreuz zurück.
KÖNIG *nimmt den Orden, und sieht im ganzen Zirkel herum:*
Wer wird
Nach ihm am würdigsten es tragen?
Er winkt Alba zu sich, welcher sich vor ihm auf ein Knie niederläßt, und hängt ihm den Orden um.
Herzog,
Ihr seid mein erster Feldherr – seid nie mehr,
So wird euch meine Gnade niemals fehlen.
Er wird den Herzog von Medina Sidonia gewahr.
Sieh da! mein Admiral!
MEDINA SIDONIA *nähert sich wankend, und kniet vor dem Könige nieder, mit gesenktem Haupt:*
Das, großer König,
Ist alles, was ich von der Span'schen Jugend
Und der Armada wiederbringe.
KÖNIG *nach einem langen Stillschweigen:*
Gott
Ist über mir – Ich habe gegen Menschen,
Nicht gegen Sturm und Klippen sie gesendet –
Seid mir willkommen in Madrid.
Er reicht ihm die Hand zum Kusse. Und Dank
Daß ihr in euch mir einen würd'gen Diener
Erhalten habt! – für diesen, meine Granden,
Erkenn' ich ihn, will ich erkannt ihn wissen.
Er gibt ihm einen Wink aufzustehen und sich zu bedecken – dann wendet er sich gegen die andern.
Was gibt es noch?

Zu Don Karlos und dem Prinzen von Parma.
Ich dank' euch, meine Prinzen.
Diese treten ab. Die noch übrigen Granden nähern sich, und überreichen dem König knieend ihre Papiere. Er durchsieht sie flüchtig und reicht sie dem Herzog von Alba.
Legt das im Kabinett mir vor – Bin ich zu Ende?
Niemand antwortet.
Wie kommt es denn, daß unter meinen Granden
Sich nie ein Marquis Posa zeigt? Ich weiß
Recht gut, daß dieser Marquis Posa mir
Mit Ruhm gedient. Er lebt vielleicht nicht mehr?
Warum erscheint er nicht?

LERMA ⌜Der Chevalier
Ist kürzlich erst von Reisen angelangt,
Die er durch ganz Europa unternommen.⌝
So eben ist er in Madrid, und wartet
Nur auf den öffentlichen Tag, sich zu
Den Füßen seines Oberherrn zu werfen.

ALBA Marquis von Posa? – Recht! das ist der kühne
Malteser, Ihre Majestät, von dem
Der Ruf die schwärmerische Tat erzählte.
Als auf des Ordensmeisters Aufgebot
Die Ritter sich auf ihrer Insel stellten,
Die Soliman* belagern ließ, verschwand
Auf einmal von Alkala's hoher Schule
Der achtzehnjähr'ge Jüngling. Ungerufen
Stand er vor la Valette*. »Man kaufte mir
Das Kreuz,« sagt' er: »ich will es jetzt verdienen.«
Von jenen vierzig Rittern war er einer,
Die gegen Piali, Ulucciali,
Und Mustapha und Hassem das Kastell
St. Elmo in drei wiederholten Stürmen
Am hohen Mittag hielten. Als es endlich
Erstiegen wird, und um ihn alle Ritter

Soliman II. (1496–1566) belagerte die Insel Malta 1565 vier Monate lang.

Jean Parisot de Lavalette, seit 1557 Großmeister der Johanniter auf Malta

Gefallen, wirft er sich ins Meer und kommt
Allein erhalten an bei la Valette.
Zwei Monate darauf verläßt der Feind
Die Insel, und der Ritter kommt zurück,
Die angefangnen Studien zu enden.

FERIA Und dieser Marquis Posa war es auch,
Der nachher die berüchtigte Verschwörung
In Catalonien* entdeckt, und bloß
Durch seine Fertigkeit allein der Krone
Die wichtigste Provinz erhielt.

Bezug unklar: 1462 fand in Katalonien eine Adelsrevolte statt.

KÖNIG Ich bin
Erstaunt – Was ist das für ein Mensch, der das
Getan, und unter dreien, die ich frage,
Nicht einen einz'gen Neider hat? – Gewiß!
Der Mensch besitzt den ungewöhnlichsten
Charakter oder keinen – Wunders wegen
Muß ich ihn sprechen.
Zum Herzog von Alba. Nach gehörter Messe
Bringt ihn in's Kabinett zu mir.
Der Herzog geht ab. Der König ruft Feria.
Und ihr
Nehmt meine Stelle im geheimen Rate.
Er geht ab.

FERIA Der Herr ist heut sehr gnädig.

MEDINA SIDONIA Sagen Sie:
Er ist ein Gott! – Er ist es mir gewesen.

FERIA Wie sehr verdienen Sie Ihr Glück! Ich nehme
Den wärmsten Anteil, Admiral.

EINER VON DEN GRANDEN Auch ich.

EIN ZWEITER
Ich wahrlich auch.

EIN DRITTER Das Herz hat mir geschlagen.
Ein so verdienter General!

DER ERSTE Der König
War gegen Sie nicht gnädig – nur gerecht.

LERMA *im Abgehen zu Medina Sidonia:*
Wie reich sind Sie auf einmal durch zwei Worte!
Alle gehen ab.

Achter Auftritt

Das Kabinett des Königs

Marquis von Posa und Herzog von Alba.

MARQUIS *im Hereintreten:*
Mich will er haben? Mich? – Das kann nicht sein.
Sie irren Sich im Namen – Und was will
Er denn von mir?
ALBA Er will Sie kennen lernen.
MARQUIS Der bloßen Neugier wegen – O dann Schade
Um den verlornen Augenblick – Das Leben
Ist so erstaunlich schnell dahin.
ALBA ⌜Ich übergebe
Sie Ihrem guten Stern. Der König ist
In Ihren Händen. Nützen Sie, so gut
Sie können, diesen Augenblick, und Sich,
Sich selber schreiben Sie es zu, geht er
Verloren.⌝
Er entfernt sich.

Neunter Auftritt

Der Marquis allein.
Wohl gesprochen, Herzog. Nützen
Muß man den Augenblick, der Einmal nur
Sich bietet. Wahrlich dieser Höfling gibt
Mir eine gute Lehre – wenn auch nicht
In seinem Sinne gut, doch in dem meinen.

Nach einigem Auf- und Niedergehen.
Wie komm' ich aber hieher? – Eigensinn
Des launenhaften Zufalls wär' es nur,
Was mir mein Bild in diesen Spiegeln zeigt?
Aus einer Million gerade mich,
Den Unwahrscheinlichsten, ergriff und im
Gedächtnisse des Königs auferweckte?
Ein Zufall nur? Vielleicht auch mehr – Und was
Ist Zufall anders, als der rohe Stein,
Der Leben annimmt unter Bildners Hand?
⌜Den Zufall gibt die Vorsehung – Zum Zwecke
Muß ihn der Mensch gestalten – Was der König
Mit mir auch wollen mag, gleich viel! – Ich weiß
Was ich – ich mit dem König soll – Und war's
Auch eine Feuerflocke* Wahrheit nur, (Funken)
In des Despoten Seele kühn geworfen –
Wie fruchtbar in der Vorsicht Hand! So könnte,
Was erst so grillenhaft mir schien, sehr zweckvoll
Und sehr besonnen sein. Sein oder nicht –
Gleich viel! In diesem Glauben will ich handeln.⌝
Er macht einige Gänge durch das Zimmer, und bleibt endlich in ruhiger Betrachtung vor einem Gemälde stehen. Der König erscheint in dem angrenzenden Zimmer, wo er einige Befehle gibt. Alsdann tritt er herein, steht an der Türe still, und sieht dem Marquis eine Zeitlang zu, ohne von ihm bemerkt zu werden.

Zehnter Auftritt

Der König und Marquis von Posa.
Dieser geht dem König, sobald er ihn gewahr wird, entgegen, und läßt sich vor ihm auf ein Knie nieder, steht auf und bleibt ohne Zeichen der Verwirrung vor ihm stehen.
KÖNIG *betrachtet ihn mit einem Blick der Verwunderung:*
Mich schon gesprochen also?

MARQUIS Nein.

KÖNIG Ihr machtet
Um meine Krone euch verdient. Warum
Entziehet ihr euch meinem Dank? In meinem
Gedächtnis drängen sich der Menschen viel.
Allwissend ist nur Einer. Euch kam's zu,
Das Auge eures Königes zu suchen.
Weswegen tatet ihr das nicht?

MARQUIS Es sind
Zween Tage, Sire, daß ich in's Königreich
Zurück gekommen.

KÖNIG Ich bin nicht gesonnen
In meiner Diener Schuld zu stehn – Erbittet
Euch eine Gnade.

MARQUIS Ich genieße die Gesetze.

KÖNIG Dies Recht hat auch der Mörder.

MARQUIS Wie viel mehr
Der gute Bürger! – Sire, ich bin zufrieden.

KÖNIG *vor sich:*
Viel Selbstgefühl und kühner Mut, bei Gott!
Doch das war zu erwarten – Stolz will ich
Den Spanier. Ich mag es gerne leiden,
Wenn auch der Becher überschäumt – Ihr tratet
Aus meinen Diensten, hör' ich?

MARQUIS Einem Bessern
Den Platz zu räumen, zog ich mich zurücke.

KÖNIG Das tut mir leid. Wenn solche Köpfe feiern,
Wie viel Verlust für meinen Staat – Vielleicht
Befürchtet ihr, die Sphäre zu verfehlen,
Die eures Geistes würdig ist.

MARQUIS O nein!
Ich bin gewiß, daß der erfahrne Kenner,
In Menschenseelen, seinem Stoff, geübt,
Beim ersten Blicke wird gelesen haben,
Was ich ihm taugen kann, was nicht. Ich fühle

Mit demutsvoller Dankbarkeit die Gnade,
Die Eure königliche Majestät
Durch diese stolze Meinung auf mich häufen;
Doch –
Er hält inne.

KÖNIG Ihr bedenket euch?

MARQUIS Ich bin – ich muß
Gestehen, Sire – sogleich nicht vorbereitet,
Was ich als Bürger dieser Welt gedacht,
In Worte Ihres Untertans zu kleiden. –
Denn damals, Sire, als ich auf immer mit
Der Krone aufgehoben*, glaubt' ich mich
Auch der Notwendigkeit entbunden, ihr
Von diesem Schritte Gründe anzugeben.

den Dienst des Königs aufgegeben

KÖNIG So schwach sind diese Gründe? Fürchtet ihr
Dabei zu wagen?

MARQUIS Wenn ich Zeit gewinne,
Sie zu erschöpfen*, Sire – mein Leben höchstens.
Die Wahrheit aber setz' ich aus*, wenn Sie
Mir diese Gunst verweigern. Zwischen Ihrer
Ungnade und Geringschätzung ist mir
Die Wahl gelassen – Muß ich mich entscheiden,
So will ich ein Verbrecher lieber als
Ein Tor von Ihren Augen gehen.

auszuschöpfen

bring ich in Gefahr

KÖNIG *mit erwartender Miene:* Nun?

MARQUIS ⌈Ich kann nicht Fürstendiener sein.⌉
Der König sieht ihn mit Erstaunen an. Ich will
Den Käufer nicht betrügen, Sire. – Wenn Sie
Mich anzustellen würdigen, so wollen
Sie nur die vorgewog'ne Tat. Sie wollen
Nur meinen Arm und meinen Mut im Felde,
Nur meinen Kopf im Rat. Nicht meine Taten,
Der Beifall, den sie finden an dem Thron,
Soll meiner Taten Endzweck sein. Mir aber,
Mir hat die Tugend eignen Wert. Das Glück,

Das der Monarch mit meinen Händen pflanzte,
Erschüf' ich selbst, und Freude wäre mir
Und eigne Wahl, was mir nur Pflicht sein sollte.
Und ist das Ihre Meinung? Können Sie
In Ihrer Schöpfung fremde Schöpfer dulden?
⌜Ich aber soll zum Meißel mich erniedern,
Wo ich der Künstler könnte sein?⌝ – ⌜Ich liebe
Die Menschheit, und in Monarchieen darf
Ich niemand lieben als mich selbst.⌝

KÖNIG Dies Feuer
Ist lobenswert. Ihr möchtet Gutes stiften.
Wie ihr es stiftet, kann dem Patrioten*,
Dem Weisen gleich viel heißen. Suchet euch
Den Posten aus in meinen Königreichen,
Der euch berechtigt diesem edeln Triebe
Genug zu tun.

(franz.) Vaterlandsfreund

MARQUIS Ich finde keinen.

KÖNIG Wie?

MARQUIS Was Eure Majestät durch meine Hand
Verbreiten – ist das Menechenglück? – Ist das
Dasselbe Glück, das meine reine Liebe
Den Menschen gönnt? – Vor diesem Glücke würde
Die Majestät erzittern – Nein! Ein neues
Erschuf der Krone Politik – ein Glück,
Das sie noch reich genug ist auszuteilen,
Und in dem Menschenherzen neue Triebe,
Die sich von diesem Glücke stillen lassen.
In ihren Münzen läßt sie Wahrheit schlagen,
Die Wahrheit, die sie dulden kann. Verworfen
Sind alle Stempel, die nicht diesem gleichen.
Doch was der Krone frommen* kann – ist das
Auch mir genug? Darf meine Bruderliebe*
Sich zur Verkürzung meines Bruders borgen?
Weiß ich ihn glücklich – eh' er denken darf?
Mich wählen Sie nicht, Sire, Glückseligkeit,

nützen

Hier: Menschenliebe

Die S i e uns prägen, auszustreun. Ich muß
Mich weigern, diese Stempel auszugeben. –
Ich kann nicht Fürstendiener sein.

KÖNIG *etwas rasch:* ⌜Ihr seid
Ein Protestant.

MARQUIS *nach einigem Bedenken:*
Ihr Glaube, Sire, ist auch
Der meinige.⌝
Nach einer Pause.
Ich werde mißverstanden.
Das war es, was ich fürchtete. Sie sehen
Von den Geheimnissen der Majestät
Durch meine Hand den Schleier weggezogen.
Wer sichert Sie, daß mir noch heilig heiße,
Was mich zu schrecken aufgehört? Ich bin
Gefährlich, weil ich über mich gedacht. –
Ich bin es nicht, mein König. Meine Wünsche
Verwesen* hier.
Die Hand auf die Brust gelegt.
Die lächerliche Wut
Der Neuerung, die nur der Ketten Last,
Die sie nicht ganz zerbrechen kann, vergrößert,
Wird m e i n Blut nie erhitzen. ⌜Das Jahrhundert
Ist meinem Ideal nicht reif. Ich lebe
Ein Bürger derer, welche kommen werden.⌝
Kann ein Gemälde Ihre Ruhe trüben? –
Ihr Atem löscht es aus.

werden nicht bekannt, bleiben in meinem Innern

KÖNIG Bin ich der erste,
Der euch von dieser Seite kennt?

MARQUIS Von dieser –
Ja!

KÖNIG *steht auf, macht einige Schritte und bleibt dem Marquis gegenüber stehen. Vor sich:*
Neu zum wenigsten ist dieser Ton!
Die Schmeichelei erschöpft sich. Nachzuahmen

Erniedrigt einen Mann von Kopf. – Auch einmal
Die Probe von dem Gegenteil. Warum nicht?
Das Überraschende macht Glück. – Wenn ihr
Es so verstehet, gut, so will ich mich
Auf eine neue Kronbedienung richten –
Den starken Geist. –

MARQUIS ⌜Ich höre, Sire, wie klein,
Wie niedrig Sie von Menschenwürde denken,
Selbst in des freien Mannes Sprache nur
Den Kunstgriff eines Schmeichlers sehen, und
Mir deucht, ich weiß, wer Sie dazu berechtigt.
Die Menschen zwangen Sie dazu; die haben
Freiwillig ihres Adels sich begeben,
Freiwillig sich auf diese niedre Stufe
Herab gestellt. Erschrocken fliehen sie
Vor dem Gespenste ihrer innern Größe,
Gefallen sich in ihrer Armut, schmücken
Mit feiger Weisheit* ihre Ketten aus,
Und Tugend nennt man, sie mit Anstand tragen.⌝
So überkamen Sie die Welt*. So ward
Sie Ihrem großen Vater überliefert.
Wie könnten Sie in dieser traurigen
Verstümmlung – Menschen ehren?

Pseudophilosophischer Rechtfertigung

erlangten, erwarben, brachten in Besitz

KÖNIG Etwas wahres
Find' ich in diesen Worten.

MARQUIS Aber Schade!
Da Sie den Menschen aus des Schöpfers Hand
In Ihrer Hände Werk verwandelten,
Und dieser neugegoßnen Kreatur
Zum Gott Sich gaben – da versahen Sie's*
In etwas nur: Sie blieben selbst noch Mensch –
Mensch aus des Schöpfers Hand. Sie fuhren fort
Als Sterblicher zu leiden, zu begehren;
Sie brauchen Mitgefühl – und einem Gott
Kann man nur opfern – zittern – zu ihm beten!

sahen Sie es falsch und begingen einen Irrtum

Bereuenswerter Tausch! Unselige
Verdrehung der Natur! – Da Sie den Menschen
Zu Ihrem Saitenspiel herunter stürzten,
Wer teilt mit Ihnen Harmonie?

KÖNIG (Bei Gott,
Er greift in meine Seele!)

MARQUIS Aber Ihnen
Bedeutet dieses Opfer nichts. Dafür
Sind Sie auch einzig – Ihre eigne Gattung –
Um diesen Preis sind Sie ein Gott. – Und schrecklich
Wenn das n i c h t wäre – wenn für diesen Preis,
Für das zertretne Glück von Millionen,
Sie nichts gewonnen hätten! wenn die Freiheit,
Die Sie vernichteten, das Einz'ge wäre,
Das Ihre Wünsche reifen kann? – Ich bitte
Mich zu entlassen, Sire. Mein Gegenstand
Reißt mich dahin. Mein Herz ist voll – der Reiz
Zu mächtig, vor dem Einzigen zu stehen,
Dem ich es öffnen möchte.

Der Graf von Lerma tritt herein und spricht einige Worte leise mit dem König. Dieser gibt ihm einen Wink sich zu entfernen, und bleibt in seiner vorigen Stellung sitzen.

KÖNIG *zum Marquis, nachdem Lerma weggegangen:*
Redet aus!

MARQUIS *nach einigem Stillschweigen:*
Ich fühle, Sire – den ganzen Wert –

KÖNIG Vollendet!
Ihr hattet mir noch mehr zu sagen.

MARQUIS Sire!
Jüngst kam ich an von Flandern und Brabant. –
So viele reiche, blühende Provinzen!
Ein kräftiges, ein großes Volk – und auch
Ein gutes Volk – und Vater dieses Volkes!
Das, dacht' ich, das muß göttlich sein! – Da stieß
Ich auf verbrannte menschliche Gebeine* –

Gebeine der verurteilten Ketzer

Hier schweigt er still; seine Augen ruhen auf dem König, der es versucht, diesen Blick zu erwidern, aber betroffen und verwirrt zur Erde sieht.
Sie haben Recht. Sie müssen. Daß Sie können,
Was Sie zu müssen eingesehn, hat mich
Mit schauernder Bewunderung durchdrungen.
O Schade, daß, in seinem Blut gewälzt,
Das Opfer wenig dazu taugt, dem Geist
Des Opferers ein Loblied anzustimmen!
Daß Menschen nur – nicht Wesen höh'rer Art –
Die Weltgeschichte schreiben! – ⌜Sanftere
Jahrhunderte verdrängen Philipps Zeiten;
Die bringen mildre Weisheit; Bürgerglück
Wird dann versöhnt mit Fürstengröße wandeln,
Der karge Staat mit seinen Kindern geizen,
Und die Notwendigkeit wird menschlich sein.⌝
KÖNIG Wann, denkt ihr, würden diese menschlichen
Jahrhunderte erscheinen: hätt' ich vor
Dem Fluch des jetzigen gezittert? Sehet
In meinem Spanien euch um. Hier blüht
Des Bürgers Glück in nie bewölktem Frieden;
Und diese Ruhe gönn' ich den Flamändern.
MARQUIS *schnell:*
⌜Die Ruhe eines Kirchhofs!⌝ Und Sie hoffen
Zu endigen, was Sie begannen? hoffen,
Der Christenheit gezeitigte Verwandlung,
Den allgemeinen Frühling aufzuhalten,
Der die Gestalt der Welt verjüngt? Sie wollen
Allein in ganz Europa – Sich dem Rade
Des Weltverhängnisses*, das unaufhaltsam
In vollem Laufe rollt, entgegen werfen?
Mit Menschenarm in seine Speichen fallen?
Sie werden nicht! Schon flohen Tausende
Aus Ihren Ländern froh und arm. Der Bürger,
Den Sie verloren für den Glauben, war

Weltenlaufs, der geschichtlichen Entwicklung

Ihr edelster. Mit offnen Mutterarmen
Empfängt die Fliehenden Elisabeth,
Und furchtbar blüht durch Künste unsres Landes
Britannien. Verlassen von dem Fleiß
Der neuen Christen, liegt Grenada* öde
Und jauchzend sieht Europa seinen Feind
An selbstgeschlagnen Wunden sich verbluten.

Um Granada lebende Mauren, die nach ihrer Zwangstaufe das Land verließen

Der König ist bewegt, der Marquis bemerkt es, und tritt einige Schritte näher.

Sie wollen pflanzen für die Ewigkeit,
Und säen Tod? Ein so erzwungnes Werk
Wird seines Schöpfers Geist nicht überdauern.
Dem Undank haben Sie gebaut – umsonst
Den harten Kampf mit der Natur gerungen,
Umsonst ein großes königliches Leben
Zerstörenden Entwürfen hingeopfert.
Der Mensch ist mehr, als Sie von ihm gehalten.
Des langen Schlummers Bande wird er brechen,
Und wieder fordern sein geheiligt Recht.
Zu einem Nero* und Busiris* wirft
Er Ihren Namen, und – das schmerzt mich, denn
Sie waren gut.

Röm. Kaiser (37–68), Symbol grausamer Christenverfolgungen

Der Sage nach ägypt. König, der seine Gäste töten ließ

KÖNIG Wer hat euch dessen so
Gewiß gemacht?

MARQUIS *mit Feuer:*
Ja, beim Allmächtigen!
Ja – Ja – Ich wiederhol' es. ⌜Geben Sie,
Was Sie uns nahmen, wieder. Lassen Sie,
Großmütig wie der Starke, Menschenglück
Aus Ihrem Füllhorn strömen – Geister* reifen
In Ihrem Weltgebäude. Geben Sie,
Was Sie uns nahmen, wieder. Werden Sie
Von Millionen Königen ein König.⌝

Hier: denkende Menschen

Er nähert sich ihm kühn, und indem er feste und feurige Blicke auf ihn richtet.

O könnte die Beredsamkeit von allen
Den Tausenden, die dieser großen Stunde
Teilhaftig sind, auf meinen Lippen schweben,
Den Strahl, den ich in diesen Augen merke,
Zur Flamme zu erheben! – Geben Sie
Die unnatürliche Vergött'rung auf,
Die uns vernichtet. Werden Sie uns Muster
Des Ewigen und Wahren. Niemals – niemals
Besaß ein Sterblicher so viel, so göttlich
Es zu gebrauchen. Alle Könige
Europens huldigen dem Span'schen Namen.
Gehn Sie Europens Königen voran.
Ein Federzug von dieser Hand, und neu
Erschaffen wird die Erde. Geben Sie
Gedankenfreiheit. –
Sich ihm zu Füßen werfend.

KÖNIG *überrascht, das Gesicht weggewandt und dann wieder auf den Marquis geheftet:*
Sonderbarer Schwärmer!
Doch – stehet auf – ich –

MARQUIS
Sehen Sie Sich um
In seiner herrlichen Natur! Auf Freiheit
Ist sie gegründet – und wie reich ist sie
Durch Freiheit! Er, der große Schöpfer, wirft
In einen Tropfen Tau den Wurm, und läßt
Noch in den toten Räumen der Verwesung
Die Willkühr sich ergetzen – Ihre Schöpfung,
Wie eng und arm! Das Rauschen eines Blattes
Erschreckt den Herrn der Christenheit – Sie müssen
Vor jeder Tugend zittern. Er – der Freiheit
Entzückende Erscheinung nicht zu stören –
Er läßt des Übels grauenvolles Heer
In seinem Weltall lieber oben – ihn,
Den Künstler, wird man nicht gewahr, bescheiden
Verhüllt er sich in ewige Gesetze;

Die sieht der Freigeist, doch nicht Ihn. Wozu
Ein Gott? sagt er; die Welt ist sich genug.
Und keines Christen Andacht hat ihn mehr
Als dieses Freigeists Lästerung gepriesen.

KÖNIG Und wollet ihr es unternehmen, dies
Erhabne Muster in der Sterblichkeit
In meinen Staaten nachzubilden?

MARQUIS Sie,
Sie können es. Wer anders? Weihen Sie
Dem Glück der Völker die Regentenkraft,
Die – ach so lang' – des Thrones Größe nur
Gewuchert hatte* – Stellen Sie der Menschheit
Verlornen Adel wieder her. Der Bürger
Sei wiederum, was er zuvor gewesen,
Der Krone Zweck – ihn binde keine Pflicht,
Als seiner Brüder gleich ehrwürd'ge Rechte.
⌜Wenn nun der Mensch, sich selbst zurück gegeben,
Zu seines Werts Gefühl erwacht – der Freiheit
Erhabne, stolze Tugenden gedeihen –
Dann, Sire, wenn Sie zum glücklichsten der Welt
Ihr eignes Königreich gemacht – dann ist
Es Ihre Pflicht, die Welt zu unterwerfen.⌝

Durch Wucher vermehrt

KÖNIG *nach einem großen Stillschweigen:*
Ich ließ euch bis zu Ende reden – Anders,
Begreif ich wohl, als sonst in Menschenköpfen,
Malt sich in diesem Kopf die Welt – auch will
Ich fremdem Maßstab euch nicht unterwerfen.
Ich bin der erste, dem ihr euer Innerstes
Enthüllt. Ich glaub' es, weil ich's weiß. Um dieser
Enthaltung willen, solche Meinungen,
Mit solchem Feuer doch umfaßt, verschwiegen
Zu haben bis auf diesen Tag – um dieser
Bescheidnen Klugheit willen, junger Mann,
Will ich vergessen, daß ich sie erfahren,
Und wie ich sie erfahren. Stehet auf.

Ich will den Jüngling, der sich übereilte*,
Als Greis und nicht als König widerlegen.
Ich will es, weil ich's will – Gift also selbst,
Find' ich, kann in gutartigen Naturen
Zu etwas besserm sich veredeln – Aber
Flieht meine Inquisition. – Es sollte
Mir leid tun –

der zu stürmisch vorging, eine Sache zu rasch betrieb

MARQUIS Wirklich? Sollt' es das?

KÖNIG *in seinem Anblick verloren:* Ich habe
Solch einen Menschen nie gesehen. – Nein!
Nein, Marquis! Ihr tut mir zu viel. Ich will
Nicht Nero sein. Ich will es nicht sein – will
Es gegen euch nicht sein. ⌜Nicht alle
Glückseligkeit soll unter mir verdorren.
Ihr selbst, ihr sollet unter meinen Augen
Fortfahren dürfen, Mensch zu sein.

MARQUIS *rasch:* Und meine
Mitbürger, Sire? – O! nicht um mich war mir's
Zu tun, nicht m e i n e Sache wollt' ich führen.⌝
Und Ihre Untertanen, Sire? –

KÖNIG Und wenn
Ihr so gut wisset, wie die Folgezeit
Mich richten wird, so lerne sie an euch,
Wie ich mit Menschen es gehalten, als
Ich einen fand.

MARQUIS O! der gerechteste
Der Könige sei nicht mit Einem Male
Der ungerechteste – In Ihrem Flandern
Sind tausend bessere als ich. Nur S i e –
Darf ich es frei gestehen, großer König? –
S i e sehn jetzt unter diesem sanften Bilde
Vielleicht zum ersten Mal die Freiheit.

KÖNIG *mit gemildertem Ernst:* Nichts mehr
Von diesem Inhalt, junger Mann. – Ich weiß,
Ihr werdet anders denken, kennet ihr

Den Menschen erst, wie ich – Doch hätt' ich euch
Nicht gern zum letzten Mal gesehn. Wie fang' ich
Es an, euch zu verbinden*?

verpflichten, in die Sache einzubinden

MARQUIS Lassen Sie
Mich wie ich bin. Was wär' ich Ihnen, Sire,
Wenn Sie auch mich bestächen?

KÖNIG Diesen Stolz
Ertrag' ich nicht. Ihr seid von heute an
In meinen Diensten – Keine Einwendung!
Ich will es haben.
Nach einer Pause. Aber wie? Was wollte
Ich denn? War es nicht Wahrheit, was ich wollte?
Und hier find' ich noch etwas mehr – Ihr habt
Auf meinem Thron mich ausgefunden, Marquis.
Nicht auch in meinem Hause?
Da sich der Marquis zu bedenken scheint.
Ich versteh Euch.
Doch – wär' ich auch von allen Vätern der
Unglücklichste, kann ich nicht glücklich sein
Als Gatte?

MARQUIS Wenn ein hoffnungsvoller Sohn,
Wenn der Besitz der liebenswürdigsten
Gemahlin einem Sterblichen ein Recht
Zu diesem Namen geben, Sire, so sind Sie
Der glücklichste durch beides.

KÖNIG *mit finstrer Miene:* Nein! ich bin's nicht!
Und daß ich's nicht bin, hab' ich tiefer nie
Gefühlt als eben jetzt –
Mit einem Blicke der Wehmut auf dem Marquis verweilend.

MARQUIS Der Prinz denkt edel
Und gut. Ich hab' ihn anders nie gefunden.

KÖNIG Ich aber hab' es – Was er mir genommen,
Kann keine Krone mir ersetzen – Eine
So tugendhafte Königin!

MARQUIS Wer kann
Es wagen, Sire!
KÖNIG Die Welt! Die Lästerung!
Ich selbst! – Hier liegen Zeugnisse, die ganz
Unwidersprechlich sie verdammen; andre
Sind noch vorhanden, die das Schrecklichste
Mich fürchten lassen – Aber, Marquis – schwer,
Schwer fällt es mir, an Eines nur zu glauben.
Wer klagt sie an? – Wenn s i e – sie fähig sollte
Gewesen sein, so tief sich zu entehren,
O wie viel mehr ist mir zu glauben dann
Erlaubt, daß eine Eboli verleumdet?
⌜Haßt nicht der Priester meinen Sohn und sie?
Und weiß ich nicht, daß Alba Rache brütet?
Mein Weib ist mehr wert als sie alle.⌝
MARQUIS Sire,
Und etwas lebt noch in des Weibes Seele,
Das über allen Schein erhaben ist
Und über alle Lästerung – Es heißt
Weibliche Tugend.
KÖNIG Ja! das sag' ich auch.
So tief, als man die Königin bezüchtigt*, bezichtigt, anklagt
Herab zu sinken, kostet viel. So leicht,
Als man mich überreden möchte, reißen
Der Ehre heilge Bande nicht. Ihr kennt
Den Menschen, Marquis. Solch ein Mann hat mir
Schon längst gemangelt, ihr seid gut und fröhlich,
Und kennet doch den Menschen auch – Drum hab'
Ich euch gewählt –
MARQUIS *überrascht und erschrocken:*
Mich, Sire?
KÖNIG Ihr standet
Vor eurem Herrn, und habt nichts für euch selbst
Erbeten – nichts. Das ist mir neu – Ihr werdet
Gerecht sein. Leidenschaft wird euren Blick

Nicht irren – ⌜Dränget euch zu meinem Sohn,
Erforscht das Herz der Königin. Ich will
Euch Vollmacht senden, sie geheim zu sprechen.
Und jetzt verlaßt mich!
Er zieht eine Glocke.

MARQUIS Kann ich es mit Einer
Erfüllten Hoffnung? – Dann ist dieser Tag
Der schönste meines Lebens.

KÖNIG *reicht ihm die Hand zum Kusse:*
Er ist kein
Verlorner in dem meinigen.⌝
Der Marquis steht auf und geht. Graf Lerma tritt herein.
Der Ritter
Wird künftig ungemeldet vorgelassen.

Vierter Akt

Erster Auftritt

Saal bei der Königin

Die Königin. Die Herzogin Olivarez. Die Prinzessin von Eboli. Die Gräfin Fuentes und noch andere Damen.

KÖNIGIN *zur Oberhofmeisterin, indem sie aufsteht:*
Der Schlüssel fand sich also nicht? – So wird
Man die Schatulle mir erbrechen müssen,
Und zwar sogleich –
Da sie die Prinzessin von Eboli gewahr wird, welche sich ihr nähert und ihr die Hand küßt.
Willkommen, liebe Fürstin.
Mich freut, Sie wieder hergestellt zu finden –
Zwar noch sehr blaß –
FUENTES *etwas tückisch:* Die Schuld des bösen Fiebers,
Das ganz erstaunlich an die Nerven greift.
Nicht wahr, Prinzessin?
KÖNIGIN Sehr hab' ich gewünscht
Sie zu besuchen, meine Liebe. – Doch
Ich darf ja nicht.
OLIVAREZ Die Fürstin Eboli
Litt wenigstens nicht Mangel an Gesellschaft*. –
KÖNIGIN Das glaub' ich gern. Was haben Sie? Sie zittern.
EBOLI Nichts – gar nichts, meine Königin. Ich bitte
Um die Erlaubnis wegzugehen –
KÖNIGIN Sie
Verhehlen uns, sind kränker gar, als Sie
Uns glauben machen wollen? Auch das Stehn
Wird Ihnen sauer*. Helfen Sie ihr, Gräfin,
Auf dieses Tabouret* sich niedersetzen.
EBOLI Im Freien wird mir besser.

Doppelbödige Anspielung (auf den ›Besuch‹ des Königs bei der Eboli)

mühevoll, beschwerlich

(franz.) Schemel, Stuhl ohne Lehne

Sie geht ab.

KÖNIGIN Folgen Sie
Ihr, Gräfin – Welche Anwandlung!

Ein Page tritt herein, und spricht mit der Herzogin, welche sich alsdann zur Königin wendet.

OLIVAREZ Der Marquis
Von Posa, Ihre Majestät – Er kommt
Von Seiner Majestät dem König.

KÖNIGIN Ich
Erwart' ihn.

Der Page geht ab und öffnet dem Marquis die Türe.

Zweiter Auftritt

Marquis von Posa. Die Vorigen.
Der Marquis läßt sich auf ein Knie vor der Königin nieder, welche ihm einen Wink gibt aufzustehen.

KÖNIGIN Was ist meines Herrn Befehl?
Darf ich ihn öffentlich –

MARQUIS Mein Auftrag lautet
An Ihre königliche Majestät allein.

Die Damen entfernen sich auf einen Wink der Königin.

Dritter Auftritt

Die Königin. Marquis von Posa.

KÖNIGIN *voll Verwunderung:*
Wie? Darf ich meinen Augen trauen, Marquis?
Sie an mich abgeschickt vom König?

MARQUIS Dünkt
Das Ihro Majestät so sonderbar?
Mir ganz und gar nicht.

KÖNIGIN Nun so ist die Welt

Aus ihrer Bahn gewichen. Sie und Er –
Ich muß gestehen.
MARQUIS Daß es seltsam klingt?
Das mag wohl sein. – Die gegenwärt'ge Zeit
Ist noch an mehrern Wunderdingen fruchtbar.
KÖNIGIN An größern kaum.
MARQUIS Gesetzt, ich hätte mich
Bekehren lassen endlich – wär' es müde,
An Philipps Hof den Sonderling zu spielen?
Den Sonderling! Was heißt auch das? Wer sich
Den Menschen nützlich machen will, muß doch
Zuerst sich ihnen gleich zu stellen suchen.
Wozu der Sekte prahlerische Tracht?
Gesetzt – Wer ist von Eitelkeit so frei,
Um nicht für seinen Glauben gern zu werben?
Gesetzt, ich ginge damit um, den meinen
Auf einen Thron zu setzen?
KÖNIGIN Nein! – Nein, Marquis.
Auch nicht einmal im Scherze möcht' ich dieser
Unreifen Einbildung Sie zeihn. Sie sind
Der Träumer nicht, der etwas unternähme,
Was nicht geendigt* werden kann. — bis zum Ende durchgeführt
MARQUIS Das eben
Wär' noch die Frage, denk' ich.
KÖNIGIN Was ich höchstens
Sie zeihen* könnte, Marquis – was von Ihnen — Ihnen vorwerfen
Mich fast befremden könnte, wäre – wäre –
MARQUIS Zweideutelei. Kann sein.
KÖNIGIN Unredlichkeit
Zum wenigsten*. Der König wollte mir — am wenigsten
Wahrscheinlich nicht durch Sie entbieten lassen,
Was Sie mir sagen werden.
MARQUIS Nein.
KÖNIGIN ⌜Und kann
Die gute Sache schlimme Mittel adeln?⌝

Kann sich – verzeihen Sie mir diesen Zweifel!
Ihr edler Stolz zu diesem Amte borgen?
Kaum glaub' ich es. –

MARQUIS Auch *ich* nicht, wenn es hier
Nur gelten soll, den König zu betrügen.
Doch das ist meine Meinung nicht. ⌜Ihm selbst
Gedenk' ich diesmal redlicher zu dienen,
Als er mir aufgetragen hat.⌝

KÖNIGIN Daran
Erkenn' ich Sie, und nun genug! Was macht er?

MARQUIS Der König? – Wie es scheint, bin ich sehr bald
An meiner strengen Richterin gerächt.
Was ich so sehr nicht zu erzählen eile,
Eilt Ihre Majestät, wie mir geschienen,
Noch weit, weit weniger zu hören. – Doch
Gehört muß es doch werden! ⌜Der Monarch
Läßt Ihre Majestät ersuchen, dem
Ambassadeur* von Frankreich kein Gehör
Für heute zu bewilligen. Das war
Mein Auftrag. Er ist abgetan.⌝

(franz.) Botschafter

KÖNIGIN Und das
Ist alles, Marquis, was Sie mir von ihm
Zu sagen haben?

MARQUIS Alles ungefähr,
Was mich berechtigt hier zu sein.

KÖNIGIN Ich will
Mich gern bescheiden, Marquis, nicht zu wissen,
Was mir vielleicht Geheimnis bleiben muß –

MARQUIS Das *muß* es, meine Königin – Zwar, wären
Sie nicht *Sie* selbst, ich würde eilen, Sie
Von ein'gen Dingen zu belehren, vor
Gewissen Menschen Sie zu warnen – doch
Das braucht es nicht bei Ihnen. Die Gefahr
Mag auf- und untergehen um Sie her,
Sie sollen's nie erfahren. Alles dies

Ist ja nicht so viel wert, den goldnen Schlaf
Von eines Engels Stirne zu verjagen.
Auch war es das nicht, was mich hergeführt.
Prinz Karlos –

KÖNIGIN Wie verließen Sie ihn?

MARQUIS Wie
Den einz'gen Weisen seiner Zeit, dem es
Verbrechen ist die Wahrheit anzubeten –
Und eben so beherzt für s e i n e Liebe,
Wie jener für die seinige zu sterben.
Ich bringe wenig Worte – Aber hier,
Hier ist er selbst.
Er gibt der Königin einen Brief.

KÖNIGIN *nachdem sie ihn gelesen:*
Er muß mich sprechen, sagt er.

MARQUIS Das sag' ich auch.

KÖNIGIN Wird es ihn glücklich machen,
Wenn er mit seinen Augen sieht, daß ich
Es auch nicht bin?* Vgl. V. 714 ff.

MARQUIS Nein – aber tätiger
Soll es ihn machen und entschlossner.

KÖNIGIN Wie?

MARQUIS Der Herzog Alba ist ernannt nach Flandern.

KÖNIGIN Ernannt – so hör' ich.

MARQUIS Widerrufen kann
Der König nie. Wir kennen ja den König.
Doch wahr ist's auch: Hier darf der Prinz nicht bleiben –
Hier nicht, jetzt vollends nicht – und Flandern darf
Nicht aufgeopfert werden.

KÖNIGIN Wissen Sie
Es zu verhindern?

MARQUIS Ja – vielleicht. Das Mittel
Ist fast so schlimm, als die Gefahr. Es ist
Verwegen, wie Verzweiflung. – Doch ich weiß
Von keinem andern.

KÖNIGIN Nennen Sie mir's.

MARQUIS Ihnen,
Nur Ihnen, meine Königin, wag' ich
Es zu entdecken. Nur von Ihnen kann
Es Karlos hören, ohne Abscheu hören.
Der Name freilich, den es führen wird,
Klingt etwas rauh –

KÖNIGIN Rebellion –

MARQUIS Er soll
Dem König ungehorsam werden, soll
Nach Brüssel heimlich sich begeben, wo
Mit offnen Armen die Flamänder ihn
Erwarten. Alle Niederlande* stehen
Auf seine Losung auf. Die gute Sache
Wird stark durch einen Königssohn. Er mache
Den Span'schen Thron durch seine Waffen zittern.
Was in Madrid der Vater ihm verweigert,
Wird er in Brüssel ihm bewilligen*.

Alle niederländischen Provinzen

Vgl. Erl. zu V. 3414–3416 u. zu V. 3491–3496.

KÖNIGIN Sie sprachen
Ihn heute und behaupten das?

MARQUIS Weil ich
Ihn heute sprach.

KÖNIGIN *nach einer Pause:*
Der Plan, den Sie mir zeigen,
Erschreckt und – reizt mich auch zugleich. Ich glaube,
Daß Sie nicht Unrecht haben. – Die Idee
Ist kühn, und eben darum, glaub' ich,
Gefällt sie mir. Ich will sie reifen lassen.
Weiß sie der Prinz?

MARQUIS Er sollte, war mein Plan,
Aus Ihrem Mund zum ersten Mal sie hören.

KÖNIGIN Unstreitig! Die Idee ist groß. – Wenn anders
Des Prinzen Jugend –

MARQUIS Schadet nichts. Er findet
Dort einen Egmont und Oranien,

Die braven Krieger Kaiser Karls, so klug
Im Kabinett als fürchterlich im Felde.

KÖNIGIN *mit Lebhaftigkeit:*
⌜Nein! die Idee ist groß und schön – Der Prinz
Muß handeln. Lebhaft fühl' ich das. Die Rolle,
Die man hier in Madrid ihn spielen sieht,
Drückt mich an seiner Statt zu Boden – Frankreich
Versprech' ich ihm; Savoyen* auch. Ich bin
Ganz Ihrer Meinung, Marquis, er muß handeln. –⌝
Doch dieser Anschlag fordert Geld.

MARQUIS Auch das liegt schon
Bereit –

KÖNIGIN Und dazu weiß ich Rat.

MARQUIS So darf ich
Zu der Zusammenkunft ihm Hoffnung geben?

KÖNIGIN Ich will mir's überlegen.

MARQUIS Karlos dringt
Auf Antwort, Ihre Majestät. – Ich hab'
Ihm zugesagt, nicht leer zurückzukehren.
Seine Schreibtafel der Königin reichend.
Zwo Zeilen sind für jetzt genug –

KÖNIGIN *nachdem sie geschrieben:* Werd' ich
Sie wieder sehn?

MARQUIS So oft Sie es befehlen.

KÖNIGIN So oft – so oft ich es befehle? – Marquis!
Wie muß ich diese Freiheit mir erklären?

MARQUIS So arglos als Sie immer können. Wir
Genießen sie, das ist genug – das ist
Für meine Königin genug.

KÖNIGIN *abbrechend:* Wie sollt' es
Mich freuen, Marquis, wenn der Freiheit endlich
Noch diese Zuflucht in Europa bliebe!
Wenn sie durch ihn es bliebe! – Rechnen Sie
Auf meinen stillen Anteil –

MARQUIS *mit Feuer:* O ich wußt' es,
Ich mußte hier verstanden werden –

*Savoyen: Fürstentum in den Westalpen mit der Hauptstadt Turin

HERZOGIN OLIVAREZ *erscheint an der Türe.*
KÖNIGIN *fremd zum Marquis:* Was
Von meinem Herrn dem König kommt, werd' ich
Als ein Gesetz verehren. Gehen Sie
Ihm meine Unterwerfung zu versichern!
Sie gibt ihm einen Wink. Der Marquis geht ab.

Vierter Auftritt

Gallerie

Don Karlos und Graf Lerma.

KARLOS Hier sind wir ungestört. Was haben Sie
Mir zu entdecken?
LERMA Eure Hoheit hatten
An diesem Hofe einen Freund.
KARLOS *stutzt:* Den ich
Nicht wüßte! – Wie? Was wollen Sie damit?
LERMA So muß ich um Vergebung bitten, daß
Ich mehr erfuhr, als ich erfahren durfte.
Doch, Eurer Hoheit zur Beruhigung,
Ich hab' es wenigstens von treuer Hand,
Denn kurz, ich hab' es von mir selbst.
KARLOS Von wem
Ist denn die Rede?
LERMA Marquis Posa –
KARLOS Nun?
LERMA Wenn etwa mehr, als jemand wissen darf,
Von Eurer Hoheit ihm bewußt sein sollte,
Wie ich beinahe fürchte –
KARLOS Wie Sie fürchten?
LERMA – Er war beim König.
KARLOS So?
LERMA Zwo volle Stunden,
Und in sehr heimlichem Gespräch.

KARLOS Wahrhaftig?
LERMA Es war von keiner Kleinigkeit die Rede.
KARLOS Das will ich glauben.
LERMA Ihren Namen, Prinz,
Hört' ich zu öftern malen.
KARLOS Hoffentlich
Kein schlimmes Zeichen.
LERMA Auch ward heute Morgen
Im Schlafgemache Seiner Majestät
Der Königin sehr rätselhaft erwähnt*. Vgl. III,2.
KARLOS *tritt bestürzt zurück:*
Graf Lerma?
LERMA Als der Marquis weggegangen,
Empfing ich den Befehl, ihn künftighin
Unangemeldet vorzulassen.* Vgl. III,10.
KARLOS Das
Ist wirklich viel.
LERMA Ganz ohne Beispiel, Prinz,
So lang' mir denkt, daß ich dem König diene.
KARLOS Viel! Wahrlich viel! – Und wie? wie, sagten Sie,
Wie ward der Königin erwähnt?
LERMA *tritt zurück:* Nein, Prinz,
Nein! Das ist wider meine Pflicht.
KARLOS Wie seltsam!
Sie sagen mir das eine, und verhehlen
Das andre mir.
LERMA Das erste war ich Ihnen,
Das zweite bin ich dem Monarchen schuldig.
KARLOS – Sie haben Recht.
LERMA Den Marquis hab' ich zwar
Als Mann von Ehre stets gekannt.
KARLOS Dann haben
Sie ihn sehr gut gekannt.
LERMA Jedwede Tugend
Ist fleckenfrei – bis auf den Augenblick
Der Probe.

KARLOS Auch wohl hier und da noch drüber.
LERMA Und eines großen Königs Gunst dünkt mir
Der Frage wert. An diesem goldnen Angel* Haken
Hat manche starke Tugend sich verblutet.
KARLOS O ja.
LERMA Oft sogar ist es weise, zu entdecken,
Was nicht verschwiegen bleiben kann.
KARLOS Ja! weise!
Doch, wie Sie sagen, haben Sie den Marquis
Als Mann von Ehre nur gekannt?
LERMA Ist er
Es noch, so macht mein Zweifel ihn nicht schlechter,
Und Sie, mein Prinz, gewinnen doppelt.
Er will gehen.
KARLOS *folgt ihm gerührt und drückt ihm die Hand:*
Dreifach
Gewinn' ich, edler, würd'ger Mann – ich sehe
Um einen Freund mich reicher, und es kostet
Mir den nicht, den ich schon besaß.
Lerma geht ab.

Fünfter Auftritt

Marquis von Posa kommt durch die Gallerie. Karlos.
MARQUIS Karl! Karl!
KARLOS Wer ruft? Ah! Du bist's! Eben recht. Ich eile
Voraus ins Kloster. Komm bald nach.
Er will gehen.
MARQUIS Nur zwo
Minuten – bleib.
KARLOS Wenn man uns überfiele –
MARQUIS Man wird doch nicht. Es ist sogleich geschehen.
Die Königin –
KARLOS Du warst bei meinem Vater?

MARQUIS Er ließ mich rufen; ja.
KARLOS *voll Erwartung:* Nun?
MARQUIS Es ist richtig.
Du wirst sie sprechen.
KARLOS Und der König? Was
Will denn der König?
MARQUIS Der? Nicht viel. – Neugierde,
Zu wissen wer ich bin. – Dienstfertigkeit
Von unbestellten guten Freunden. Was
Weiß ich? Er bot mir Dienste an.
KARLOS Die du
Doch abgelehnt?
MARQUIS Versteht sich.
KARLOS Und wie kamt
Ihr aus einander?
MARQUIS Ziemlich gut.
KARLOS Von mir
War also wohl die Rede nicht?
MARQUIS Von dir?
Doch. Ja. Im Allgemeinen.
Er zieht ein Souvenir heraus und gibt es dem Prinzen.*
(franz.) Erinnerung, hier: Schreibtafel
Hier vorläufig
Zwei Worte von der Königin, und morgen
Werd' ich erfahren, wo und wie –
KARLOS *liest sehr zerstreut, steckt die Schreibtafel ein, und will gehen:* Beim Prior
Triffst du mich also.
MARQUIS Warte doch. Was eilst du?
Es kommt ja niemand.
KARLOS *mit erkünsteltem Lächeln:*
Haben wir denn wirklich
Die Rollen umgetauscht? Du bist ja heute
Erstaunlich sicher.
MARQUIS Heute? Warum heute?
KARLOS Und was schreibt mir die Königin?

MARQUIS Hast du
Denn nicht im Augenblick gelesen?

KARLOS Ich?
Ja so.

MARQUIS
Was hast du denn? Was ist dir?

KARLOS *liest das Geschriebene noch einmal. Entzückt und feurig:* Engel
Des Himmels! Ja! Ich will es sein – ich will –
Will deiner wert sein – Große Seelen macht
Die Liebe größer. Sei's auch was es sei.
Wenn D u es mir gebietest, ich gehorche. –
Sie schreibt, daß ich auf eine wichtige
Entschließung mich bereiten soll. Was kann
Sie damit meinen? Weißt du nicht?

MARQUIS Wenn ich's
Auch wüßte, Karl – bist du auch jetzt gestimmt,
Es anzuhören?

KARLOS Hab' ich dich beleidigt?
Ich war zerstreut. Vergib mir Roderich.

MARQUIS
Zerstreut? Wodurch?

KARLOS Durch – ich weiß selber nicht.
Dies Souvenir ist also mein?

MARQUIS Nicht ganz!
Vielmehr bin ich gekommen, mir sogar
Deins auszubitten.

KARLOS Meins? Wozu?

MARQUIS Und was
Du etwa sonst an Kleinigkeiten, die
In keines Dritten Hände fallen dürfen,
An Briefen oder abgerissenen
Konzepten bei dir führst – kurz deine
Brieftasche –

KARLOS Wozu aber?

MARQUIS Nur auf alle Fälle.
Wer kann für Überraschung stehn? Bei mir
Sucht sie doch niemand. Gib.

KARLOS *sehr unruhig:* Das ist doch seltsam!
Woher auf einmal diese –

MARQUIS Sei ganz ruhig.
Ich will nichts damit angedeutet haben.
Gewißlich nicht. Es ist Behutsamkeit
Vor der Gefahr. So hab' ich's nicht gemeint,
So wahrlich nicht, daß du erschrecken solltest.

KARLOS *gibt ihm die Brieftasche:*
Verwahr sie gut.

MARQUIS Das werd' ich.

KARLOS *sieht ihn bedeutend an:* Roderich!
Ich gab dir viel.

MARQUIS Noch immer nicht so viel,
Als ich von dir schon habe – Dort also
Das übrige, und jetzt leb wohl – leb wohl.
Er will gehen

KARLOS *Kämpft zweifelhaft mit sich selbst – endlich ruft er ihn zurück:*
⌜Gib mir die Briefe doch noch einmal. Einer
Von ihr ist auch darunter, den sie damals,
Als ich so tödlich krank gelegen, nach
Alkala mir geschrieben. Stets hab' ich
Auf meinem Herzen ihn getragen. Mich
Von diesem Brief zu trennen fällt mir schwer.
Laß mir den Brief – nur den – das übrige
Nimm alles.⌝
Er nimmt ihn heraus und gibt die Brieftasche zurück.

MARQUIS Karl, ich tu' es ungern. Just
Um diesen Brief war mir's zu tun.

KARLOS Leb wohl!
Er geht langsam und still weg, an der Türe bleibt er einen Augenblick stehen, kehrt wieder um und bringt

ihm den Brief.
Da hast du ihn.
Seine Hand zittert. Tränen stürzen aus seinen Augen, er fällt dem Marquis um den Hals und drückt sein Gesicht wider dessen Brust.
Das kann mein Vater nicht?
Nicht wahr, mein Roderich? Das kann er doch nicht?
Er geht schnell fort.

Sechster Auftritt

MARQUIS *sieht ihm erstaunt nach:*
War's möglich? Wär' es? Also hätt' ich ihn
Doch nicht gekannt? Nicht ganz? In seinem Herzen
Wär' diese Falte wirklich mir entgangen?
Mißtrauen gegen seinen Freund!
Nein! Es ist Lästerung! – Was tat er mir,
Daß ich der Schwächen schwächster ihn verklage?
Was ich ihn zeihe, werd' ich selbst – Befremden –
Das mag es ihn, das glaub' ich gern. Wann hätte
Er dieser seltsamen Verschlossenheit
sich bedient Zu seinem Freunde sich versehn*? – Auch schmerzen!
Ich kann dir's nicht ersparen, Karl, und länger
Muß ich noch deine gute Seele quälen.
Der König glaubte dem Gefäß, dem er
Sein heiliges Geheimnis übergeben,
Und Glauben fordert Dankbarkeit. Was wäre
Geschwätzigkeit, wenn mein Verstummen dir
Nicht Leiden bringt? Vielleicht erspart? ⌜Warum
Dem Schlafenden die Wetterwolke zeigen,
Die über seinem Scheitel hängt? – Genug,
Daß ich sie still an dir vorüber führe,
Und, wenn du aufwachst, heller Himmel ist.⌝
Er geht ab.

Kabinett des Königs

Siebenter Auftritt

Der König in einem Sessel – neben ihm die Infantin Klara Eugenia.

KÖNIG *nach einem tiefen Stillschweigen:*
Nein! Es ist dennoch meine Tochter – Wie
Kann die Natur mit solcher Wahrheit lügen?
Dies blaue Auge ist ja mein! Find' ich
In jedem dieser Züge mich nicht wieder?
Kind meiner Liebe, ja du bist's. Ich drücke
Dich an mein Herz – du bist mein Blut.
Er stutzt und hält inne. Mein Blut!
Was kann ich schlimm'res fürchten? Meine Züge
Sind sie die seinigen nicht auch?
Er hat das Medaillon in die Hand genommen, und sieht wechselsweise auf das Bild und in einen gegenüber stehenden Spiegel – endlich wirft er es zur Erde, steht schnell auf und drückt die Infantin von sich. Weg! Weg!
In diesem Abgrund geh' ich unter.

Achter Auftritt

Graf Lerma. Der König.

LERMA Eben
Sind Ihre Majestät, die Königin,
Im Vorgemach erschienen.
KÖNIG Jetzt?
LERMA Und bitten
Um gnädigstes Gehör –
KÖNIG Jetzt aber? Jetzt?
In dieser ungewohnten Stunde? – Nein!
Jetzt kann ich sie nicht sprechen – jetzt nicht –

LERMA Hier
Sind Ihre Majestät schon selbst –
Er geht ab.

Neunter Auftritt

Der König. Die Königin tritt herein. Die Infantin. Die Letztere fliegt ihr entgegen und schmiegt sich an sie an. Sie fällt vor dem König nieder, welcher stumm und verwirrt steht.

KÖNIGIN Mein Herr
Und mein Gemahl – ich muß – ich bin gezwungen,
Vor Ihrem Thron Gerechtigkeit zu suchen.
KÖNIG Gerechtigkeit? –
KÖNIGIN Unwürdig seh' ich mir
An diesem Hof begegnet. Meine
Schatulle ist erbrochen –
KÖNIG Was?
KÖNIGIN Und Sachen
Von großem Wert für mich daraus verschwunden –
KÖNIG Von großem Wert für Sie –
KÖNIGIN Durch die Bedeutung,
Die eines Unbelehrten Dreistigkeit
Vermögend wäre –
KÖNIG Dreistigkeit – Bedeutung –
Doch – stehn Sie auf.
KÖNIGIN Nicht eher, mein Gemahl,
Bis Sie durch ein Versprechen Sich gebunden,
Kraft Ihres königlichen Arms zu meiner
Genugtuung den Täter mir zu stellen,
Wo nicht, von einem Hofstaat mich zu trennen,
Der meinen Dieb verbirgt –
KÖNIG Stehn Sie doch auf –
In dieser Stellung – Stehn Sie auf –

KÖNIGIN *steht auf:* Daß er
Von Range sein muß, weiß ich – denn in der
Schatulle lag an Perlen und Demanten
Weit über eine Million, und er
Begnügte sich mit Briefen –
KÖNIG Die ich doch –
KÖNIGIN Recht gerne, mein Gemahl. ⌜Es waren Briefe
Und ein Medaillon von dem Infanten.⌝
KÖNIG Von –
KÖNIGIN Dem Infanten, Ihrem Sohn.
KÖNIG An Sie?
KÖNIGIN An mich.
KÖNIG Von dem Infanten? Und das sagen
Sie mir?
KÖNIGIN Warum nicht Ihnen, mein Gemahl?
KÖNIG Mit dieser Stirne?
KÖNIGIN Was fällt Ihnen auf?
Ich denke Sie erinnern Sich der Briefe,
Die mit Bewilligung von beiden Kronen*
Don Karlos mir nach Saint Germain* geschrieben.
Ob auch das Bild, womit er sie begleitet,
In diese Freiheit einbedungen* worden,
Ob seine rasche Hoffnung eigenmächtig
Sich diesen kühnen Schritt erlaubt – das will
Ich zu entscheiden mich nicht unterfangen*.
Wenn's Übereilung war, so war es die
Verzeihlichste – da bin ich für ihn Bürge.
Denn damals fiel ihm wohl nicht bei, daß es
Für seine Mutter wäre –
Sieht die Bewegung des Königs.
Was ist das?
Was haben Sie?
INFANTIN *welche unterdessen das Medaillon auf dem Boden gefunden und damit gespielt hat, bringt es der Königin:* Ach! Sieh da, meine Mutter!

des span. und franz. Hofes

Schloss Saint Germain en Laye in der Nähe von Paris

zugestanden, eingeschlossen war

anmaßen

Das schöne Bild –

KÖNIGIN Was denn, mein –

Sie erkennt das Medaillon, und bleibt in sprachloser Erstarrung stehen. Beide sehen einander mit unverwandten Augen an. Nach einem langen Stillschweigen:

Wahrlich, Sire!
Dies Mittel, seiner Gattin Herz zu prüfen,
Dünkt mir sehr königlich und edel – Doch
Noch eine Frage möcht' ich mir erlauben.

KÖNIG Das Fragen ist an Mir.

KÖNIGIN Durch meinen Argwohn
Soll doch die Unschuld wenigstens nicht leiden. –
⌜Wenn also dieser Diebstahl Ihr Befehl
Gewesen –

KÖNIG Ja.

KÖNIGIN Dann hab' ich niemand anzuklagen
Und niemand weiter zu bedauern – niemand
Als Sie, dem die Gemahlin nicht geworden,
Bei welcher solche Mittel sich verlohnen.⌝

KÖNIG Die Sprache kenn' ich. – Doch, Madam,
Zum zweiten Male soll sie mich nicht täuschen,
Wie in Aranjuez* sie mich getäuscht.
Die engelreine Königin, die damals
Mit so viel Würde sich verteidigt – jetzt
Kenn' ich sie besser.

Vgl. I,6.

KÖNIGIN Was ist das?

KÖNIG Kurz also
Und ohne Hinterhalt*, Madam! – Ist's wahr,
Noch wahr, daß Sie mit niemand dort gesprochen?
Mit niemand? Ist das wirklich wahr?

Hier: ohne etwas zu verbergen

KÖNIGIN Mit dem Infanten
Hab' ich gesprochen. Ja.

KÖNIG Ja? – Nun, so ist's
Am Tage*. Es ist offenbar. So frech!
So wenig Schonung meiner Ehre!

offenkundig, offenbar

KÖNIGIN Ehre, Sire?
Wenn Ehre zu verletzen war, so, fürcht' ich,
Stand eine größ're auf dem Spiel, als mir
Kastilien zur Morgengabe* brachte.

Geschenk des Mannes an seine Frau am Morgen nach der Hochzeit

KÖNIG Warum verleugneten Sie mir?

KÖNIGIN Weil ich
Es nicht gewohnt bin, Sire, in Gegenwart
Der Höflinge, auf Delinquenten-Weise
Verhören mich zu lassen. Wahrheit werde
Ich nicht verleugnen, wenn mit Ehrerbietung
Und Güte sie gefordert wird. – Und war
Das wohl der Ton, den Eure Majestät
Mir in Aranjuez zu hören gaben?
Ist etwa die versammelte Grandezza
Der Richterstuhl, vor welchen Königinnen
Zu ihrer stillen Taten Rechenschaft
Gezogen werden? Ich gestattete
Dem Prinzen die Zusammenkunft, um die
Er dringend bat. Ich tat es, mein Gemahl,
Weil ich es wollte – weil ich den Gebrauch
Nicht über Dinge will zum Richter setzen,
Die ich für tadellos erkannt – und Ihnen
Verbarg ich es, weil ich nicht lüstern* war,
Mit Eurer Majestät um diese Freiheit
Vor meinem Hofgesinde mich zu streiten.

bereit, keine Lust hatte

KÖNIG Sie sprechen kühn, Madam, sehr –

KÖNIGIN Und auch darum,
Setz' ich hinzu, weil der Infant doch schwerlich
Der Billigkeit, die er verdient, sich zu
Erfreuen hat in seines Vaters Herzen –

KÖNIG Die er verdient?

KÖNIGIN Denn warum soll ich es
Verbergen, Sire? – ich schätz' ihn sehr und lieb' ihn,
Als meinen teuersten Verwandten, der
Einst wert befunden worden, einen Namen

Zu führen, der mich mehr anging – Ich habe
Noch nicht recht einsehn lernen, daß er mir
Gerade darum fremder sollte sein
Als jeder andre, weil er ehedem
Vor jedem andern teuer mir gewesen.
⌜Wenn Ihre Staatsmaxime Bande knüpft
Wie sie für gut es findet, soll es ihr
Doch etwas schwerer werden, sie zu lösen.⌝
Ich will nicht hassen, wen ich soll – und weil
Man endlich doch zu reden mich gezwungen –
Ich will es nicht – will meine Wahl nicht länger
Gebunden sehn –

KÖNIG Elisabeth! Sie haben
In schwachen Stunden mich gesehen. Diese
Erinnerung macht Sie so kühn. Sie trauen
Auf eine Allmacht, die Sie oft genug
An meiner Festigkeit geprüft. – Doch fürchten
Sie desto mehr. Was bis zu Schwächen mich
Gebracht, kann auch zu Raserei mich führen.

KÖNIGIN Was hab' ich denn begangen?

KÖNIG *nimmt ihre Hand:* Wenn es ist,
D o c h ist – und ist es denn nicht schon? – wenn Ihrer
Verschuldung volles, aufgehäuftes Maß
Auch nur um eines Atems Schwere steigt –
Wenn ich der Hintergangne bin –
Er läßt ihre Hand los. Ich kann
Auch über diese letzte Schwäche siegen.
Ich kann's und will's – ⌜Dann wehe mir und Ihnen,
Elisabeth!

KÖNIGIN Was hab' ich denn begangen?

KÖNIG Dann meinetwegen fließe Blut –

KÖNIGIN So weit
Ist es gekommen – Gott!⌝

KÖNIG Ich kenne
Mich selbst nicht mehr – ich ehre keine Sitte

Und keine Stimme der Natur und keinen
Vertrag der Nationen mehr –
KÖNIGIN Wie sehr
Beklag' ich Eure Majestät –
KÖNIG *außer Fassung:* Beklagen!
Das Mitleid einer Buhlerin –
INFANTIN *hängt sich erschrocken an ihre Mutter:*
Der König zürnt,
Und meine schöne Mutter weint.
KÖNIG *stößt das Kind unsanft von der Königin.*
KÖNIGIN *mit Sanftmut und Würde, aber mit zitternder Stimme:* Dies Kind
Muß ich doch sicher stellen vor Mißhandlung.
Komm mit mir, meine Tochter.
Sie nimmt sie auf den Arm. Wenn der König
Dich nicht mehr kennen will, so muß ich jenseits
Der Pyrenäen* Bürgen kommen lassen, aus Frankreich
Die unsre Sache führen.
Sie will gehen.
KÖNIG *betreten:* Königin?
KÖNIGIN Ich kann nicht mehr – das ist zu viel –
Sie will die Türe erreichen, und fällt mit dem Kinde an der Schwelle zu Boden.
KÖNIG *hinzu eilend, voll Bestürzung:*
Gott! Was ist das? –
INFANTIN *ruft voll Schrecken:*
Ach! Meine Mutter blutet!
Sie eilt hinaus.
KÖNIG *ängstlich um sie beschäftigt:*
Welch fürchterlicher Zufall! Blut! Verdien' ich,
Daß Sie so hart mich strafen? Stehn Sie auf.
Erholen Sie Sich! Stehn Sie auf! Man kommt!
Man überrascht uns – Stehn Sie auf – Soll sich
Mein ganzer Hof an diesem Schauspiel weiden?
Muß ich Sie bitten, aufzustehn?
Sie richtet sich auf von dem König unterstützt.

Zehnter Auftritt

Die Vorigen. Alba, Domingo, treten erschrocken herein. Damen folgen.

KÖNIG Man bringe
Die Königin zu Hause. Ihr ist übel.
Die Königin geht ab, begleitet von den Damen.
Alba und Domingo treten näher.

ALBA ⌜Die Königin in Tränen, und auf ihrem
Gesichte Blut –

KÖNIG Das nimmt die Teufel* Wunder,
Die mich verleitet haben.

boshaften, heimtückischen Menschen

ALBA. DOMINGO Wir?

KÖNIG Die mir
Genug gesagt, zum Rasen mich zu bringen;
Zu meiner Überzeugung nichts.⌝

ALBA Wir gaben,
Was wir gehabt –

KÖNIG Die Hölle dank' es Euch.
Ich habe, was mich reut, getan. War das
Die Sprache eines schuldigen Gewissens?

MARQUIS VON POSA *noch außerhalb der Szene:*
Ist der Monarch zu sprechen?

Elfter Auftritt

Marquis von Posa. Die Vorigen.

KÖNIG *bei dieser Stimme lebhaft auffahrend, und dem Marquis einige Schritte entgegen gehend:*
Ach! Das ist er!
Seid mir willkommen, Marquis – Eurer, Herzog,
Bedarf ich jetzt nicht mehr. Verlaßt uns.
Alba und Domingo sehen einander mit stummer Verwunderung an, und gehen.

Zwölfter Auftritt

Der König und Marquis von Posa.

MARQUIS Sire!
Dem alten Manne, der in zwanzig Schlachten
Dem Tod für Sie entgegen ging, fällt es
Doch hart, sich so entfernt zu sehn!

KÖNIG Euch ziemt
Es, so zu denken, so zu handeln Mir.
Was ihr in wenig Stunden mir gewesen,
War Er in einem Menschenalter nicht.
Ich will nicht heimlich tun mit meinem Wohlgefallen;
Das Siegel meiner königlichen Gunst
Soll hell und weit auf eurer Stirne leuchten.
Ich will den Mann, den ich zum Freund gewählt,
Beneidet sehn.

MARQUIS Und dann auch, wenn die Hülle
Der Dunkelheit allein ihn fähig machte,
Des Namens wert zu sein?

KÖNIG Was bringt
Ihr mir?

MARQUIS Als ich das Vorgemach durchgehe,
Hör' ich von einem schrecklichen Gerüchte,
Das mir unglaublich deucht – Ein heftiger
Wortwechsel – Blut – die Königin –

KÖNIG Ihr kommt von dort?

MARQUIS Entsetzen sollt' es mich,
Wenn das Gerücht nicht Unrecht hätte, wenn
Von Eurer Majestät indeß vielleicht
Etwas geschehen wäre – Wichtige
Entdeckungen, die ich gemacht, verändern
Der Sache ganze Lage.

KÖNIG Nun?

MARQUIS Ich fand
Gelegenheit, des Prinzen Portefeuille

Mit einigen Papieren wegzunehmen,
Die, wie ich hoffe, ein'ges Licht –
Er gibt Karlos Brieftasche dem König.

KÖNIG *durchsieht sie begierig:* Ein Schreiben
Vom Kaiser meinem Vater – Wie? Von dem
Ich nie gehört zu haben mich entsinne?
Er liest es durch, legt es bei Seite und eilt zu den andern Papieren.
Der Plan zu einer Festung – Abgerißne
Gedanken aus dem Tacitus – Und was
Denn hier? – Die Hand sollt' ich doch kennen!
Es ist von einer Dame.
Er liest aufmerksam, bald laut, bald leise.
»Dieser Schlüssel –
Die hintern Zimmer im Pavillon
Der Königin« – Ha! Was wird das? – »Hier darf
Vgl. II,4. Die Liebe frei – Erhörung – schöner Lohn*«
Satanische Verräterei! Jetzt kenn' ich's,
Sie ist es. Es ist ihre Hand!

MARQUIS Die Hand
Der Königin? Unmöglich –

KÖNIG Der Prinzessin
Von Eboli –

MARQUIS So wär' es wahr, was mir
Unlängst der Page Henarez gestanden,
Der Brief und Schlüssel überbrachte.

KÖNIG *des Marquis Hand fassend, in heftiger Bewegung:*
Marquis!
Ich sehe mich in fürchterlichen Händen!
Dies Weib – Ich will es nur gestehen – Marquis,
Vgl. Erl. zu V. 3713–3717. Dies Weib erbrach der Königin Schatulle*,
Die erste Warnung kam von ihr – Wer weiß,
Wie viel der Mönch drum wissen mag – Ich bin
Durch ein verruchtes Bubenstück betrogen.

MARQUIS
Dann wär' es ja noch glücklich –

KÖNIG Marquis! Marquis!
Ich fange an zu fürchten, daß ich meiner
Gemahlin doch zu viel getan –
MARQUIS Wenn zwischen
Dem Prinzen und der Königin geheime
Verständnisse gewesen sind, so waren
Sie sicherlich von weit – weit anderm Inhalt,
Als dessen man sie angeklagt. Ich habe
Gewisse Nachricht, daß des Prinzen Wunsch,
Nach Flandern abzureisen, in dem Kopfe
Der Königin entsprang.
KÖNIG Ich glaubt' es immer.
MARQUIS Die Königin hat Ehrgeiz – Darf ich mehr
Noch sagen? – Mit Empfindlichkeit sieht sie
In ihrer stolzen Hoffnung sich getäuscht,
Und von des Thrones Anteil ausgeschlossen.
Des Prinzen rasche Jugend bot sich ihren
Weit blickenden Entwürfen dar – ihr Herz –
Ich zweifle, ob sie lieben kann.
KÖNIG Vor ihren
Staatsklugen Planen zittr' ich nicht.
MARQUIS Ob sie geliebt wird? – Ob von dem Infanten
Nichts schlimmeres zu fürchten? Diese Frage
Scheint mir der Untersuchung wert. Hier, glaub' ich,
Ist eine streng're Wachsamkeit vonnöten –
KÖNIG Ihr haftet mir für ihn. –
MARQUIS *nach einigem Bedenken:* Wenn Eure Majestät
Mich fähig halten, dieses Amt zu führen,
So muß ich bitten, es uneingeschränkt
Und ganz in meine Hand zu übergeben.
KÖNIG Das soll geschehen.
MARQUIS Wenigstens durch keinen
Gehülfen, welchen Namen er auch habe,
In Unternehmungen, die ich etwa
Für nötig finden könnte, mich zu stören –

KÖNIG Durch keinen. Ich versprech' es euch. Ihr war't
Mein guter Engel. Wie viel Dank bin ich
Für diesen Wink euch schuldig!
Zu Lerma, der bei den letzten Worten herein tritt.
Wie verließt ihr
Die Königin?
LERMA Noch sehr erschöpft von ihrer Ohnmacht.
Er sieht den Marquis mit zweideutigen Blicken an und geht.
MARQUIS *nach einer Pause zum König:*
Noch eine Vorsicht scheint mir nötig.
Der Prinz, fürcht' ich, kann Warnungen erhalten.
Er hat der guten Freunde viel – vielleicht
Verbindungen in Gent* mit den Rebellen.
Die Furcht kann zu verzweifelten Entschlüssen
Ihn führen – Darum riet' ich an, gleich jetzt
Vorkehrungen zu treffen, diesem Fall
Durch ein geschwindes Mittel zu begegnen.
KÖNIG Ihr habt ganz Recht. Wie aber –
MARQUIS ⌜Ein geheimer
Verhaftsbefehl, den Eure Majestät
In meine Hände niederlegen, mich
Im Augenblicke der Gefahr sogleich
Desselben zu bedienen –⌝ und –
Wie sich der König zu bedenken scheint.
Es bliebe
Für's erste Staatsgeheimnis, bis –
KÖNIG *zum Schreibepult gehend, und den Verhaftsbefehl niederschreibend:* Das Reich
Ist auf dem Spiele – Außerordentliche Mittel
Erlaubt die dringende Gefahr – Hier, Marquis –
Euch brauch' ich keine Schonung zu empfehlen –
MARQUIS *empfängt den Verhaftsbefehl:*
Es ist aufs äußerste, mein König.
KÖNIG *legt die Hand auf seine Schulter:*

Gent: Hauptstadt Westflanderns

Geht,
Geht, lieber Marquis – Ruhe meinem Herzen
Und meinen Nächten Schlaf zurück zu bringen.
Beide gehen ab zu verschiedenen Seiten.

Gallerie

Dreizehnter Auftritt

Karlos kommt in der größten Beängstigung. Graf Lerma ihm entgegen.

KARLOS Sie such' ich eben.
LERMA Und ich Sie.
KARLOS Ist's wahr?
Um Gottes willen, ist es wahr?
LERMA Was denn?
KARLOS Daß er den Dolch nach ihr gezückt? daß man
Aus seinem Zimmer blutig sie getragen?
Bei allen Heiligen! Antworten Sie.
Was muß ich glauben? Was ist wahr?
LERMA Sie fiel
Ohnmächtig hin und ritzte sich im Fallen.
Sonst war es nichts
KARLOS Sonst hat es nicht Gefahr?
Sonst nicht? Bei Ihrer Ehre, Graf?
LERMA Nicht für
Die Königin – doch desto mehr für Sie.
KARLOS Für meine Mutter nicht! Nun Gott sei Dank!
Mir kam ein schreckliches Gerücht zu Ohren,
Der König rase gegen Kind und Mutter,
Und ein Geheimnis sei entdeckt.
LERMA Das letzte
Kann auch wohl wahr sein –

KARLOS Wahr sein! Wie?

Vgl. IV,4. LERMA Prinz, Eine Warnung gab ich Ihnen heute*,
Die Sie verachtet haben. Nützen Sie
Die zwote besser.

KARLOS Wie?

LERMA Wenn ich mich anders
Nicht irre, Prinz, sah ich vor wen'gen Tagen
Eine Portefeuille von himmelblauem Samt,
Mit Gold durchwirkt, in Ihrer Hand –

KARLOS *etwas bestürzt:* So eine
Besitz' ich. Ja – Nun? –

LERMA Auf der Decke, glaub' ich,
Ein Schattenriß, mit Perlen eingefaßt –

KARLOS Ganz recht.

LERMA Als ich vorhin ganz unvermutet
Ins Kabinett des Königs trat, glaubt' ich
Das nämliche in seiner Hand zu sehen,
Und Marquis Posa stand bei ihm –

KARLOS *nach einem kurzen erstarrenden Stillschweigen, heftig:* Das ist
Nicht wahr.

LERMA *empfindlich:*
Dann freilich bin ich ein Betrüger.

KARLOS *sieht ihn lange an:*
Der sind Sie. Ja.

LERMA Ach! ich verzeih' es Ihnen.

KARLOS *geht in schrecklicher Bewegung auf und nieder, und bleibt endlich vor ihm stehen:*
Was hat er dir zu Leid getan? Was haben
Die unschuldsvollen Bande dir getan,
Die du mit höllischer Geschäftigkeit
Zu reißen dich beeiferst?

LERMA Prinz, ich ehre
Den Schmerz, der Sie unbillig macht.

KARLOS O Gott!
Gott! – Gott! Bewahre mich vor Argwohn!

LERMA Auch
Erinnr' ich mich des Königs eigner Worte:
Wie vielen Dank, sagt' er, als ich herein trat,
Bin ich für diese Neuigkeit euch schuldig!
KARLOS O stille! stille!
LERMA Herzog Alba soll
Gefallen sein – dem Prinzen Ruy Gomez
Das große Siegel abgenommen und
Dem Marquis übergeben sein –
KARLOS *in tiefes Grübeln verloren:*
Und Mir verschwieg er!
Warum verschwieg er Mir?
LERMA Der ganze Hof
Staunt ihn schon als allmächtigen Minister,
Als unumschränkten Günstling an –
KARLOS Er hat
Mich lieb gehabt, sehr lieb. Ich war ihm teuer,
Wie seine eigne Seele. O das weiß ich –
Das haben tausend Proben mir erwiesen.
Doch sollen Millionen ihm, soll ihm
Das Vaterland nicht teurer sein als Einer?
⌜Sein Busen war für Einen Freund zu groß,
Und Karlos Glück zu klein für seine Liebe.
Er opferte mich seiner Tugend. Kann
Ich ihn drum schelten? – Ja! Es ist gewiß!
Jetzt ist's gewiß. Jetzt hab' ich ihn verloren.⌝
Er geht seitwärts und verhüllt das Gesicht.
LERMA *nach einigem Stillschweigen:*
Mein bester Prinz, was kann ich für Sie tun?
KARLOS *ohne ihn anzusehen:*
Zum König gehen und mich auch verraten.
Ich habe nichts zu schenken.
LERMA Wollen Sie
Erwarten, was erfolgen mag?
KARLOS *stützt sich auf das Geländer und sieht starr vor sich hinaus:* Ich hab' ihn

Verloren. O! Jetzt bin ich ganz verlassen!

LERMA *nähert sich ihm mit teilnehmender Rührung:*
Sie wollen nicht auf Ihre Rettung denken?

KARLOS Auf meine Rettung? – Guter Mensch!

LERMA Und sonst,
Sonst haben Sie für niemand mehr zu zittern?

KARLOS *fährt auf:*
⌜Gott! Woran mahnen Sie mich! – Meine Mutter!
Der Brief, den ich ihm wieder gab! ihm erst
Nicht lassen wollte und doch ließ!⌝
Er geht, heftig und die Hände ringend, auf und nieder.
Womit
Hat sie es denn verdient um ihn? Sie hätt' er
Doch schonen sollen. Lerma, hätt' er nicht?
Rasch, entschlossen
Ich muß zu ihr – ich muß sie warnen, muß
Sie vorbereiten – Lerma, lieber Lerma –
Wen schick' ich denn? Hab' ich denn niemand mehr?
Gott sei gelobt! Noch einen Freund – und hier
Ist nichts mehr zu verschlimmern.
Schnell ab.

LERMA *folgt ihm und ruft ihm nach:* Prinz! Wohin?
geht ab.

Vierzehnter Auftritt

Die Königin. Alba. Domingo.

ALBA Wenn uns vergönnt ist, große Königin –

KÖNIGIN Was steht zu Ihren Diensten?

DOMINGO Redliche Besorgnis
Für Ihrer königlichen Majestät
Erhabene Person erlaubt uns nicht
Bei einem Vorfall müßig still zu schweigen,
Der Ihre Sicherheit bedroht.

ALBA Wir eilen,
Durch unsre zeit'ge Warnung ein Komplott,
Das wider Sie gespielt wird: zu entkräften –

DOMINGO Und unsern Eifer – unsre Dienste zu
Den Füßen Ihrer Majestät zu legen.

KÖNIGIN *sieht sie verwundernd an:*
Hochwürd'ger Herr, und Sie, mein edler Herzog,
Sie überraschen mich wahrhaftig. Solcher
Ergebenheit war ich mir von Domingo
Und Herzog Alba wirklich nicht vermutend.
Ich weiß, wie ich sie schätzen muß – Sie nennen
Mir ein Komplott, das mich bedrohen soll.
Darf ich erfahren, wer –

ALBA Wir bitten Sie,
Vor einem Marquis Posa Sich zu hüten,
Der für des Königs Majestät geheime
Geschäfte führt.

KÖNIGIN Ich höre mit Vergnügen,
Daß der Monarch so gut gewählt, den Marquis
Hat man mir längst als einen guten Menschen,
Als einen großen Mann gerühmt. Nie ward
Die höchste Gunst gerechter ausgeteilt –

DOMINGO Gerechter ausgeteilt? Wir wissen's besser.

ALBA Es ist längst kein Geheimnis mehr, wozu
Sich dieser Mensch gebrauchen lassen.

KÖNIGIN Wie?
Was war' denn das? Sie spannen meine ganze
Erwartung.

DOMINGO – Ist es schon von lange,
Daß Ihre Majestät zum letzten Mal in Ihrer
Schatulle nachgesehen?

KÖNIGIN Wie?

DOMINGO Und haben
Sie nichts darin vermißt von Kostbarkeiten?

KÖNIGIN Wie so? Warum? Was ich vermisse, weiß

Mein ganzer Hof – Doch Marquis Posa? Wie
Kommt Marquis Posa damit in Verbindung?

ALBA Sehr nahe, Ihre Majestät – denn auch
Dem Prinzen fehlen wichtige Papiere,
Die in des Königs Händen diesen Morgen
Gesehen worden – als der Chevalier
Geheime Audienz gehabt.

KÖNIGIN *nach einigem Nachdenken:*
Seltsam,
Bei Gott! und äußerst sonderbar! – Ich finde
Hier einen Feind, von dem mir nie geträumt,
Und wiederum zwei Freunde, die ich nie besessen
Zu haben mich entsinnen kann – Denn wirklich
indem sie einen durchdringenden Blick auf beide heftet.
Muß ich gestehn, ich war schon in Gefahr,
Den schlimmen Dienst, der mir bei meinem Herrn
Geleistet worden – Ihnen zu vergeben.

ALBA Uns?

KÖNIGIN Ihnen.

DOMINGO Herzog Alba! Uns!

KÖNIGIN *noch immer die Augen fest auf sie gerichtet:*
Wie lieb
Ist es mir also, meiner Übereilung
So bald gewahr zu werden – Ohnehin
Hatt' ich beschlossen, Seine Majestät
Noch heut' zu bitten, meinen Kläger mir
Zu stellen. Um so besser nun! So kann ich
Auf Herzog Alba's Zeugnis mich berufen.

ALBA Auf mich? Das wollten Sie im Ernst?

KÖNIGIN Warum nicht?

DOMINGO Um alle Dienste zu entkräften, die
Wir Ihnen im Verborgnen –

KÖNIGIN Im Verborgnen?
Mit Stolz und Ernst.
Ich wünschte doch zu wissen, Herzog Alba,

Was Ihres Königs Frau mit Ihnen, oder
Mit Ihnen, Priester, abzureden hätte,
Das ihr Gemahl nicht wissen darf – – Bin ich
Unschuldig oder schuldig?

DOMINGO Welche Frage!

ALBA Doch, wenn der König so gerecht nicht wäre?
Es jetzt zum mindesten nicht wäre?

KÖNIGIN Dann
Muß ich erwarten, bis er's wird – Wohl dem,
Der zu gewinnen hat, wenn er's geworden!

Sie macht ihnen eine Verbeugung und geht ab; jene entfernen sich nach einer andern Seite.

Zimmer der Prinzessin von Eboli

Fünfzehnter Auftritt

Prinzessin von Eboli. Gleich darauf Karlos.

EBOLI So ist sie wahr die außerordentliche Zeitung,
Die schon den ganzen Hof erfüllt?

KARLOS *tritt herein:* Erschrecken Sie
Nicht, Fürstin! Ich will sanft sein, wie ein Kind.

EBOLI Prinz – diese Überraschung.

KARLOS Sind Sie noch
Beleidigt? Noch?

EBOLI Prinz!

KARLOS *dringender:* Sind Sie noch beleidigt?
Ich bitte, sagen Sie es mir.

EBOLI Was soll das?
Sie scheinen zu vergessen, Prinz – Was suchen
Sie bei mir?

KARLOS *ihre Hand mit Heftigkeit fassend:*
Mädchen, kannst Du ewig hassen?
Verzeiht gekränkte Liebe nie?

EBOLI *will sich losmachen:* Woran
Erinnern Sie mich, Prinz?
KARLOS An deine Güte
Und meinen Undank – Ach! Ich weiß es wohl!
Schwer hab' ich dich beleidigt, Mädchen, habe
Dein sanftes Herz zerrissen, habe Tränen
Gepreßt aus diesen Engelblicken – ach!
Und bin auch jetzt nicht hier, es zu bereuen.
EBOLI Prinz, lassen Sie mich – ich –
KARLOS ⌜Ich bin gekommen,
Weil du ein sanftes Mädchen bist, weil ich
Auf deine gute, schöne Seele baue.
Sieh, Mädchen, sieh, ich habe keinen Freund mehr
Auf dieser Welt, als dich allein. Einst war'st
Du mir so gut – du wirst nicht ewig hassen.
Und wirst nicht unversöhnlich sein.⌝
EBOLI *wendet das Gesicht ab:* O stille!
Nichts mehr, um Gottes willen, Prinz –
KARLOS Laß mich
An jene goldne Zeiten dich erinnern –
An deine Liebe laß mich dich erinnern,
An deine Liebe, Mädchen, gegen die
Ich so unwürdig mich verging. Laß mich
Jetzt gelten machen, was ich Dir gewesen,
Was Deines Herzens Träume mir gegeben –
Noch einmal – nur noch Einmal stelle mich
So wie ich damals* war, vor Deine Seele
Und diesem Schatten opfre, was Du mir,
Mir ewig nie mehr opfern kannst.
EBOLI O Karl!
Wie grausam spielen Sie mit mir!
KARLOS Sei größer
Als dein Geschlecht. Vergiß Beleidigungen,
Tu, was vor dir kein Weib getan – nach dir
Kein Weib mehr tun wird. Etwas unerhörtes

Vor dem Dialog mit der Eboli in II,8

Fordr' ich von dir – Laß mich – auf meinen Knien
Beschwör' ich dich – laß mich, zwei Worte laß mich
Mit meiner Mutter sprechen.
Er wirft sich vor ihr nieder.

Sechszehnter Auftritt

Die Vorigen. Marquis von Posa stürzt herein, hinter ihm zwei Offiziere der königlichen Leibwache.

MARQUIS *atemlos, außer sich dazwischen tretend:*
⌜Was hat er
Gestanden? Glauben Sie ihm nicht.⌝
KARLOS *noch auf den Knieen, mit erhabner Stimme:*
Bei allem,
Was heilig –
MARQUIS *unterbricht ihn mit Heftigkeit:*
Er ist rasend. Hören Sie
Den Rasenden nicht an.
KARLOS *lauter, dringenderes* gilt um Tod
Und Leben. Führen Sie mich zu ihr.
MARQUIS *zieht die Prinzessin mit Gewalt von ihm:*
Ich
Ermorde Sie, wenn Sie ihn hören.
Zu einem von den Offizieren. Graf
Von Kordua. Im Namen des Monarchen.
Er zeigt den Verhaftsbefehl.
Der Prinz ist Ihr Gefangener.
Karlos steht erstarrt, wie vom Donner gerührt. Die Prinzessin stößt einen Laut des Schreckens aus und will fliehen, die Offiziere erstaunen. Eine lange und tiefe Pause. Man sieht den Marquis sehr heftig zittern und mit Mühe seine Fassung behalten.
Zum Prinzen. Ich bitte
Um Ihren Degen – Fürstin Eboli,
Sie bleiben; und

Zu dem Offizier. Sie haften mir dafür,
Daß Seine Hoheit niemand spreche – niemand –
Sie selbst nicht, bei Gefahr des Kopfs!
Er spricht noch einiges leise mit dem Offizier, darauf wendet er sich zum andern. Ich werfe
Sogleich mich selbst zu des Monarchen Füßen,
Ihm Rechenschaft zu geben –
Zu Karlos. Und auch Ihnen –
Erwarten Sie mich, Prinz – in einer Stunde.
Karlos läßt sich ohne Zeichen des Bewußtseins hinweg führen – Nur im Vorübergehen läßt er einen matten, sterbenden Blick auf den Marquis fallen, der sein Gesicht verhüllt. Die Prinzessin versucht es noch einmal zu entfliehen; der Marquis führt sie beim Arme zurück.

Siebzehnter Auftritt

Prinzessin von Eboli. Marquis von Posa.

EBOLI Um aller Himmel willen, lassen Sie
Mich diesen Ort –
MARQUIS *führt sie ganz vor, mit fürchterlichem Ernst:*
⌜Was hat er Dir gesagt,
Unglückliche?
EBOLI Nichts – Lassen Sie mich – Nichts –
MARQUIS *hält sie mit Gewalt zurück. Ernster:*
Wie viel hast du erfahren? Hier ist kein
Entrinnen mehr. Du wirst auf dieser Welt
Es niemand mehr erzählen.⌝
EBOLI *sieht ihm erschrocken ins Gesicht:*
Großer Gott!
Was meinen Sie damit? Sie wollen mich
Doch nicht ermorden?
MARQUIS *zieht einen Dolch:*
In der Tat, das bin
Ich sehr gesonnen. Mach' es kurz.

EBOLI Mich? Mich?
O ewige Barmherzigkeit! Was hab'
Ich denn begangen?

MARQUIS *zum Himmel sehend, den Dolch auf ihre Brust gesetzt:* Noch ist's Zeit. Noch trat
Das Gift nicht über diese Lippen. Ich
Zerschmettre das Gefäß, und alles bleibt
Wie es gewesen – Spaniens Verhängnis
Und eines Weibes Leben! –
Er bleibt in dieser Stellung zweifelhaft ruhen.

EBOLI *ist an ihm niedergesunken, und sieht ihm fest in's Gesicht:* Nun? Was zaudern Sie?
Ich bitte nicht um Schonung – Nein! Ich habe
Verdient zu sterben, und ich will's.

MARQUIS *läßt die Hand langsam sinken. Nach einem kurzen Besinnen:* Das wäre
So feig als es barbarisch ist – Nein! Nein!
Gott sei gelobt! – ⌜Noch gibt's ein andres Mittel!⌝
Er läßt den Dolch fallen und eilt hinaus. Die Prinzessin stürzt fort durch eine andere Türe.

Ein Zimmer der Königin

Achtzehnter Auftritt

Die Königin zur Gräfin Fuentes.

Was für ein Auflauf im Pallaste? Jedes
Getöse, Gräfin, macht mir heute Schrecken.
O sehen Sie doch nach und sagen mir,
Was es bedeutet.
Die Gräfin Fuentes geht ab, und herein stürzt die Prinzessin von Eboli.

Neunzehnter Auftritt

Königin. Prinzessin von Eboli.

EBOLI *atemlos, bleich und entstellt, vor der Königin niedergesunken:* Königin! Zu Hülfe!
Er ist gefangen.

KÖNIGIN Wer?

EBOLI Der Marquis Posa
Nahm auf Befehl des Königs ihn gefangen.

KÖNIGIN Wen aber? Wen?

EBOLI Den Prinzen.

KÖNIGIN Rasest du?

EBOLI So eben führen sie ihn fort.

KÖNIGIN Und wer
Nahm ihn gefangen?

EBOLI Marquis Posa.

KÖNIGIN Nun!
Gott sei gelobt, daß es der Marquis war,
Der ihn gefangen nahm!

EBOLI Das sagen Sie
So ruhig, Königin? so kalt? – O Gott!
Sie ahnen nicht – Sie wissen nicht –

KÖNIGIN Warum er
Gefangen worden? – Eines Fehltritts wegen,
Vermut' ich, der dem heftigen Charakter
Des Jünglings sehr natürlich war.

EBOLI Nein! Nein!
Ich weiß es besser – Nein – O Königin!
Verruchte, teufelische Tat! – Für ihn
Ist keine Rettung mehr! Er stirbt!

KÖNIGIN Er stirbt!

EBOLI Und seine Mörderin bin ich.

KÖNIGIN Er stirbt!
Wahnsinnige, bedenkst Du?

EBOLI Und warum –

Warum er stirbt! – O hätt' ich wissen können,
Daß es bis dahin kommen würde!

KÖNIGIN *nimmt sie gütig bei der Hand:*
Fürstin,
Noch sind Sie außer Fassung. Sammeln Sie
Erst Ihre Geister*, daß Sie ruhiger,
Nicht in so grauenvollen Bildern, die
Mein Innerstes durchschauern, mir erzählen.
Was wissen Sie? Was ist geschehen?

Konzentrieren Sie sich, kommen Sie zu sich.

EBOLI O!
Nicht diese himmlische Herablassung,
Nicht diese Güte, Königin! Wie Flammen
Der Hölle schlägt sie brennend mein Gewissen.
Ich bin nicht würdig, den entweihten Blick
Zu Ihrer Glorie empor zu richten.
Zertreten Sie die Elende, die sich,
Zerknirscht von Reue, Scham und Selbstverachtung,
Zu Ihren Füßen krümmt.

KÖNIGIN Unglückliche!
Was haben Sie mir zu gestehen?

EBOLI Engel
Des Lichtes! Große Heilige! Noch kennen,
Noch ahnen Sie den Teufel nicht, dem Sie
So liebevoll gelächelt – Lernen Sie
Ihn heute kennen. Ich – ich war der Dieb,
Der Sie bestohlen.

KÖNIGIN Sie?

EBOLI Und jene Briefe
Dem König ausgeliefert.

KÖNIGIN Sie?

EBOLI Der sich
Erdreistet hat, Sie anzuklagen –

KÖNIGIN Sie
Sie konnten –

EBOLI Rache – Liebe – Raserei –
Ich haßte Sie und liebte den Infanten –

KÖNIGIN Weil Sie ihn liebten –?
EBOLI Weil ich's ihm gestanden
Und keine Gegenliebe fand.⌉
KÖNIGIN *nach einem Stillschweigen:*
O jetzt
Enträtselt sich mir alles! – Stehn Sie auf.
Sie liebten ihn – ich habe schon vergeben.
Es ist nun schon vergessen – stehn Sie auf.
Sie reicht ihr den Arm.
EBOLI Nein! Nein!
Ein schreckliches Geständnis ist noch übrig.
Nicht eher, große Königin –
KÖNIGIN *aufmerksam:* Was werd' ich
Noch hören müssen? Reden Sie –
EBOLI Der König –
Verführung – O Sie blicken weg – Ich lese
In Ihrem Angesicht Verwerfung – ⌈Das
Verbrechen, dessen ich Sie zeihte – ich
Beging es selbst.⌉
Sie drückt ihr glühendes Gesicht auf den Boden. Die Königin geht ab. Große Pause. Die Herzogin von Olivarez kommt nach einigen Minuten aus dem Kabinett, in welches die Königin gegangen war, und findet die Fürstin noch in der vorigen Stellung liegen. Sie nähert sich ihr stillschweigend; auf das Geräusch richtet sich die letztere auf, und fährt wie eine Rasende in die Höhe, da sie die Königin nicht mehr gewahr wird.

Zwanzigster Auftritt

Prinzessin von Eboli. Herzogin von Olivarez.
EBOLI Gott! Sie hat mich verlassen!
Jetzt ist es aus.
OLIVAREZ *tritt ihr näher:*
Prinzessin Eboli –

EBOLI Ich weiß, warum Sie kommen, Herzogin.
Die Königin schickt Sie heraus, mein Urteil
Mir anzukündigen – Geschwind!

OLIVAREZ Ich habe
Befehl von Ihrer Majestät, Ihr Kreuz
Und Ihre Schlüssel* in Empfang zu nehmen –

*Abzeichen der Hofdamen

EBOLI *nimmt ein goldnes Ordenskreuz vom Busen und gibt es in die Hände der Herzogin:*
Doch Einmal noch ist mir vergönnt, die Hand
Der besten Königin zu küssen?

OLIVAREZ Im
Marienkloster wird man Ihnen sagen,
Was über Sie beschlossen ist.

EBOLI *unter hervorstürmenden Tränen:*
Ich sehe
Die Königin nicht wieder?

OLIVAREZ *umarmt sie mit abgewandtem Gesicht:*
Leben Sie glücklich!

Sie geht schnell fort. Die Prinzessin folgt ihr bis an die Türe des Kabinetts, welche sogleich hinter der Herzogin verschlossen wird. Einige Minuten bleibt sie stumm und unbeweglich auf den Knieen davor liegen, dann rafft sie sich auf und eilt hinweg mit verhülltem Gesicht.

Einundzwanzigster Auftritt

Die Königin. Marquis von Posa.

KÖNIGIN
Ach endlich, Marquis! Glücklich, daß Sie kommen!

MARQUIS *bleich, mit zerstörtem Gesicht, bebender Stimme und durch diesen ganzen Auftritt in feierlicher, tiefer Bewegung:*
Sind Ihre Majestät allein? Kann niemand
In diesen nächsten Zimmern uns behorchen?

KÖNIGIN Kein Mensch – Warum? Was bringen Sie?
Indem sie ihn genauer ansieht und erschrocken zurück tritt. Und wie
So ganz verändert? Was ist das? Sie machen
Mich zittern, Marquis – alle Ihre Züge
Wie eines Sterbenden entstellt –
MARQUIS Sie wissen
Vermutlich schon –
KÖNIGIN Daß Karl gefangen worden,
Und zwar durch Sie, setzt man hinzu – So ist
Es dennoch wahr? Ich wollt' es keinem Menschen
Als Ihnen glauben.
MARQUIS Es ist wahr.
KÖNIGIN Durch Sie?
MARQUIS Durch mich. –
KÖNIGIN *sieht ihn einige Augenblicke zweifelhaft an:*
⌜Ich ehre Ihre Handlungen,
Auch wenn ich sie nicht fasse – Diesmal aber
Verzeihen Sie dem bangen Weib'. Ich fürchte,
Sie spielen ein gewagtes Spiel.
MARQUIS Ich hab' es
Verloren.⌝
KÖNIGIN Gott im Himmel!
MARQUIS Seien Sie
Ganz ruhig, meine Königin. Für ihn
Ist schon gesorgt. Ich hab' es mir verloren.
KÖNIGIN Was werd' ich hören! Gott!
MARQUIS Denn wer,
Wer hieß auf einen zweifelhaften Wurf
Mich alles setzen? Alles? So verwegen,
So zuversichtlich mit dem Himmel spielen?
⌜Wer ist der Mensch, der sich vermessen will,
Des Zufalls schweres Steuer zu regieren,
Und doch nicht der Allwissende zu sein?
O es ist billig*! – Doch warum denn jetzt

Es ist recht, dass ich gescheitert bin

Von mir? Der Augenblick ist kostbar, wie
Das Leben eines Menschen! Und wer weiß,
Ob aus des Richters karger Hand nicht schon
Die letzten Tropfen* für mich fallen?⌝

Zu ergänzen: meines Lebens (Bild der Wasseruhr)

KÖNIGIN Aus
Des Richters Hand? – Welch feierlicher Ton!
Ich fasse nicht, was diese Reden meinen,
Doch sie entsetzen mich –

MARQUIS Er ist gerettet!
Um welchen Preis er's ist, gleich viel! Doch nur
Für heute. Wenig Augenblicke sind
Noch sein. Er spare sie. Noch diese Nacht
Muß er Madrid verlassen.

KÖNIGIN Diese Nacht noch?

MARQUIS Anstalten sind getroffen. In demselben
Kartäuserkloster, das schon lange Zeit
Die Zuflucht unsrer Freundschaft war gewesen,
Erwartet ihn die Post. Hier ist in Wechseln*,
Was mir das Glück auf dieser Welt gegeben.
Was mangelt, legen Sie noch bei. Zwar hätt' ich
An meinen Karl noch manches auf dem Herzen,
Noch manches, das er wissen muß; doch leicht
Könnt' es an Muße mir gebrechen, alles
Persönlich mit ihm abzutun – Sie sprechen
Ihn diesen Abend, darum wend' ich mich
An Sie –

Wertpapieren, Zahlungsanweisungen

KÖNIGIN Um meiner Ruhe willen, Marquis,
Erklären Sie Sich deutlicher – nicht in
So fürchterlichen Rätseln reden Sie
Mit mir – Was ist geschehn?

MARQUIS Ich habe noch
Ein wichtiges Bekenntnis abzulegen;
In Ihre Hände leg' ich's ab. ⌜Mir ward
Ein Glück, wie es nur wenigen geworden:
Ich liebte einen Fürstensohn – Mein Herz,

Nur einem einzigen geweiht, umschloß
Die ganze Welt! – In meines Karlos Seele
Schuf ich ein Paradies für Millionen.⌝
O meine Träume waren schön – Doch es
Gefiel der Vorsehung, mich vor der Zeit
Von meiner schönen Pflanzung abzurufen.
Bald hat er seinen Roderich nicht mehr,
Der Freund hört auf in der Geliebten. Hier,
Hier – hier – auf diesem heiligen Altare,
Im Herzen seiner Königin leg' ich
Mein letztes kostbares Vermächtnis nieder,
Hier find' er's, wenn ich nicht mehr bin –
Er wendet sich ab, Tränen ersticken seine Stimme.

KÖNIGIN Das ist
Die Sprache eines Sterbenden. Noch hoff ich,
Es ist nur Wirkung Ihres Blutes – oder
Liegt Sinn in diesen Reden?

MARQUIS *hat sich zu sammeln gesucht und fährt mit festerem Tone fort:* ⌜Sagen Sie
Dem Prinzen, daß er denken soll des Eides,
Den wir in jenen schwärmerischen Tagen
Auf die geteilte Hostie geschworen.
Den meinigen hab' ich gehalten, bin
Ihm treu geblieben bis zum Tod – jetzt ist's
An ihm, den seinigen –⌝

KÖNIGIN Zum Tod?

MARQUIS Er mache –
O sagen Sie es ihm! das Traumbild wahr,
Das kühne Traumbild eines neuen Staates*,
Der Freundschaft göttliche Geburt. Er lege
Die erste Hand an diesen rohen Stein.
Ob er vollende oder unterliege –
Ihm einerlei! Er lege Hand an. Wenn
Jahrhunderte dahin geflohen, wird
Die Vorsicht einen Fürstensohn, wie er,

Bezieht sich auf seinen Entwurf eines neuen Staates in III,10

Auf einem Thron, wie seiner, wiederholen,
Und ihren neuen Liebling mit derselben
Begeisterung entzünden. Sagen Sie
Ihm, daß er für die Träume seiner Jugend
Soll Achtung tragen, wenn er Mann sein wird,
Nicht öffnen soll dem tödenden Insekte
Gerühmter besserer Vernunft das Herz
Der zarten Götterblume – daß er nicht
Soll irre werden, wenn des Staubes Weisheit
Begeisterung, die Himmelstochter, lästert.
Ich hab' es ihm zuvor gesagt* – vorhergesagt

KÖNIGIN Wie, Marquis?
Und wozu führt –

MARQUIS Und sagen Sie ihm, daß
Ich Menschenglück auf seine Seele lege,
Daß ich es sterbend von ihm fordre – fordre!
Und sehr dazu berechtigt war. Es hätte
Bei mir gestanden einen neuen Morgen
Herauf zu führen über diese Reiche.
Der König schenkte mir sein Herz. Er nannte
Mich seinen Sohn – Ich führe seine Siegel,
Und seine Alba sind nicht mehr.
Er hält inne und sieht einige Augenblicke stillschweigend auf die Königin. Sie weinen –
O diese Tränen kenn' ich, schöne Seele;
Die Freude macht sie fließen. Doch vorbei,
Es ist vorbei. Karl oder ich. Die Wahl
War schnell und schrecklich. Einer war verloren,
Und ich will dieser Eine sein – ich lieber,
Verlangen Sie nicht mehr zu wissen.

KÖNIGIN Jetzt,
Jetzt endlich fang' ich an, Sie zu begreifen –
Unglücklicher, was haben Sie getan?

MARQUIS Zwo kurze Abendstunden hingegeben,
Um einen hellen Sommertag zu retten.

Den König geb' ich auf. Was kann ich auch
Dem König sein? – In diesem starren Boden
Blüht keine meiner Rosen mehr – Europa's
Schicksal, göttliche Fügung
Verhängnis* reift in meinem großen Freunde!
Auf ihn verweis' ich Spanien – Es blute
Bis dahin unter Philipps Hand! – Doch weh'!
Weh' mir und ihm, wenn ich bereuen sollte,
Dass Karlos seine Pläne nicht umsetzt
Vielleicht das Schlimmere gewählt*! – Nein! Nein!
Ich kenne meinen Karlos – das wird nie
Geschehn – und meine Bürgin, Königin,
Sind S i e!
Nach einigem Stillschweigen.
Ich sah sie keimen diese Liebe, sah
Der Leidenschaften unglückseligste
In seinem Herzen Wurzel fassen – Damals
Stand es in meiner Macht, sie zu bekämpfen.
Ich tat es nicht. Ich nährte diese Liebe,
Die mir nicht unglückselig war. Die Welt
Kann anders richten. Ich bereue nicht.
Mein Herz klagt mich nicht an. Ich sahe Leben,
Wo sie nur Tod – In dieser hoffnungslosen Flamme
Erkannt' ich früh der Hoffnung goldnen Strahl.
⌜Ich wollt' ihn führen zum Vortrefflichen,
Zur höchsten Schönheit wollt' ich ihn erheben:
Die Sterblichkeit versagte mir ein Bild,
Die Sprache Worte – da verwies ich ihn
Auf d i e s e s – meine ganze Leitung war,
Ihm seine Liebe zu erklären.⌝

KÖNIGIN Marquis,
Ihr Freund erfüllte Sie so ganz, daß Sie
Mich über ihm vergaßen. ⌜Glaubten Sie
Im Ernst mich aller Weiblichkeit entbunden,
Da Sie zu seinem Engel mich gemacht,
Zu seinen Waffen Tugend ihm gegeben?
Das überlegten Sie wohl nicht, wie viel

Für unser Herz zu wagen ist, wenn wir
Mit solchen Namen Leidenschaft veredeln.
MARQUIS Für alle Weiber, nur für Eines nicht.
Auf Eines schwör' ich – Oder sollten Sie,
Sie der Begierden edelster sich schämen,
Der Heldentugend Schöpferin zu sein?
Was geht es König Philipp an, wenn seine
Verklärung in Eskurial den Maler,
Der vor ihr steht, mit Ewigkeit entzündet*?

*Mit einer Ahnung von Unvergänglichkeit erfüllt

Gehört die süße Harmonie, die in
Dem Saitenspiele schlummert, seinem Käufer,
Der es mit taubem Ohr bewacht? Er hat
Das Recht erkauft, in Trümmern es zu schlagen,
Doch nicht die Kunst, dem Silberton zu rufen,
Und in des Liedes Wonne zu zerschmelzen.
Die Wahrheit ist vorhanden für den Weisen,
Die Schönheit für ein fühlend Herz. Sie beide
Gehören füreinander. Diesen Glauben
Soll mir kein feiges Vorurteil zerstören.
Versprechen Sie mir, ewig ihn zu lieben,
Von Menschenfurcht, von falschem Heldenmut
Zu nichtiger Verleugnung nie versucht,
Unwandelbar und ewig ihn zu lieben;
Versprechen Sie mir dieses? – Königin –
Versprechen Sie's in meine Hand?
KÖNIGIN Mein Herz,
Versprech' ich Ihnen, soll allein und ewig
Der Richter meiner Liebe sein.
MARQUIS *zieht seine Hand zurück:*
Jetzt sterb' ich
Beruhigt – Meine Arbeit ist getan.
Er neigt sich gegen die Königin und will gehen.
KÖNIGIN *begleitet ihn schweigend mit den Augen:*
Sie gehen, Marquis – ohne mir zu sagen,
Wenn wir – wie bald – uns wiedersehn?

MARQUIS *kommt noch einmal zurück, das Gesicht abgewendet:* Gewiß!
Wir sehn uns wieder.
KÖNIGIN Ich verstand Sie, Posa –
Verstand Sie recht gut – Warum haben Sie
Mir das getan?
MARQUIS Er oder ich.
KÖNIGIN Nein! Nein!
⌜Sie stürzten Sich in diese Tat, die Sie
Erhaben nennen. Leugnen Sie nur nicht.
Ich kenne Sie, Sie haben längst darnach
Gedürstet – Mögen tausend Herzen brechen,
Was kümmert Sie's, wenn sich Ihr Stolz nur weidet.
O jetzt – jetzt lern' ich Sie verstehn! Sie haben
Nur um Bewunderung gebuhlt.
MARQUIS *betroffen, vor sich:* Nein! Darauf
War ich nicht vorbereitet –⌝
KÖNIGIN *nach einem Stillschweigen:*
Marquis!
Ist keine Rettung möglich?
MARQUIS Keine.
KÖNIGIN Keine?
Besinnen Sie Sich wohl. Ist keine möglich?
Auch nicht durch mich?
MARQUIS Auch nicht durch Sie.
KÖNIGIN Sie kennen mich
Zur Hälfte nur – ich habe Mut.
MARQUIS Ich weiß es.
KÖNIGIN Und keine Rettung?
MARQUIS Keine.
KÖNIGIN *verläßt ihn und verhüllt das Gesicht:*
Gehen Sie!
Ich schätze keinen Mann mehr.
MARQUIS *in der heftigsten Bewegung vor ihr niedergeworfen:* Königin!
– O Gott! das Leben ist doch schön.

Er springt auf und geht schnell fort. Die Königin in ihr Kabinett.

Vorzimmer des Königs

Zweiundzwanzigster Auftritt

Herzog von Alba und Domingo gehen stillschweigend und abgesondert auf und nieder. Graf Lerma kommt aus dem Kabinett des Königs, alsdann Don Raimond von Taxis, der Oberpostmeister.

LERMA Ob sich der Marquis noch nicht blicken lassen?
ALBA Noch nicht.
Lerma will wieder hinein gehen.
TAXIS *tritt auf:* Graf Lerma, melden Sie mich an.
LERMA Der König ist für niemand.
TAXIS Sagen Sie,
Ich muß ihn sprechen – Seiner Majestät
Ist äußerst dran gelegen. Eilen Sie.
Es leidet keinen Aufschub.
Lerma geht ins Kabinett.
ALBA *tritt zum Oberpostmeister:*
Lieber Taxis,
Gewöhnen Sie Sich zur Geduld. Sie sprechen
Den König nicht –
TAXIS Nicht? Und warum?
ALBA Sie hätten
Die Vorsicht denn gebraucht, Sich die Erlaubnis
Beim Chevalier von Posa auszuwirken,
Der Sohn und Vater zu Gefangnen macht.
TAXIS Von Posa? Wie? Ganz recht! Das ist derselbe,
Aus dessen Hand ich diesen Brief empfangen –
ALBA Brief? Welchen Brief?

TAXIS Den ich nach Brüssel habe
Befördern sollen –
ALBA *aufmerksam:* Brüssel?
TAXIS Den ich eben
Dem König bringe –
ALBA Brüssel! Haben Sie
Gehört, Kaplan? Nach Brüssel!
DOMINGO *tritt dazu:* Das ist sehr
Verdächtig.
TAXIS Und wie ängstlich, wie verlegen
Er mir empfohlen worden!
DOMINGO Ängstlich? So!
ALBA ⌜An wen ist denn die Aufschrift?
TAXIS An den Prinzen
Von Nassau und Oranien.
ALBA An Wilhelm? –
Kaplan! Das ist Verräterei.
DOMINGO Was könnt'
Es anders sein? – Ja freilich, diesen Brief
Muß man sogleich dem König überliefern.
Welch ein Verdienst von Ihnen, würd'ger Mann,
So streng zu sein in Ihres Königs Dienst!⌝
TAXIS Hochwürd'ger Herr, ich tat nur meine Pflicht.
ALBA Sie taten wohl.
LERMA *kommt aus dem Kabinett. Zum Oberpostmeister:*
Der König will Sie sprechen.
Taxis geht hinein.
Der Marquis immer noch nicht da?
DOMINGO Man sucht
Ihn aller Orten.
ALBA Sonderbar und seltsam.
Der Prinz ein Staatsgefangner, und der König
Noch selber ungewiß warum?
DOMINGO Er war
Nicht einmal hier, ihm Rechenschaft zu geben?

ALBA Wie nahm es denn der König auf?
LERMA Der König
Sprach noch kein Wort.
Geräusch im Kabinett.
ALBA Was war das? Still!
TAXIS *aus dem Kabinett:* Graf Lerma!
Beide hinein.
ALBA *zu Domingo:*
Was geht hier vor?
DOMINGO Mit diesem Ton des Schreckens
Wenn dieser aufgefangne Brief? – Mir ahnet
Nichts gutes, Herzog.
ALBA Lerma läßt er rufen!
Und wissen muß er doch, daß Sie und ich
Im Vorsaal –
DOMINGO Unsre Zeiten sind vorbei.
ALBA Bin ich derselbe denn nicht mehr, dem hier
Sonst alle Türen sprangen? Wie ist alles
Verwandelt um mich her – wie fremd –
DOMINGO *hat sich leise der Kabinettstüre genähert, und bleibt lauschend davor stehen:* Horch!
ALBA *nach einer Pause:* Alles
Ist totenstill. Man hört sie Atem holen.
DOMINGO Die doppelte Tapete dämpft den Schall.
ALBA Hinweg! Man kommt.
DOMINGO *verläßt die Türe:* Mir ist so feierlich,
So bang, als sollte dieser Augenblick
Ein großes Los* entscheiden.

Das, was einem durch das Schicksal zugefallen ist

Dreiundzwanzigster Auftritt

Der Prinz von Parma, die Herzoge von Feria und Medina Sidonia mit noch einigen andern Granden treten auf. Die Vorigen.

PARMA Ist der König
Zu sprechen?
ALBA Nein.
PARMA Nein? wer ist bei ihm?
FERIA Marquis
Von Posa ohne Zweifel?
ALBA Den erwartet man
So eben.
PARMA Diesen Augenblick
Sind wir von Saragossa* eingetroffen.

Hauptstadt der Provinz Aragonien

Der Schrecken geht durch ganz Madrid – Ist es
Denn wahr?
DOMINGO Ja, leider!
FERIA Es ist wahr? Er ist
Durch den Malteser in Verhaft genommen?
ALBA So ist's.
PARMA Warum? Was ist geschehn?
ALBA Warum?
Das weiß kein Mensch, als Seine Majestät
Und Marquis Posa.
PARMA Ohne Zuziehung
Der Kortes* seines Königreichs?

Ständeversammlung, hier: Gerichtshof

FERIA Weh dem,
Der Teil gehabt an dieser Staatsverletzung.
ALBA Weh ihm! So ruf' ich auch.
MEDINA SIDONIA Ich auch.
DIE ÜBRIGEN GRANDEN Wir alle.
ALBA Wer folgt mir in das Kabinett? – Ich werfe
Mich zu des Königs Füßen.
LERMA *stürzt aus dem Kabinett:*
Herzog Alba!
DOMINGO Endlich!
Gelobt sei Gott!
Alba eilt hinein.
LERMA *atemlos, in großer Bewegung:*

Wenn der Malteser kommt,
Der Herr ist jetzo nicht allein, er wird
Ihn rufen lassen –

DOMINGO *zu Lerma, indem sich alle übrigen voll neugieriger Erwartung um ihn versammeln:*
Graf, was ist geschehen?
Sie sind ja blaß wie eine Leiche.

LERMA *will forteilen:* Das
Ist teufelisch!

PARMA *und* FERIA
Was denn? Was denn?

MEDINA SIDONIA Was macht
Der König?

DOMINGO *zugleich:*
Teufelisch? Was denn?

LERMA ⌜Der König hat
Geweint.⌝

DOMINGO Geweint?

ALLE *zugleich, mit betretnem Erstaunen:*
Der König hat geweint?

Man hört eine Glocke im Kabinett. Graf Lerma eilt hinein.

DOMINGO *ihm nach, will ihn zurück halten:*
Graf, noch ein Wort – Verziehen Sie – Weg ist er!
Da stehn wir angefesselt von Entsetzen.

Vierundzwanzigster Auftritt

Prinzessin von Eboli. Feria. Medina Sidonia. Parma. Domingo und übrige Granden.

EBOLI *eilig, außer sich:*
Wo ist der König? Wo? Ich muß ihn sprechen.
Zu Feria.
Sie, Herzog, führen mich zu ihm.

FERIA Der König
Hat wichtige Verhinderung. Kein Mensch
Wird vorgelassen.

EBOLI Unterzeichnet er
Das fürchterliche Urteil schon? Er ist
Belogen. Ich beweis' es ihm, daß er
Belogen ist.

DOMINGO *gibt ihr von ferne einen bedeutenden Wink:*
Prinzessin Eboli!

EBOLI *geht auf ihn zu:*
Sie auch da, Priester? Recht! Sie brauch' ich eben.
Sie sollen mir's bekräftigen.
Sie ergreift seine Hand, und will ihn ins Kabinett mit fortreißen.

DOMINGO Ich? – Sind
Sie bei Sich, Fürstin?

FERIA Bleiben Sie zurück.
Der König hört Sie jetzt nicht an.

EBOLI Er muß
Mich hören. Wahrheit muß er hören – Wahrheit!
Und wär' er zehenmal ein Gott!

DOMINGO Weg! Weg!
Sie wagen alles. Bleiben Sie zurück.

EBOLI Mensch, zittre du vor deines Götzen Zorn.
Ich habe nichts zu wagen.
Wie sie in's Kabinett will, stürzt heraus

HERZOG ALBA *Seine Augen funkeln, Triumph ist in seinem Gang. Er eilt auf Domingo zu und umarmt ihn:*
⌜Lassen Sie
In allen Kirchen ein Te Deum* tönen.
Der Sieg ist unser.⌝

Gott, Dich loben wir (Beginn des Ambrosianischen Lobgesangs)

DOMINGO Unser?

ALBA *zu Domingo und den übrigen Granden:*
Jetzt hinein
Zum Herrn. Sie sollen weiter von mir hören.

Fünfter Akt

Erster Auftritt

Ein Zimmer im königlichen Pallast, durch eine eiserne Gittertüre von einem großen Vorhofe abgesondert, in welchem Wachen auf und nieder gehen

Karlos an einem Tische sitzend, den Kopf vorwärts auf die Arme gelegt, als wenn er schlummerte. Im Hintergrunde des Zimmers einige Offiziere, die mit ihm eingeschlossen sind. Marquis von Posa tritt herein, ohne von ihm bemerkt zu werden, und spricht leise mit den Offizieren, welche sich sogleich entfernen. Er selbst tritt ganz nahe vor Karlos und betrachtet ihn einige Augenblicke schweigend und traurig. Endlich macht er eine Bewegung, welche diesen aus seiner Betäubung erweckt.

KARLOS *steht auf, wird den Marquis gewahr, und fährt erschrocken zusammen. Dann sieht er ihn eine Weile mit großen starren Augen an, und streicht mit der Hand über die Stirne, als ob er sich auf etwas besinnen wollte.*

MARQUIS Ich bin es, Karl.

KARLOS *gibt ihm die Hand:*
Du kommst sogar noch zu mir?
Das ist doch schön von dir.

MARQUIS Ich bildete
Mir ein, du könntest deinen Freund hier brauchen.

KARLOS Wahrhaftig? Meintest du das wirklich? Sieh!
Das freut mich – freut mich unbeschreiblich. Ach!
Ich wußt' es wohl, daß du mir gut geblieben.

MARQUIS Ich hab' es auch um Dich verdient.

KARLOS Nicht wahr?
O wir verstehen uns noch ganz. So hab'
Ich's gerne. Diese Schonung, diese Milde

Steht großen Seelen an, wie du und ich.
Laß sein, daß meiner Forderungen eine
Unbillig und vermessen war, mußt' du
Mir darum auch die billigen versagen?
Hart kann die Tugend sein, doch grausam nie,
Unmenschlich nie – Es hat dir viel gekostet!
O ja, mir deucht, ich weiß recht gut, wie sehr
Geblutet hat Dein sanftes Herz, als Du
Dein Opfer schmücktest zum Altare.

MARQUIS Karlos!
Wie meinst du das?

KARLOS ⌜Du selbst wirst jetzt vollenden,
Was ich gesollt und nicht gekonnt – Du wirst
Den Spaniern die goldnen Tage schenken,
Die sie von mir umsonst gehofft.⌝ Mit mir
Ist es ja aus – auf immer aus. Das hast
Du eingesehn – O diese fürchterliche Liebe
Hat alle frühe Blüten meines Geistes
Unwiederbringlich hingerafft. Ich bin
Für Deine große Hoffnungen gestorben.
Vorsehung oder Zufall führen Dir
Den König zu – Es kostet mein Geheimnis,
Und er ist dein – du kannst sein Engel werden.
Für mich ist keine Rettung mehr – vielleicht
Für Spanien – Ach hier ist nichts verdammlich,
Nichts, nichts, als meine rasende Verblendung,
Bis diesen Tag nicht eingesehn zu haben,
Daß du – so groß als zärtlich bist.

MARQUIS Nein! Das,
Das hab' ich nicht vorhergesehen – nicht
Vorhergesehn, daß eines Freundes Großmut
Erfinderischer könnte sein, als meine
Weltkluge* Sorgfalt. Mein Gebäude stürzt
Zusammen – ich vergaß dein Herz.

KARLOS Zwar wenn dir's möglich wär' gewesen, ihr

vorsichtige, umsichtige

Dies Schicksal zu ersparen – sieh, das hätte
Ich unaussprechlich dir gedankt. Konnt' ich
Denn nicht allein es tragen? Mußte sie
Das zweite Opfer sein? – Doch still davon!
Ich will mit keinem Vorwurf dich beladen.
Was geht die Königin dich an? Liebst du
Die Königin? Soll deine strenge Tugend
Die kleinen Sorgen meiner Liebe fragen?
Verzeih mir – ich war ungerecht.

MARQUIS Du bist's.
Doch – dieses Vorwurfs wegen nicht. Verdient'
Ich Einen, dann verdient' ich alle – und
Dann würd' ich so nicht vor dir stehen.
Er nimmt sein Portefeuille heraus. ⌜Hier
Sind von den Briefen ein'ge wieder, die
Du in Verwahrung mir gegeben. Nimm
Sie zu dir.

KARLOS *sieht mit Verwunderung bald die Briefe, bald den Marquis an:* Wie?

MARQUIS Ich gebe sie dir wieder,
Weil sie in deinen Händen sich'rer jetzt
Sein dürften als in meinen.

KARLOS Was ist das?
Der König las sie also nicht? bekam
Sie gar nicht zu Gesichte?

MARQUIS Diese Briefe?

KARLOS Du zeigtest ihm nicht alle?

MARQUIS Wer sagt dir,
Daß ich ihm Einen zeigte?

KARLOS *äußerst erstaunt:* Ist es möglich?
Graf Lerma.

MARQUIS Der hat dir gesagt? – Ja! Nun
Wird alles, alles offenbar! Wer konnte
Das auch voraussehn? – Lerma also? – Nein,
Der Mann hat Lügen nie gelernt. Ganz recht,
Die andern Briefe liegen bei dem König.⌝

KARLOS *sieht ihn lange mit sprachlosem Erstaunen an:*
Weswegen bin ich aber hier?
MARQUIS Zur Vorsicht,
Wenn du vielleicht zum zweiten Mal versucht
Sein möchtest, eine Eboli zu deiner
Vertrauten zu erwählen.*

Posa spielt auf die Begegnung zwischen Karlos und Eboli in IV,15 an.

KARLOS *wie aus einem Traume erwacht:*
Ha! Nun endlich!
Jetzt seh' ich – jetzt wird alles Licht –
MARQUIS *geht nach der Türe:* Wer kommt?

Zweiter Auftritt

Herzog Alba. Die Vorigen.

ALBA *nähert sich ehrerbietig dem Prinzen, dem Marquis durch diesen ganzen Auftritt den Rücken zuwendend:*
Prinz, Sie sind frei. Der König schickt mich ab,
Es Ihnen anzukündigen.
Karlos sieht den Marquis verwundernd an. Alle schweigen still. Zugleich
Schätz' ich mich glücklich, Prinz, der erste sein
Zu dürfen, der die Gnade hat –
KARLOS *bemerkt beide mit äußerster Verwunderung. Nach einer Pause zum Herzog:* Ich werde
Gefangen eingesetzt und frei erklärt,
Und ohne mir bewußt zu sein, warum
Ich beides werde?
ALBA Aus Versehen, Prinz,
So viel ich weiß, zu welchem irgend ein
– Betrüger den Monarchen hingerissen.
KARLOS Doch aber ist es auf Befehl des Königs,
Daß ich mich hier befinde?
ALBA Ja, durch ein
Versehen Seiner Majestät.

KARLOS Das tut
Mir wirklich leid – Doch wenn der König sich
Versieht*, kommt es dem König zu, in eigner — falsch handelt
Person den Fehler wieder zu verbessern.
Er sucht die Augen des Marquis, und beobachtet eine stolze Herabsetzung gegen den Herzog.
Man nennt mich hier Don Philipps Sohn. Die Augen
Der Lästerung und Neugier ruhn auf mir.
Was Seine Majestät aus Pflicht getan,
Will ich nicht scheinen ihrer Huld zu danken.
Sonst bin ich auch bereit, vor dem Gerichte — Diese Weigerung zeigt Karlos' Verachtung für Alba.
Der Kortes mich zu stellen – Meinen Degen
Nehm' ich aus solcher Hand nicht an*.

ALBA Der König
Wird keinen Anstand nehmen*, Eurer Hoheit — sich nicht weigern, keine Bedenken haben
Dies billige Verlangen zu gewähren,
Wenn Sie vergönnen wollen, daß ich Sie
Zu ihm begleiten darf –

KARLOS Ich bleibe hier,
Bis mich der König, oder sein Madrid
Aus diesem Kerker führen. Bringen Sie
Ihm diese Antwort.
Alba entfernt sich. Man sieht ihn noch eine Zeit lang im Vorhofe verweilen und Befehle austeilen.

Dritter Auftritt

Karlos und Marquis von Posa.

KARLOS *nachdem der Herzog hinaus ist, voll Erwartung und Erstaunen zum Marquis:*
Was ist aber das?
Erkläre mir's. Bist du denn nicht Minister?

MARQUIS Ich bin's gewesen, wie du siehst.
Auf ihn zugehend, mit großer Bewegung. O Karl,

Es hat gewirkt. Es hat. Es ist gelungen.
Jetzt ist's getan. Gepriesen sei die Allmacht,
Die es gelingen ließ.

KARLOS Gelingen? Was?
Ich fasse deine Worte nicht.

MARQUIS *ergreift seine Hand:* Du bist
Gerettet, Karl – bist frei – und ich –
Er hält inne

KARLOS Und du?

MARQUIS Und ich – ich drücke dich an meine Brust
Zum ersten Mal mit vollem, ganzem Rechte;
Ich hab' es ja mit allem, allem, was
Mir teuer ist, erkauft – ⌜O Karl, wie süß,
Wie groß ist dieser Augenblick! Ich bin
Mit mir zufrieden.⌝

KARLOS Welche plötzliche
Veränderung in deinen Zügen? So
Hab' ich dich nie gesehen. Stolzer hebt
Sich deine Brust, und deine Blicke leuchten.

MARQUIS
Wir müssen Abschied nehmen, Karl. Erschrick nicht.
O sei ein Mann. Was du auch hören wirst,
Versprich mir, Karl, nicht durch unbänd'gen Schmerz,
Unwürdig großer Seelen, diese Trennung
Mir zu erschweren – Du verlierst mich, Karl –
Auf viele Jahre – Toren nennen es
Auf ewig.
Karlos zieht seine Hand zurück, sieht ihn starr an und antwortet nichts.
Sei ein Mann. Ich habe sehr
Auf dich gerechnet, hab' es nicht vermieden,
Die bange Stunde mit dir auszuhalten,
Die man die l e t z t e schrecklich nennt – Ja, soll
Ich dir's gestehen, Karl? ich habe mich
Darauf gefreut – Komm, laß uns nieder sitzen –
Ich fühle mich erschöpft und matt.

Er rückt nahe an Karlos, der noch immer in einer toten Erstarrung ist, und sich unwillkürlich von ihm niederziehen läßt. Wo bist du?
Du gibst mir keine Antwort? – Ich will kurz sein.
Den Tag nachher, als wir zum letztenmal
Bei den Kartäusern uns gesehn, ließ mich
Der König zu sich fordern. Den Erfolg
Weißt du, weiß ganz Madrid. Das weißt du nicht,
Daß dein Geheimnis ihm verraten worden,
Daß Briefe, in der Königin Schatulle
Gefunden, wider dich gezeugt, daß ich
Aus seinem eignen Munde dies erfahren,
Und daß – ich sein Vertrauter war.
Er hält inne, Karlos Antwort zu erfahren: dieser verharrt in seinem Stillschweigen. Ja, Karl!
Mit meinen Lippen brach ich meine Treue.
Ich selbst regierte das Komplott, das dir
Den Untergang bereitete. Zu laut
Sprach schon die Tat. Dich frei zu sprechen, war
Zu spät. Mich seiner Rache zu versichern,
War alles, was mir übrig blieb – und so
Ward ich dein Feind, dir kräftiger zu dienen.
– Du hörst mich nicht?

KARLOS Ich höre. Weiter. Weiter.

MARQUIS Bis hierher bin ich ohne Schuld. Doch bald
Verraten mich die ungewohnten Strahlen
Der neuen königlichen Gunst. Der Ruf
Dringt bis zu dir, wie ich vorhergesehn.
⌜Doch ich, von falscher Zärtlichkeit bestochen,
Von stolzem Wahn geblendet, ohne Dich
Das Wagestück zu enden, unterschlage
Der Freundschaft mein gefährliches Geheimnis.
Das war die große Übereilung! Schwer
Hab' ich gefehlt. Ich weiß es. Raserei
War meine Zuversicht.⌝ Verzeih' – sie war
Auf deiner Freundschaft Ewigkeit gegründet.

Hier schweigt er. Karlos geht aus seiner Versteinerung in lebhafte Bewegungen über.
Was ich befürchtete, geschieht. Man läßt
Dich zittern vor erdichteten Gefahren.
Die Königin in ihrem Blut – das Schrecken
Des wiederhallenden Pallastes – Lerma's
Unglückliche Dienstfertigkeit – zuletzt
Mein unbegreifliches Verstummen, alles
Bestürmt dein überraschtes Herz – du wankst –
Gibst mich verloren – Doch, zu edel selbst,
An deines Freundes Redlichkeit zu zweifeln,
Schmückst du mit Größe seinen Abfall aus,
Nun erst wagst du, ihn treulos zu behaupten,
Weil du noch treulos ihn verehren darfst.
Verlassen von dem Einzigen wirfst du
Der Fürstin Eboli dich in die Arme* –
Unglücklicher! in eines Teufels Arme;
Denn diese war's, die dich verriet.
Karlos steht auf. Ich sehe
Dich dahin eilen. Eine schlimme Ahnung
Fliegt durch mein Herz. Ich folge Dir. Zu spät.
Du liegst zu ihren Füßen. Das Geständnis
Floh über deine Lippen schon. Für dich
Ist keine Rettung mehr –

KARLOS Nein! Nein! Sie war
Gerührt. Du irrest dich. Gewiß war sie
Gerührt.

MARQUIS ⌜Da wird es Nacht vor meinen Sinnen!
Nichts – Nichts – Kein Ausweg – Keine Hülfe – keine
Im ganzen Umkreis der Natur! Verzweiflung
Macht mich zur Furie, zum Tier – ich setze
Den Dolch auf eines Weibes Brust – Doch jetzt –
Jetzt fällt ein Sonnenstrahl in meine Seele.
»Wenn ich den König irrte*? Wenn es mir
Gelänge, selbst der Schuldige zu scheinen?

Vgl. IV,15.

in die Irre führte, täuschte; vgl. auch Erl. zu V. 4132

Wahrscheinlich oder nicht! – für ihn genug,
Scheinbar genug für König Philipp, weil
Es übel ist! Es sei! ich will es wagen.
Vielleicht ein Donner, der so' unverhofft
Ihn trifft, macht den Tyrannen stutzen – und
Was will ich mehr? Er überlegt, und Karl
Hat Zeit gewonnen, nach Brabant zu flüchten.«⌝
KARLOS Und das – das hättest du getan?
MARQUIS ⌜Ich schreibe
An Wilhelm von Oranien, daß ich
Die Königin geliebt, daß mir's gelungen,
In dem Verdacht, der fälschlich dich gedrückt,
Des Königs Argwohn zu entgehn – daß ich
Durch den Monarchen selbst den Weg gefunden,
Der Königin mich frei zu nah'n.⌝ Ich setze
Hinzu, daß ich entdeckt zu sein besorge,
Daß du, von meiner Leidenschaft belehrt,
Zur Fürstin Eboli geeilt, vielleicht
Durch ihre Hand die Königin zu warnen –
Daß ich dich hier gefangen nahm, und nun,
Weil alles doch verloren, Willens sei,
Nach Brüssel mich zu werfen – Diesen Brief –
KARLOS *fällt ihm erschrocken ins Wort:*
Hast du der Post doch nicht vertraut? Du weißt,
Daß alle Briefe nach Brabant und Flandern –
MARQUIS Dem König ausgeliefert werden – Wie
Die Sachen stehn, hat Taxis seine Pflicht
Bereits getan*. Vgl. IV,22.
KARLOS Gott! So bin ich verloren!
MARQUIS Du? Warum du?
KARLOS Unglücklicher, und du
Bist mit verloren. Diesen ungeheuern
Betrug kann dir mein Vater nicht vergeben.
Nein! den vergibt er nimmermehr!
MARQUIS Betrug?

Du bist zerstreut. Besinne dich. Wer sagt ihm,
Daß es Betrug gewesen?

KARLOS *sieht ihm starr in's Gesicht:*
Wer, fragst du?
Ich selbst.
Er will fort.

MARQUIS Du rasest; bleib zurück.

KARLOS Weg! Weg!
Um Gottes willen. Halte mich nicht auf.
Indem ich hier verweile, dingt er schon
Die Mörder.

MARQUIS Desto edler ist die Zeit.
Wir haben uns noch viel zu sagen.

KARLOS Was?
Eh' er noch alles –
Er will wieder fort. Der Marquis nimmt ihn beim Arme und sieht ihn bedeutend an.

MARQUIS ⌜Höre, Karlos – War
Ich auch so eilig, so gewissenhaft,
Da du für mich geblutet hast – ein Knabe?

KARLOS *bleibt gerührt und voll Verwunderung vor ihm stehen:*
O gute Vorsicht!

MARQUIS Rette dich für Flandern!
Das Königreich ist dein Beruf. Für dich
Zu sterben war der meinige.⌝

KARLOS *geht auf ihn zu und nimmt ihn bei der Hand voll der innigsten Empfindung:* Nein! Nein!
Er wird – er kann nicht widerstehn! So vieler
Erhabenheit nicht widerstehn! – ⌜Ich will
Dich zu ihm führen. Arm in Arme wollen
Wir zu ihm gehen. Vater, will ich sagen,
Das hat ein Freund für seinen Freund getan.
Es wird ihn rühren. Glaube mir! er ist
Nicht ohne Menschlichkeit, mein Vater. Ja!

Gewiß es wird ihn rühren. Seine Augen werden
Von warmen Tränen übergehn, und dir
Und mir wird er verzeihn –⌝
Es geschieht ein Schuß durch die Gittertüre. Karlos springt auf. Ha! Wem galt das?
MARQUIS Ich glaube – mir.
Er sinkt nieder.
KARLOS *fällt mit einem Schrei des Schmerzes neben ihm zu Boden:* O himmlische
Barmherzigkeit!
MARQUIS *mit brechender Stimme:*
Er ist geschwind – der König –
Ich hoffte – länger – Denk auf Deine Rettung –
Hörst du? – auf deine Rettung – Deine Mutter
Weiß alles – ich kann nicht mehr –
Karlos bleibt wie tot bei dem Leichnam liegen. Nach einiger Zeit tritt der König herein, von vielen Granden begleitet, und fährt bei diesem Anblick betreten zurück. Eine allgemeine und tiefe Pause. Die Granden stellen sich in einen halben Kreis um diese beiden, und sehen wechselsweise auf den König und seinen Sohn. Dieser liegt noch ohne alle Zeichen des Lebens. – Der König betrachtet ihn mit nachdenkender Stille.

Vierter Auftritt

Der König. Karlos. Die Herzoge von Alba, Feria, und Medina Sidonia. Der Prinz von Parma. Graf Lerma. Domingo und viele Granden.

KÖNIG *mit gütigem Ton:* Deine Bitte
Hat Statt gefunden, mein Infant. Hier bin ich,
Ich selbst, mit allen Großen meines Reichs,
Dir Freiheit anzukündigen.
Karlos blickt auf und sieht um sich her, wie einer, der

aus dem Traume erwacht. Seine Augen heften sich bald auf den König, bald auf den Toten. Er antwortet nicht.
Empfange
Dein Schwert zurück. Man hat zu rasch verfahren.
Er nähert sich ihm, reicht ihm die Hand und hilft ihm sich aufrichten.
Mein Sohn ist nicht an seinem Platz. Steh auf.
Komm in die Arme Deines Vaters.

KARLOS *empfängt ohne Bewußtsein die Arme des Königs – besinnt sich aber plötzlich, hält inne und sieht ihn genauer an:* Dein
Geruch ist Mord. Ich kann dich nicht umarmen.
Er stößt ihn zurück, alle Granden kommen in Bewegung.
Nein! Steht nicht so betroffen da! Was hab'
Ich ungeheures denn getan? Des Himmels
Gesalbten angetastet? Fürchtet nichts.
Ich lege keine Hand an ihn. Seht ihr
Das Brandmal* nicht an seiner Stirne? Gott
Hat ihn gezeichnet.

Anspielung auf das Kainsmal

KÖNIG *bricht schnell auf:*
Folgt mir, meine Granden.

KARLOS Wohin? Nicht von der Stelle, Sire –
Er hält ihn gewaltsam mit beiden Händen, und bekommt mit der einen das Schwert zu fassen, das der König mitgebracht hat. Es fährt aus der Scheide.

KÖNIG Das Schwert
Gezückt auf Deinen Vater?

ALLE ANWESENDE GRANDEN
ziehen die ihrigen: Königsmord!

KARLOS *den König fest an der einen Hand, das bloße Schwert in der andern:*
Steckt eure Schwerter ein. Was wollt ihr? Glaubt
Ihr, ich sei rasend? Nein, ich bin nicht rasend.
Wär' ichs, so tatet ihr nicht gut, mich zu

Erinnern, daß auf meines Schwertes Spitze
Sein Leben schwebt. Ich bitte, haltet Euch
Entfernt. Verfassungen, wie meine, wollen
Geschmeichelt sein – drum bleibt zurück. Was ich
Mit diesem König abzumachen habe,
Geht euern Leheneid nichts an. Seht nur
Wie seine Finger bluten! Seht ihn recht an!
Seht ihr? O seht auch hieher – Das hat er
Getan, der große Künstler!

KÖNIG *zu den Granden, welche sich besorgt um ihn herum drängen wollen:* Tretet alle
Zurück. Wovor erzittert ihr? – Sind wir
Nicht Sohn und Vater? Ich will doch erwarten,
Zu welcher Schandtat die Natur –

KARLOS Natur?
Ich weiß von keiner. Mord ist jetzt die Losung.
Der Menschheit Bande sind entzwei. Du selbst
Hast sie zerrissen, Sire, in deinen Reichen.
Soll ich verehren was du höhnst? – O seht!
Seht hieher! Es ist noch kein Mord geschehen
Als heute – Gibt es keinen Gott? Was? Dürfen
In seiner Schöpfung Könige so hausen?
Ich frage, gibt es keinen Gott? So lange Mütter
Geboren haben, ist nur Einer* – Einer Christus
So unverdient gestorben – Weißt du auch,
Was du getan hast? Nein, er weiß es nicht,
Weiß nicht, daß er ein Leben hat gestohlen
Aus dieser Welt, das wichtiger und edler
Und teurer war, als er mit seinem ganzen
Jahrhundert.

KÖNIG *mit gelindem Ton:*
Wenn ich allzurasch gewesen,
Geziemt es dir, für den ich es gewesen,
Mich zur Verantwortung zu ziehen?

KARLOS Wie?

Ist's möglich? Sie erraten nicht wer mir
Der Tote war – O sagt es ihm – helft seiner
Allwissenheit das schwere Rätsel lösen.
Der Tote war mein Freund – Und wollt ihr wissen,
Warum er starb? Für mich ist er gestorben.

KÖNIG Ha! meine Ahnung!

KARLOS Blutender, vergib,
Daß ich vor solchen Ohren es* entweihe!
Doch dieser große Menschenkenner sinke
Vor Scham dahin, daß seine graue Weisheit
Der Scharfsinn eines Jünglings überlistet.
Ja, Sire! ⌜Wir waren Brüder! Brüder durch
Ein edler Band, als die Natur es schmiedet.
Sein schöner Lebenslauf war Liebe. Liebe
Für mich sein großer, schöner Tod. Mein war er,
Als Sie mit seiner Achtung groß getan,
Als seine scherzende Beredsamkeit
Mit Ihrem stolzen Riesengeiste spielte.
Ihn zu beherrschen wähnten Sie – und waren
Ein folgsam Werkzeug seiner höhern Plane.
Daß ich gefangen bin, war seiner Freundschaft
Durchdachtes Werk. Mich zu erretten, schrieb
Er an Oranien den Brief – O Gott!
Er war die erste Lüge seines Lebens!
Mich zu erretten, warf er sich dem Tod,
Den er erlitt, entgegen.⌝ Sie beschenkten ihn
Mit Ihrer Gunst – er starb für mich. Ihr Herz
Und Ihre Freundschaft drangen Sie ihm auf,
Ihr Zepter war das Spielwerk seiner Hände;
Er warf es hin, und starb für mich!
Der König steht ohne Bewegung, den Blick starr auf den Boden geheftet. Alle Granden sehen betreten und furchtsam auf ihn. Und war
Es möglich? Dieser groben Lüge konnten
Sie Glauben schenken? Wie gering mußt' er

* Das, was Posa ihm war.

Sie schätzen, da er's unternahm, bei Ihnen
Mit diesem plumpen Gaukelspiel zu reichen*!
zu erreichen
Um seine Freundschaft wagten Sie zu buhlen,
Und unterlagen dieser leichten Probe!
O nein – nein, das war nichts für Sie. Das war
Kein Mensch für Sie! Das wußt' er selbst recht gut,
Als er mit allen Kronen Sie verstoßen.
Dies feine Saitenspiel zerbrach in Ihrer
Metallnen Hand. Sie konnten nichts, als ihn ermorden.

ALBA *hat den König bis jetzt nicht aus den Augen gelassen, und mit sichtbarer Unruhe die Bewegungen beobachtet, welche in seinem Gesichte arbeiten. Jetzt nähert er sich ihm furchtsam:*
Sire – nicht diese Totenstille. Sehen
Sie um Sich. Reden Sie mit uns.

KARLOS Sie waren
Ihm nicht gleichgültig. Seinen Anteil* hatten
Anteilnahme
Sie längst. Vielleicht! Er hätte Sie noch glücklich
Gemacht. Sein Herz war reich genug, Sie selbst
Von seinem Überflusse zu vergnügen.
Die Splitter seines Geistes hätten Sie
Zum Gott gemacht. Sich selber haben Sie
Bestohlen – Was werden
Sie bieten, eine Seele zu erstatten*,
Ersatz für eine Seele zu verschaffen
Wie diese war?
Ein tiefes Schweigen. Viele von den Granden sehen weg oder verhüllen das Gesicht in ihren Mänteln.
O die ihr hier versammelt steht, und vor Entsetzen
Und vor Bewunderung verstummt – verdammet
Den Jüngling nicht, der diese Sprache gegen
Den Vater und den König führt – Seht hieher!
Für mich ist er gestorben! Habt ihr Tränen?
Fließt Blut, nicht glühend Erz, in euren Adern?
Seht hieher und verdammt mich nicht.
Er wendet sich zum König mit mehr Fassung und Gelassenheit. Vielleicht

Erwarten Sie, wie diese unnatürliche Geschichte
Sich enden wird? – Hier ist mein Schwert. Sie sind
Mein König wieder. Denken Sie, daß ich
Vor Ihrer Rache zittre? Morden Sie
Mich auch, wie Sie den Edelsten gemordet.
Mein Leben ist verwirkt. Ich weiß. Was ist
Mir jetzt das Leben? Hier entsag' ich allem,
Was mich auf dieser Welt erwartet. Suchen
Sie unter Fremdlingen Sich einen Sohn –
Da liegen meine Reiche –

Er sinkt an dem Leichnam nieder, und nimmt an dem folgenden keinen Anteil mehr. Man hört unterdessen von ferne ein verworrenes Getöse von Stimmen und ein Gedräng vieler Menschen. Um den König herum ist eine tiefe Stille. Seine Augen durchlaufen den ganzen Kreis, aber niemand begegnet seinen Blicken.

KÖNIG Nun? Will niemand
Antworten? – Jeder Blick am Boden – jedes
Gesicht verhüllt! – ⌜Mein Urteil ist gesprochen.
In diesen stummen Mienen les' ich es
Verkündigt. Meine Untertanen haben mich
Gerichtet.⌝

Das vorige Stillschweigen – Der Tumult kommt näher und wird lauter. Durch die umstehenden Granden läuft ein Gemurmel, sie geben sich unter einander verlegene Winke; Graf Lerma stößt endlich leise den Herzog von Alba an.

LERMA Wahrlich! Das ist Sturm!
ALBA *leise:* So fürcht' ich.
LERMA Man dringt herauf. Man kommt.

Fünfter Auftritt

Ein Offizier von der Leibwache. Die Vorigen.

OFFIZIER *dringend:* Rebellion!
Wo ist der König?
Er arbeitet sich durch die Menge, und dringt bis zum König. Ganz Madrid in Waffen!
Zu Tausenden umringt der wütende
Soldat, der Pöbel den Pallast. Prinz Karlos,
Verbreitet man, sei in Verhaft genommen,
Sein Leben in Gefahr. Das Volk will ihn
Lebendig sehen oder ganz Madrid
In Flammen aufgehn lassen.

ALLE GRANDEN *in Bewegung:* Rettet! Rettet
Den König!

ALBA *zum König, der ruhig und unbeweglich steht:*
Flüchten Sie Sich, Sire – Es hat
Gefahr – Noch wissen wir nicht, wer
Den Pöbel waffnet –

KÖNIG *erwacht aus seiner Betäubung, richtet sich auf, und tritt mit Majestät unter sie:*
Steht mein Thron noch?
Bin ich noch König dieses Landes? – Nein.
Ich bin es nicht mehr. Diese Memmen weinen,
Von einem Knaben weich gemacht. Man wartet
Nur auf die Losung, von mir abzufallen.
Ich bin verraten von Rebellen.

ALBA Sire,
Welch fürchterliche Phantasie!

KÖNIG Dorthin!
Dort werft Euch nieder! Vor dem blühenden,
Dem jungen König werft euch nieder – Ich
Bin nichts mehr – ein ohnmächt'ger Greis!

ALBA Dahin
Ist es gekommen! – Spanier!

Alle drängen sich um den König herum und knieen mit gezogenen Schwertern vor ihm nieder. Karlos bleibt allein und von allen verlassen bei dem Leichnam.

KÖNIG *reißt seinen Mantel ab und wirft ihn von sich:*
Bekleidet
Ihn mit dem königlichen Schmuck – Auf meiner
Zertretnen Leiche tragt ihn –
Er bleibt ohnmächtig in Alba's und Lerma's Armen.

LERMA Hülfe! Gott!

FERIA Gott! welcher Zufall!

LERMA Er ist von sich –

ALBA *läßt den König in Lerma's und Feria's Händen:*
Bringen
Sie ihn zu Bette. Unterdessen geb' ich
Madrid den Frieden.
Er geht ab. Der König wird weggetragen und alle Granden begleiten ihn.

Sechster Auftritt

Karlos bleibt allein bei dem Leichnam zurück. Nach einigen Augenblicken erscheint Ludwig Merkado, sieht sich schüchtern um, und steht eine Zeit lang stillschweigend hinter dem Prinzen, der ihn nicht bemerkt.

MERKADO Ich komme
Von Ihrer Majestät der Königin.
Karlos sieht wieder weg und gibt ihm keine Antwort.
Mein Name ist Merkado – Ich bin Leibarzt
Bei Ihrer Majestät – und hier ist meine
Beglaubigung.
Er zeigt dem Prinzen einen Siegelring – Dieser verharrt in seinem Stillschweigen.
Die Königin wünscht sehr
Sie heute noch zu sprechen – wichtige
Geschäfte –

KARLOS Wichtig ist mir nichts mehr
Auf dieser Welt.
MERKADO Ein Auftrag, sagte sie,
Den Marquis Posa hinterlassen –
KARLOS *steht schnell auf:* Was?
Sogleich.
Er will mit ihm gehen.
MERKADO Nein! Jetzt nicht, gnäd'ger Prinz. Sie müssen
Die Nacht erwarten. Jeder Zugang ist
Besetzt und alle Wachen dort verdoppelt.
Unmöglich ist es, diesen Flügel des
Pallastes ungesehen zu betreten.
Sie würden alles wagen –
KARLOS Aber –
MERKADO Nur
Ein Mittel, Prinz, ist höchstens noch vorhanden –
Die Königin hat es erdacht. Sie legt
Es Ihnen vor – Doch es ist kühn und seltsam
Und abenteuerlich.
KARLOS Das ist?
MERKADO Schon längst
Geht eine Sage, wie Sie wissen, daß
Um Mitternacht in den gewölbten Gängen
Der königlichen Burg, in Mönchsgestalt,
Der abgeschiedne Geist des Kaisers* wandle. Karls V.
Der Pöbel glaubt an dies Gerücht, die Wachen
Beziehen nur mit Schauer diesen Posten.
Wenn Sie entschlossen sind, Sich dieser
Verkleidung zu bedienen, können Sie
Durch alle Wachen frei und unversehrt
Bis zum Gemach der Königin gelangen,
Das dieser Schlüssel öffnen wird. Vor jedem Angriff
Schützt Sie die heilige Gestalt. Doch auf
Der Stelle, Prinz, muß Ihr Entschluß gefaßt sein.
Das nöt'ge Kleid, die Maske, finden Sie

In Ihrem Zimmer. Ich muß eilen, Ihrer Majestät
Antwort zu bringen.

KARLOS Und die Zeit?

MERKADO Die Zeit
Ist zwölf Uhr.

KARLOS Sagen Sie ihr, daß sie mich
Erwarten könne.

Merkado geht ab.

Siebenter Auftritt

Karlos. Graf Lerma.

LERMA Retten Sie Sich, Prinz.
Der König wütet gegen Sie. Ein Anschlag
Auf Ihre Freiheit – wo nicht auf Ihr Leben.
Befragen Sie mich weiter nicht. Ich habe
Mich weggestohlen, Sie zu warnen. Fliehen
Sie ohne Aufschub.

KARLOS Ich bin in den Händen
Der Allmacht.

LERMA Wie die Königin mich eben
Hat merken lassen, sollen Sie noch heute
Madrid verlassen und nach Brüssel flüchten.
Verschieben Sie es nicht, ja nicht! Der Aufruhr
Begünstigt Ihre Flucht. In dieser Absicht
Hat ihn die Königin veranlaßt. Jetzt
Wird man sich nicht erkühnen, gegen Sie
Gewalt zu brauchen. Im Kartäuserkloster
Erwartet Sie die Post, und hier sind Waffen,
Wenn Sie gezwungen sollten sein –

Er gibt ihm einen Dolch und Terzerolen.*

* (ital.) Kleine Pistolen

KARLOS Dank, Dank,
Graf Lerma!

LERMA Ihre heutige Geschichte

Hat mich im Innersten gerührt. So liebt
Kein Freund mehr! Alle Patrioten weinen
Um Sie. Mehr darf ich jetzt nicht sagen.

KARLOS Graf Lerma! Dieser Abgeschiedne nannte
Sie einen edlen Mann.

LERMA Noch einmal, Prinz!
Reisen Sie glücklich. Schön're Zeiten werden kommen;
Dann aber werd' ich nicht mehr sein. Empfangen
Sie meine Huldigung schon hier.

Er läßt sich auf ein Knie vor ihm nieder.

KARLOS *will ihn zurück halten. Sehr bewegt:*
Nicht also –
Nicht also, Graf. – Sie rühren mich – Ich möchte
Nicht gerne weich sein –

LERMA *küßt seine Hand mit Empfindung:*
⌜König meiner Kinder!
O meine Kinder werden sterben dürfen
Für Sie. Ich darf es nicht. Erinnern Sie Sich meiner
In meinen Kindern – Kehren Sie in Frieden
Nach Spanien zurücke. Seien Sie
Ein Mensch auf König Philipps Thron. Sie haben
Auch Leiden kennen lernen. Unternehmen Sie
Nichts blut'ges gegen Ihren Vater! Ja
Nichts blutiges, mein Prinz! Philipp der zweite
Zwang Ihren Ältervater von dem Thron
Zu steigen – Dieser Philipp zittert heute
Vor seinem eignen Sohn! Daran gedenken
Sie, Prinz – und so geleite Sie der Himmel!⌝

Er geht schnell weg. Karlos ist im Begriff auf einem andern Wege fortzueilen, kehrt aber plötzlich um und wirft sich vor dem Leichnam des Marquis nieder, den er noch einmal in seine Arme schließt. Dann verläßt er schnell das Zimmer.

Achter Auftritt

Herzog von Alba und Herzog von Feria kommen im Gespräch. ⟨*Domingo. Granden.*⟩

ALBA Die Stadt ist ruhig. Wie verließen Sie
Den König?
FERIA In der fürchterlichsten Laune.
Er hat sich eingeschlossen. Was sich auch
Ereignen würde, keinen Menschen will
Er vor sich lassen. Die Verräterei
Des Marquis hat auf einmal seine ganze
Natur verändert. Wir erkennen ihn
Nicht mehr.
ALBA Ich muß zu ihm. Ich kann ihn diesmal
Nicht schonen. Eine wichtige Entdeckung,
Die eben jetzt gemacht wird –
FERIA Eine neue
Entdeckung?
ALBA Ein Kartäusermönch, der in
Des Prinzen Zimmer heimlich sich gestohlen,
Und mit verdächt'ger Wißbegier den Tod
Des Marquis Posa sich erzählen lassen,
Fällt meinen Wachen auf. Man hält ihn an.
Man untersucht. Die Angst des Todes preßt
Ihm ein Geständnis aus, daß er Papiere
Von großem Werte bei sich trage, die
Ihm der Verstorbne anbefohlen, in
Des Prinzen Hand zu übergeben – wenn
Er sich vor Sonnenuntergang nicht mehr
Ihm zeigen würde.
FERIA Nun?
ALBA Die Briefe lauten,

Daß Karlos binnen Mitternacht und Morgen
Madrid verlassen soll.

FERIA Was?

ALBA Daß ein Schiff
In Cadix* segelfertig liege, ihn
Nach Vlissingen* zu bringen – daß die Staaten
Der Niederlande seiner nur erwarten,
Die Span'sche Ketten abzuwerfen.

Cadiz, span. Hafenstadt im Süden Andalusiens

Hafenstadt in der Provinz Zeeland

FERIA Ha!
Was ist das?

ALBA Andre Briefe melden,
Daß eine Flotte Solimans* bereits
Von Rhodus ausgelaufen – den Monarchen
Von Spanien, laut des geschlossnen Bundes,
Im mittelländ'schen Meere anzugreifen.

Vgl. V. 2904.

FERIA Ist's möglich?

ALBA ⌜Eben diese Briefe lehren
Die Reisen mich verstehn, die der Malteser
Durch ganz Europa jüngst getan. Es galt
Nichts kleineres, als alle nord'schen Mächte
Für der Flamänder Freiheit zu bewaffnen.⌝

FERIA Das war er!

ALBA Diesen Briefen endlich folgt
Ein ausgeführter Plan des ganzen Krieges,
Der von der Span'schen Monarchie auf immer
Die Niederlande trennen soll. Nichts, nichts
Ist übersehen, Kraft und Widerstand
Berechnet, alle Quellen, alle Kräfte
Des Landes pünktlich angegeben, alle
Maximen, welche zu befolgen, alle
Bündnisse, die zu schließen. Der Entwurf
Ist teuflisch, aber wahrlich – göttlich.

FERIA Welch undurchdringlicher Verräter!

ALBA Noch
Beruft man sich in diesem Brief auf eine

Geheime Unterredung, die der Prinz
Am Abend seiner Flucht mit seiner Mutter
Zu Stande bringen sollte?

FERIA Wie? Das wäre
Ja heute.

ALBA Diese Mitternacht. Auch hab' ich
Für diesen Fall Befehle schon gegeben.
Sie sehen, daß es dringt*, kein Augenblick (drängt)
Ist zu verlieren – Öffnen Sie das Zimmer
Des Königs.

FERIA Nein! Der Eintritt ist verboten.

ALBA So öffn' ich selbst – Die wachsende Gefahr
Rechtfertigt diese Kühnheit –

Wie er gegen die Türe geht, wird sie geöffnet, und der König tritt heraus.

FERIA Ha, Er selbst!

Neunter Auftritt

König zu den Vorigen.

Alle erschrecken über seinen Anblick, weichen zurück und lassen ihn ehrerbietig mitten durch. Er kommt in einem wachen Traume, wie eines Nachtwandlers. – Sein Anzug und seine Gestalt zeigen noch die Unordnung, worein ihn die gehabte Ohnmacht versetzt hat. Mit langsamen Schritten geht er an den anwesenden Granden vorbei, sieht jeden starr an, ohne einen einzigen wahrzunehmen. Endlich bleibt er gedankenvoll stehen, die Augen zur Erde gesenkt, bis seine Gemütsbewegung nach und nach laut wird.

KÖNIG Gib diesen Toten mir heraus. Ich muß
Ihn wieder haben.

DOMINGO *leise zum Herzog von Alba:*
Reden Sie ihn an.

KÖNIG *wie oben:*

Er dachte klein von mir und starb. Ich muß
Ihn wieder haben. Er muß anders von
Mir denken.

ALBA *nähert sich mit Furcht:*
Sire –

KÖNIG Wer redet hier?
Er sieht lange im ganzen Kreis herum.
Hat man
Vergessen wer ich bin? Warum nicht auf
Den Knieen vor mir, Kreatur? Noch bin
Ich König. Unterwerfung will ich sehen.
Setzt alles mich hintan, weil Einer mich
Verachtet hat?

ALBA Nichts mehr von ihm, mein König!
Ein neuer Feind, bedeutender als dieser,
Steht auf im Herzen Ihres Reichs. –

FERIA Prinz Karlos –

KÖNIG Er hatte einen Freund, der in den Tod
Gegangen ist für ihn – für ihn! Mit mir
Hätt' er ein Königreich geteilt! – Wie er
Auf mich herunter sah! So stolz sieht man
Von Thronen nicht herunter. War's nicht sichtbar,
Wie viel er sich mit der Erobrung wußte*?
Was er verlor, gestand sein Schmerz. So wird
Um nichts vergängliches geweint – Daß er noch lebte!
Ich gäb' ein Indien dafür. Trostlose Allmacht,
Die nicht einmal in Gräber ihren Arm
Verlängern, eine kleine Übereilung
Mit Menschenleben nicht verbessern kann!
Die Toten stehen nicht mehr auf. Wer darf
Mir sagen, daß ich glücklich bin? Im Grabe
Wohnt einer, der mir Achtung vorenthalten.
Was gehn die Lebenden mich an? Ein Geist,
Ein freier Mann stand auf in diesem ganzen
Jahrhundert – Einer – Er verachtet mich
Und stirbt.

wie viel er sich einbildete

ALBA So lebten wir umsonst! – Laßt uns
Zu Grabe gehen, Spanier. Auch noch
Im Tode raubt uns dieser Mensch das Herz
Des Königs!

KÖNIG *Er setzt sich nieder, den Kopf auf den Arm gestützt:*
⌜Wär' er mir also gestorben!
Ich hab' ihn lieb gehabt, sehr lieb. Er war
Mir teuer wie ein Sohn. In diesem Jüngling
Ging mir ein neuer, schön'rer Morgen auf.
aufbewahrt habe
Wer weiß, was ich ihm aufbehalten*! Er
War meine erste Liebe. Ganz Europa
Verfluche mich! Europa mag mir fluchen.
Von diesem hab' ich Dank verdient.⌝

DOMINGO Durch welche
Bezauberung –

KÖNIG Und wem bracht' er dies Opfer?
Dem Knaben meinem Sohne? Nimmermehr.
Ich glaub' es nicht. ⌜Für einen Knaben stirbt
Ein Posa nicht. Der Freundschaft arme Flamme
Füllt eines Posa Herz nicht aus. Das schlug
Der ganzen Menschheit.⌝ Seine Neigung war
Die Welt mit allen kommenden Geschlechtern.
Sie zu vergnügen fand er einen Thron –
Und geht vorüber? Diesen Hochverrat
An seiner Menschheit sollte Posa sich
Vergeben? Nein. Ich kenn' ihn besser. Nicht
Den Philipp opfert er dem Karlos, nur
Den alten Mann dem Jüngling seinem Schüler.
Des Vaters untergeh'nde Sonne lohnt
Das neue Tagwerk nicht mehr. Das verspart man
Dem nahen Aufgang seines Sohns – O es ist klar!
Tod
Auf meinen Hintritt* wird gewartet.

ALBA Lesen Sie
In diesen Briefen die Bekräftigung.

KÖNIG *steht auf:*

Er könnte sich verrechnet haben. Noch,
Noch bin ich. Habe Dank, Natur. Ich fühle
In meinen Sehnen Jünglingskraft. ⌜Ich will
Ihn zum Gelächter machen. Seine Tugend
Sei eines Träumers Hirngespinst gewesen.
Er sei gestorben als ein Tor. Sein Sturz
Erdrücke seinen Freund und sein Jahrhundert!⌝
Laß sehen, wie man mich entbehrt. Die Welt
Ist noch auf einen Abend mein. Ich will
Ihn nützen diesen Abend, daß nach mir
Kein Pflanzer mehr in zehen Menschenaltern
Auf dieser Brandstatt* ernten soll. Er brachte
Der Menschheit, seinem Götzen, mich zum Opfer;
Die Menschheit büße mir für ihn! – Und jetzt –
Mit seiner Puppe* fang' ich an.
Zum Herzog von Alba. Was war's
Mit dem Infanten? Wiederholt es mir. Was lehren
Mich diese Briefe?

Brandstelle, Brandstätte

Hier: seinem willenlosen Werkzeug: Karlos

ALBA Diese Briefe, Sire,
Enthalten die Verlassenschaft* des Marquis
Von Posa an Prinz Karl.

Hinterlassenschaft, Nachlass, Vermächtnis

KÖNIG *durchläuft die Papiere, wobei er von allen Umstehenden scharf beobachtet wird. Nachdem er eine Zeit lang gelesen, legt er sie weg, und geht stillschweigend durch das Zimmer:* Man rufe mir
Den Inquisitor Kardinal. Ich laß'
Ihn bitten, eine Stunde mir zu schenken.
Einer von den Granden geht hinaus. Der König nimmt diese Papiere wieder, liest fort, und legt sie abermals weg.
In dieser Nacht also?

TAXIS Schlag zwei Uhr soll
Die Post vor dem Kartäuserkloster halten.

ALBA Und Leute, die ich ausgesendet, sahen
Verschiednes Reis'geräte, an dem Wappen
Der Krone kenntlich, nach dem Kloster tragen.

FERIA Auch sollen große Summen auf den Namen
Der Königin bei Maurischen Agenten
Betrieben* worden sein, in Brüssel zu
Erheben.

hinterlegt

KÖNIG Wo verließ man den Infanten?

ALBA
Beim Leichnam des Maltesers.

KÖNIG Ist noch Licht im Zimmer
Der Königin?

ALBA Dort ist alles still. Auch hat
Sie ihre Kammerfrauen zeitiger,
Als sonsten zu geschehen pflegt, entlassen.
Die Herzogin von Arkos, die zuletzt
Aus ihrem Zimmer ging, verließ sie schon
In tiefem Schlafe.

Ein Offizier von der Leibwache tritt herein, zieht den Herzog von Feria auf die Seite und spricht leise mit ihm. Dieser wendet sich betreten zum Herzog von Alba, andre drängen sich hinzu, und es entsteht ein Gemurmel.

FERIA, TAXIS, DOMINGO *zugleich:*
Sonderbar!

KÖNIG Was gibt es?

FERIA Eine Nachricht, Sire, die kaum
Zu glauben ist –

DOMINGO Zween Schweizer, die so eben
Von ihrem Posten kommen, melden – Es
Ist lächerlich es nachzusagen.

KÖNIG Nun?

ALBA Daß in dem linken Flügel des Pallasts
Der Geist des Kaisers sich erblicken lassen,
Und mit beherztem, feierlichem Schritt an ihnen
Vorbei gegangen. Eben diese Nachricht
Bekräft'gen alle Wachen, die durch diesen
Pavillon verbreitet stehn, und setzen
Hinzu, daß die Erscheinung in den Zimmern
Der Königin verschwunden.

KÖNIG Und in welcher
Gestalt erschien er?
OFFIZIER In dem nämlichen
Gewand, das er zum letzten Mal in Justi*
Als Hieronymitermönch getragen.

*San Jeronimo de Yuste, span. Kloster, in dem Karl V. 1558 starb

KÖNIG Als Mönch? Und also haben ihn die Wachen
Im Leben noch gekannt? Denn woher wußten
Sie sonst, daß es der Kaiser war?
OFFIZIER Daß es
Der Kaiser müsse sein, bewies das Zepter,
Das er in Händen trug.
DOMINGO Auch will man ihn
Schon öfters, wie die Sage geht, in dieser
Gestalt gesehen haben.
KÖNIG Angeredet hat
Ihn niemand?
OFFIZIER Niemand unterstand sich.
Die Wachen sprachen ihr Gebet und ließen
Ihn ehrerbietig mitten durch.
KÖNIG Und in den Zimmern
Der Königin verlor sich die Erscheinung?
OFFIZIER Im Vorgemach der Königin.
Allgemeines Stillschweigen.
KÖNIG *wendet sich schnell um:* Wie sagt ihr?
ALBA Sire, wir sind stumm.
KÖNIG *nach einigem Besinnen, zu dem Offizier:*
Laßt meine Garden unter
Die Waffen treten und jedweden Zugang
Zu diesem Flügel sperren. Ich bin lüstern,
Ein Wort mit diesem Geist zu reden.
Der Offizier geht ab. Gleich darauf ein Page.
PAGE Sire!
Der Inquisitor Kardinal.
KÖNIG *zu den Anwesenden:* Verlaßt uns.
Der Kardinal Großinquisitor, ein Greis von neunzig Jah-

ren und blind, auf einen Stab gestützt und von zwei Dominikanern geführt. Wie er durch ihre Reihen geht, werfen sich alle Granden vor ihm nieder und berühren den Saum seines Kleides. Er erteilt ihnen den Segen. Alle entfernen sich.

Zehnter Auftritt

Der König und der Großinquisitor. Ein langes Stillschweigen.

GROSSINQUISITOR Steh'
Ich vor dem König?
KÖNIG Ja.
GROSSINQUISITOR Ich war mir's nicht mehr
Vermutend.
KÖNIG Ich erneure einen Auftritt
Vergangner Jahre. Philipp der Infant
Holt Rat bei seinem Lehrer.
GROSSINQUISITOR Rat bedurfte
Mein Zögling Karl, Ihr großer Vater, niemals.
KÖNIG Um so viel glücklicher war er. Ich habe
Gemordet, Kardinal, und keine Ruhe –
GROSSINQUISITOR Weswegen haben Sie gemordet?
KÖNIG Ein Betrug, der ohne Beispiel ist –
GROSSINQUISITOR Ich weiß ihn.
KÖNIG Was wisset ihr? Durch wen? Seit wann?
GROSSINQUISITOR Seit Jahren,
Was Sie seit Sonnenuntergang.
KÖNIG *mit Befremdung:* Ihr habt
Von diesem Menschen schon gewußt?
GROSSINQUISITOR ⌜Sein Leben
Liegt angefangen und beschlossen in
Der Santa Casa heiligen Registern.
KÖNIG Und er ging frei herum?

GROSSINQUISITOR Das Seil, an dem
Er flatterte, war lang, doch unzerreißbar.
KÖNIG Er war schon außer meines Reiches Grenzen.
GROSSINQUISITOR
Wo er sein mochte, war ich auch.⌝
KÖNIG *geht unwillig auf und nieder:* Man wußte,
In wessen Hand ich war – Warum versäumte man,
Mich zu erinnern?
GROSSINQUISITOR Diese Frage geb' ich
Zurücke – Warum fragten Sie nicht an,
Da Sie in dieses Menschen Arm Sich warfen?
Sie kannten ihn! Ein Blick entlarvte Ihnen
Den Ketzer. – Was vermochte Sie, dies Opfer
Dem heil'gen Amt zu unterschlagen? Spielt
Man so mit uns? Wenn sich die Majestät
Zur Hehlerin erniedrigt – hinter unserm Rücken
Mit unsern schlimmsten Feinden sich versteht,
Was wird mit uns? Darf Einer Gnade finden,
Mit welchem Rechte wurden hundert tausend
Geopfert?
KÖNIG Er ist auch geopfert.
GROSSINQUISITOR Nein!
Er ist ermordet – ruhmlos! freventlich! – Das Blut,
Das unsrer Ehre glorreich fließen sollte,
Hat eines Meuchelmörders Hand verspritzt.
Der Mensch war unser – Was befugte Sie,
Des Ordens heil'ge Güter anzutasten?
Durch uns zu sterben war er da. Ihn schenkte
Der Notdurft* dieses Zeitenlaufes Gott,
In seines Geistes feierlicher Schändung
⌜Die prahlende Vernunft zur Schau zu führen.
Das war mein überlegter Plan. Nun liegt
Sie hingestreckt, die Arbeit vieler Jahre!
Wir sind bestohlen, und Sie haben nichts
Als blut'ge Hände.⌝

dem zwingenden Bedürfnis

KÖNIG Leidenschaft riß mich
Dahin. Vergib mir.
GROSSINQUISITOR Leidenschaft? – Antwortet
Mir Philipp der Infant? Bin ich allein
Zum alten Mann geworden? – Leidenschaft!
Mit unwilligem Kopfschütteln.
Gib die Gewissen frei in deinen Reichen,
Wenn du in deinen Ketten gehst.
KÖNIG Ich bin
In diesen Dingen noch ein Neuling. Habe
Geduld mit mir.
GROSSINQUISITOR Nein! Ich bin nicht mit Ihnen
Zufrieden. – Ihren ganzen vorigen
Regentenlauf zu lästern! Wo war damals
Der Philipp, dessen feste Seele wie
Polarstern Der Angelstern* am Himmel unverändert
Und ewig um sich selber treibt? War eine ganze
Vergangenheit versunken hinter Ihnen?
War in dem Augenblick die Welt nicht mehr
Die nämliche, da Sie die Hand ihm boten?
Gift nicht mehr Gift? War zwischen Gut und Übel
Und Wahr und Falsch die Scheidewand gefallen?
Was ist ein Vorsatz? Was Beständigkeit,
Was Männertreue, wenn in einer lauen
Minute eine sechzigjähr'ge Regel
Wie eines Weibes Laune schmilzt?
KÖNIG Ich sah in seine Augen – Halte mir
Den Rückfall in die Sterblichkeit zu gut.
Die Welt hat einen Zugang weniger
Zu deinem Herzen. Deine Augen sind erloschen.
GROSSINQUISITOR
Was sollte Ihnen dieser Mensch? Was konnte
Er neues Ihnen vorzuzeigen haben,
Worauf Sie nicht bereitet waren? Kennen
Sie Schwärmersinn und Neuerung so wenig?

Der Weltverbeßrer prahlerische Sprache
Klang Ihrem Ohr so ungewohnt? Wenn das
Gebäude Ihrer Überzeugung schön
Von Worten fällt – mit welcher Stirne, muß
Ich fragen, schrieben Sie das Bluturteil
Der hundert tausend schwachen Seelen, die
Den Holzstoß für nichts schlimmeres bestiegen?

KÖNIG Mich lüstete nach einem Menschen. Diese
Domingo –

GROSSINQUISITOR
Wozu Menschen? Menschen sind
Für Sie nur Zahlen, weiter nichts. Muß ich
Die Elemente der Monarchenkunst
Mit meinem grauen Schüler überhören*? — abfragen, überprüfen
Der Erde Gott verlerne zu bedürfen,
Was ihm verweigert werden kann – Wenn Sie
Um Mitgefühle wimmern, haben Sie
Der Welt nicht Ihres gleichen zugestanden?
Und welche Rechte, möcht' ich wissen, haben
Sie aufzuweisen über Ihres gleichen?

KÖNIG *wirft sich in den Sessel:*
Ich bin ein kleiner Mensch, ich fühl's – Du foderst
Von dem Geschöpf, was nur der Schöpfer leistet.

GROSSINQUISITOR
Nein, Sire, Mich hintergeht man nicht. Sie sind
Durchschaut – Uns wollten Sie entfliehen.
Des Ordens schwere Ketten drücken Sie;
Sie wollten frei und einzig sein.
Er hält inne. Der König schweigt.
Wir sind gerochen* – Danken Sie der Kirche, — gerächt
Die sich begnügt, als Mutter Sie zu strafen.
Die Wahl, die man Sie blindlings treffen lassen,
War Ihre Züchtigung. Sie sind belehrt.
Jetzt kehren Sie zu uns zurück – Stünd' ich
Nicht jetzt vor Ihnen – beim lebend'gen Gott!
Sie wären morgen so vor mir gestanden.

KÖNIG Nicht diese Sprache! Mäßige dich, Priester!
Ich duld' es nicht. Ich kann in diesem Ton
Nicht mit mir sprechen hören.
GROSSINQUISITOR ⌜Warum rufen Sie
Den Schatten Samuels herauf?⌝ – Ich gab
Zwei Könige dem Span'schen Thron, und hoffte
Ein fest gegründet Werk zu hinterlassen.
Verloren seh ich meines Lebens Frucht,
Don Philipp selbst erschüttert mein Gebäude.
Und jetzo Sire – Wozu bin ich gerufen?
Was soll ich hier? – Ich bin nicht Willens, diesen
Besuch zu wiederholen.
KÖNIG Eine Arbeit noch,
Die letzte – dann magst du in Frieden scheiden.
Vorbei sei das Vergangne. Friede sei
Geschlossen zwischen uns – Wir sind versöhnt?
GROSSINQUISITOR
Wenn Philipp sich in Demut beugt.
KÖNIG *nach einer Pause:* ⌜Mein Sohn
Sinnt auf Empörung.
GROSSINQUISITOR Was beschließen Sie?
KÖNIG Nichts – oder Alles.
GROSSINQUISITOR Und was heißt hier Alles?
KÖNIG Ich laß' ihn fliehen, wenn ich ihn
Nicht sterben lassen kann.
GROSSINQUISITOR Nun Sire?
KÖNIG Kannst du mir einen neuen Glauben gründen,
Der eines Kindes blut'gen Mord verteidigt?
GROSSINQUISITOR Die ewige Gerechtigkeit zu sühnen,
Kreuze Starb an dem Holze* Gottes Sohn.⌝
KÖNIG Du willst
Durch ganz Europa diese Meinung pflanzen?
GROSSINQUISITOR
So weit, als man das Kreuz verehrt.
KÖNIG Ich frevle

An der Natur – auch diese mächt'ge Stimme
Willst du zum Schweigen bringen?

GROSSINQUISITOR Vor dem Glauben
Gilt keine Stimme der Natur.

KÖNIG Ich lege
Mein Richteramt in deine Hände – Kann
Ich ganz zurücke treten?

GROSSINQUISITOR Geben Sie
Ihn mir.

KÖNIG Es ist mein einz'ger Sohn – ⌜Wem hab' ich
Gesammelt?

GROSSINQUISITOR
Der Verwesung lieber, als
Der Freiheit.⌝

KÖNIG *steht auf:*
Wir sind einig. Kommt.

GROSSINQUISITOR Wohin?

KÖNIG Aus meiner Hand das Opfer zu empfangen.
Er führt ihn hinweg.

Zimmer der Königin

Letzter Auftritt

Karlos. Die Königin. Zuletzt der König mit Gefolge.

KARLOS *in einem Mönchsgewand, eine Maske vor dem Gesichte, die er eben jetzt abnimmt, unter dem Arme ein bloßes Schwert. Es ist ganz finster. Er nähert sich einer Türe, welche geöffnet wird. Die Königin tritt heraus, im Nachtkleide, mit einem brennenden Licht. Karlos läßt sich vor ihr auf ein Knie nieder:*
Elisabeth!

KÖNIGIN *mit stiller Wehmut auf seinem Anblick verweilend:* So sehen wir uns wieder?

KARLOS So sehen wir uns wieder!
Stillschweigen.
KÖNIGIN *sucht sich zu fassen:* Stehn Sie auf. Wir wollen
Einander nicht erweichen, Karl. Nicht durch
Ohnmächt'ge Tränen will der große Tote
Gefeiert werden. Tränen mögen fließen
Für klein're Leiden! – Er hat sich geopfert
Für Sie! Mit seinem teuern Leben
Hat er das Ihrige erkauft – ⌜Und dieses Blut
Wär' einem Hirngespinst geflossen?⌝ – Karlos!
Ich selber habe gut gesagt für Sie.
Auf meine Bürgschaft schied er freudiger
Von hinnen. Werden Sie zur Lügnerin
Mich machen?
KARLOS *mit Begeisterung:*
Einen Leichenstein will ich
Ihm setzen, wie noch keinem Könige
Geworden – Über seiner Asche blühe
Ein Paradies!
KÖNIGIN So hab' ich Sie gewollt!
Das war die große Meinung seines Todes!
Mich wählte er zu seines letzten Willens
Vollstreckerin. Ich mahne Sie. Ich werde
Auf die Erfüllung dieses Eides halten.
– Und noch ein anderes Vermächtnis legte
Der Sterbende in meine Hand – Ich gab ihm
Mein Wort – und – warum soll ich es verschweigen?
Er übergab mir seinen Karl – Ich trotze
Dem Schein – Ich will vor Menschen nicht mehr zittern,
Will einmal kühn sein wie ein Freund. Mein Herz
Soll reden. Tugend nannt' er unsre Liebe?
Ich glaub' es ihm, und will mein Herz nicht mehr –
KARLOS Vollenden Sie nicht, Königin – Ich habe
In einem langen schweren Traum gelegen.
Ich liebte – Jetzt bin ich erwacht. Vergessen

Sei das Vergangne! Hier sind Ihre Briefe
Zurück. Vernichten Sie die meinen. ⌜Fürchten
Sie keine Wallung mehr von mir. Es ist
Vorbei. Ein reiner Feuer hat mein Wesen
Geläutert.⌝ Meine Leidenschaft wohnt in den Gräbern
Der Toten. Keine sterbliche Begierde
Teilt diesen Busen mehr.
Nach einem Stillschweigen ihre Hand fassend.
Ich kam, um Abschied
Zu nehmen – Mutter, endlich seh ich ein,
Es gibt ein höher, wünschenswerter Gut,
Als dich besitzen – Eine kurze Nacht
Hat meiner Jahre trägen Lauf beflügelt,
Frühzeitig mich zum Mann gereift. Ich habe
Für dieses Leben keine Arbeit mehr,
Als die Erinnerung an ihn! Vorbei
Sind alle meine Ernten –
Er nähert sich der Königin, welche das Gesicht verhüllt.
Sagen Sie
Mir gar nichts, Mutter?

KÖNIGIN Kehren Sie Sich nicht
An meine Tränen, Karl – Ich kann nicht anders –
Doch glauben Sie mir, ich bewundre Sie.

KARLOS Sie waren unsers Bundes einzige
Vertraute – Unter d i e s e m Namen werden
Sie auf der ganzen Welt das Teuerste
Mir bleiben. Meine Freundschaft kann ich Ihnen
So wenig, als noch gestern meine Liebe
Verschenken an ein andres Weib – Doch heilig
Sei mir die königliche Witwe, führt
Die Vorsicht mich auf diesen Thron.
Der König, begleitet vom Großinquisitor und seinen Granden, erscheint im Hintergrunde, ohne bemerkt zu werden. Jetzt geh' ich
Aus Spanien, und sehe meinen Vater

Nicht wieder – Nie in diesem Leben wieder.
Ich schätz' ihn nicht mehr. Ausgestorben ist
In meinem Busen die Natur – Sein Sie
Ihm wieder Gattin. Er hat einen Sohn
Verloren. Treten Sie in Ihre Pflichten
Zurück – Ich eile, mein bedrängtes Volk
Zu retten von Tyrannenhand. Madrid
Sieht nur als König oder nie mich wieder.
Und jetzt zum letzten Lebewohl!
Er küßt sie.

KÖNIGIN O Karl!
Was machen Sie aus mir? – Ich darf mich nicht
Empor zu dieser Männergröße wagen;
Doch fassen und bewundern kann ich Sie.

KARLOS Bin ich nicht stark, Elisabeth? Ich halte
In meinen Armen Sie und wanke nicht.
Von dieser Stelle hätten mich noch gestern
Des nahen Todes Schrecken nicht gerissen.
Er verläßt sie.
Das ist vorbei. Jetzt trotz' ich jedem Schicksal
Der Sterblichkeit. Ich hielt Sie in den Armen
Und wankte nicht. – Still! Hörten Sie nicht etwas?
Eine Uhr schlägt.

KÖNIGIN Nichts hör' ich, als die fürchterliche Glocke,
Die uns zur Trennung läutet.

KARLOS Gute Nacht denn, Mutter.
Aus Gent empfangen Sie den ersten Brief
Von mir, der das Geheimnis unsers Umgangs
Laut machen soll. Ich gehe, mit Don Philipp
Jetzt einen öffentlichen Gang* zu tun.
Von nun an, will ich, sei nichts heimliches
Mehr unter uns. Sie brauchen nicht das Auge
Der Welt zu scheuen – Dies hier sei mein letzter
Betrug.
Er will nach der Maske greifen. Der König steht zwischen ihnen.

Auseinandersetzung

KÖNIG Es ist dein letzter!

Die Königin fällt ohnmächtig nieder.

KARLOS *eilt auf sie zu, und empfängt sie mit den Armen:*
Ist sie tot?
O Himmel und Erde!

KÖNIG *kalt und stille zum Großinquisitor:*
⌜Kardinal! ich habe
Das Meinige getan. Tun Sie das Ihre.⌝

Er geht ab.

Anhang

Dom Karlos Prinz von Spanien. Trauerspiel.

[Bauerbacher Entwurf]

I. Schritt. Schürzung des Knotens.

A. Der Prinz liebt die Königin. Das wird gezeigt.

1. Aus seiner Aufmerksamkeit auf solche, seiner Lage in ihrer Gegenwart.
2. Seiner ungewönlichen Melancholie und Zerstreuung.
3. Dem Korb den die Prinzeßin von Eboli von ihm bekommt.
4. Seiner Szene mit dem Marquis de Posa.
5. Seinen einsamen Gesprächen mit sich selbst.

B. Diese Liebe hat Hinderniße und scheint gefärlich für ihn werden zu können – diß lehren:

1. Karlos heftige Leidenschaft und Verwegenheit.
2. Der tiefe Affekt seines Vaters, sein Argwohn, seine Neigung zur Eifersucht, seine Rachsucht.
3. Intereße der Grandes die ihn fürchten und haßen, mit guter Art an ihn zu kommen.
4. Rachsucht der beschämten Prinzeßin von Eboli.
5. Auflauschung des müssigen Hofes.
6.

II. Schritt. Der Knoten verwikelter.

A. Karlos Liebe nimmt zu – Ursachen:

1. Die Hinderniße selbst.
2. Gegenliebe der Königin, diese äußert sich, motivirt sich:

a. Aus Ihrem zärtlichen Herzen dem ein Gegenstand mangelt,

α. Philipps Alter, Disharmonie mit ihrer Empfindung.

β. Zwang ihres Standes.

b. Aus ihrer anfänglichen Bestimmung und Neigung für den Prinzen. Sie nährt diese angenehme Erinnerungen gern.
c. Aus ihren Äußerungen in Gegenwart des Prinzen. Inneres Leiden. Furchtsamkeit. Antheil. Verwirrung.
d. Einer mehr als zu erwartenden Kälte gegen Dom Juan, der ihr einige Liebe zeigt.
e. Einigen Funken von Eifersucht über Karlos Vertrauen zu der Prinzeßin von Eboli.
f. Einigen Äußerungen in geheim.
g. Einem Gespräch mit dem Marquis.
h. Einer Szene mit Karlos.

B. Die Hinderniße und Gefahren wachsen. Dieses erfährt man
1. Aus dem Ehrgeiz der Rachsucht des verschmähten Dom Juan.
2. – einigen Entdekungen die die Prinzeßin v. Eboli macht.
3. – ihrem Einverständniß mit jenem.
4. – der immer wachsenden Furcht und Erbitterung der Grandes, die vom Prinzen bedroht und beleidigt werden. Complott derselben.
5. Aus des Königs Unwillen über seinen Sohn, und Bestellung der Spionen.

III. Schritt. Anscheinende Auflösung, die den Knoten noch mehr verwikelt.

A. Die Gefahren fangen an auszubrechen.
1. Der König bekömmt einen Wink, und geräth in die heftigste Eifersucht.
2. Dom Karlos erbittert den König noch mehr.
3. Die Königin scheint den Verdacht zu rechtfertigen.
4. Alles vereinigt sich den Prinzen und die Königin strafbar zu machen.

5. Der König beschließt seines Sohnes Verderben.

B. Der Prinz scheint allen Gefahren zu entrinnen.

1. Sein Heldensinn erwacht wieder und fängt an über seine Liebe zu siegen.
2. Der Marquis wälzt den Verdacht auf sich, und verwirret den Knoten aufs neue.
3. Der Prinz und die Königin überwinden sich.
4. Prinzeßin und Juan spalten sich.
5. König sezt einen Verdacht in den Herzog von Alba.

IV. Schritt. Dom Karlos unterliegt einer neuen Gefahr.

A. König entdekt eine Rebellion seines Sohnes.

B. Diese weckt die Eifersucht wieder.

C. Beide zusammen vereinigt, stürzen den Prinzen.

V. Schritt. Auflösung und Katastrophe.

A. Regungen der Vaterliebe, des Mitleids u. s. f. scheinen den Prinzen zu begünstigen.

B. Die Leidenschaft der Königin verschlimmert die Sache und vollendet des Prinzen Verderben.

C. Das Zeugnis des Sterbenden, und das Verbrechen seiner Ankläger rechtfertigt den Prinzen zu spät.

D. Schmerz des betrogenen Königs, und Rache über die Urheber.

Briefe über Don Karlos

Vom Verfasser

Erster Brief

Sie sagen mir, lieber Freund, daß Ihnen die bisherigen Beurteilungen des Don Karlos noch wenig Befriedigung gegeben, und halten dafür, daß der größte Teil derselben den eigentlichen Gesichtspunkt des Verfassers fehl gegangen sei. Es deucht Ihnen noch wohl möglich, gewisse gewagte Stellen zu retten, welche die Kritik für unhaltbar erklärte; manche Zweifel, die dagegen rege gemacht worden, finden sie in dem Zusammenhange des Stücks – wo nicht beantwortet, doch vorhergesehen und in Anschlag gebracht. Bei den meisten Einwürfen, sagen Sie, fänden Sie weit weniger die Sagacität der Beurteiler als die Selbstzufriedenheit zu bewundern, mit der sie solche als hohe Entdeckungen vortragen, ohne sich durch den natürlichsten Gedanken stören zu lassen, daß Übertretungen, die dem Blödsichtigsten sogleich ins Auge fallen, auch wohl dem Verfasser, der unter seinen Lesern selten der am wenigsten unterrichtete ist, dürften sichtbar gewesen sein, und daß sie es also weniger mit der Sache selbst, als mit den *Gründen* zu tun haben, die ihn dabei bestimmten. Diese Gründe können allerdings unzulänglich sein, können auf einer einseitigen Vorstellungsart beruhen: aber die Sache des Beurteilers wäre es gewesen, diese Unzulänglichkeit, diese Einseitigkeit zu zeigen, wenn er anders in den Augen desjenigen, dem er sich zum Richter aufdringt oder zum Ratgeber anbietet, einen Wert erlangen will.

Aber, lieber Freund, was geht es am Ende den Autor an, ob sein Beurteiler Beruf gehabt hat, oder nicht? wieviel oder

wie wenig Scharfsinn er bewiesen hat? Mag er das mit sich selbst ausmachen. Schlimm für den Autor und sein Werk, wenn er es auf die *Divinationsgabe* und *Billigkeit* seiner Kritiker ankommen ließ, wenn er den Eindruck desselben von Eigenschaften abhängig machte, die sich nur in sehr wenigen Köpfen vereinigen. Es ist einer der fehlerhaftesten Zustände, in welchen sich ein Kunstwerk befinden kann, wenn es in die Willkür des Betrachters gestellt worden, welche Auslegung er davon machen will, und wenn es einer Nachhülfe bedarf, ihn in den rechten Standpunkt zu rükken. Wollten Sie mir andeuten, daß das meinige sich in diesem Falle befände, so haben Sie etwas sehr schlimmes davon gesagt, und Sie veranlassen mich, es aus diesem Gesichtspunkt noch einmal genauer zu prüfen. Es käme also, deucht mir, vorzüglich darauf an, zu untersuchen, ob in dem Stücke alles enthalten ist, was zum Verständnis desselben dienet, und ob es in so klaren Ausdrücken angegeben ist, daß es dem Leser leicht war, es zu erkennen. Lassen Sie sichs also gefallen, lieber Freund, daß ich Sie eine Zeitlang von diesem Gegenstand unterhalte. Das Stück ist mir fremder geworden, ich finde mich jetzt gleichsam in der Mitte zwischen dem Künstler und seinem Betrachter, wodurch es mir vielleicht möglich wird, des erstern vertraute Bekanntschaft mit seinem Gegenstand, mit der Unbefangenheit des letztern zu verbinden.
Es kann mir überhaupt – und ich finde nötig dieses vorauszuschicken – es kann mir begegnet sein, daß ich in den ersten Akten andere Erwartungen erregt habe, als ich in den letzten erfüllte. S. Reals Novelle, vielleicht auch meine eigene Äußerungen darüber im ersten Stück der Thalia, mögen dem Leser einen Standpunkt angewiesen haben, aus dem es jetzt nicht mehr betrachtet werden kann. Während der Zeit nämlich, daß ich es ausarbeitete, welches mancher Unterbrechungen wegen eine ziemlich lange Zeit war, hat sich – in mir selbst vieles verändert. An den verschiedenen

Epochen, die während dieser Zeit über meine Art zu denken und zu empfinden ergangen sind, mußte notwendig auch dieses Werk Teil nehmen. Was mich zu Anfang vorzüglich in demselben gefesselt hatte, tat diese Wirkung in der Folge schon schwächer, und am Ende nur kaum noch. Neue Ideen, die indeß bei mir aufkamen, verdrängten die frühern; Karlos selbst war in meiner Gunst gefallen, vielleicht aus keinem andern Grunde, als weil ich ihm in Jahren zu weit voraus gesprungen war, und aus der entgegengesetzten Ursache hatte Marquis Posa seinen Platz eingenommen. So kam es denn, daß ich zu dem vierten und fünften Akte ein ganz anders Herz mitbrachte. Aber die ersten drei Akte waren in den Händen des Publikums, die Anlage des Ganzen war nicht mehr umzustoßen – ich hätte also das Stück entweder ganz unterdrücken müssen (und das hätte mir doch wohl der kleinste Teil meiner Leser gedankt) oder ich mußte die zweite Hälfte der ersten so gut anpassen, als ich konnte. Wenn dies nicht überall auf die glücklichste Art geschehen ist, so dient mir zu einiger Beruhigung, daß es einer geschicktern Hand als der meinigen nicht viel besser würde gelungen sein. Der Hauptfehler war, ich hatte mich zu lange mit dem Stücke getragen, ein dramatisches Werk aber kann und soll nur die Blüte eines einzigen Sommers sein. Auch der Plan war für die Grenzen und Regeln eines dramatischen Werks zu weitläuftig angelegt. Dieser Plan z. B. foderte, daß Marquis Posa das uneingeschränkteste Vertrauen Philipps davon trug: aber zu dieser außerordentlichen Wirkung erlaubte mir die Ökonomie des Stücks nur eine einzige Szene.

Bei meinem Freunde werden mich diese Aufschlüsse vielleicht rechtfertigen, aber nicht bei der Kunst. Möchten sie indessen doch nur die vielen Deklamationen beschließen, womit von dieser Seite her von den Kritikern gegen mich ist Sturm gelaufen worden.

Zweiter Brief

Der Charakter des Marquis Posa ist fast durchgängig für zu idealisch gehalten worden; in wie fern diese Behauptung Grund hat, wird sich dann am besten ergeben, wenn man die eigentümliche Handlungsart dieses Menschen auf ihren wahren Gehalt zurückgeführt hat. Ich habe es hier, wie Sie sehen, mit zwei entgegengesetzten Parteien zu tun. Denen, welche ihn aus der Klasse natürlicher Wesen schlechterdings verwiesen haben wollen, müßte also dargetan werden, in wie fern er mit der Menschennatur zusammen hängt, in wie fern seine Gesinnungen wie seine Handlungen aus sehr menschlichen Trieben fließen, und in der Verkettung äußerlicher Umstände gegründet sind; diejenigen, welche ihm den Namen eines göttlichen Menschen geben, brauche ich nur auf einige Blößen an ihm aufmerksam zu machen, die gar sehr menschlich sind. Die Gesinnungen die der Marquis äußert, die Philosophie die ihn leitet, die Lieblingsgefühle die ihn beseelen, so sehr sie sich auch über das tägliche Leben erheben, können, als bloße Vorstellungen betrachtet, es nicht wohl sein, was ihn mit Recht aus der Klasse natürlicher Wesen verbannte. Denn was kann in einem menschlichen Kopf nicht Dasein empfangen, und welche Geburt des Gehirnes kann in einem glühenden Herzen nicht zur Leidenschaft reifen? Auch seine Handlungen können es nicht sein, die, so selten dies auch geschehen mag, in der Geschichte selbst ihres Gleichen gefunden haben; denn die Aufopferung des Marquis für seinen Freund hat wenig oder nichts vor dem Heldentode eines Curtius, Regulus und anderer voraus. Das Unrichtige und Unmögliche müßte also entweder in dem Widerspruch dieser Gesinnungen mit dem damaligen Zeitalter, oder in ihrer Ohnmacht und ihrem Mangel an Lebendigkeit liegen, zu solchen Handlungen wirklich zu entzünden. Ich kann also die Einwendungen, welche gegen die Natürlichkeit dieses Charakters gemacht werden, nicht anders verstehen, als daß in Philipp II. Jahrhundert kein Mensch so wie Marquis Posa gedacht haben konnte, – daß Gedanken dieser Art nicht so leicht, wie hier geschieht, in den Willen und in die Tat übergehen, – und daß eine idealische Schwärmerei nicht mit solcher Konsequenz realisiert, nicht mit solcher Energie im Handeln begleitet zu werden pflege.

Was man gegen diesen Charakter aus dem Zeitalter einwendet, in welchen ich ihn auftreten lasse, dünkt mir vielmehr *für* als *wider* ihn zu sprechen. Nach dem Beispiel aller großen Köpfe entsteht er zwischen Finsternis und Licht, eine hervorragende isolierte Erscheinung. Der Zeitpunkt, wo er sich bildet, ist allgemeine Gärung der Köpfe, Kampf der Vorurteile mit der Vernunft, Anarchie der Meinungen, Morgendämmerung der Wahrheit – von jeher die Geburtsstunde außerordentlicher Menschen. Die Ideen von Freiheit und Menschenadel, die ein glücklicher Zufall, vielleicht eine günstige Erziehung in diese rein organisierte empfängliche Seele warf, machen sie durch ihre Neuheit erstaunen, und würken mit aller Kraft des Ungewohnten und Überraschenden auf sie; selbst das Geheimnis, unter welchem sie ihr wahrscheinlich mitgeteilt wurden, mußte die Stärke ihres Eindrucks erhöhen. Sie haben durch einen langen abnützenden Gebrauch das triviale noch nicht, das heut zu Tage ihren Eindruck so stumpf macht; ihren großen Stempel hat weder das Geschwätz der Schulen, noch der Witz der Weltleute abgerieben. Seine Seele fühlt sich in diesen Ideen gleichsam wie in einer neuen und schönen Region, die mit allem ihrem blendenden Licht auf sie wirkt, und sie in den lieblichsten Traum entzückt. Das entgegengesetzte Elend der Sklaverei und des Aberglaubens zieht sie immer enger und enger an diese Lieblingswelt; die schönsten Träume von Freiheit werden ja in Kerkern geträumt. Sagen Sie selbst, mein Freund – das kühnste Ideal einer Menschenrepublik, allgemeiner Duldung und Gewissensfreiheit, wo konnte es besser und wo natürlicher zur Welt geboren werden, als in der Nähe Philipps II. und seiner Inquisition?

Alle Grundsätze und Lieblingsgefühle des Marquis drehen sich um *republikanische* Tugend. Selbst seine Aufopferung für seinen Freund beweist dieses, denn Aufopferungsfähigkeit ist der Inbegriff aller republikanischen Tugend.

Der Zeitpunkt, worin er auftrat, war gerade derjenige, worin stärker, als je, von Menschenrechten und Gewissensfreiheit Rede war. Die vorhergehende Reformation hatte diese Ideen zuerst in Umlauf gebracht, und die Flandrischen Unruhen erhielten sie in Übung. Seine Unabhängigkeit von außen, sein Stand als Malteserritter selbst, schenkten ihm die glückliche Muße, diese spekulative Schwärmerei zur Reife zu brüten.

In dem Zeitalter und in dem Staat, worin der Marquis Auftritt, und in den Außendingen, die ihn umgeben, liegt also der Grund nicht, warum er dieser Philosophie nicht hätte fähig sein, nicht mit schwärmerischer Anhänglichkeit ihr hätte ergeben sein können.

Wenn die Geschichte reich an Beispielen ist, daß man für *Meinungen* alles Irdische hintansetzen kann, wenn man dem grundlosesten Wahn die Kraft beilegt, die Gemüter der Menschen auf einen solchen Grad einzunehmen, daß sie aller Aufopferungen fähig gemacht werden: so wäre es sonderbar, der *Wahrheit* diese Kraft abzustreiten. In einem Zeitpunkt vollends, der so reich wie jener an Beispielen ist, daß Menschen Gut und Leben um Lehrsätze wagen, die an sich so wenig begeisterndes haben, sollte, deucht mir, ein Charakter nicht auffallen, der für die erhabenste aller Ideen etwas ähnliches wagt; man müßte denn annehmen, daß Wahrheit minder fähig sei das Menschenherz zu rühren, als der Wahn. Der Marquis ist außerdem als Held angekündigt. Schon in früher Jugend hat er mit seinem Schwerte Proben eines Muts abgelegt, den er nachher für eine ernsthaftere Angelegenheit äußern soll. Begeisternde Wahrheiten und eine seelenerhebende Philosophie müßten, deucht mir, in einer Heldenseele zu etwas ganz anderm werden, als in dem Gehirn eines Schulgelehrten, oder in dem abgenützten Herzen eines weichlichen Weltmanns. Zwei Handlungen des Marquis sind es vorzüglich, an denen man, wie sie mir sagen, Anstoß genommen hat. Sein Verhalten gegen den König in der roten Szene des dritten Aufzugs, und die Aufopferung für seinen Freund. Aber es könnte sein, daß die Freimütigkeit, mit der er dem Könige seine Gesinnungen vorträgt, weniger seinen Mut, als seiner genauen Kenntnis von Jenes Charakter anzurechnen wäre, und mit aufgehobener Gefahr würde sonach auch der Haupteinwurf gegen diese Szene gehoben. Darüber ein andermal, wenn ich sie von Philipp II. unterhalte; jetzt hätt ich es bloß mit Posas Aufopferung für den Prinzen zu tun, worüber ich Ihnen im nächsten Briefe einige Gedanken preisgeben will.

Dritter Brief

Sie wollten neulich im Don Karlos den Beweis gefunden haben, daß *leidenschaftliche Freundschaft* ein eben so rührender Gegenstand für die Tragödie sein könne, als *leidenschaftliche Liebe*, und meine Antwort, daß ich mir das Gemälde einer solchen Freundschaft für die Zukunft zurück gelegt hätte, befremdete Sie. Also auch Sie nehmen es, wie die meisten meiner Leser als ausgemacht an, daß es *schwärmerische Freundschaft* gewesen, was ich mir in Karlos und Marquis Posa zum Ziel gesetzt habe? Und aus diesem Standpunkt haben Sie folglich diese beiden Charaktere und vielleicht das ganze Drama bisher betrachtet? Wie aber, lieber Freund, wenn Sie mir mit dieser *Freundschaft* wirklich zuviel getan hätten? Wenn es aus dem ganzen Zusammenhang *deutlich* erhellte, daß sie dieses Ziel *nicht* gewesen, und auch schlechterdings nicht sein konnte? Wenn sich der Charakter des Marquis, so wie er aus dem Total seiner Handlungen hervorgeht, mit einer solchen Freundschaft durchaus nicht vertrüge, und wenn sich gerade aus seinen schönsten Handlungen, die man auf ihre Rechnung schreibt, der beste Beweis für das Gegenteil führen ließe? Die erste Ankündigung des Verhältnisses zwischen diesen beiden könnte irre geführt haben; aber dies auch nur scheinbar, und eine geringe Aufmerksamkeit auf das abstechende Benehmen beider hätte hingereicht, den Irrtum zu heben. Dadurch, daß der Dichter von ihrer Jugendfreundschaft ausgeht, hat er sich nichts von seinem höhern Plane vergeben, im Gegenteil konnte dieser aus keinem bessern Faden gesponnen werden. Das Verhältnis, in welchem beide zusammen auftreten, war Reminiszenz ihrer früheren akademischen Jahre; Harmonie der Gefühle, eine gleiche Liebhaberei für das Große und Schöne, ein gleicher Enthusiasmus für Wahrheit, Freiheit und Tugend hatte sie damals an einander geknüpft. Ein Charakter wie Posa's, der sich nachher so, wie es in dem Stücke geschieht, entfaltet, mußte frühe angefangen haben, diese lebhafte Empfindungskraft an einem fruchtbaren Gegenstande zu üben: ein Wohlwollen, das sich in der Folge über die ganze Menschheit erstrecken sollte, mußte von einem engern Bande ausgegangen sein. Dieser schöpferische und feurige Geist mußte bald einen Stoff haben, auf den er wirkte; konnte sich ihm ein schönerer anbieten, als ein zart und lebendig fühlender, seiner Ergießungen empfänglicher, ihm freiwillig entgegeneilender Fürstensohn? Aber auch schon in diesen früheren Zeiten ist der Ernst dieses Charakters in einigen Zügen sichtbar; schon hier ist Posa der kältere, der spätere Freund, und sein Herz, jetzt schon zu weitumfassend, um sich für ein einziges Wesen zusammenzuziehen, muß durch ein schweres Opfer errungen werden.

Da fing ich an mit Zärtlichkeiten
und inniger Bruderliebe dich zu quälen:
Du stolzes Herz gabst sie mir kalt zurück.
– Verschmähen konntest du mein Herz, doch nie
von dir entfernen. Dreimal wiesest du
den Fürsten von dir, dreimal stand er wieder
als Bettler da, um Liebe dich zu flehn. u. s. f.
– – – – Mein königliches Blut
floß schändlich unter unbarmherzigen Streichen.
So hoch kam mir der Eigensinn zu stehn
von Rodrigo geliebt zu sein.

Hier schon sind einige Winke gegeben, wie wenig die Anhänglichkeit des Marquis an den Prinzen auf *persönliche* Übereinstimmung sich gründet. Frühe denkt er sich ihn als *Königssohn,* frühe drängt sich diese Idee zwischen sein Herz und seinen bittenden Freund. Karlos öffnet ihm seine Arme; der junge Weltbürger kniet vor ihm nieder. Gefühle für Freiheit und Menschenadel waren früher in seiner Seele reif als Freundschaft für Karlos; dieser Zweig wurde erst nachher auf diesen stärkern Stamm gepfropft. Selbst in dem Augenblick, wo sein Stolz durch das große Opfer seines Freundes bezwungen ist, verliert er den Fürstensohn nicht aus den Augen. »Ich will bezahlen, sagt er, wenn *Du – König* bist.« – Ist es möglich, daß sich in einem so jungen Herzen, bei diesem lebendigen und immer gegenwärtigen Gefühl der Ungleichheit ihres Standes, *Freundschaft* erzeugen konnte, deren wesentliche Bedingung doch *Gleichheit* ist? Also auch damals schon war es weniger Liebe als Dankbarkeit, weniger Freundschaft als Mitleid, was den Marquis dem Prinzen gewann. Die gewaltigen kühnen und reichen Gefühle, Ahndungen, Träume, Entschlüsse, die sich dunkel und verworren in dieser Knabenseele drängten, mußten mitgeteilt, in einer andern Seele angeschaut werden, und Karlos war der einzige, der sie mit ahnden, mit träumen konnte, und der sie erwiderte. Ein Geist wie Posa's mußte seine Überlegenheit frühzeitig zu genießen streben, und der liebevolle Karl schmiegte sich so unterwürfig, so gelehrig an ihn an! Posa sah in diesem schönen Spiegel sich selbst, und freute sich seines Bildes. So entstand diese akademische Freundschaft.

Aber jetzt werden sie von einander getrennt, und alles wird anders. Karlos kommt an den Hof seines Vaters, und Posa wirft sich in die Welt. Jener, durch seine frühe Anhänglichkeit an den edelsten und feurigsten Jüngling verwöhnt, findet in dem ganzen Umkreis eines Despotenhofes nichts, was sein Herz befriedigte. Alles um ihn her ist leer und unfruchtbar. Mitten im Gewühl so vieler Höflinge einsam, von der Gegenwart gedrückt, labt er sich an süßen Rückerinnerungen der Vergangenheit. Bei ihm also dauern diese frühen Eindrücke warm und lebendig fort, und sein zum Wohlwollen gebildetes Herz, dem ein würdiger Gegenstand mangelt, verzehrt sich in nie befriedigten Träumen. So versinkt er allmählig in einen Zustand *müßiger Schwärmerei, untätiger Betrachtung*. In dem fortwährenden Kampf mit seiner Lage nützen sich seine Kräfte ab, die unfreundlichen Begegnungen eines ihm so ungleichen Vaters verbreiten eine düstre Schwermut über sein Wesen – den zehrenden Wurm jeder Geistesblüte, den Tod der Begeisterung. Zusammengedrückt, ohne Energie, geschäftlos, hinbrütend in sich selbst, von schweren fruchtlosen Kämpfen ermattet, zwischen schreckhaften Extremen herumgescheucht, keines eigenen Aufschwungs mehr mächtig – so findet ihn die *erste Liebe*. In diesem Zustand kann er ihr keine Kraft mehr entgegen setzen; alle jene früheren Ideen, die ihr allein das Gleichgewicht hätten halten können, sind seiner Seele fremder geworden; sie beherrscht ihn mit despotischer Gewalt; so versinkt er in einen schmerzhaft wollüstigen Zustand des *Leidens*. Auf einen einzigen Gegenstand sind jetzt alle seine Kräfte zusammengezogen. Ein schmerzhaftes nie gestilltes

Verlangen hält seine Seele innerhalb ihrer selbst gefesselt. – Wie sollte sie ins Universum ausströmen? Unfähig diesen Wunsch zu befriedigen, unfähiger noch, ihn durch innere Kraft zu besiegen, schwindet er halb lebend, halb sterbend, in sichtbarer Zehrung hin, keine Zerstreuung für den brennenden Schmerz seines Busens, kein mitfühlendes, sich ihm öffnendes Herz, in das er ihn ausströmen könnte. S. 15.

Ich habe niemand – niemand
auf dieser großen weiten Erde niemand.
So weit das Scepter meines Vaters reicht,
so weit die Schiffahrt unsre Flaggen sendet,
ist keine Stelle, keine, keine, wo
ich meiner Tränen mich entlasten kann.

Hülflosigkeit und Armut des Herzens führen ihn jetzt auf eben den Punkt zurück, wo Fülle des Herzens ihn hatte ausgehen lassen. Heftiger fühlt er das Bedürfnis der Sympathie, weil er *allein* ist, und unglücklich. So findet ihn sein zurückkommender Freund.

Ganz anders ist es unterdessen diesem ergangen. Mit offnen Sinnen, mit allen Kräften der Jugend, allem Drange des Genies, aller Wärme des Herzens in das weite Universum geworfen, sieht er den Menschen im Großen, wie im Kleinen handeln; er findet Gelegenheit, sein mitgebrachtes Ideal an den wirkenden Kräften der ganzen Gattung zu prüfen. Alles, was er hört, was er sieht, wird mit lebendigem Enthusiasmus von ihm verschlungen, alles in *Beziehung* auf jenes Ideal empfunden, gedacht und verarbeitet. Der Mensch zeigt sich ihm in mehrern Varietäten; in mehrern Himmelstrichen, Verfassungen, Graden der Bildung und Stuffen des Glückes, lernt er ihn kennen. So erzeugt sich in ihm allmählig eine zusammengesetzte und erhabene Vorstellung des *Menschen* im *Großen* und *Ganzen*, gegen welche jedes einengende kleinere Verhältnis verschwindet.

Aus sich selbst tritt er jetzt heraus, im großen Weltraum dehnt sich seine Seele ins Weite. – Merkwürdige Menschen, die sich in seine Bahn werfen, zerstreuen seine Aufmerksamkeit, teilen sich in seine Achtung und Liebe. – An die Stelle eines Individuums tritt bei ihm jetzt das ganze Geschlecht; ein vorübergehender jugendlicher Affekt erweitert sich in eine allumfassende unendliche Philantropie. Aus einem müßigen Enthusiasten ist ein tätiger handelnder Mensch geworden. Jene ehemaligen Träume und Ahndungen, die noch dunkel und unentwickelt in seiner Seele lagen, haben sich zu klaren Begriffen geläutert, müßige Entwürfe in Handlung gesetzt, ein allgemeiner und schwankender Drang zu wirken ist in zweckmäßige Tätigkeit übergegangen. Der Geist der Völker wird von ihm studiert, ihre Kräfte, ihre Hülfsmittel abgewogen, ihre Verfassungen geprüft; im Umgange mit verwandten Geistern gewinnen seine Ideen Vielseitigkeit und Form; geprüfte Weltleute, wie ein Wilhelm von Oranien, Coligny u. a. nehmen ihnen das romantische, und stimmen sie allmählig zu pragmatischer Brauchbarkeit herunter (Seite 465.)
Bereichert mit tausend neuen fruchtbaren Begriffen, voll strebender Kräfte schöpferischer Triebe, kühner und weit umfassender Entwürfe, mit geschäftigem Kopf, glühendem Herzen, von den großen begeisternden Ideen allgemeiner menschlicher Kraft und menschlichen Adels durchdrungen, und feuriger für die Glückseligkeit dieses großen Ganzen entzündet, das ihm in so vielen Individuen vergegenwärtigt ward*, so kommt er jetzt von der großen Ernte

---

* In seiner nachherigen Unterredung mit dem König kommen diese Lieblingsideen an den Tag. Ein Federzug von ihrer Hand, sagt er ihm, und neuerschaffen wird die Erde. Geben Sie Gedankenfreiheit! Lassen Sie,

> großmütig wie der Starke, Menschenglück
> aus ihrem Füllhorn strömen, Geister reifen
> in ihrem Weltgebäude.

zurück, brennend von Sehnsucht, einen Schauplatz zu finden, auf welchem er diese Ideale realisieren, diese gesammelten Schätze in Anwendung bringen könnte. Flanderns Zustand bietet sich ihm an. Alles findet er hier zu einer Revolution zubereitet. Mit dem Geiste, den Kräften und Hülfsquellen dieses Volkes bekannt, die er gegen die Macht seines Unterdrückers berechnet, sieht er das große Unternehmen schon als geendigt an. Sein Ideal republikanischer Freiheit kann kein günstigeres Moment und keinen empfänglichern Boden finden.

So viele reiche blühende Provinzen!
Ein kräftiges und großes Volk und auch
ein gutes Volk, und *Vater dieses Volkes*,
das, dacht ich, das muß göttlich sein.

Je elender er dieses Volk findet, desto näher drängt sich dieses Verlangen an sein Herz, desto mehr eilt er es in Erfüllung zu bringen. Hier, und *hier* erst, erinnert er sich lebhaft des Freundes, den er mit glühenden Gefühlen für Menschenglück in Alkala verließ. Ihn denkt er sich jetzt als Retter der unterdrückten Nation, als das Werkzeug seiner hohen Entwürfe. Voll unaussprechlicher Liebe, weil er ihn mit der Lieblingsangelegenheit seines Herzens zusammendenkt, eilt er nach Madrid in seine Arme, jene Samenkörner von Humanität und heroischer Tugend, die er einst in seine Seele gestreut, jetzt in vollen Saaten zu finden, und in

---

Stellen sie der Menschheit
verlornen Adel wieder her. Der Bürger
sei wiederum, was er zuvor gewesen,
der Krone Zweck, ihn binde keine Pflicht,
als seiner Brüder gleichehrwürdge Rechte.
Der Landmann rühme sich des Pflugs, und gönne
dem König, der nicht Landmann ist, die Krone.
In seiner Werkstatt träume sich der Künstler
zum Bildner einer schönern Welt. Den Flug
des Denkers hemme keine Schranke mehr,
als die Bedingung endlicher Naturen.

ihm den Befreier der Niederlande, den künftigen Schöpfer seines *geträumten Staats* zu umarmen.
Leidenschaftlicher als jemals, mit fiebrischer Heftigkeit stürzt ihm dieser entgegen. S. 12.

Ich drück an meine Seele dich, ich fühle
die deinige allmächtig an mir schlagen.
O jetzt ist alles wieder gut. Ich liege
am Halse meines Rodrigo!

Der Empfang ist der feurigste: aber wie beantwortet ihn Posa? Er, der seinen Freund in voller Blüte der Tugend verließ, und ihn jetzt einer wandelnden Leiche gleich wieder findet, verweilt er bei dieser traurigen Veränderung? Forscht er lange und ängstlich nach ihren Quellen? Steigt er zu den kleinern Angelegenheiten seines Freundes hinunter? Bestürzt und ernsthaft erwidert er diesen unwillkommnen Empfang. S. 13.

So war es nicht, wie ich Don Philipps Sohn
erwartete!
Das ist der löwenkühne Jüngling nicht, zu dem
ein unterdrücktes Heldenvolk mich sendet –
denn jetzt steh ich als Rodrigo nicht hier,
nicht als des Knaben Karlos Spielgeselle –
ein Abgeordneter der ganzen Menschheit
umarm ich Sie – es sind die flandrischen
Provinzen, die an Ihrem Halse weinen, u. s. f.

Unfreiwillig entwischt ihm seine herrschende Empfindung gleich in den ersten Augenblicken des so lang entbehrten Wiedersehens, wo man sich doch sonst soviel wichtigere Kleinigkeiten zu sagen hat, und Karlos muß alles Rührende seiner Lage aufbieten, muß die entlegensten Szenen der Kindheit hervorrufen, um diese Lieblingsidee seines Freundes zu verdrängen, sein Mitgefühl zu wecken, und ihn auf seinen eigenen traurigen Zustand zu heften. (S. 15 bis 19) Schrecklich sieht sich Posa in den Hoffnungen getäuscht, mit denen er seinem Freunde zueilte. Einen Heldencharakter hatte er erwartet, der sich nach Taten sehnte, wozu er ihm jetzt den Schauplatz eröffnen wollte. Er rechnete auf jenen Vorrat von erhabener Menschenliebe, auf das Gelübde, das er ihm in jenen schwärmerischen Tagen auf die entzwei gebrochene Hostie getan, und findet Leidenschaft für die Gemahlin seines Vaters. –

Das ist der Karl nicht mehr,
der in Alkala von dir Abschied nahm.
Der Karl nicht mehr, der sich beherzt getraute,
das Paradies dem Schöpfer abzusehn
und dermaleins als unumschränkter Fürst
in Spanien zu pflanzen. O! der Einfall
war kindisch, aber göttlich schön. Vorbei
sind diese Träume! –

eine hoffnungslose Leidenschaft, die alle seine Kräfte verzehrt, die sein Leben selbst in Gefahr setzt. Wie würde ein sorgsamer Freund des Prinzen, der aber ganz nur *Freund* allein, und *mehr nicht* gewesen wäre, in dieser Lage gehandelt haben? und wie hat Posa, der Weltbürger gehandelt? Posa, des Prinzen Freund und Vertrauter, hätte viel zu sehr für die Sicherheit seines Karlos gezittert, als daß er es hätte wagen sollen, zu einer gefährlichen Zusammenkunft mit seiner Königin die Hand zu bieten. Des Freundes Pflicht wär es gewesen, auf Erstickung dieser Leidenschaft und keineswegs auf ihre Befriedigung zu denken. Posa, der Sachwalter Flanderns, handelt ganz anders. Ihm ist nichts wichtiger, als diesen hoffnungslosen Zustand, in welchem die tätigen Kräfte seines Freundes versinken, auf das schnellste zu endigen, sollte es auch ein kleines Wagestück kosten. So lang sein Freund in unbefriedigten Wünschen verschmachtet, kann er fremdes Leiden nicht fühlen; so lang seine Kräfte von Schwermut niedergedrückt sind, kann er sich zu keinem heroischen Entschlüsse erheben. Von dem unglücklichen Karlos hat Flandern nichts zu hoffen, aber vielleicht von dem glücklichen. Er eilt also, seinen heißesten Wunsch zu befriedigen, er selbst führt ihn zu den Füßen seiner Königin; und dabei allein bleibt er nicht stehen. Er findet in des Prinzen Gemüt die Motive nicht mehr, die ihn sonst zu heroischen Entschlüssen erhoben hatten: was kann er anders tun, als diesen erloschnen Heldengeist an fremden Feuer entzünden, und die einzige Leidenschaft nutzen, die in der Seele des Prinzen vorhanden ist? An diese muß er die neuen Ideen anknüpfen, die er jetzt bei ihr herrschend machen will. Ein Blick in der Königin Herz überzeugt ihn, daß er von ihrer Mitwirkung alles erwarten darf. Nur der erste Enthusiasmus ist es, den er von dieser Liebe entlehnen will. Hat sie dazu geholfen, seinem Freunde diesen heilsamen Schwung zu geben, so bedarf er ihrer nicht mehr, und er kann gewiß sein, daß sie durch ihre eigene Wirkung zerstört werden wird. Also selbst dieses Hindernis, das sich seiner großen Angelegenheit entgegen warf, selbst diese unglückliche Liebe wird jetzt in ein Werkzeug zu jenem wichtigeren Zwecke umgeschaffen, und Flanderns Schicksal muß durch den Mund der Liebe an das Herz seines Freundes reden.

> – In dieser hoffnungslosen Flamme
> erkannt ich früh der Hoffnung goldnen Strahl.
> Ich wollt ihn führen zum Vortrefflichen;
> die stolze königliche Frucht, woran
> nur Menschenalter langsam pflanzen, sollte
> ein schneller Lenz der wundertätgen Liebe
> beschleunigen. Mir sollte seine Tugend
> an diesem kräftgen Sonnenblicke reifen.

Aus den Händen der Königin empfängt jetzt Karlos die Briefe, welche Posa aus Flandern für ihn mitbrachte. Die Königin ruft seinen entflohenen Genius zurück.

Noch sichtbarer zeigt sich diese Unterordnung der Freundschaft unter das wichtigere Interesse bei der Zusammenkunft im Kloster. Ein Entwurf des Prinzen auf den König ist fehlgeschlagen; dieses und eine Entdeckung, welche er zum Vorteil seiner Leidenschaft glaubt gemacht zu haben, stürzen ihn heftiger in diese zurück, und Posa glaubt zu bemerken, daß sich Sinnlichkeit in diese Leidenschaft mische. Nichts konnte sich weniger mit seinem höhern Plane vertragen. Alle Hoffnungen, die er auf Karlos Liebe zur Königin für seine Niederlande gegründet hat, stürzten dahin, wenn diese Liebe von ihrer Höhe herunter sank. Der Unwille, den er darüber empfindet, bringt seine Gesinnungen an den Tag. S. 210. 211.

O, ich fühle,
wovon ich mich entwöhnen muß. Ja einst,
einst wars ganz anders. Da warst du so reich,
so warm, so reich! ein ganzer Weltkreis hatte
in deinem weiten Busen Raum. Das alles
ist nun dahin, von Einer Leidenschaft,
von einem kleinen Eigennutz verschlungen.
Dein Herz ist ausgestorben. Keine Träne,
dem Ungeheuern Schicksal der Provinzen
nicht einmal eine Träne mehr! O Karl,
wie arm bist du, wie bettelarm geworden,
seitdem du niemand liebst, als dich!

Bang vor einem ähnlichen Rückfall glaubt er einen gewaltsamen Schritt wagen zu müssen. So lange Karl in der Nähe der Königin bleibt, ist er für die Angelegenheit Flanderns verloren. Seine Gegenwart in den Niederlanden kann dort den Dingen eine ganz andere Wendung geben; er steht also keinen Augenblick an, ihn auf die gewaltsamste Art dahin zu bringen.

Er soll
dem König ungehorsam werden, soll
nach Brüssel heimlich sich begeben, wo
mit offnen Armen die Flamänder ihn
erwarten. Alle Niederlande stehen
auf seine Losung auf. Die gute Sache
wird stark durch einen Königsohn.

Würde der *Freund* des Karlos es über sich vermocht haben, so verwegen mit dem guten Namen, ja selbst mit dem Leben seines Freundes zu spielen? Aber Posa, dem die Befreiung eines unterdrückten Volks eine weit dringendere Aufforderung war als die kleinen Angelegenheiten eines Freundes, Posa, der Weltbürger, mußte gerade so und nicht anders handeln. Alle Schritte, die im Verlauf des Stücks von ihm unternommen werden, verraten eine *wagende Kühnheit*, die ein heroischer Zweck allein einzuflößen im Stand ist; Freundschaft ist oft verzagt, und immer besorglich. Wo ist bis jetzt im Charakter des Marquis auch nur eine Spur dieser ängstlichen Pflege eines isolierten Geschöpfs, dieser alles ausschließenden, alles für Einen Gegenstand hingebenden, alles in Einem Gegenstande genießenden Neigung, worin doch allein der eigentümliche Charakter der leidenschaftlichen Freundschaft bestehet? Wo ist bei ihm das Interesse für den Prinzen nicht dem höhern Interesse für die Menschheit untergeordnet? Fest und beharrlich geht der Marquis seinen großen kosmopolitischen Gang, und alles, was um ihn herum vorgeht, wird ihm nur durch die Verbindung wichtig, in der es mit diesem höhern Gegenstande steht.

Vierter Brief

Um einen großen Teil seiner Bewunderer dürfte ihn dieses Geständnis bringen, aber er wird sich mit dem kleinen Teil derer trösten, die es ihm zuwendet, und um allgemeinen Beifall überhaupt hat ein Charakter, wie der seinige, nie gebuhlt. Hohes wirkendes Wohlwollen gegen das Ganze schließt keineswegs die zärtliche Teilnahme an den Freuden und Leiden eines einzelnen Wesens aus. Daß er das Menschengeschlecht mehr liebt als Karin, tut seiner Freundschaft für ihn keinen Eintrag. Immer würde er ihn, hätte ihn auch das Schicksal auf keinen Thron gerufen, durch eine besondere zärtliche Bekümmernis vor allen übrigen unterschieden haben; im Herzen seines Herzens würde er ihn getragen haben, wie Hamlet seinen Horatio. Man hält dafür, daß das Wohlwollen um so schwächer und laulichter werde, je mehr sich seine Gegenstände häufen: aber dieser Fall kann auf den Marquis nicht angewandt werden. Der Gegenstand seiner Liebe zeigt sich ihm im vollesten Lichte der Begeisterung; herrlich und verklärt steht dieses Bild vor seiner Seele, wie die Gestalt einer Geliebten. Da es Karlos ist, der dieses Ideal von Menschenglück wirklich machen soll, so trägt er es auf ihn über, so faßt er zuletzt beides in Einem Gefühl unzertrennlich zusammen. In Karlos allein schaut er seine feurig geliebte Menschheit itzt an; sein Freund ist der Brennpunkt, in welchem alle seine Vorstellungen von jenem zusammengesetzten Ganzen sich sammeln. Es wirkt also doch nur in Einem Gegenstand auf ihn, den er mit allem Enthusiasmus und allen Kräften seiner Seele umfaßt.

Mein Herz
nur einem einzigen geweiht, umschloß
die ganze Welt. In meines Karlos Seele
schuf ich ein Paradies für Millionen.

Hier ist also Liebe zu Einem Wesen, ohne Hintansetzung der allgemeinen – sorgsame Pflege der Freundschaft, ohne das unbillige, das ausschließende dieser Leidenschaft. Hier allgemeine, alles umfassende Philanthropie, in einen einzigen Feuerstrahl zusammengedrängt.

Und sollte eben das dem Interesse geschadet haben, was es veredelt hat? Dieses Gemälde von Freundschaft sollte an Rührung und Anmut verlieren, was ihm an Würde gegeben worden? an Stärke verlieren, was es an Umfang gewann? Der Freund des Karlos sollte darum weniger Anspruch auf unsre Tränen und unsre Bewunderung haben, weil er mit der beschränktesten Äußerung des wohlwollenden Affekts seine weiteste Ausdehnung verbindet, und das Göttliche

der universellen Liebe durch ihre menschlichste Anwendung mildert?
Mit der neunten Szene des dritten Aufzugs öffnet sich ein ganz neuer Spielraum für diesen Charakter.

Fünfter Brief

Leidenschaft für die Königin hat endlich den Prinzen bis an den Rand des Verderbens geführt. Beweise seiner Schuld sind in den Händen seines Vaters, und seine unbesonnene Hitze ließ ihn dem laurenden Argwohn seiner Feinde die gefährlichsten Blößen geben; er schwebt in augenscheinlicher Gefahr, ein Opfer seiner wahnsinnigen Liebe, der väterlichen Eifersucht, des Priesterhasses, der Rachgier eines beleidigten Feindes, und einer verschmähten Buhlerin zu werden. Seine Lage von außen fordert die dringendste Hülfe, noch mehr aber fordert sie der innere Zustand seines Gemüts, der alle Erwartungen und Entwürfe des Marquis zu vereiteln droht. Von jener Gefahr muß der Prinz befreit, aus diesem Seelenzustand muß er gerissen werden, wenn jene Entwürfe zu Flanderns Befreiung in Erfüllung gehen sollen; und der Marquis ist es, von dem wir beides erwarten, der uns auch S. 213. selbst dazu Hoffnung macht.
Aber auf eben dem Wege, woher dem Prinzen Gefahr kommt, ist auch bei dem König ein Seelenzustand hervorgebracht worden, der ihn das Bedürfnis der Mitteilung zum erstenmal fühlen läßt. Die Schmerzen der Eifersucht haben ihn aus dem unnatürlichen Zwang seines Standes in den ursprünglichen Stand der Menschheit zurück versetzt, haben ihn das Leere und Gekünstelte seiner Despotenheit fühlen, und Wünsche in ihm aufsteigen lassen, die weder Macht noch Hoheit befriedigen kann.

König! König nur,
und wieder *König!* – Keine beßre Antwort

als leeren hohlen Widerhall! Ich schlage
an diesen Felsen und will Wasser, Wasser
für meinen heißen Fieberdurst. Er gibt
mir – glühend Gold –

Gerade ein Gang der Begebenheiten wie der bisherige, deucht mir, oder keiner, konnte bei einem Monarchen, wie Philipp II. war, einen solchen Zustand erzeugen; und gerade so ein Zustand mußte in ihm erzeugt werden, um die nachfolgende Handlung vorzubereiten und den Marquis ihm nahe bringen zu können. Vater und Sohn sind auf ganz verschiedenen Wegen auf den Punkt geführt worden, wo der Dichter sie haben muß; auf ganz verschiedenen Wegen wurden beide zu dem Marquis von Posa hingezogen, in welchem Einzigen das bisher getrennte Interesse sich nunmehr zusammendrängt. Durch Karlos Leidenschaft für die Königin und deren unausbleibliche Folgen bei dem König wurde dem Marquis seine ganze Laufbahn geschaffen: darum war es nötig, daß auch das ganze Stück mit jener eröffnet wurde. Gegen sie mußte der Marquis selbst so lange im Schatten gestellt werden, und sich, bis er von der ganzen Handlung Besitz nehmen konnte, mit einem untergeordneten Interesse begnügen, weil er von ihr allein alle Materialien zu seiner künftigen Tätigkeit empfangen konnte. Die Aufmerksamkeit des Zuschauers durfte also durchaus nicht vor der Zeit davon abgezogen werden, und darum war es nötig, daß sie bis hieher als Haupthandlung beschäftigt, das Interesse hingegen, das nachher das herrschende werden sollte, nur durch Winke von ferne angekündigt wurde. Aber sobald das Gebäude steht, fällt das Gerüste. Die Geschichte von Karlos Liebe, als die bloß vorbereitende Handlung, weicht zurück, um denjenigen Platz zu machen, für welche allein sie gearbeitet hatte.

Nämlich jene verborgenen Motive des Marquis, welche keine andre sind, als Flanderns Befreiung und das künftige Schicksal der Nation, Motive, die man unter der Hülle seiner Freundschaft bloß geahndet hat, treten jetzt sichtbar hervor, und fangen an, sich der ganzen Aufmerksamkeit zu bemächtigen. Karlos, wie aus dem bisherigen zur Genüge erhellen wird, wurde von ihm nur als das *einzige unentbehrliche Werkzeug* zu jenem feurig und standhaft verfolgten *Zwecke* betrachtet, und als ein solches mit eben dem Enthusiasmus wie den Zweck selbst umfaßt. Aus diesem universelleren Motive mußte eben der ängstliche Anteil an dem Wohl und Weh seines Freundes, eben die zärtliche Sorgfalt für dieses Werkzeug seiner Liebe fließen, als nur immer die stärkste *persönliche* Sympathie hätte hervorbringen können. Karls Freundschaft gewährt ihm den vollständigsten Genuß seines Ideales. Sie ist der Vereinigungspunkt aller seiner Wünsche und Tätigkeiten. Noch kennt er keinen andern und kürzern Weg, sein hohes Ideal von Freiheit und Menschenglück wirklich zu machen, als der ihm in Karlos geöffnet wird. Es fiel ihm gar nicht ein, dies auf einem andern Wege zu suchen; am allerwenigsten fiel es ihm ein, diesen Weg unmittelbar durch den *König zu nehmen.* Als er daher S. 254. zu diesem geführt wird, zeigt er die höchste Gleichgültigkeit.

Mich will er haben? – Mich? – Ich bin ihm nichts.
Ich wahrlich nichts! – Mich hier in diesen Zimmern!
Wie zwecklos und wie ungereimt! – Was kann
ihm viel dran liegen, ob ich bin? – Sie sehen,
es führt zu nichts.

Aber nicht lange überläßt er sich dieser müßigen, dieser kindischen Verwunderung. Einem Geiste, gewohnt, wie es dieser ist, jedem Umstände seine Nutzbarkeit abzumerken, auch den Zufall mit bildender Hand zum Plan zu gestalten, jedes Ereignis in Beziehung auf seinen herrschenden Lieblingszweck sich zu denken, bleibt der hohe Gebrauch nicht lange verborgen, der sich von dem jetzigen Augenblick machen läßt. Auch das kleinste Element der Zeit ist ihm ein heilig anvertrautes Pfund, womit gewuchert werden muß.

Noch ist es nicht klarer zusammenhängender Plan, was er sich denkt; bloße dunkle Ahndung, und auch diese kaum, bloß flüchtig aufsteigender Einfall ist es, ob hier vielleicht gelegenheitlich etwas zu wirken sein möchte? Er soll vor denjenigen treten, der das Schicksal so vieler Millionen in der Hand hat. Man muß den Augenblick nutzen, sagt er zu sich selbst, der nur einmal kommt. Wär's auch nur ein Feuerfunke Wahrheit, in die Seele dieses Menschen geworfen, der noch keine Wahrheit gehört hat! Wer weiß, wie wichtig ihn die Vorsicht bei ihm verarbeiten kann? – Mehr denkt er sich nicht dabei, als einen zufälligen Umstand auf die beste Art, die er kennet, zu benutzen. In dieser Stimmung erwartet er den König.

Sechster Brief

Ich behalte mir auf eine andere Gelegenheit vor, mich über den Ton, auf welchen sich Posa gleich zu Anfang mit dem Könige stimmt, wie überhaupt über sein ganzes Verfahren in dieser Szene, und die Art, wie dieses von dem Könige aufgenommen wird, näher gegen Sie zu erklären, wenn Sie Lust haben mich zu hören, und mich zu rechtfertigen, wenn es nötig ist. Jetzt begnüge ich mich bloß, bei demjenigen stehen zu bleiben, was mit dem Charakter des Marquis in der unmittelbarsten Beziehung steht.
Alles was der Marquis, nach seinem Begriffe von dem König, vernünftiger Weise hoffen konnte bei ihm hervorzubringen – war ein mit Demütigung verbundenes Erstaunen, daß seine große Idee von sich selbst, und seine geringe Meinung von Menschen, doch wohl einige Ausnahmen leiden dürfte; alsdann die natürliche unausbleibliche Verlegenheit eines kleinen Geistes vor einem großen Geist. Diese Wirkung konnte wohltätig sein, wenn sie auch bloß dazu diente, die Vorurteile dieses Menschen auf einen Augen-

blick zu erschüttern; wenn sie ihn fühlen ließ, daß es noch jenseits seines gezogenen Kreises Wirkungen gebe, von denen er sich nichts hätte träumen lassen. Dieser einzige Laut konnte noch lange nachhallen in seinem Leben, und dieser Eindruck mußte desto länger bei ihm haften, je mehr er ohne Beispiel war.
Aber Posa hatte den König wirklich zu flach, zu obenhin beurteilt, oder wenn er ihn auch gekannt hätte, so war er doch von der *damaligen Gemütslage* desselben zu wenig unterrichtet, um sie *mit* in Berechnung zu bringen. Diese Gemütslage war äußerst günstig für ihn, und bereitete seinen hingeworfenen Reden eine Aufnahme, die er mit keinem Grund der Wahrscheinlichkeit hatte erwarten können. Diese unerwartete Entdeckung gibt ihm einen lebhaftern Schwung, und dem Stücke selbst eine ganz neue Wendung. Kühn gemacht durch einen Erfolg, der all sein Hoffen übertraf, und durch einige Spuren von *Humanität*, die ihn an dem Könige überraschen, in Feuer gesetzt, verirrt er sich, auf einen Augenblick, bis zu der ausschweifenden Idee, sein herrschendes Ideal von Flanderns Glück u. s. w. unmittelbar an die Person des Königs anzuknüpfen, es unmittelbar durch diesen in Erfüllung zu bringen. Diese Voraussetzung setzt ihn in eine Leidenschaft, die den ganzen Grund seiner Seele öffnet, alle Geburten seiner Phantasie, alle Resultate seines stillen Denkens ans Licht bringt, und deutlich zu erkennen gibt, wie sehr ihn diese Ideale beherrschen. Jetzt in diesem Zustand der Leidenschaft werden alle die Triebfedern sichtbar, die ihn bis jetzt in Handlung gesetzt haben, jetzt ergeht es ihm wie jedem Schwärmer, der von seiner herrschenden Idee überwältigt wird. Er kennt keine Grenzen mehr, im Feuer seiner Begeisterung *veredelt er sich den König*, der mit Erstaunen ihm zuhört, und vergißt sich so weit, Hoffnungen auf ihn zu gründen, worüber er in den nächsten ruhigen Augenblicken erröten wird. An Karlos wird jetzt nicht mehr gedacht. Was für ein langer Umweg,

erst auf diesen zu warten! Der König bietet ihm eine weit nähere und schnellere Befriedigung dar. Warum das Glück der Menschheit bis auf seinen Erben verschieben?

Würde sich Karlos Busenfreund so weit vergessen, würde eine andere Leidenschaft, als die herrschende, ihn *so* weit hingerissen haben? Ist das Interesse der Freundschaft so beweglich, daß man es mit so weniger Schwierigkeit auf einen andern Gegenstand übertragen kann? Aber alles ist erklärt, sobald man die Freundschaft jener herrschenden Leidenschaft *unterordnet*. Dann ist es natürlich, daß diese bei dem nächsten Anlaß ihre Rechte reklamiert, und sich nicht lange bedenkt, ihre Mittel und Werkzeuge umzutauschen.

Das Feuer und die Freimütigkeit, womit Posa seine Lieblingsgefühle, die bis jetzt zwischen Karlos und ihm Geheimnisse waren, dem Könige vortrug; und der Wahn, daß dieser sie verstehen, ja gar in Erfüllung bringen könnte, war eine offenbare Untreue, deren er sich gegen seinen Freund Karl schuldig machte. Posa, der Weltbürger, durfte so handeln, und ihm allein kann es vergeben werden; an dem Busenfreunde Karls wäre es eben so verdammlich, als es unbegreiflich sein würde.

Länger als Augenblicke freilich sollte diese Verblendung nicht dauern. Der ersten Überraschung, der Leidenschaft, vergibt man sie leicht: aber wenn er auch noch nüchtern fortführe daran zu glauben, so würde er billig in unsern Augen zum Träumer herabsinken. Daß sie aber wirklich Eingang bei ihm gefunden, erhellt aus einigen Stellen, wo er darüber scherzt, oder sich ernsthaft davon reinigt. »Gesetzt,« sagt er der Königin S. 297. »ich ginge damit um, meinen Glauben auf den Thron zu setzen?

KÖNIGIN Nein Marquis,
Auch nicht einmal im Scherze möcht ich dieser
unreifen Einbildung Sie zeihen. Sie sind
der Träumer nicht, der etwas unternähme,
was nicht geendigt werden kann.

MARQUIS Das eben
wär' noch die Frage, denk' ich.

Karlos selbst hat tief genug in die Seele seines Freundes gesehen, um einen solchen Entschluß in seiner Vorstellungsart gegründet zu finden, und das, was er selbst bei dieser Gelegenheit über ihn sagt, könnte allein hinreichen, den Gesichtspunkt des Verfassers außer Zweifel zu setzen. S. 421. 422. »Du selbst,« sagt er ihm, noch immer im Wahn, daß der Marquis ihn aufgeopfert,

Du selbst wirst jetzt vollenden,
was ich gesollt und nicht gekonnt – Du wirst
den Spaniern die goldnen Tage schenken,
die sie von mir umsonst gehofft. Mit mir
ist es ja aus. Auf immer aus. Das hast
du eingesehn. O diese fürchterliche Liebe
hat alle frühen Blüten meines Geists
unwiederbringlich hingerafft. Ich bin
für deine großen Hoffnungen gestorben.
Vorsehung oder Zufall führen dir
den König zu – Es kostet mein Geheimnis
und er ist *dein*! Du kannst sein Engel werden,
für mich ist keine Rettung mehr. Vielleicht
für Spanien! u. s. f.

Und an einem andern Orte sagt er zum Grafen von Lerma, um die vermeintliche Treulosigkeit seines Freundes zu entschuldigen. S. 357.

– Er hat
mich lieb gehabt. Sehr lieb. Ich war ihm teuer
wie seine eigne Seele. O das weiß ich!
das haben tausend Proben mir erwiesen.
Doch sollen Millionen ihm, soll ihm
das Vaterland nicht teurer sein, als Einer?
Sein Busen war für einen Freund zu groß,
und Karlos Glück zu klein für seine Liebe.
Er opferte mich seiner Tugend.

Siebenter Brief

Posa empfand es recht gut, wie viel seinem Freunde Karlos dadurch entzogen worden, daß er den König zum Vertrauten seiner Lieblingsgefühle gemacht, und einen Versuch auf dessen Herz getan hatte. Eben weil er fühlte, daß diese Lieblingsgefühle das *eigentliche* Band ihrer Freundschaft waren, so wußte er auch nicht anders, als daß er *diese* in eben dem Augenblicke gebrochen hatte, wo er jene bei dem Könige profanierte. Das wußte Karlos nicht, aber Posa wußte es recht gut, daß diese Philosophie und diese Entwürfe für die Zukunft das heilige *Palladium ihrer Freundschaft* und der wichtige Titel waren, unter welchem Karlos sein Herz besaß; eben weil er das wußte, und im Herzen voraussetzte daß es auch Karln nicht unbekannt sein könnte – wie konnte er es wagen, ihm zu bekennen daß er dieses Palladium veruntreut hätte? Ihm gestehen, was zwischen ihm und dem König vorgegangen war, mußte in seinen Gedanken eben so viel heißen, als ihm ankündigen, daß es eine Zeit gegeben, wo er ihm nichts mehr war. Hatte aber Karlos künftiger Beruf zum Thron, hatte der Königsohn keinen Anteil an dieser Freundschaft, war sie etwas vor sich bestehendes, und durchaus *nur* persönliches, so konnte sie durch jene Vertraulichkeit gegen den König zwar beleidigt, aber nicht verraten, nicht zerrissen worden sein; so konnte dieser zufällige Umstand ihrem Wesen nichts anhaben. Es war Delikatesse, es war Mitleid, daß Posa der Weltbürger dem *künftigen* Monarchen die Erwartungen verschwieg, die er auf den *Jetzigen* gegründet hatte; aber Posa, Karlos Freund, konnte sich durch nichts schwerer vergehen, als durch diese Zurückhaltung selbst. Zwar sind die Gründe, welche Posa sowohl sich selbst, als nachher seinem Freunde, von dieser Zurückhaltung, der einzigen Quelle aller nachfolgenden Verwirrungen, angibt, von ganz andrer Art. IV. Akt. 6ter Auftritt. S. 324.

Der König glaubte dem Gefäß, dem er
sein heiliges Geheimnis übergeben,
und Glauben fodert Dankbarkeit. Was wäre
Geschwätzigkeit, wenn mein Verstummen Dir
nicht Leiden bringt? vielleicht erspart? – Warum
dem Schlafenden die Wetterwolke zeigen,
die über seiner Scheitel hängt?

Und in der 3ten Szene des V. Akts. 432.

– Doch ich von falscher Zärtlichkeit bestochen,
von stolzem Wahn geblendet, ohne dich
das Wagestück zu enden, unterschlage
der Freundschaft mein gefährliches Geheimnis.

Aber jedem, der nur wenige Blicke in das Menschenherz getan, wird es einleuchten, daß sich der Marquis mit diesen eben angeführten Gründen, die an sich selbst bei weitem zu schwach sind um einen so wichtigen Schritt zu motivieren, nur selbst zu hintergehen sucht – weil er sich die eigentliche Ursache nicht zu gestehen wagt. Einen weit wahreren Aufschluß über den damaligen Zustand seines Gemüts gibt eine andre Stelle, woraus deutlich erhellt, daß es Augenblicke müsse gegeben haben, in denen er mit sich zu Rate ging, ob er seinen Freund nicht geradezu aufopfern sollte? Es stand bei mir, sagt er zu der Königin,

– einen neuen Morgen
heraufzuführen über diese Reiche.
Der König schenkte mir sein Herz. Er nannte
mich seinen Sohn. Ich führe seine Siegel,
und seine Alba sind nicht mehr, u. s. f.
Doch geb' ich
den König auf. In diesem starren Boden
blüht keine meiner Rosen mehr. Das waren
nur Gaukelspiele kindischer Vernunft,
vom reifen Manne schamrot widerrufen.
Den nahen hoffnungsvollen Lenz sollt' ich
vertilgen, einen lauen Sonnenblick

im Norden zu erkünsteln? Eines müden
Tyrannen letzten Rutenstreich zu mildern,
die große Freiheit des Jahrhunderts wagen?
Elender Ruhm! Ich mag ihn nicht. Europens
Verhängnis reift in meinem großen Freunde.
Auf ihn verweis' ich Spanien. Doch wehe!
Weh mir und ihm, wenn ich bereuen sollte!
Wenn ich das Schlimmere gewählt? Wenn ich
den großen Wink der Vorsicht mißverstanden,
der *mich*, nicht *ihn*, auf diesem Thron gewollt. –

Also hat er doch gewählt, und um zu wählen, mußte er also ja den Gegensatz sich als möglich gedacht haben. Aus allen diesen angeführten Fällen erkennt man offenbar, daß das Interesse der Freundschaft einem höheren nachsteht, und daß ihr nur durch dieses Letztere ihre Richtung bestimmt wird. Niemand im ganzen Stück hat dieses Verhältnis zwischen beiden Freunden richtiger beurteilt, als Philipp selbst, von dem es auch am ersten zu erwarten war. Im Munde dieses Menschenkenners legte ich meine Apologie und mein eignes Urteil von dem Helden des Stückes nieder, und mit seinen Worten möge denn auch diese Untersuchung beschlossen werden.

Und *wem* bracht er dies Opfer?
Dem *Knaben*, meinem Sohne? Nimmermehr.
Ich glaub' es nicht. Für einen Knaben stirbt
ein Posa nicht. Der Freundschaft arme Flamme
füllt eines Posa Herz nicht aus. Das schlug
der ganzen Menschheit. *Seine Neigung war*
die Welt, mit allen kommenden Geschlechtern.

Achter Brief

Aber, werden Sie sagen, wozu diese ganze Untersuchung? Gleichviel, ob es unfreiwilliger Zug des Herzens, Harmonie der Charaktere, wechselseitige persönliche Notwendigkeit für einander, oder von außen hinzugekommene Verhältnisse und freie Wahl gewesen, was das Band der Freundschaft zwischen diesen Beiden geknüpft hat – die Wirkungen bleiben dieselben, und im Gange des Stückes selbst wird dadurch nichts verändert. Wozu daher diese weit ausgeholte Mühe, den Leser aus einem Irrtum zu reißen, der ihm vielleicht angenehmer als die Wahrheit ist? Wie würde es um den Reiz der meisten moralischen Erscheinungen stehen, wenn man jedesmal so weit in das Menschenherz hineinleuchten, und sie gleichsam *werden* sehen müßte? Genug für uns, daß alles, was Marquis Posa liebt, in dem Prinzen versammelt ist, durch ihn *repräsentiert* wird, oder wenigstens durch ihn allein zu erhalten steht, daß er dieses zufällige, bedingungsmäßige, seinem Freund geliehene Interesse mit dem Wesen desselben zuletzt unzertrennlich zusammenfaßt, und daß alles, was er für ihn empfindet, sich in einer persönlichen Neigung äußert. Wir genießen dann die reine Schönheit dieses Freundschaftgemäldes, als ein einfaches moralisches Element, unbekümmert, in wie viele Teile es auch der Philosoph noch zergliedern mag.

Wie aber, wenn die Berichtigung dieses Unterschieds für das ganze Stück wichtig wäre? – Wird nämlich das letzte Ziel von Posa's Bestrebungen über den Prinzen *hinaus* gerückt, ist ihm dieser nur als Werkzeug in einem höhern Zwecke so wichtig, befriedigt er durch seine Freundschaft für ihn einen andern Trieb als *nur* diese Freundschaft, so kann dem Stücke selbst nicht wohl eine engere Grenze gesteckt sein – so muß der letzte Endzweck des Stückes mit dem Zwecke des Marquis wenigstens zusammenfallen. Das große Schicksal eines ganzen Staats, das Glück des menschlichen Geschlechts auf viele Generationen hinunter, worauf alle Bestrebungen des Marquis, wie wir gesehen haben, hinauslaufen, kann nicht wohl *Episode zu einer Handlung sein, die den Ausgang einer Liebesgeschichte zum Zweck hat.* Haben wir einander also über Posa's Freundschaft mißverstanden, so fürchte ich, wir haben es auch über den letzten Zweck der ganzen Tragödie. Lassen Sie mich sie Ihnen aus diesem neuen Standpunkte zeigen, vielleicht, daß manche Mißverhältnisse, an denen Sie bisher Anstoß genommen, sich unter dieser neuen Ansicht verlieren.

Und was wäre also die sogenannte Einheit des Stückes, wenn es *Liebe* nicht sein soll, und *Freundschaft* nie sein konnte? Von Jener handeln die drei ersten Akte, von dieser die zwei übrigen, aber keine von beiden beschäftigt das Ganze. Die Freundschaft opfert sich auf, und die Liebe wird aufgeopfert, aber weder diese noch jene ist es, der dieses Opfer von der andern gebracht wird. Also muß noch etwas Drittes vorhanden sein, das verschieden ist von Freundschaft und Liebe, für welches beide gewirkt haben, und welchem beide aufgeopfert worden – und wenn das Stück eine Einheit hat, wo anders als in diesem Dritten könnte sie liegen?

Rufen Sie sich, lieber Freund, eine gewisse Unterredung zurücke, die über einen Lieblingsgegenstand unsers Jahrzehends – Verbreitung reinerer sanfterer Humanität, über die höchstmögliche Freiheit der *Individuen* bei des Staats höchster Blüte, kurz, über den schönen Zustand der Menschheit, wie er in ihrer Natur und ihren Kräften als erreichbar angegeben liegt – unter uns lebhaft wurde, und unsre Phantasie in einen der lieblichen Träume entzückte, in denen das Herz so angenehm schwelgt. Wir schlössen damals mit dem romanhaften Wunsche, daß es dem Zufall, der wohl größere Wunder schon getan, in dem nächsten Julianischen Zyklus, gefallen möchte, unsre Gedankenreihe, unsere Träume und Überzeugungen mit eben dieser Lebendigkeit, und mit eben so gutem Willen befruchtet, in dem erstgebornen Sohn eines künftigen Beherrschers von – oder von – auf dieser oder der andern Hemisphäre wieder zu erwecken. Was bei einem ernsthaften Gespräche bloßes Spielwerk war, dürfte sich, wie mir vorkam, bei einem Spielwerk zu der Würde des Ernstes und der Wahrheit erheben lassen. Was ist der Phantasie nicht möglich? Was ist einem Dichter nicht erlaubt? Unsere Unterredung war längst vergessen, als ich unterdessen die Bekanntschaft des Prinzen von Spanien machte; und bald merkte ich diesem geistvollen Jüngling an, daß er wohl gar derjenige sein dürfte, mit dem wir unsern Entwurf zur Ausführung bringen könnten. Gedacht, getan! Alles fand ich mir, wie durch einen dienstbaren Geist, in die Hände gearbeitet; Freiheitssinn mit dem Despotismus im Kampfe, die Fesseln der Dummheit zerbrochen, tausendjährige Vorurteile erschüttert, eine Nation die ihre Menschenrechte wieder fodert, republikanische Tugenden im Schwange hellere Begriffe im Umlauf, alle Köpfe in Gärung, alle Gemüter von einem begeisterten Interesse gehoben – und nun, um die glückliche Konstellation zu vollenden, eine schön organisierte Jünglingsseele am Thron, in einsamer unangefochtener Blüte unter Druck und Leiden hervorgegangen. Unglücklich – so machten wir aus – müßte der Königssohn sein, an dem wir unser Ideal in Erfüllung bringen wollten.

Sein sie
ein Mensch auf König Philipps Thron! Sie haben
auch Leiden kennen lernen –

Aus dem Schoße der Sinnlichkeit und des Glücks durfte er nicht genommen werden; die Kunst durfte noch nicht Hand an seine Bildung gelegt, die damalige Welt ihm ihren Stempel noch nicht aufgedrückt haben. Aber wie sollte ein königlicher Prinz aus dem sechszehnten Jahrhundert – Philipp des zweiten Sohn – ein Zögling des Mönchvolks, dessen kaum aufwachende Vernunft von so strengen und so scharfsüchtigen Hütern bewacht wird, zu dieser liberalen Philosophie gelangen? Sehen Sie, auch dafür war gesorgt. Das Schicksal schenkte ihm einen Freund – einen Freund in den entscheidenden Jahren, wo des Geistes Blume sich entfaltet, Ideale empfangen werden, und die moralische Empfindung sich läutert – einen geistreichen gefühlvollen Jüngling, über dessen Bildung selbst, was hindert mich dieses anzunehmen? ein günstiger Stern gewacht, ungewöhnliche Glücksfälle sich ins Mittel geschlagen, und den irgend ein verborgener Weiser seines Jahrhunderts diesem schönen Geschäfte zugebildet hat. Eine Geburt der Freundschaft also ist diese heitre menschliche Philosophie, die der Prinz auf dem Throne in Ausübung bringen will. Sie kleidet sich in alle Reize der Jugend, in die ganze Anmut der Dichtung; mit Licht und Wärme wird sie in seinem Herzen niedergelegt, sie ist die erste Blüte seines Wesens, sie ist seine *erste Liebe.* Dem Marquis liegt äußerst viel daran, ihr diese jugendliche Lebendigkeit zu erhalten, sie als einen Gegenstand der Leidenschaft bei ihm fortdauren zu lassen, weil nur Leidenschaft allein ihn über die Schwierigkeiten hinwegsetzen kann, die sich ihrer Ausübung entgegen setzen werden. Sagen Sie ihm, trägt er der Königin auf,

daß er für die Träume seiner Jugend
soll Achtung tragen, wenn er Mann sein wird,
nicht öffnen soll dem tödenden Insekte
gerühmter besserer Vernunft das Herz
der zarten Götterblume; daß er nicht
soll irre werden, wenn des Staubes Weisheit
Begeisterung, die Himmelstochter, lästert.
Ich hab es ihm zuvor gesagt –

Unter beiden Freunden bildet sich also ein *enthusiastischer Entwurf, den glücklichsten Zustand hervorzubringen, der der menschlichen Gesellschaft erreichbar ist, und von diesem enthusiastischen Entwurfe, wie er nämlich im Konflikt mit der Leidenschaft erscheint,* handelt das gegenwärtige Drama. Die Rede war also davon, einen *Fürsten* aufzustellen, der das höchste mögliche Ideal bürgerlicher Glückseligkeit für sein Zeitalter wirklich machen sollte – nicht diesen Fürsten erst zu diesem Zwecke zu erziehen; denn dieses mußte längst vorher gegangen sein, und konnte auch nicht wohl zum Gegenstand eines solchen Kunstwerks gemacht werden; noch weniger ihn zu diesem Werke wirklich Hand anlegen zu lassen, denn wie sehr würde dieses die engen Grenzen überschritten haben, in die ich eingeschränkt war? – Die Rede war davon, diesen Fürsten nur zu *zeigen,* den Gemütszustand in ihm herrschend zu machen, der einer solchen Wirkung zum Grunde liegen muß, und ihre *subjektive* Möglichkeit auf einen hohen Grad der Wahrscheinlichkeit zu erheben, unbekümmert, ob Glück und Zufall sie wirklich machen wollen?

Neunter Brief

Ich will mich über das vorige näher erklären.

Der Jüngling nämlich, zu dem wir uns dieser außerordentlichen Wirkung, versehen sollen, mußte zuvor Begierden übermeistert haben, die einem solchen Unternehmen gefährlich werden können; gleich jenem Römer mußte er seine Hand über Flammen halten, um uns zu überführen, daß er Manns genug sei über den Schmerz zu siegen; er mußte durch das Feuer einer fürchterlichen Prüfung gehen, und in diesem Feuer sich bewähren. Dann nur, wenn wir ihn glücklich mit einem *innerlichen* Feind haben ringen sehen, können wir ihm den Sieg über die äußerlichen Hindernisse zusagen, die sich ihm auf der kühnen Reformantenbahn entgegen werfen werden; dann nur, wenn wir ihn in den Jahren der Sinnlichkeit, bei dem heftigen Blut der Jugend, der Versuchung haben Trotz bieten sehen, können wir ganz sicher sein, daß sie dem reifen Manne nicht gefährlich mehr sein wird. Und welche Leidenschaft konnte mir diese Wirkung in größerem Maße leisten, als die mächtigste von allen, die Liebe?

Alle Leidenschaften, von denen für den großen Zweck, wozu ich ihn aufspare, zu fürchten sein könnte, diese einzige ausgenommen, sind aus seinem Herzen hinweggeräumt, oder haben nie darin gewohnt. An einem verderbten sittenlosen Hofe hat er die Reinigkeit der ersten Unschuld erhalten; nicht seine *Liebe,* auch nicht Anstrengung durch Grundsätze, ganz allein sein moralischer Instinkt hat ihn vor dieser Befleckung bewahrt.

Der Wollust Pfeil zerbrach an dieser Brust
lang ehe noch Elisabeth hier herrschte.

Der Prinzessin von Eboli gegen über, die sich aus Leidenschaft und Plan so oft gegen ihn vergißt, zeigt er eine Unschuld, die der *Einfalt* sehr nahe kommt; wie viele, die diese Szene lesen, würden die Prinzessin weit schneller verstanden haben. Meine Absicht war, in seine Natur eine Reinigkeit zu legen, der keine Verführung etwas anhaben kann. Der Kuß, den er der Prinzessin gibt, war, wie er selbst sagt, der erste seines Lebens, und dies war doch gewiß ein sehr tugendhafter Kuß! Aber auch über eine *feinere* Verführung sollte man ihn erhaben sehen; daher die ganze Episode der Prinzessin von Eboli, deren buhlerische Künste an seiner *besseren Liebe* scheitern. Mit dieser Liebe allein hätte er es also zu tun, und *ganz* wird ihn die Tugend haben, wenn es ihm gelungen sein wird, auch noch diese Liebe zu besiegen; und davon handelt nun das Stück. Sie begreifen nun auch, warum der Prinz gerade so und nicht anders gezeichnet worden; warum ich es zugelassen habe, daß die edle Schönheit dieses Charakters durch so viel Heftigkeit, so viel unstäte Hitze, wie ein klares Wasser durch Wallungen getrübt wird. Ein weiches wohlwollendes Herz, Enthusiasmus für das Große und Schöne, Delikatesse, Mut, Standhaftigkeit, uneigennützige Großmut, sollte er besitzen, schöne und helle Blicke des Geistes sollte er zeigen, aber *weise* sollte er nicht sein. Der künftige große Mann sollte in ihm schlummern, aber ein feuriges Blut sollte ihm jetzt noch nicht erlauben es wirklich zu sein. Alles, was den trefflichen Regenten macht, alles, was die Erwartungen seines Freundes und die Hoffnungen einer Welt rechtfertigen kann, alles was sich vereinigen muß, sein vorgesetztes Ideal von einem künftigen Staat auszuführen, sollte sich in diesem Charakter beisammen finden: aber entwickelt sollte es noch nicht sein, noch nicht von Leidenschaft geschieden, noch nicht zu reinem Golde geläutert. Darauf kam es ja eigentlich erst an, ihn dieser Vollkommenheit näher zu bringen, die ihm jetzt noch mangelt; ein mehr vollendeter Charakter des Prinzen hätte mich des ganzen Stücks überhoben. Eben so begreifen Sie nunmehr, warum es nötig war, den Charakteren Philipps und seiner Geistesverwandten einen so großen Spielraum zu geben – ein nicht zu entschuldigender Fehler, wenn diese Charaktere weiter nichts als die Maschinen hätten sein sollen, eine Liebesgeschichte zu verwickeln und aufzulösen – und warum überhaupt dem *geistlichen politischen* und *häuslichen* Despotismus ein so weites Feld gelassen worden. Da aber mein eigentlicher Vorwurf war, den künftigen *Schöpfer des Menschenglücks* aus dem Stücke gleichsam *hervorgehen* zu lassen: so war es sehr an seinem Orte, den *Schöpfer des Elends* neben ihm aufzuführen, und durch ein vollständiges schauderhaftes Gemälde des Despotismus sein reizendes Gegenteil destomehr zu erheben. Wir sehen den Despoten auf seinem traurigen Thron, sehen ihn mitten unter seinen Schätzen darben, wir erfahren aus seinem Munde, daß er unter allen seinen Millionen *allein* ist, daß die Furien des Argwohns seinen Schlaf anfallen, daß ihm seine Kreaturen geschmolzenes Gold statt eines Labetrunks bieten; wir folgen ihm in sein einsames Gemach, sehen da den Beherrscher einer halben Welt um ein – menschliches Wesen bitten, und ihn dann wenn das Schicksal ihm diesen Wunsch gewährt hat, gleich einem Rasenden, selbst das Geschenk zerstören, dessen er nicht mehr würdig war. Wir sehen ihn unwissend den niedrigsten Leidenschaften seiner Sklaven dienen; sind Augenzeugen, wie sie die Seile drehen, woran sie den, der sich einbildet der alleinige Herr seiner Taten zu sein, einem Knaben gleich lenken. Ihn, vor welchem man in fernen Weltteilen zittert, sehen wir vor einem herrischen Priester eine erniedrigende Rechenschaft ablegen, und eine leichte Übertretung mit einer schimpflichen Züchtigung büßen. Wir sehen ihn gegen Natur und Menschheit ankämpfen, die er nicht ganz besiegen kann, zu stolz ihre Macht zu erkennen, zu ohnmächtig sich ihr zu entziehen; von allen ihren Genüssen geflohen, aber von ihren Schwächen und Schrecknissen verfolgt; herausgetreten aus seiner Gattung um als ein Mittelding von Geschöpf und Schöpfer – unser Mitleiden zu erregen. Wir verachten diese Größe, aber wir trauern über seinen Mißverstand, weil wir auch selbst aus dieser Verzerrung noch Züge von Menschheit herauslesen, die ihn zu einem der unsrigen machen. Jemehr uns aber dieses schreckhafte Gemälde zurückstößt, desto stärker werden wir von dem Bilde sanfter Humanität angezogen, die sich in Karlos, in seines Freundes, und in der Königin Gestalt vor unsern Augen verkläret.

Und nun, lieber Freund, übersehen Sie das Stück aus diesem neuen Standort noch einmal. Was Sie für *Überladung* gehalten, wird es jetzt vielleicht weniger sein; in der *Einheit,* worüber wir uns jetzt verständigt haben, werden sich alle einzelnen Bestandteile desselben auflösen lassen. Ich könnte den angefangenen Faden noch weiter fortführen, aber es sei mir genug, Ihnen durch einige Winke angedeutet zu haben, worüber in dem Stücke selbst die beste Auskunft enthalten ist. Es ist möglich, daß die Hauptidee des Stückes herauszufinden mehr ruhiges Nachdenken erfordert wird, als sich mit der Eilfertigkeit verträgt, womit man gewohnt ist dergleichen Schriften zu durchlaufen; aber der Zweck, worauf der Künstler gearbeitet hat, muß sich ja am Ende des Kunstwerks erfüllt zeigen. Womit die Tragödie beschlossen wird, damit muß sie sich beschäftigt haben, und nun höre man, wie Karlos von uns und seiner Königin scheidet.

– Ich habe
in einem langen schweren Traum gelegen.
Ich *liebte* – jetzt bin ich erwacht. Vergessen
sei das Vergangene. Endlich seh ich ein, es gibt
ein höher wünschenswerter Gut, als dich
besitzen – Hier sind Ihre Briefe
zurück. Vernichten Sie die Meinen. Fürchten
Sie keine Wallung mehr von mir. Es ist
vorbei. Ein reiner Feuer hat mein Wesen
geläutert – Einen Leichenstein will ich
ihm setzen, wie noch keinem Könige zu Teil
geworden – Über seiner Asche blühe
ein Paradies!

KÖNIGIN.

– – So hab ich Sie gewollt!
Das war die große Meinung seines Todes.

Zehnter Brief

Ich bin weder I- noch M- , aber wenn beide Verbrüderungen einen moralischen Zweck mit einander gemein haben, und wenn dieser Zweck für die menschliche Gesellschaft der wichtigste ist, so muß er mit denjenigen, den Marquis Posa sich vorsetzte, sehr nahe verwandt sein. Was jene durch eine geheime Verbindung mehrerer durch die Welt zerstreuter tätiger Glieder zu bewirken suchen, will der Letztere, vollständiger und kürzer, durch ein einziges Subjekt ausführen: durch einen Fürsten nämlich, der Anwartschaft hat, den größten Thron der Welt zu besteigen, und durch diesen erhabenen Standpunkt zu einem solchen Werke fähig gemacht wird. In diesem einzigen Subjekte macht er die Ideenreiche Empfindungsart herrschend, woraus jene wohltätige Wirkung als eine notwendige Folge fließen muß. Vielen dürfte dieser Gegenstand für die dramatische Behandlung zu abstrakt und zu ernsthaft scheinen, und wenn sie sich auf nichts als das Gemälde einer Leidenschaft gefaßt gemacht haben, so hätte ich freilich ihre Erwartung getäuscht; aber es schien mir eines Versuchs nicht ganz unwert »Wahrheiten, die jedem, der es gut mit seiner Gattung meint, die *heiligsten* sein müssen, und die bis jetzt nur das Eigentum der Lehrbücher waren, in das Gebiet der schönen Künste herüber zu ziehen, mit Licht und Wärme zu beseelen, und, als lebendig wirkende Motive in das Menschenherz gepflanzt, in einem kraftvollen Kampfe mit der Leidenschaft zu zeigen.« Hat sich der Genius der Tragödie für diese Grenzenverletzung an mir gerochen, so sind deswegen einige nicht ganz unwichtige Ideen, die hier niedergelegt sind, für – den redlichen Finder nicht verloren, den es vielleicht nicht unangenehm überraschen wird, Bemerkungen, deren er sich aus seinem Montesquieu erinnert, in einem Trauerspiel angewandt und bestätigt zu sehen.

Elfter Brief.

Ehe ich mich auf immer von unserm Freunde Posa verabschiede, noch ein paar Worte über sein rätselhaftes Benehmen gegen den Prinzen, und über seinen Tod.

Viele nämlich haben ihm vorgeworfen, daß er, der von der Freiheit so hohe Begriffe hegt, und sie unaufhörlich im Munde führt, sich doch selbst einer despotischen Willkür über seinen Freund anmaße, daß er ihn *blind,* wie einen Unmündigen leite, und ihn eben dadurch an den Rand des Untergangs führe. Womit, sagen Sie, läßt es sich entschuldigen, daß Marquis Posa, anstatt dem Prinzen gerade heraus das Verhältnis zu entdecken, worin er jetzt mit dem Könige steht, anstatt sich auf eine vernünftige Art mit ihm über die nötigen Maßregeln zu bereden, und, indem er ihn zum Mitwisser seines Planes macht, auf einmal allen Übereilungen vorzubeugen, wozu Unwissenheit, Mißtrauen, Furcht und unbesonnene Hitze den Prinzen sonst hinreißen könnten, und auch wirklich nachher hingerissen haben, daß er, anstatt diesen so unschuldigen so natürlichen Weg einzuschlagen, lieber die äußerste Gefahr läuft, lieber diese so leicht zu verhütenden Folgen erwartet, und sie alsdann, wenn sie wirklich eingetroffen, durch ein Mittel zu verbessern sucht, das eben so unglücklich ausschlagen kann, als es brutal und unnatürlich ist, nämlich durch die Verhaftnehmung des Prinzen? Er kannte das lenksame Herz seines Freundes. Noch kürzlich ließ ihn der Dichter eine Probe der Gewalt ablegen, mit der er solches beherrschte. Zwei Worte hätten ihm diesen widrigen Behelf erspart. Warum nimmt er seine Zuflucht zur *Intrigue,* wo er durch ein *gerades* Verfahren ungleich schneller und ungleich sicherer zum Ziele würde gekommen sein?

Weil dieses gewalttätige und fehlerhafte Betragen des Maltesers alle nachfolgende Situationen und vorzüglich seine Aufopferung herbeigeführt hat, so setzte man, ein wenig rasch, voraus, daß sich der Dichter von diesem unbedeutenden Gewinn habe hinreißen lassen, der inneren Wahrheit dieses Charakters Gewalt anzutun, und den natürlichen Lauf der Handlung zu verlenken. Da dieses allerdings der bequemste und kürzeste Weg war, sich in dieses seltsame Betragen des Maltesers zu finden, so suchte man in dem ganzen Zusammenhang dieses Charakters keinen *nähern* Aufschluß mehr; denn das wäre zuviel von einem

Kritiker verlangt, mit seinem Urteil bloß darum zurückzuhalten, weil der Schriftsteller übel dabei fährt. Aber einiges Recht glaubte ich mir doch auf diese Billigkeit erworben zu haben, weil in dem Stücke mehr als einmal die *glänzendere Situation der Wahrheit* nachgesetzt worden ist.

Unstreitig! der Charakter des Marquis von Posa hätte an Schönheit und Reinigkeit gewonnen, wenn er durchaus *gerader* gehandelt hätte, und über die unedeln Hülfsmittel der Intrigue immer erhaben geblieben wäre. Auch gestehe ich, dieser Charakter ging mir nahe, aber, was ich für Wahrheit hielt, ging mir näher. Ich halte für Wahrheit, »daß *Liebe* zu einem *wirklichen Gegenstande* und Liebe zum Schönhandeln sich in ihren Wirkungen eben so ungleich sein müssen, als sie in ihrem Wesen von einander verschieden sind – daß der uneigennützigste, reinste und edelste Mensch aus enthusiastischer Anhänglichkeit an seine *Vorstellung* von Tugend und hervorzubringendem Glück sehr oft ausgesetzt ist, eben so willkürlich mit den Individuen zu schalten, als nur immer der selbstsüchtigste Despot, weil der Gegenstand von beider Bestrebungen *in* ihnen, nicht *außer* ihnen wohnt, und weil Jener, der seine Handlungen nach einem innern Geistesbilde modelt, mit der Freiheit anderer beinahe eben so im Streit liegt, als dieser, dessen letztes Ziel *sein eigenes Ich* ist.« Eben weil Jener die Handlung in steter Hinsicht auf ein unendliches Ganze tut, verschwindet nur allzuleicht das kleinere Interesse des Individuums in diesem weiten Prospekte. Große Menschen handeln schön, um der moralischen Schönheit willen; gute Menschen handeln schön, um des Gegenstandes willen. Aus jenen wollen wir uns Gesetzgeber, Richter, Könige wählen, aber nur aus *diesen* unsern Freund. Karlos hat Ursache gefunden, es zu bereuen, daß er diesen Unterschied außer Acht ließ, und einen großen Mann zu seinem Busenfreund machte.

Was geht die Königin dich an? Liebst du
die Königin? Soll deine strenge Tugend
die kleinen Sorgen meiner Liebe fragen?
– – – – Ach hier ist nichts verdammlich,
nichts, nichts, als meine rasende Verblendung,
bis diesen Tag nicht eingesehn zu haben,
daß du so – *groß* als *zärtlich* bist.

Geräuschlos, ohne Gehülfen, in stiller Größe zu wirken, ist des Marquis Schwärmerei. Still, wie die Vorsicht für einen Schlafenden sorgt, will er seines Freundes Schicksal auflösen, er will ihn retten, wie ein Gott – und eben dadurch richtet er ihn zu Grunde. Daß er zu sehr nach seinem Ideal von Tugend in die Höhe, und zu wenig auf seinem Freund herunter blickte, wurde beider Verderben. Karlos verunglückte, weil sein Freund sich nicht begnügte, ihn auf eine gemeine Art zu erlösen.

Und hier, deucht mir, treffe ich mit einer nicht unmerkwürdigen Erfahrung aus der moralischen Welt zusammen, die keinen, der sich nur einigermaßen Zeit genommen hat, um sich herumzuschauen, oder dem Gang seiner eigenen Empfindungen zuzusehen, ganz fremde sein kann. Es ist *diese*: daß die moralischen Motive, welche von *einem zu erreichenden Ideale von Vortrefflichkeit* hergenommen sind, nicht natürlich im Menschenherzen liegen, und eben darum, weil sie erst durch Kunst in dasselbe hineingebracht worden, nicht immer wohltätig wirken, gar oft aber, durch einen sehr menschlichen Übergang, einem schädlichen Mißbrauch ausgesetzt sind. Der Mensch scheint mir mehr dazu organisiert und bestimmt zu sein, durch augenblickliche und einfache Empfindnisse als durch zusammengesetzte Vernunftideen bei seinem moralischem Wohlgeschäfte gelenkt zu werden, und *individuelle* Motive sich weit mehr als *universelle* und allgemeine mit seinem Wesen zu vertragen.

Schon allein dieses, daß jedes solche moralische Ideal oder

Kunstgebäude doch nie mehr ist als eine Idee, die, gleich allen andern Ideen, an dem eingeschränkten Gesichtspunkt des Individuums Teil nimmt, dem sie angehört, und in ihrer Anwendung also auch der Allgemeinheit nicht fähig sein kann, in welcher der Mensch sie zu gebrauchen pflegt, schon dieses allein, sage ich, müßte sie zu einem äußerst gefährlichen Instrument in seinen Händen machen: aber noch weit gefährlicher wird sie durch die Verbindung, in die sie nur allzuschnell mit gewissen Leidenschaften tritt, die sich mehr oder weniger in allen Menschenherzen finden; Herrschsucht meine ich, Eigendünkel und Stolz, die sie augenblicklich ergreifen, und sich unzertrennbar mit ihr vermengen. Nennen Sie mir, lieber Freund – um aus unzähligen Beispielen nur eines auszuwählen – nennen Sie mir den Ordensstifter, oder auch die Ordensverbrüderung selbst, die sich – bei den reinsten Zwecken und bei den edelsten Trieben – von Willkürlichkeit in der Anwendung, von *Gewalttätigkeit* gegen fremde Freiheit, von dem Geiste der *Heimlichkeit* und der *Herrschsucht* immer rein erhalten hätte? Die bei Durchsetzung eines, von jeder unreinen Beimischung auch noch so freien moralischen Zweckes, in so fern sie sich nämlich diesen Zweck als etwas für sich bestehendes denken und ihn in der Lauterkeit erreichen wollten, wie er sich ihrer Vernunft dargestellt hatte, nicht unvermerkt wären fortgerissen worden, sich an fremder Freiheit zu vergreifen, die Achtung gegen anderer Rechte, die ihnen sonst immer die heiligsten waren, hintanzusetzen, und nicht selten einen willkürlichen Despotismus zu üben, ohne den Zweck selbst umgetauscht, ohne in ihren Motiven ein Verderbnis erlitten zu haben. Ich erkläre mir diese Erscheinung aus dem Bedürfnis der beschränkten Vernunft, sich ihren Weg abzukürzen, ihr Geschäft zu vereinfachen, und Individualitäten, die sie zerstreuen und verwirren, in Allgemeinheiten zu verwandeln; aus der allgemeinen Hinneigung unsers Gemütes zur Herrschbegierde, oder dem Bestreben, alles wegzudrängen, was das Spiel unsrer Kräfte hindert. Ich wählte deswegen einen ganz wohlwollenden, ganz über jede selbstsüchtige Begierde erhabenen Charakter, ich gab ihm die höchste Achtung für Anderer Rechte, ich gab ihm die Hervorbringung eines allgemeinen *Freiheitsgenusses* sogar zum Zwecke, und ich glaube mich auf keinem Widerspruch mit der allgemeinen Erfahrung zu befinden, wenn ich ihn, selbst auf dem Wege dahin, in Despotismus verirren ließ. Es lag in meinem Plan, daß er sich in dieser Schlinge verstricken sollte, die allen gelegt ist, die sich auf einerlei Wege mit ihm befinden. Wie viel hätte mir es auch gekostet, ihn wohlbehalten davon vorbei zu bringen, und dem Leser, der ihn lieb gewann, den unvermischten Genuß aller übrigen Schönheiten seines Charakters zu geben, wenn ich es nicht für einen ungleich größern Gewinn gehalten hätte, der menschlichen Natur zur Seite zu bleiben, und eine nie genug zu beherzigende Erfahrung durch sein Beispiel zu bestätigen. Diese meine ich, daß man sich in moralischen Dingen nicht ohne Gefahr von den Individuen entfernt, um sich zu allgemeinen Abstraktionen zu erheben, daß sich der Mensch weit sicherer den Eingebungen seines Herzens oder dem schnell gegenwärtigen und individuellen Gefühle von Recht und Unrecht vertraut, als der gefährlichen Leitung universeller Vernunftideen, die er sich künstlich erschaffen hat – denn nichts führt zum *Guten* was nicht *natürlich* ist.

Zwölfter Brief

Es ist nur noch übrig, ein paar Worte über seine Aufopferung zu sagen.
Man hat es nämlich getadelt, daß er sich mutwillig in einen gewaltsamen Tod stürze, den er hätte vermeiden können. Alles, sagt man, war ja noch nicht verloren. Warum hätte er

nicht eben so gut fliehen können, als sein Freund? War er schärfer bewacht als dieser? Machte es ihm nicht selbst seine Freundschaft für Karlos zur Pflicht, sich diesem zu erhalten? und konnte er ihm mit seinem Leben nicht weit mehr nützen, als wahrscheinlicher weise mit seinem Tode, selbst wenn alles seinem Plane gemäß eingetroffen wäre? Konnte er nicht – freilich! Was hätte der ruhige Zuschauer nicht gekonnt, und wie viel weiser und klüger würde dieser mit seinem Leben gewirtschaftet haben! Schade nur, daß sich der Marquis weder dieser glücklichen Kaltblütigkeit, noch der Muße zu erfreuen hatte, die zu einer so vernünftigen Berechnung notwendig war. Aber, wird man sagen, das gezwungene Mittel, zu welchem er seine Zuflucht nimmt, um zu sterben, konnte sich ihm doch unmöglich aus freier Hand und im ersten Augenblicke anbieten, warum hätte er das Nachdenken und die Zeit, die es ihm kostete, nicht eben so gut anwenden können, einen vernünftigen Rettungsplan auszudenken, oder lieber gleich denjenigen zu ergreifen, der ihm so nahe lag, der auch dem kurzsichtigsten Leser sogleich ins Auge springt? Wenn er nicht sterben wollte um gestorben zu sein, oder (wie einer meiner Rezensenten sich ausdrückt) wenn er nicht *des Märtyrtums wegen sterben wollte,* so ist es kaum zu begreifen, wie sich ihm die so gesuchten Mittel zum Untergang früher, als die weit natürlichem Mittel zur Rettung haben darbieten können. Es ist viel Schein in diesem Vorwurf, und um so mehr ist es der Mühe wert ihn auseinander zu setzen.

Die Auflösung ist diese.

Erstlich gründet sich dieser Einwurf auf die falsche, und durch das vorhergehende genugsam widerlegte, Voraussetzung, daß der Marquis *nur* für seinen Freund sterbe, welches nicht wohl mehr statt haben kann, nachdem bewiesen worden, daß er nicht *für* ihn gelebt, und daß es mit dieser Freundschaft eine ganz andere Bewandtnis habe. Er kann also nicht wohl sterben um den Prinzen zu retten; dazu dürften sich auch ihm selbst vermutlich noch andre, und weniger gewalttätige Auswege gezeigt haben als der Tod – »er stirbt, um für sein – in des Prinzen Seele niedergelegtes – Ideal alles zu tun und zu geben, was ein Mensch für etwas tun und geben kann, das ihm das Teuerste ist; um ihm auf die nachdrücklichste Art, die er in seiner Gewalt hat, zu zeigen, wie sehr er an die Wahrheit und Schönheit dieses Entwurfes glaube, und wie wichtig ihm die Erfüllung desselben sei;« er stirbt dafür, warum mehrere große Menschen für Wahrheiten starben, die sie von Vielen befolgt und beherzigt haben wollten: um durch sein Beispiel darzutun, wie sehr sie es wert sei daß man alles für sie leide. Als der Gesetzgeber von Sparta sein Werk vollendet sah und das Orakel zu Delphi den Ausspruch getan hatte, die Republik würde blühen und dauren so lange sie Lykurgus Gesetze ehrte, rief er das Volk von Sparta zusammen und foderte einen Eid von ihm, die neue Verfassung so lange wenigstens unangefochten zu lassen, bis er von einer Reise, die er eben vorhabe, würde zurückgekehrt sein. Als ihm dieses durch einen feierlichen Eidschwur angelobt worden, verließ Lykurgus das Gebiet von Sparta, hörte von diesem Augenblick an auf Speise zu nehmen, und die Republik harrte seiner Rückkehr vergebens. Vor seinem Tode verordnete er noch ausdrücklich, seine Asche selbst in das Meer zu streuen, damit auch kein Atome seines Wesens nach Sparta zurückkehren, und seine Mitbürger auch nur mit einem Schein von Recht ihres Eides entbinden möchte. Konnte Lykurgus im Ernste geglaubt haben, das Lacedämonische Volk durch diese Spitzfindigkeit zu binden, und seine Staatsverfassung durch ein solches Spielwerk zu sichern? Ist es auch nur denkbar, daß ein so weiser Mann für einen so romanhaften Einfall ein Leben sollte hingegeben haben, das seinem Vaterlande so wichtig war? Aber sehr denkbar und seiner würdig scheint es mir, daß er es hingab, um durch das Große und Außerordentliche dieses Todes einen unauslöschlichen Eindruck Seiner selbst in das Herz seiner Spartaner zu graben, und eine höhere Ehrwürdigkeit über das Werk auszugießen, indem er den Schöpfer desselben zu einem Gegenstand der Rührung und Bewunderung machte.

Zweitens kommt es hier, wie man leicht einsieht, nicht darauf an, wie *notwendig,* wie *natürlich* und wie *nützlich* diese Auskunft *in der Tat* war, sondern wie sie demjenigen *vorkam,* der sie zu ergreifen hatte, und wie leicht oder schwer er darauf verfiel. Es ist also weit weniger die Lage der Dinge, als die Gemütsverfassung Dessen, auf den diese Dinge wirken, was hier in Betrachtung kommen muß. Sind die Ideen, welche den Marquis zu diesem Heldenentschluß führen, ihm *geläufig,* und bieten sie sich ihm leicht und mit Lebhaftigkeit dar, so ist der Entschluß auch weder gesucht noch gezwungen; sind diese Ideen in seiner Seele gar die vordringenden und herrschenden, und stehen diejenigen dagegen im Schatten, die ihn auf einen gelindern Ausweg führen könnten, so ist der Entschluß, den er faßt, *notwendig*: haben diejenigen Empfindungen, welche diesen Entschluß bei jedem andern bekämpfen würden, wenig Macht über ihn, so kann ihm auch die Ausführung desselben so gar viel nicht kosten. Und dies ist es, was wir nun untersuchen müssen.

Zuerst: Unter welchen Umständen schreitet er zu diesem Entschluß? – In der drangvollesten Lage, worin je ein Mensch sich befunden, wo Schrecken, Zweifel, Unwille über sich selbst, Schmerz und Verzweiflung zugleich seine Seele bestürmen. *Schrecken*: er sieht seinen Freund im Begriffe, derjenigen Person, die er, als dessen fürchterlichste Feindin kennt, ein Geheimnis zu offenbaren, woran sein Leben hängt. *Zweifel*: er weiß nicht, ob dieses Geheimnis heraus ist oder nicht? Weiß es die Prinzessin, so muß er gegen sie als eine Mitwisserin verfahren; weiß sie es noch nicht, so kann ihn eine einzige Sylbe zum Verräter, zum Mörder seines Freundes machen. *Unwille über sich selbst*: Er allein hat durch seine unglückliche Zurückhaltung den Prinzen zu dieser Übereilung hingerissen. *Schmerz und Verzweiflung*: Er sieht seinen Freund verloren, er sieht in seinem Freund alle Hoffnungen verloren, die er auf denselben gegründet hat.

Verlassen von dem Einzigen wirfst du
der Fürstin Eboli dich in die Arme –
Unglücklicher! in deines Teufels Arme,
denn *diese* wars, die dich verriet – Ich sehe
dich dahin eilen. Eine schlimme Ahndung
fliegt durch mein Herz. Ich folge dir. Zu spät.
Du liegst zu ihren Füßen. Das Geständnis
floh über deine Lippen schon. Für dich
ist keine Rettung mehr – Da wird es Nacht vor
meinen Sinnen!
Nichts! Nichts! Kein Ausweg! Keine Hülfe! Keine
im ganzen Umkreis der Natur! –

In diesem Augenblicke, wo so verschiedene Gemütsbewegungen in seiner Seele stürmen, sollte er aus dem Stegreif ein Rettungsmittel für seinen Freund erdenken. Welches wird es sein? Er hat den richtigen Gebrauch seiner Urteilskraft verloren, und mit diesem den Faden der Dinge, den nur die ruhige Vernunft zu verfolgen im Stande ist. Er ist nicht mehr Meister seiner Gedankenreihe – er ist also in die Gewalt derjenigen Ideen gegeben, die das meiste Licht und die größte Geläufigkeit bei ihm erlangt haben.

Und von welcher Art sind nun diese? Wer entdeckt nicht in dem ganzen Zusammenhang seines Lebens, wie er es hier in dem Stücke vor unsern Augen lebt, daß seine ganze Phantasie von Bildern romantischer Größe angefüllt und durchdrungen ist, daß die Helden des Plutarch in seiner Seele leben, und daß sich also unter zwei Auswegen immer der *Heroische* zuerst und zunächst ihm darbieten muß?

Zeigte uns nicht sein vorhergegangener Auftritt mit dem König, was und wie viel dieser Mensch für das, was ihm wahr, schön und vortrefflich dünkt, zu wagen im Stand sei? – Was ist wiederum natürlicher, als daß der Unwille, den er in diesem Augenblick über sich selbst empfindet, ihn unter denjenigen Rettungsmitteln zuerst suchen läßt, die ihm etwas kosten; daß er es der Gerechtigkeit gewissermaßen schuldig zu sein glaubt, die Rettung seines Freundes auf *seine* Unkosten zu bewirken, weil seine Unbesonnenheit es war, die jenen in diese Gefahr stürzte? Bringen Sie dabei in Betrachtung, daß er nicht genug eilen kann sich aus diesem leidenden Zustand zu reißen, sich den freien Genuß seines Wesens und die Herrschaft über seine Empfindungen wieder zu verschaffen. Ein Geist wie dieser aber, werden Sie mir eingestehen, sucht *in* sich, nicht *außer* sich Hülfe; und wenn der bloß *kluge* Mensch sein erstes hätte sein lassen, die Lage, in der er sich befindet, von allen Seiten zu prüfen, bis er ihr endlich einen Vorteil abgewonnen: so ist es im Gegenteil ganz in dem heldenmütigen Charakter gegründet, sich diesen Weg zu verkürzen, sich durch irgend eine außerordentliche Tat, durch eine augenblickliche Erhöhung seines Wesens, bei sich selbst wieder in Achtung zu setzen. So wäre denn der Entschluß des Marquis gewissermaßen schon als ein heroisches Palliatif erklärbar, wodurch er sich einem augenblicklichen Gefühl von *Dumpfheit* und *Verzagung*, dem schrecklichsten Zustand für einen solchen Geist, zu entreißen sucht. Setzen Sie dann noch hinzu, daß schon seit seinem Knabenalter, schon von dem Tage an, da sich Karlos freiwillig für ihn einer schmerzhaften Strafe darbot, (S. 18. 19.) das Verlangen, ihm diese großmütige Tat zu erstatten, seine Seele beunruhigte, ihn gleich einer unbezahlten Schuld marterte, und das Gewicht der vorhergehenden Gründe in diesem Augenblick also nicht wenig verstärken muß. Daß ihm diese Erinnerung wirklich vorgeschwebt, beweist eine Stelle, wo sie ihm unwillkürlich entwischte. Karlos dringt darauf, daß er fliehen soll, ehe die Folgen seiner kecken Tat eintreffen. »War ich auch so gewissenhaft Karlos, gibt er ihm zur Antwort, da du, ein Knabe, für mich geblutet hast?« Die Königin, von ihrem Schmerz hingerissen, beschuldigt ihn sogar, daß er diesen Entschluß längst schon mit sich herumgetragen –

Sie stürzten sich in diese Tat, die Sie
erhaben nennen. Leugnen Sie nur nicht.
Ich kenne Sie. Sie haben längst darnach
gedürstet!

Endlich will ich den Marquis auch nicht von aller Schwärmerei freigesprochen haben. Schwärmerei und Enthusiasmus berühren einander so nahe, ihre Unterscheidungslinie ist so fein, daß sie im Zustande leidenschaftlicher Erhitzung nur allzu leicht überschritten werden kann. Und der Marquis hat nur wenige Augenblicke zu dieser Wahl! Dieselbe Stellung des Gemüts, worin er die Tat beschließt, ist auch dieselbe, worin er den unwiderruflichen Schritt zu ihrer Ausführung tut. Es wird ihm nicht so gut, seinen Entschluß in einer andern Seelenlage noch einmal anzuschauen, ehe er ihn in Erfüllung bringt – wer weiß, ob er ihn dann nicht anders gefaßt hätte! Eine solche andere Seelenlage z. B. ist die, worin er von der Königin geht. (S. 403.) O! ruft er aus, das Leben ist doch schön! – Aber diese Entdekkung macht er zu spät. Er hüllt sich in die Größe seiner Tat, um keine Reue darüber zu empfinden.

Sch.

Kommentar

Zeittafel

1759 10.11.: Johann Christoph Friedrich Schiller wird als einziger Sohn des Wundarztes und Leutnants Johann Kaspar Schiller (1723–1796) und seiner Frau Elisabeth Dorothea, geb. Kodweiß (1732–1802), in Marbach am Neckar geboren.

1764 Zu Jahresbeginn Umzug der Familie nach Lorch. Dort Elementarunterricht in der Dorfschule.

1766 Umsiedlung nach Ludwigsburg Ende Dezember. Eintritt in die Lateinschule.

1773 Absicht zum Studium der Theologie. Durch Druck des Herzogs Karl Eugen von Württemberg (1728–1893) auf Schillers Vater muss der Sohn die sog. Karlsschule in Stuttgart beziehen und entschließt sich 1774 zum Jurastudium. Innere Auflehnung gegen den auf Disziplinierung und Isolation von der Außenwelt gerichteten Geist der Schule. Beschäftigung mit Gotthold Ephraim Lessing (1729–1781), Friedrich Gottlieb Klopstock (1724–1803) und der Sturm-und-Drang-Dramatik.

1774 Lektüre von Goethes *Die Leiden des jungen Werthers*. Mit seinen Freunden Scharffenstein, von Hoven und Petersen beschließt Schiller, gemeinsam einen zweiten *Werther* zu schreiben.

1775 November: Entschluss, das Jurastudium abzubrechen und Medizin zu studieren.

1776 Philosophie wird auf Drängen Jakob Friedrich Abels (1751–1829), Prof. für Philosophie, zum Zentralfach an der Karlsschule. Intensive Beschäftigung mit Shakespeares Dramen, Schriften Rousseaus, Youngs und Ossians. – In Anlehnung an Johann Anton Leisewitz' (1752–1806) *Julius von Tarent* (1776) verfasst Schiller das Drama *Cosmus von Medicis*, das er jedoch nach Fertigstellung vernichtet. – Oktober: Im *Schwäbischen Magazin* erscheint sein erstes Gedicht »Der Abend«.

1777 Arbeit an den *Räubern*.

1779 Seine medizinische Dissertation *Philosophie der Psycho-*

logie wird abgelehnt. – Oktober: Eröffnung des Mannheimer Nationaltheaters.

1780 11.2.: Aufführung von Goethes *Clavigo* zum Geburtstag des Herzogs; Schiller spielt die Hauptrolle. – Seine zweite Dissertation wird zum Druck freigegeben. – 15.12.: Entlassung aus der Militär-Akademie; als Militärarzt nach Stuttgart beordert.

1781 Mai/Juni: *Die Räuber. Ein Schauspiel* erscheinen im Selbstverlag. Für die Drucklegung muss sich Schiller verschulden. Beginn seiner finanziellen Krise. Der Intendant des Mannheimer Nationaltheaters, Wolfgang Heribert von Dalberg (1750–1806), fordert Schiller zu einer Bühnenbearbeitung der *Räuber* auf.

1782 13.1.: Uraufführung der *Räuber* in Mannheim mit außerordentlichem Erfolg. Schiller ohne Beurlaubung inkognito anwesend. – Mai: Heimliche Reise nach Mannheim. Unterredung mit Dalberg, der ihm eine Anstellung an seinem Theater in Aussicht stellt. – Juni/Juli: Haft wegen der unerlaubten Fahrt ins kurpfälzische Ausland. Konzepte für *Fiesco* und *Louise Millerin*. – Ende August: Verbot des Herzogs, auf nichtmedizinischem Gebiet zu publizieren. Flucht mit seinem Freund Andreas Streicher (1761–1833) nach Mannheim. – 27.8.: Lesung vor Mannheimer Schauspielern aus dem *Fiesco*; völliger Misserfolg. – 30.11.: Abreise nach Oggersheim aus Furcht vor Verhaftung und Auslieferung. Weiterreise nach Bauerbach auf das Gut seiner Gönnerin Henriette von Wolzogen (1745–1788). Freundschaft mit Reinwald (1737–1810), seinem künftigen Schwager.

1783 Abschluss der Arbeit an *Louise Millerin* (späterer Titel: *Kabale und Liebe*). Quellenstudien für die Dramen *Imhof* und *Maria Stuart*, zurückgestellt zugunsten des *Don Karlos*. – März/April: *Bauerbacher Entwurf*. – Uraufführung des *Fiesco* in Bonn. – Ende August: Vertrag mit Dalberg über eine Anstellung am National-Theater mit der Verpflichtung, drei Stücke zu liefern.

1784 Januar: Aufnahme in die »Kürfürstliche Deutsche Gesellschaft« zu Mannheim; Antrittsrede (26.6.): »Was kann eine gute stehende Schaubühne eigentlich wirken?« Die spätere, überarbeitete Fassung erhält den Titel: »Die Schaubühne als moralische Anstalt betrachtet«. – 11.1.: Kühle Aufnahme der Mannheimer Erstaufführung des *Fiesco*. – 15.4.: Mannheimer Erstaufführung von *Kabale und Liebe* mit großem Erfolg. – August: Der Vertrag am Mannheimer Theater wird nicht verlängert. – Dezember: Vorlesung des 1. Aktes von *Don Karlos* in Gegenwart des Herzogs Karl August von Sachsen-Anhalt-Weimar (1757–1828). Ernennung (27.12.) zum Weimarischen Rat.

1785 Erscheinen des ersten Heftes der Zeitschrift *Rheinische Thalia*. – April: Reise nach Leipzig; im Mai: Übersiedlung nach Gohlis. Bekanntschaft mit dem Verleger Georg Joachim Göschen (1752–1828). Erstes Zusammentreffen mit seinem künftigen Freund und Gönner Christian Gottfried Körner (1756–1831). – Intensive Arbeit am *Don Karlos*.

1786 Februar: 2. Heft der *Thalia* erscheint bei Göschen (Anfangs-Szenen des 2. Aktes aus *Don Karlos*, Ode »An die Freude«, *Verbrecher aus Infamie* (später: *Der Verbrecher aus verlorener Ehre*). Bis Ende des Jahres: In der *Thalia* erscheinen weitere Szenen des *Don Karlos* bis zur Mitte des 3. Aktes.

1787 Ende Juni: *Dom Karlos, Infant von Spanien* erscheint bei Göschen. – Reise nach Weimar; Besuche bei Christoph Martin Wieland (1733–1813), Johann Gottfried von Herder (1744–1803); vertrauter Umgang mit Charlotte von Kalb (1761–1853). – 29.8.: Uraufführung des *Don Karlos* in Hamburg. – Zuneigung zu den beiden Töchtern des Hauses Lengefeld.

1788 Januar bis April: Charlotte von Lengefeld (1766–1826) in Weimar. – 7.9.: Erste Begegnung mit Goethe (1749–1832) im Lengefeld'schen Haus. – Dezember: *Briefe über Don Karlos*. – 15.12.: Berufung auf den a. o. Lehrstuhl für Geschichte an der Universität zu Jena.

1789 April: Verleihung der Doktorwürde der philosophischen Fakultät zu Jena. – Mai: Übersiedlung nach Jena. Antrittsvorlesung: *Was heißt und zu welchem Ende studiert man Universalgeschichte?* – August: Verlobung mit Charlotte von Lengefeld. – November: *Die Geisterseher*.

1790 22.2.: Vermählung mit Charlotte von Lengefeld.

1791 Januar: Ernste Erkrankung, von der Schiller sich nicht wieder erholen sollte. Kur in Karlsbad. Intensive philosophische Studien, die durch eine dreijährige Pension des Erbprinzen Friedrich Christian von Schleswig-Holstein-Augustenburg (1765–1814) und des Grafen Ernst von Schimmelmann (1747–1831) ermöglicht werden.

1792 Wiederholte Krankheitsanfälle. – August: Die Pariser Nationalversammlung verleiht Schiller die französische Ehrenbürgerschaft. – Abschluss der *Geschichte des Dreißigjährigen Kriegs*. – Vorlesungen über Ästhetik.

1793 Ästhetisch-philosophische Abhandlungen: *Über Anmut und Würde, Vom Erhabenen* und Briefe über *Die Philosophie des Schönen*. – 14.9.: Geburt des ersten Sohnes, Karl Friedrich Ludwig (1793–1857).

1794 Vertiefung der Freundschaft mit Wilhelm von Humboldt (1767–1835). – Mai: Vertragsabschluss über die Herausgabe der Zeitschrift *Die Horen* mit Cotta. – Juli: Intensivierung der Freundschaft mit Goethe; Beginn des Briefwechsels. – September: Schiller als Goethes Gast in Weimar.

1795 Erstes Erscheinen der *Horen*; hierin: *Über die ästhetische Erziehung des Menschen*. – März/April: Ablehnung eines Rufes als ordentlicher Professor der Philosophie nach Tübingen. – Juli bis Oktober: In den *Horen* erscheinen zahlreiche Gedichte Schillers (u. a.: »Der Tanz«, »Die Macht des Gesanges«, »Der Genius«, »Würde der Frauen« und »Der Spaziergang«). – Dezember: Abschluss der Abhandlung *Über naive und sentimentalische Dichtung*.

1796 Januar/Februar: In enger Zusammenarbeit mit Goethe entstehen die *Xenien*. – 23.4.: Tod der Schwester Nanette. – 11.7.: Geburt des zweiten Sohnes, Ernst Friedrich Wilhelm (1796–1841). – 7.9.: Tod des Vaters.

1797 Februar/März: Goethe in Jena: Gespräche über Gattungsgesetze des Dramas (*Wallenstein*) und des Epos (*Hermann und Dorothea*); Konzeption zu *Wallensteins*

Lager. – Juni bis September: Balladenwettstreit mit Goethe: »Der Taucher«, »Der Handschuh«, »Der Ring des Polykrates«, »Die Kranische des Ibykus«, »Ritter Toggenburg«. – Oktober: Erscheinen des *Musen-Almanachs für das Jahr 1798*, sog. Balladen-Almanach.

1798 12.10.: Uraufführung von *Wallensteins Lager* zur Eröffnung des umgebauten Weimarer Theaters.

1799 30.1.: Uraufführung der *Piccolomini* in Weimar. – 20.4.: Uraufführung von *Wallensteins Tod* in Weimar; großer Erfolg. – 11.10.: Geburt der Tochter Karoline Henriette Luise (1799–1850). – Schwere Erkrankung Charlottes. – Umzug nach Weimar. Das Gartenhaus in Jena wird als Sommerwohnung beibehalten.

1800 14.5.: Erstaufführung von Shakespeares *Macbeth* in Schillers Bearbeitung. – 14.6.: Uraufführung von *Maria Stuart* in Weimar mit großem Erfolg.

1801 11.9.: Uraufführung der *Jungfrau von Orleans* in Leipzig mit außerordentlichem Erfolg. – 28.11.: Weimarer Erstaufführung von Lessings *Nathan* in Schillers Bearbeitung.

1802 29.4.: Tod der Mutter. – Einzug in das Haus an der Esplanade in Weimar (»Schillerhaus«). – 16.11.: Erhebung in den erblichen Adelsstand.

1803 Uraufführung der *Braut von Messina* im Hoftheater zu Weimar. – Übersetzung von L. B. Picards (1769–1828) Lustspielen.

1804 17.3.: Uraufführung des *Wilhelm Tell* mit ungewöhnlichem Erfolg. – Juli: Erneut schwere Erkrankung mit nur langsamer Erholung. – 25.7.: Geburt der jüngsten Tochter Emilie Henriette Luise (1804–1872). – November: Abfassung des Festspiels *Die Huldigung der Künste* zum Empfang des Großherzogs Carl Friedrich von Sachsen-Weimar-Eisenach (1783–1853) und seiner jungen Frau Maria Pawlowna (1786–1859).

1805 Februar: Wiederum schwerer Fieberanfall, langes Krankenlager mit schleppender Genesung. Weiterarbeit am *Demetrius*. – 9.5.: Schillers Tod. Beisetzung auf dem alten Friedhof der St. Jakobskirche. 1827 Überführung in die Fürstengruft zu Weimar.

Entstehungs- und Textgeschichte

Von allen Dramen Schillers kann *Don Karlos* in mehrfacher Hinsicht als das außergewöhnlichste bezeichnet werden. Vom sog. *Bauerbacher Entwurf* 1783 bis zur *Letzten Ausgabe* im Todesjahr 1805 beschäftigte Schiller aus unterschiedlichen Gründen und Anlässen immer wieder die dramatisch-künstlerische Bewältigung des faszinierenden, aber gleichwohl sperrigen Sujets. Das Resultat seiner Bemühungen spiegelt sich in nicht weniger als fünf Fassungen des Dramas, mehreren autorisierten Regiebüchern und ungezählten Varianten, die durch Streichungen verschiedener Theaterintendanten zustande kamen und im ein oder anderen Fall Schillers Zustimmung fanden, so dass rechtens die provozierende Behauptung aufgestellt worden ist, dass es »*den* Don Karlos« eigentlich gar nicht gebe (Kluge 1984, S. 94). Ferner entschloss sich Schiller für die von ihm herausgegebene Zeitschrift *Deutsche Thalia* zu einem Vorabdruck der ersten drei Akte des Dramas, bevor er es zur Gänze ausarbeitete (vgl. S. 300 f.). Und schließlich sah er sich angesichts harscher literaturkritischer Stimmen schon ein Jahr später dazu genötigt, mit seinen *Briefen über Don Karlos* sein neuestes Werk zu verteidigen (S. 313 ff.).

Fünf Fassungen des Dramas

Entscheidende Gründe für diesen leicht Irritationen hervorrufenden Befund lassen sich in verändernden künstlerischen Auffassungen des Dichters über die ideale Form der Tragödie sowie wechselnden pragmatischen Lebensumständen und kommunikativen Situationen finden. Es war daher eine angemessene Entscheidung Gerhard Kluges, wenn er als umsichtiger Herausgeber des Schiller'schen Werkes im 3. Band der Frankfurter Ausgabe (FA 3), der die unterschiedlichen Fassungen des *Don Karlos* sowie die *Briefe über Don Karlos* versammelt, die ihnen zugrunde liegenden besonderen textinternen wie textexternen Bedingungen in seine Kommentierung integriert hat, da eine ausschließlich chronologische Darbietung der Fassungen wenig aussagekräftig wäre. Diesem Prinzip folgt auch Regine Otto als Bearbeiterin des 3. Bandes der *Sämtliche[n] Werke* Schillers im Aufbau-Verlag (AV 3, S. 809 ff.).

Wenn in der folgenden, Kluge, Otto und auch Pörnbacher (2004) verpflichteten Darstellung den verschiedenen Fassungen des Werks in ihren je spezifischen Charakteristika entstehungs- und entwicklungsgeschichtlich nachgegangen wird, so bedeutet dies, dass unterschiedliche situative Handlungskontexte zu berücksichtigen sind wie Schwierigkeiten mit der Zensur, besondere politische und gesellschaftliche Verhältnisse in verschiedenen Theaterstädten oder scheinbar banale Lebensumstände Schillers etwa in finanzieller Hinsicht.

Bauerbacher Entwurf

Eine gleichsam in statu nascendi sich befindende Vorstufe des Dramas bildet der sog. *Bauerbacher Entwurf* (*Dom Karlos Prinz von Spanien. Trauerspiel.*; vgl. »Anhang«, S. 237 ff.). Im Frühjahr 1783 hielt sich Schiller nach der überwältigenden Mannheimer Uraufführung seiner *Räuber* im thüringischen Bauerbach auf, um die Arbeit an seinem neuen Trauerspiel *Louise Millerin*, das später in *Kabale und Liebe* umbenannt wurde, zu vollenden. Vom Intendanten des Mannheimer Nationaltheaters, Wolfgang Heribert Freiherr von Dalberg, schon 1782 mit dem *Karlos*-Stoff durch Abbé de Saint Réals (1639–1692) *Histoire de Dom Carlos, Fils de Philippe II. Roy d'Espagne* und später mit der deutschen Übersetzung von 1784 (vgl. »Quellen«) konfrontiert, entwirft Schiller schon nach wenigen Wochen eine relativ präzise Handlungsskizze für ein *Karlos*-Drama. Dieser sog. *Bauerbacher Entwurf* »folgt dem Schema eines breit angelegten fünfaktigen Dramas mit detaillierten Schritten der Handlungsentwicklung, Steigerung, der scheinbaren Lösung des Konflikts bei tatsächlicher Verschärfung bis zur Katastrophe« (FA 3, S. 1013 f.). Ohne auf die genaue Verbindung zwischen Haupt- und Nebenhandlung einzugehen und eine präzise Lösung des Konflikts anzuzeigen, lässt der Plan verschiedene Möglichkeiten zur Konkretisierung offen.

»Familiengemälde« bzw. Tableau

Ein Jahr später präzisiert Schiller gegenüber Dalberg im Brief vom 7. 6. 1784 seine Absicht, kein »politisches Stük«, sondern ein »Familiengemälde in einem fürstlichen Hauße« (zit. n. Pörnbacher 2004, S. 137) darzustellen und besonderes Gewicht auf den Vater-Sohn-Konflikt zu legen. Mit diesem Tendenzhinweis trifft der Dichter – gewollt oder nicht – sowohl die beiden möglichen Darstellungsschwerpunkte eines *Karlos*-Dramas, wie sie dann auch die Forschungsliteratur (vgl. »Deutungsaspekte«, S. 320) maßgeblich bestimmt haben, als auch den Mannheimer Theatergeschmack, der sich an Familiengemälden oder Tableaus im Sinne der *tragédie domestique* eines Denis Diderot (1713–1784) orientierte. In dort gespielten Familientragödien Heinrich von Gemmingens (1755–1836), August Wilhelm Ifflands (1759–1814) oder August von Kotzebues (1761–1819) fand dieser französische Dramentypus sein deutsches Pendant. Vor diesem Hintergrund ist es sicher nicht unerheblich, dass Schiller in Mannheim um eine Verlängerung seines Vertrags am Nationaltheater nachsuchte. Ob er allerdings mit seinem *Karlos*-Plan, den neben Dalberg auch andere einflussreiche Theaterleute kannten, bewusst ein solches Ziel verfolgte, kann nicht nachgewiesen, aber auch nicht ausgeschlossen werden.

Die nicht zu bestreitende *strukturelle* Präzision des *Bauerbacher Entwurfs* im Hinblick auf die Anlage der dramatischen actio lässt gleichwohl deren *konkrete* Handlungssukzession und -verknüpfung sowie eine eindeutige Schwerpunktbildung in den Personen vermissen. Er ist ein »Zeugnis dafür, wie Schiller mit der poetischen Organisation des historischen Stoffes operiert, noch ohne daß – oder: noch bevor – dieser eine spezifische geistige Tendenz erhält oder zu erkennen gibt. Er ist ganz pragmatisch angelegt und dient zu keinen anderen als pragmatischen Zwecken« (FA 3, S. 1017) – worin auch immer sie genau bestanden haben mögen.

Thalia-Fragmente

Mit der Absage Dalbergs im Sommer 1784, dass ein weiteres Engagement Schillers am Mannheimer Theater nicht möglich sei, forciert der Dramatiker seine Arbeit am *Don Karlos* und verlässt die Stadt Anfang 1785 Richtung Leipzig und schließlich nach Dresden. Im Laufe des Jahres entstehen die ersten beiden Akte, die Ende 1785 und während des Jahres 1786 zunächst in der von ihm herausgegebenen Zeitschrift *Rheinische Thalia* und nach der Übernahme des Verlages durch Georg Joachim Göschen nunmehr unter dem Namen *Thalia* bis Januar 1787 erscheinen. Dieser gibt die aus vier Heften zusammengestellten Fragmente unter dem Titel *Dom Karlos. Infant von Spanien* gebunden heraus. Sie umfassen mit einem unglaublichen Umfang von 4141 Versen die ersten drei Akte des Werkes bis zur großen Audienz-Szene zwischen Philipp und Marquis Posa, die bis dahin wohl nur im Entwurf existierte.

Vorrede zu den Thalia-Fragmenten

Schiller hat den Fragmenten eine Vorrede hinzugefügt, die in drei Punkten Bemerkenswertes aufweist. Zum einen bittet er – wie schon anlässlich der Herausgabe seiner *Räuber* – das »Publikum« um ein kritisches Urteil:

> »Wenn der Dichter nicht Gefahr laufen will, sich in seinen eigenen Irrgängen zu verwickeln, und über der ängstlichen Farbenmischung des Details die Perspektive des Ganzen zu verlieren, so ist es nötig, daß er zuweilen aus seinen Illusionen heraustrete, daß seine Phantasie von ihrem Gegenstand erkalte, und fremde Empfindung seine eigne zurechtweise.« (FA 3, S. 17)

Der Leser als kritisches Korrektiv der dichterischen Produktion bleibt freilich nur eine Zwischeninstanz, räumt er doch der »Nachwelt« als seiner »Richterin« das endgültige Urteil über seine dichterischen Werke ein.

Zum anderen schenkt Schiller dem Aspekt der Handlungsfügung oder Handlungslogik besondere Aufmerksamkeit. »Der ganze Gang der Intrigue wird [...] schon in diesem ersten Aufzug verraten sein. Wenigstens war das meine Absicht, und ich halte es für das erste Requisit der Tragödie.« (FA 3, S. 19) Die nachdrückliche Akzentuierung der auf die aristotelische Einheit der Handlung und ihrer logischen Entwicklung zielenden Bemerkung macht deutlich, dass Schiller um die Schwierigkeiten besorgt war, die der Leser mit dem nicht immer prima vista durchschaubaren Handlungsverlauf haben könnte. Und zum Dritten macht er sich die Auffassung keines Geringeren als Christoph Martin Wieland zu eigen, dass ein vollkommenes Drama »in Versen geschrieben sein [müsse], oder es ist kein vollkommenes, und kann für die Ehre der Nation gegen das Ausland nicht konkurrieren« (FA 3, S. 19 f.). Von der geforderten Notwendigkeit allerdings, dass sich der jambische Blankvers auch zu reimen habe, rückt Schiller ab.

Diskrepanz in der genretypologischen Kennzeichnung

Bezieht man diese schlaglichtartigen Bemerkungen auf wesentliche Ausführungen seines Briefes an Dalberg aus dem Jahre 1784, wird die Diskrepanz in der genretypologischen Kennzeichnung des *Don Karlos* zum einen als Familiengemälde oder

Tableau, die er in einer Fußnote am Ende des 3. Aktes in der *Thalia*-Publikation wiederholt (FA 3, S. 137), zum anderen als hohe Tragödie unübersehbar. Was 1784 noch eine bloße Absichtserklärung Schillers war, konkretisiert sich im Prozess der Ausarbeitung über nahezu zwei Jahre als ein von Intrigen gesteuertes Drama, auch wenn der 1. Akt den Anschein einer quasi stehenden Handlung erweckt.

> »Die ›Thalia‹-Szenen sind Aufriß und fragmentarische Ausführung einer Tragödie, zentriert um einen Vater-Sohn-Konflikt, mit sich verzweigenden Nebenhandlungen und Nebenfiguren, deren Charaktere so angelegt sind, daß sie sich im dramatischen Kräftespiel und im Gang der Handlung verselbständigen können.« (FA 3, S. 1026)

Der missverständliche Begriff des Familiengemäldes, der in der Forschung (vgl. v. a. bei Storz 1960 u. Böckmann 1974, 1982) eine nicht unbedeutende Rolle spielt, ist »kein Begriff, der eine für das *Theater* bestimmte Art des Dramas bezeichnet, [sondern] er umschreibt inhaltliche Vorgänge, die in den ›Thalia‹-Szenen zur Darstellung gekommen sind« (FA 3, S. 1027).

Differenz zw. Bauerbacher Entwurf u. Thalia-Fragmenten

Gerade inhaltliche Besonderheiten und Schwerpunkte bestimmen auch die Differenz zwischen dem im Bauerbacher *Entwurf* Intendierten und den *Thalia-Fragmenten*. Bleibt dort etwa die Rolle Marquis Posas ausschließlich auf die freundschaftlich-liebende Zuneigung zum Königssohn beschränkt, so gewinnt sie hier bereits im 1. Akt politische Dimensionen, die im Zusammenhang mit den niederländischen Freiheitsbestrebungen stehen. Die im Brief Schillers vom 14. 4. 1783 an seinen späteren Schwager Reinwald angekündigte scharfe Abrechnung mit den Praktiken der Inquisition (»Außerdem will ich es mir in diesem Schauspiel zur Pflicht machen in Darstellung der Inquisition die prostituirte Menschheit zu rächen, und ihre Schandfleken fürchterlich an den Pranger zu stellen.« Zit. n. Pörnbacher 2004, S. 134) und der beherrschenden Rolle der katholischen Kirche schon in der Eröffnungs-Szene im Dialog zwischen Karlos und Domingo (FA 3, S. 30–32) ist dem *Entwurf* genauso wenig zu entnehmen wie jedwede politische Verwicklung, die den familiären Konflikt überlagert oder gar mitbestimmt. Lediglich im geplanten 4. Schritt (»A. Der König entdeckt eine Rebellion seines

Sohnes«) wird unspezifisch und nahezu unmotiviert auf einen außerfamiliären Konflikt hingewiesen. Und auch die Person der Prinzessin Eboli besitzt ein wesentlich größeres Potenzial als die Reduktion auf ihre Rolle als verschmähte Liebhaberin Don Karlos', an der die Liebe des Prinzen zu seiner Stiefmutter abgelesen werden könne (vgl. hierzu Kluge 1982).
Insgesamt – und das belegen die wenigen Beispiele – führt also kein direkter Weg vom *Bauerbacher Entwurf* zu den *Thalia-Fragmenten*. Und von einer Entwicklung, einem prozessualen Reifungsprozess im Sinne einer Ausarbeitung des mittlerweile zwei Jahre alten Planes kann keine Rede sein (vgl. Storz 1964). Dafür lassen sich zwei gravierende Gründe nennen. Mit der Nichtverlängerung seines Vertrags am Mannheimer Nationaltheater brauchte Schiller auf den dort herrschenden zeitgenössischen Publikumsgeschmack keine Rücksicht mehr zu nehmen. Strategische oder opportunistische Überlegungen als textexterne Gründe – wenn man sie denn unterstellen will – waren nicht mehr vonnöten. Zudem widersprachen sie genretypologisch der klar umrissenen Entwicklung in den Dramen Schillers, denn sowohl *Die Räuber* als auch *Kabale und Liebe* zeigten mit aller Wucht die »Auflösung und Zerstörung« (FA 3, S. 1024) der familiären Ordnung durch gesellschaftliche und politische Einwirkungen. Eine ausschließlich auf das Private beschränkte Familientragödie wäre ein Rückschritt gewesen.
Ein noch gravierenderer Grund liegt in dem von Schiller benutzten Quellenmaterial (vgl. »Literaturverzeichnis«). Sowohl Saint-Réals *Histoire* als auch Brantômes Darstellung der historischen Vorgänge am spanischen Hof leben entschieden von der Wechselwirkung zwischen familiärem und politischem Konflikt (vgl. AV 3, S. 814 f.). Eine Eliminierung der politischen Dimension hätte (s)ein *Karlos*-Drama amputiert und auf ein eindimensionales Rührstück reduziert. Wenn derart ein Interesse Schillers an diesem Stoff begründet werden soll, dann nur um den Preis einer völligen Missachtung seines dramatischen Talents und seiner weiteren Ausprägung.

Schillers Quellenmaterial

Die Publikation der *Thalia-Fragmente* rief ein lebhaftes Kritiker-Echo hervor (vgl. FA 3, S. 1028 f.), das Schiller dazu veranlasste, das Werk schnellstmöglich zu vollenden. Von seiner nicht

Drei Fassungen im Sommer 1787

geringen Arbeitsintensität zeugen gleich drei Fassungen des *Don Karlos*, die alle im Sommer 1787 erschienen: die Erstausgabe Ende Juni sowie zwei Fassungen als Theaterstücke, die – in der Forschung als *Hamburger* und *Rigaer Bühnenfassung* bezeichnet – erheblich voneinander abweichen. Neben der Ausarbeitung der beiden letzten Akte mit ihrer überbordenden Handlung machte Schiller offenbar v. a. die Versifikation seines zunächst in Prosa gefassten Werkes Schwierigkeiten. Auch wollte er dem Publikum das Ende des Dramas nicht länger vorenthalten und eine vollständige Vorabpublikation in der *Thalia* vermeiden, die ihm erhebliche finanzielle Nachteile eingebracht hätte, wenn es vor seiner Erstausgabe zu verlegerischen Alleingängen ohne Honorarzahlungen an ihn gekommen wäre.

Erstausgabe 1787

Interessanter als die 6282 Blankverse umfassende *Erstausgabe* (*Dom Karlos. Infant von Spanien*) sind die beiden Bühnenfassungen, und es ist sorgfältig zwischen dem *Don Karlos* als Buchausgabe oder (Lese-)Drama und dem Theaterstück oder Schauspiel zu unterscheiden, mussten letztere doch bühnentauglich sein. Aus diesem Grund reduzierte Schiller, der die Aufführungsbedingungen in Hamburg im Prinzip kannte, den Umfang des Stückes mit Sorgfalt und Akribie auf 3943 Verse und bot sie dem dortigen Theaterdirektor und einem der besten Schauspieler seiner Zeit, Friedrich Ludwig Schröder (1744–1816), an.

Hamburger Bühnenfassung 1787

Schiller konzentrierte sich in seiner Überarbeitung nahezu ausschließlich auf aufführungspraktische, aber auch auf politische Probleme, wie der Brief an Schröder vom 18.12.1786 ausweist:

> »Nun muß ich mir vor allen Dingen Nachricht von ihnen ausbitten 1) ob ich den Carlos in Prosa für Ihre Bühne verwandeln muß, weil doch immer zu besorgen ist, daß die untergeordneten Schauspieler Jamben schief declamieren [...]. 2) Wünschte ich zu wissen welche Größe ich dem Stük geben, ob es 3 gute Stunden spielen darf? 3) Ob ich mir im Punkte des Catholicismus, der Geistlichkeit u. der Inquisition einige Freiheiten erlauben darf oder ob es nothwendig ist, daß ich den Dominikaner weltlich mache u. die verfänglichen Stellen streiche? [...] Der Himmel bewahre mich übrigens, daß ich mich in kaufmännische Bedingungen über meine Stükke mit

Ihnen einlasse. [...] Nur bitte ich, daß ich die Freiheit behalte, die Stükke, wenn sie erst ihre Bühne betreten haben, auch auf ein anderes Theater bringen kann – u. daß mein Manuscript das ich Ihnen schicke, nicht gedrukt wird.« (Zit. n. Pörnbacher 2004, S. 150 f.)

Und die Zusendung der Bühnenfassung an Schröder vom 13.6.1787 versieht Schiller, der nichts dem Zufall überlassen will, mit einer für das Verständnis des Werkes wichtigen Überlegung:

»Aber über eine Hauptsache muß ich mich mit Ihnen berichtigen. Ich weiß nicht zu bestimmen, wie weit in Hamburg die Toleranz geht. Ob z. B. ein Auftritt des Königs mit dem Großinquisitor statt finden kann. Wenn Sie ihn gelesen haben, werden Sie finden, wie viel mit ihm für das Stück verloren seyn würde. Weil ich es aber nicht aufs Ungewisse wagen wollte, so habe ich diesen Auftritt so angebracht, dass er ohne dem Zusammenhang Schaden zu thun, wegbleiben kann.« (Zit. n. Pörnbacher 2004, S. 159).

Der Erfolg der Premiere des *Dom Karlos. Infant von Spanien* am 29.8.1787 in Hamburg mit Schröder in der Rolle König Philipps lässt auf überzeugende Theatertauglichkeit und damit Spielbarkeit der gekürzten Version schließen.

»Weder besteht ein Mißverhältnis zwischen den Akten 1–3 und 4–5, noch wird ein Bruch bzw. eine konzeptionelle Verschiebung von Karlos auf Philipp bzw. Posa sichtbar. Nebenhandlungen, Abschweifungen (Kartäuserszene, Intrige der Höflinge) sind gestrichen oder eingeschränkt, die Verselbständigung anderer Charaktere (Eboli, Posa) wird vermieden; die ideellen Aspekte (Freiheits- und Staatsphilosophie) und die Rhetorik des Dialoges hemmen nicht die Entfaltung und Durchführung des dramatischen Konflikts und der Handlung.« (FA 3, S. 1040)

Damit sind zugleich – mutatis mutandis – die wesentlichen Probleme der Erstausgabe benannt. Es ist deshalb erstaunlich, warum in der Theater-Praxis bis auf den heutigen Tag nicht »Schillers Gesellenstück« (FA 3, S. 994) der Vorzug vor einer wie auch immer gearteten Strichfassung der *letzten Ausgabe* von 1805 gegeben wird, die er zwar um 912 Verse auf insgesamt

5370 Verse gegenüber der Erstausgabe kürzte, deren konzeptionelle und handlungsimmanente Probleme er aber weiterhin nicht zu lösen vermochte.

Rigaer Bühnenfassung 1787

Die ebenfalls 1787 herausgegebene, aber erst 1862 entdeckte *Rigaer Bühnenfassung* (*Dom Karlos. Infant von Spanien. Ein Trauerspiel in 5 Aufzügen*) ist in Prosa verfasst und wird als sog. Perez-Version bezeichnet. Die Figur des Pater Domingo wird durch die des Staats-Sekretärs Perez ersetzt und die Großinquisitor-Szene am Ende des 5. Aktes gestrichen, erlaubte doch die Zensur keine geistlichen Figuren auf der Bühne. Folglich fällt auch die Alba/Domingo-Intrige gegen Posa im 4. Akt der Umarbeitung zum Opfer. Interessanterweise wird – wie in der Saint-Réal-Quelle – der Vater-Sohn-Konflikt wieder stärker in den Vordergrund gerückt, wenn Karlos nach einem versuchten Schuss auf Philipp Selbstmord begeht und Elisabeth ihrem Gatten die Hauptschuld an diesem tragischen Ausgang zuweist. Die Freiheitsidee tritt gegenüber den anderen Versionen zwar zurück, gleichwohl fällt die Audienz-Szene (III, 10) noch umfänglicher aus als in der *Erstausgabe*.

Auch Dalberg an seiner alten Mannheimer Wirkungsstätte bietet Schiller sein Werk im September 1787 an. Da das Manuskript nicht erhalten ist und nur ein nichtautorisiertes Regiebuch existiert, ist eine weitgehende Übereinstimmung mit der Hamburger Bühnenfassung wahrscheinlich. Gestrichen wurde jedenfalls die Großinquisitor-Szene, Domingo in einen Jesuiten verwandelt und die antiklerikale Tendenz beibehalten (vgl. FA 3, S. 1041). Die Aufführung fand im April 1788 mit mäßigem Erfolg statt.

Mögliche Gründe für die verschiedenen Fassungen

Die hier in aller Abbreviatur skizzierten Entwicklungslinien der Entstehung des *Don Karlos* erhellen einmal mehr, dass inner- wie außerliterarische Gründe und Anlässe gleichermaßen mit unterschiedlicher Dominanz die verschiedenen Fassungen des Werkes bestimmten. Genretypologische Bestimmungen (Familiendrama vs. hohe Tragödie), unterschiedliche Schwerpunktsetzungen und Akzentuierungen (Vater-Sohn-Konflikt vs. Marquis Posa-Dominanz), Abrechnung mit der Inquisition (Domingo-Intrige und Großinquisitor-Szene) (vgl. AV 3, S. 818 f.; Storz 1964, S. 115 ff.) verschränken sich mit persönlich-existenziellen Problemen wie dem seiner beruflichen Zukunft in Mannheim, dem Umgang mit der Zensur oder schlicht finanziellen Engpässen, wenn er etwa Henriette von Wolzogen, der Mutter eines Mitschülers an der Stuttgarter Karlsschule, am 1. 8. 1787 mitteilen muss, dass er das bereits 1783 von ihr geborgte Geld immer noch nicht zurückzahlen kann:

> »Ich habe Sie mit keiner falschen Hoffnung vertröstet, sondern mein Plan war gemacht, und gegen meine Erwartung schlug er fehl. Döbbelin, Schauspieldirector in Berlin, und Großmann in Hannover hatten mir meinen Carlos für ihre Theater schon abgekauft. Dieses Geld, das ich täglich erwartete, war Ihnen bestimmt und beide schrieben mirs ab. [...] Jezt habe ich noch verschiedenen Theater geschrieben, um meinen Carlos sonst wo [sic!] zu verkaufen. Ich muss nun erwarten, ob der Himmel meine redliche Absicht unterstüzen wird.« (Zit. n. Pörnbacher 2004, S. 168)

Inwieweit also unterschiedliche Fassungen des *Don Karlos* durch künstlerische, beruflich-situative oder gar existenzielle Probleme beeinflusst sind, lässt sich im Einzelnen nur schwer bestimmen (vgl. AV 3, S. 829, u. Storz 1964, S. 122 ff). Der ein wenig unbekümmerte Umgang Schillers mit seinem Drama legt jedoch die Vermutung nahe, dass ihn die verschiedenen Fassungen des Dramas trotz unterschiedlicher Intentionen nicht davon abhielten, sie ohne Beachtung der Rezeptionswirkung auf dem literarischen Markt anzubieten, und es bleibt Aufgabe der Forschung, den Gesamtzusammenhang der diversen Fassungen mit solchen oder ähnlichen Bedingungen nicht zu ignorieren und sich nur auf innerliterarische Sachverhalte zu beschränken. Und dies um so mehr, als sich Schiller offenkundig in einer künstlerischen Umbruchphase befand, deren Ziel er präzise noch nicht zu bestimmen in der Lage schien.

Letzte Ausgabe 1805

Wenn dem vorliegenden Band die *letzte Ausgabe* von 1805 zugrunde liegt, so hat die Entscheidung für diese Fassung ebenfalls primär pragmatische Gründe. Sie genießt – nach wie vor – deshalb den Vorzug gegenüber anderen Bearbeitungen, weil sie »als letztgültige Verfügung des Dichters angesehen wurde« (AV 3, S. 880) und darum in nahezu allen einschlägigen Ausgaben die Textbasis bildet. Keineswegs wird mit der hier getroffenen Entscheidung der lange in der Forschung vertretenen Auffassung vom »Klassiker Schiller« das Wort geredet, die im *Don Karlos* ein Übergangswerk »von den entsprechend herabgesetzten Jugendwerken zu klassischer Läuterung« (AV 3, S. 880) sehen wollte.

Das Echo der institutionalisierten Literaturkritik nach dem Erscheinen der *Erstausgabe* des *Don Karlos* ließ nicht lange auf sich warten. Und es war – um im Bild zu bleiben – so laut, dass Schiller sich genötigt sah, binnen Jahresfrist mit den *Briefen über Don Karlos*, die zwischen Juli und Dezember 1788 in Wielands Zeitschrift *Der Teutsche Merkur* erschienen, sein Drama gegen teils vehement, teils polemisch vorgetragene Kritik zu verteidigen. Im Folgenden sollen die wesentlichen Dissenspunkte primär systematisch und weniger chronologisch derart aufeinander bezogen werden, dass die Meinungsunterschiede und v. a. die jeweils gewählten Argumentationsebenen deutlich werden.

Wieland: Verstöße gegen Normen des Trauerspiels

Den Reigen der Bedenkenträger eröffnet wiederum Wieland, auf den Schiller schon in seiner Vorrede zu den *Thalia-Fragmenten* (vgl. S. 301) teils zustimmend (was die Verwendung des Blankverses angeht), teils ablehnend (was den Gebrauch von Reimen betrifft) rekurrierte. In einer umfangreichen kritischen Würdigung des 1. Aktes aus der *Thalia* für Herzog Karl August von Sachsen-Weimar (FA 3, S. 1099–1106) fällt er, obwohl kein Theaterfachmann, wie er konzediert (»Das Dramatische Fach ist niemals weder mein innerer Beruf noch mein besonderes Studium gewesen.« ebd., S. 1099), ein von Besorgnis zeugendes Urteil über Schillers Talent als Tragödiendichter, da er – seiner Meinung nach – grundlegende Normen eines Trauerspiels nicht ausreichend beachtet und umgesetzt habe:

> »Ich hege keine geringe Meynung von den Fähigkeiten des Hrn. S. und ich habe auch in diesen ersten Scenen seines Don Carlos viele Stellen und einzelne Züge gefunden, die mich darin bestärkt haben. Soll ich aber aufrichtig gestehen, was das Resultat einer aufmerksamen Prüfung seiner Arbeit bey mir gewesen ist, so glaube ich, daß er seine noch immer zu feurige und zum Ausschweiffen geneigte Einbildung noch durch leichtere Vorübungen, z. B. durch Bearbeitung eines oder mehrerer Sujets aus den alten Heroischen Zeiten, noch mehr zu bändigen suchen, die *Kunst der Tragödie* noch mehr aus den Werken der *Griechischen* und *Französischen* Meister

studieren, sich um eine nicht bloß dichterische sondern exacte Philosophische Theorie der Menschlichen Natur bewerben, und mit Einem Worte, die Zeit der *Reiffe* seines Geistes erwarten sollte, ehe er ein Werk unternähme, wo der Verfasser *der Räuber* alle Augenblicke Gefahr läuft gegen Wahrscheinlichkeit, Schiklichkeit und Anständigkeit zu verstoßen. Nichts als das Wahre ist schön; nichts als das Wahre thut Wirkung auf Leser oder Zuhörer [...].« (FA 3, S. 1101)

Diese an gebilde- und wirkungsästhetische Komponenten der Aristotelischen Tragödiendefinition und an die französischen Klassizisten, insbesondere Racine (1639–1699) und Corneille (1606–1684), sich anlehnenden Kritikpunkte greift Wieland in seiner *Karlos*-Rezension im *Anzeiger des Teutschen Merkur* vom September 1787 (FA 3, S. 1107 f.) wieder auf. Obwohl er aus Rücksicht gegenüber Schillers neuem Verleger Göschen eigentlich die Kritik seinem Schwiegersohn Karl Leonhard Reinhold (1758–1823) überlassen wollte (»ich möchte *Göschen* gerne geholfen und *Schillers* geschont wissen.« FA 3, S. 1107), spricht er im *Merkur* dem *Don Karlos* die Gattungsbezeichnung ›Drama‹ wegen seines überdimensionierten Ausmaßes ab und als Folge dessen auch die Bühnentauglichkeit:

Wielands Rezension: Fehlende Bühnentauglichkeit

»Ich habe den Don Karlos einen dramatischen Roman genannt: denn daß ein Drama von beynahe 32 Bogen vom Verfasser selbst mehr zum Lesen oder Vorlesen als für würkliche Vorstellung auf der Bühne bestimmt sey, kann wohl keine Frage seyn[.] [...] Hr. *Sch. wollte* nach einem sich selbst ausgedachten *Ideal* arbeiten; *wollte* kein Werk weder nach den Mustern der Griechen, noch der Franzosen, aufstellen: aber dies beweiset eben so wenig seine *Verachtung* dieser Muster, als sein *Unvermögen* ein ächtes Kunstwerk (legitimum poema, wie es Horaz nennt) hervorzubringen. Der lebhafteste Wunsch, den uns die Durchlesung des Don Carlos abgedrungen hat, ist: daß der gute Genius der teutschen Schaubühne Hrn. Schiller endlich einmal den *Willen* eingebe, seinen eigenen den Gesetzen des Aristoteles und Horaz zu unterwerfen, und uns mit einem Schauspiel zu beschenken das jede Probe der Kritik aushalte[.]« (FA 3, S. 1108)

Schiller gebreche es also weder an Talent noch an Vermögen,

sondern es fehle ihm die ernsthafte Absicht, der *Wille*, ein vollendetes Kunstwerk hervorzubringen.

Auch die Rezensenten der *Allgemeine[n] Literatur-Zeitung Jena* (vermutlich Johann Friedrich Jünger) und der *Kritische[n] Uebersicht der neuesten schönen Literatur der Deutschen* (wahrscheinlich Christian Viktor Kindervater) in Leipzig gehen Mitte 1788 auf gattungstypologische Fragen ein, kommen aber zu einem anderen Urteil als Wieland. Sieht jener im *Don Karlos* »alles auf die Erregung der schönsten Empfindungen und Veredlung der Leidenschaften angelegt und de[n] Endzweck erreicht« (FA 3, S. 1117), so attestiert dieser dem Werk »die zur Erreichung der *höchsten Wirkung* so nöthige *Nothwendigkeit* [...]; selbst die äußere Form des Trauerspiels ist beybehalten worden« (FA 3, S. 1122).

Diskussion gattungstypologischer Probleme

Die Diskussion gattungstypologischer Probleme wirkt angesichts der Fußnote, die Schiller dem Ende des 2. Aktes in den *Thalia-Fragmenten* hinzugefügt, in der *Erstausgabe* aber getilgt hat, obsolet. Dort erklärte er:

> »Es wird kaum mehr nötig sein zu bemerken, dáß der Dom Karlos kein Theaterstück [sic!] werden kann. Der Verfasser hat sich die Freiheit genommen, jene Grenze zu überschreiten [.] [...] Die Regeln der Gattung entstunden aus ihren ersten Mustern – Derjenige welcher sich der dramatischen Form zuerst bediente, verband sie mit theatralischer Strenge – aber was macht diesen ersten Gebrauch zum Gesetz für die Dichtkunst? – Dem Dichter kömmt es darauf an, die höchste Wirkung die er sich denken kann, zu erreichen. Liegt diese innerhalb der Gattung, so ist relative und absolute Vollkommenheit eins – aber wäre eine von diesen der andern aufzuopfern, so möchte die Gattung wahrscheinlich das kleinere Opfer sein.« (FA 3, S. 137)

Schiller entkoppelt also die optimal zu erzielende Wirkung eines literarischen Werkes, hier: eines dramatischen Werkes von der jeweiligen Gattung und kritisiert zugleich die unhistorische, statische Kanonisierung dramentechnischer Regeln im Sinne einer normativen Poetik. Offenbar kam es ihm darauf an – wie er wenig später im Brief vom 25. 2. 1789 an seinen finanziellen und kritischen Förderer Christian Gottfried Körner formulierte –

»ein eigenes Drama nach meinen Talenten« (zit. n. Böckmann 1982, S. 54) und gegen vorgegebene Verfahrensweisen zu bilden.

Gravierendere Einwände werden gegen die von Aristoteles geforderte Einheit der Handlung und hier besonders gegen die Konsistenz und Kohärenz der Handlungsführung des Dramas mit Beginn des 4. Aktes erhoben, die – aus der Sicht der Kritiker – Marquis Posa zu unmotivierten, seinen ihm zugewiesenen Eigenschaften widersprechenden Aktionen veranlassen.

Kritik an Handlungsführung

Kritik an Figurenkonstitution u. Figurenrelation

> »Posa gebraucht die erlangte Macht über das Herz Philipps, um seinen Freund, und die Königin zu retten. Aber wie? ⟨...⟩ Man erkennt den Marquis gar nicht mehr in diesem verwickelten Plane. ⟨...⟩ Posa verleugnet die einfache Größe seines Charakters, um ein abentheuerlicher Intrigant zu werden. Denn die Absichten sind es nicht sowohl, die die Denkart eines Menschen charakterisieren, als vielmehr die Mittel, die er wählt, sie zu erreichen. Und was bleibt Freundschaft ohne offenes Vertrauen?« (FA 3, S. 1118),

so der Jenenser Rezensent. Und sein Kollege Kindervater (?) aus Leipzig sekundiert, indem er über die »praktische Lebensweisheit« des Marquis spottet:

> »Der Infant soll heimlich fort, und sich an die Spitze der Niederländer stellen; gut! die Idee ist menschenfreundlich! Karlos, das weis er ganz gewiß, soll Wunder bey der Armee thun. Karlos Wunder thun? der unbesonnene Jüngling, der noch keine Kenntniß von diesen Dingen hat, der einen seltsamen Streich über den andern begeht, der immer umherrast und tobt und sprudelt, immer die Leidenschaft nie die Vernunft hört, bald, wie er spricht, in *jeder Ader Gottheit fühlt*, den Niederländern zu helfen, und nach Empfang des irrigen Liebesbriefchen sich dieser Gottheit sowohl als seines gesunden Menschenverstandes wieder entäußert: der soll Wunder an der Spitze der Armee thun? Eher Tollkühnheit begehen, und sich und seine Armee zu Grunde richten!« (FA 3, S. 1125)

Und wirkungsästhetisch betrachtet, empfindet er die dramatis persona Karlos als Ärgernis: »Eine Person für dessen Schicksall man sich intereßiren soll, darf nicht so unüberlegt handeln, wofern sie nicht statt der Theilnehmung Aerger erwecken soll, und

Don Karlos scheint wirklich der Mann zu seyn, der sich auf das Letztere vorzüglich gut versteht.« (FA 3, S. 1126)

Polemisch fährt er fort, wenn er zur Charakterbestimmung Posas schreitet: »[E]ntweder er ist ein äusserst romanhaftes Kraftgenie, oder ein hochtönender leerer Schwätzer. Kommt nun dazu, dass man sich sogar für solche Leute, als Hauptpersonen, interessiren soll; was fühlt man da? Nichts als Verdruß, so daß man sie vom Schauplatze wegwünscht.« (FA 3, S. 1127) Sein Fazit fällt hinsichtlich der Handlungsmotivation vernichtend aus: »Wenn es Hauptregeln des Dramas sind, daß die Handlung deutlich, und wohl motivirt, der geschürzte Knoten verständlich, und jede Gesinnung plan und natürlich seyn muß; so wird man in dem gegebenen Auszuge gefunden haben, wie sehr dawider gefehlt ist.« (FA 3, S. 1127) Und im Vergleich zu Schillers früheren Dramen kommt er zu dem Schluss: »Sollten wir wohl Unrecht haben, wenn wir behaupten, daß der *Fiesko* des Herrn Verfassers (vielleicht auch *Liebe und Kabale*) dieses Stück an Vollkommenheit des Plans und der Charaktere, gar sehr übertrifft?« (FA 3, S. 1131)

Damit sind wesentliche Einwände der Kritik benannt, die Schiller in seinen *Briefen* aufgreift und in größere Zusammenhänge stellt, ohne im Einzelnen genau zu differenzieren, ob es sich bei den jeweiligen Aspekten, auf die er eingeht, um im Drama nachweisbare Phänomene oder um Absichten, Ziele oder Ideen handelt, die er mit und in *Don Karlos* erreichen wollte. Die Kritikpunkte beziehen sich zum einen auf die geforderte stringente Anlage der Dramenkomposition, die nach der Audienz-Szene in III,10 offenkundig in zwei disparate Teile zerfällt, auf die damit zusammenhängende Zeichnung der dramatis personae Posa und Karlos sowie auf das Verhältnis der Freundschaft zwischen beiden, kurz: auf Probleme der Handlungsführung, der Figurenkonstitution und der Figurenrelation.

Schillers Umorientierung bei der Genese des Werkes

Bereits im 1. *Brief über Don Karlos* konzediert Schiller eine Interessenverlagerung hinsichtlich der beiden in Rede stehenden Hauptpersonen. Da ihm das Stück aufgrund seiner langen Entstehungszeit »fremder geworden« sei und sich »vieles verändert« (S. 241) habe in seiner künstlerisch-ästhetischen Vorstellung, sei der einzugestehende Schwerpunktwechsel nichts als eine natürliche Folge.

»An den verschiedenen Epochen, die während dieser Zeit über meine Art zu denken und zu empfinden ergangen sind, mußte notwendig auch dieses Werk Teil nehmen. Was mich zu Anfang vorzüglich in demselben gefesselt hatte, tat diese Wirkung in der Folge schon schwächer, und am Ende nur kaum noch. Neue Ideen, die indeß bei mir aufkamen, verdrängten die frühern; Karlos selbst war in meiner Gunst gefallen, vielleicht aus keinem andern Grunde, als weil ich ihm in Jahren zu weit vorausgesprungen war, und aus der entgegengesetzten Ursache hatte Marquis Posa seinen Platz eingenommen. So kam es denn, daß ich zu dem vierten und fünften Akte ein ganz anders Herz mitbrachte. Aber die ersten drei Akte waren in den Händen des Publikums, die Anlage des Ganzen war nicht mehr umzustoßen – ich hätte also das Stück entweder ganz unterdrücken müssen [...] oder ich mußte die zweite Hälfte der ersten so gut anpassen, als ich konnte.« (S. 241 f.)

Betroffen von Schillers Umorientierung während der Genese des Werkes sind also in erster Linie die Hauptpersonen Karlos und Posa, die bei den Kritikern wegen unwahrscheinlicher oder gar widersprüchlicher Handlungen Irritationen auslösten. Da Philipps »Schmerzen der Eifersucht« ihn aus seinem Despotismus haben treten lassen und er »in den ursprünglichen Stand der Menschheit zurück versetzt« (S. 259) worden sei, eröffne sich für Posa mit der Audienz-Szene eine völlig neue Handlungsperspektive.

»[D]arum war es nötig, daß auch das ganze Stück mit jener [der Darstellung der leidenschaftlichen Liebe des Infanten zu Elisabeth] eröffnet wurde. Gegen sie mußte der Marquis selbst so lange im Schatten gestellt werden[.] [...] Die Aufmerksamkeit des Zuschauers durfte also durchaus nicht vor der Zeit davon abgezogen werden, und darum war es nötig, daß sie bis hieher als Haupthandlung beschäftigt, das Interesse hingegen, das nachher das herrschende werden sollte, nur durch Winke von ferne angekündigt wurde. Aber sobald das Gebäude steht, fällt das Gerüst. Die Geschichte von Karlos Liebe, als die bloß vorbereitende Handlung, weicht zurück, um denjenigen Platz zu machen, für welche allein sie gearbeitet hatte. Nämlich jene verborgenen Motive des Marquis, welche keine andre sind, als Flanderns Befreiung und das künftige Schicksal der Nation, Motive, die man unter der Hülle seiner Freundschaft bloß geahndet hat, treten jetzt sichtbar hervor, und fangen an, sich der ganzen Aufmerksamkeit zu bemächtigen.« (S. 260 f.)

Schillers Eingeständnis, im Drama gleichsam analytisch und sukzessiv die fundamentalen Motive für Posas Handeln freizulegen, gibt den Argumenten der Kritiker vordergründig Recht. Allerdings beschränkt er den Bezugspunkt seines Zugeständnisses auf die Handlungsebene und rechtfertigt sein Vorgehen unter Hinweis auf die Gesamtanlage und die Idee des Dramas. Denn mit den in III,10 entwickelten Vorstellungen eines idealen Staates sei das ganze Betätigungsfeld und das umfassende Interesse Posas erst recht deutlich geworden. »Das große Schicksal eines ganzen Staats, das Glück des menschlichen Geschlechts auf viele Generationen hinunter, worauf alle Bestrebungen des Marquis, wie wir gesehen haben, hinauslaufen, kann nicht wohl *Episode zu einer Handlung sein, die den Ausgang einer Liebesgeschichte zum Zweck hat.*« (S. 269 f.) Damit gewinnt die für die spätere wissenschaftliche Forschung (vgl. »Deutungsaspekte«, S. 320 ff.) so zentrale wie hochabstrakte Kategorie der *Einheit des Dramas* eine völlig neue Dimension. Schiller beschränkt sie eben nicht allein auf die Ebene der Handlung und damit auch auf die der handlungstragenden dramatis personae, sondern umfassender auf die der Idee des Dramas, die der aristotelische Handlungsbegriff eben nicht umfasst.

Einheit des Dramas

»Und was wäre also die sogenannte Einheit des Stückes, wenn es *Liebe* nicht sein soll, und *Freundschaft* nie sein konnte? Von Jener handeln die drei ersten Akte, von dieser die zwei übrigen, aber keine von beiden beschäftigt das Ganze. Die Freundschaft opfert sich auf, und die Liebe wird aufgeopfert, aber weder diese noch jene ist es, der dieses Opfer von der anderen gebracht wird. Also muß noch etwas Drittes vorhanden sein, das verschieden ist von Freundschaft und Liebe, für welches beide gewirkt haben[.] [...]« (S. 270)

Dieses Dritte nun verortet Schiller nicht in irgendeiner Episode oder verbindet es mit einem bestimmten Akt oder Auftritt, sondern zieht gleichsam eine übergeordnete, umfassendere, wesentlich von Intentionen geprägte Ebene in das Drama ein, die man in Anlehnung an Roman Ingarden darum als »Intentionalität« bezeichnen könnte.

»Intentionalität«

»Unter beiden Freunden bildet sich [...] ein *enthusiastischer Entwurf, den glücklichsten Zustand hervorzubringen, der der menschlichen Gesellschaft erreichbar ist, und von diesem enthusiastischen Entwurfe, wie er nämlich in Konflikt mit der Leidenschaft erscheint*, handelt das gegenwärtige Drama. Die Rede war also davon, einen *Fürsten* aufzustellen, der das höchste mögliche Ideal bürgerlicher Glückseligkeit für sein Zeitalter wirklich machen sollte – nicht diesen Fürsten erst zu diesem Zwecke zu erziehen; denn dieses mußte längst vorher gegangen sein, und konnte auch nicht wohl zum Gegenstand eines solchen Kunstwerks gemacht werden[.]« (S. 272 f.)

Auf dieser Argumentationsebene sieht Schiller alle Einwände gegen sein Drama widerlegt; denn »in der *Einheit*, worüber wir uns jetzt verständigt haben, werden sich alle einzelnen Bestandteile desselben [d. h. des Stückes] auflösen lassen«. Darum müsse man der »Hauptidee des Stückes« mit Sorgfalt nachgehen, erfülle sich doch erst »am Ende des Kunstwerks« der Zweck, »worauf der Künstler gearbeitet hat« (S. 276 f.).

Vor diesem Hintergrund muss die in fast allen zeitgenössischen Rezensionen geäußerte Kritik an den Gründen für Posas Selbstaufopferung ins Leere gehen, ist sie doch – wie auch bei Kindervater (?) – primär handlungslogisch und wirkungsästhetisch angelegt:

»Die Aufopferung des Marquis war an sich groß, edel, sie erweckt Bewunderung, und erinnert an den Orestes und Pylades. Aber dort war kein Ausweg weiter übrig, hier waren mehrere; mit einem Worte, in dem Benehmen des Marquis läuft so viel Tollkühnheit, so viel Willkühr, so viel Sonderbarkeit mit unter, daß diese Aufopferung, in Rücksicht der sie motivirenden und begleitenden Umstände, viel von der gehofften Bewunderung verliert. Man schenkt dem Marquis sein Mitleiden, aber nicht das Mitleiden, welches man derjenigen Person schenkt, die bey einem edlen Charakter und beym richtigsten Gebrauche aller ihrer Vernunft dem über ihr ausbrechenden Unglücke doch nicht entfliehen kann.« (FA 3, S. 1128)

Auch in diesem Punkt scheint Schiller zunächst seinen Kritikern zu folgen, wenn er das »gewalttätige und fehlerhafte Betragen des Maltesers« (S. 279) eingesteht, aber nur, um es alsbald nicht mehr dramenpoetologisch, sondern anthropologisch zu beleuchten und aus seiner Konzession eine philosophische Belehrung werden zu lassen.

»Ich wählte deswegen einen ganz wohlwollenden, ganz über jede selbstsüchtige Begierde erhabenen Charakter, ich gab ihm die höchste Achtung für Anderer Rechte, ich gab ihm die Hervorbringung eines allgemeinen *Freiheitsgenusses* sogar zum Zwecke, und ich glaube mich auf keinem Widerspruch mit der allgemeinen Erfahrung zu befinden, wenn ich ihn selbst auf dem Wege dahin, in Despotismus verirren ließ. Es lag in meinem Plan, daß er sich in dieser Schlinge verstricken sollte, die allen gelegt ist, die sich auf einerlei Wege mit ihm befinden.« (S. 283)

Dieses Plädoyer für einen – wie Lessing formulieren würde – »gebrochenen oder mittleren Helden« wendet den vermeintlichen Fehler zur klug kalkulierten Absicht, wie generell in den *Briefe[n] über Don Karlos* argumentativ geschickt Intentionen zu konkretisierten, für den Leser nicht immer nachvollziehbaren dramenästhetischen Fakten umgedeutet werden.

Diese vorherrschende Tendenz in den *Briefen* ist auch Freunden Schillers wie Christian Gottfried Körner, in dessen Person man wesentliche Züge Marquis Posas gesehen haben will, nicht entgangen, wenn dieser in seinem Brief vom 11. 8. 1788 die »Ideenverliebtheit« Schillers herausstreicht und dabei verständlicherweise ein wenig schmeichelhaftes Urteil über *Don Karlos* fällt:

Schillers »Ideenverliebtheit«

»Eben bekomme ich Deine Briefe über Karlos. Ich hielt das Unternehmen für gefährlich, aber meines Erachtens hast Du Dich gut aus der Sache gezogen. Der Ton gefällt mir, weder affecktirte Bescheidenheit, noch Selbstlob. Du giebst Dein Kunstwerk Preis, und willst nur Deine Ideale retten, in die Du verliebt bist.« (NA 33/1, S. 193)

Inwieweit die Aussagen, Klärungen und Ergänzungen in Schillers *Briefen über Don Karlos* zur Interpretation des Dramas herangezogen werden können und dürfen, ist bis heute in der Forschung umstritten, weiß man doch generell um die Problematik von Selbstdeutungen der Autoren bezüglich ihrer Werke. Über die Validität der *Briefe* und ihren Stellenwert für ein angemessenes Verständnis des Dramas wird darum im Kapitel »Deutungsaspekte« und im Kommentar zu den *Briefen* (S. 346 ff.) zu handeln sein.

Als Gerhard Kluge 1984 mit seinem nahezu revolutionär zu nennenden Aufsatz »Fehlgeleitetes Verstehen« die *Don-Karlos*-Forschung grundlegend zu erschüttern suchte, hätte die in seinem Beitrag geäußerte Generalkritik an der von den Interpreten zumeist bedenkenlos vorgenommenen Auswahl unter den verschiedenen Fassungen des Dramas eigentlich zu einer Neuorientierung der wissenschaftlichen Auseinandersetzung mit dem hochproblematischen Stück Schillers führen müssen. Weil nämlich überwiegend unreflektiert und ohne hinreichende Begründung auf die *letzte Ausgabe* aus dem Jahr 1805 als die maßgebliche zurückgegriffen worden sei, ermöglichte man dem Interpreten allererst »*die* Interpretation [...], auf die er es abgesehen« (ebd., S. 89) hatte. Dies geschehe ungeachtet der Tatsache, dass Schiller zwischen 1787 und 1805 diverse Umarbeitungen des Stückes vorgenommen hat. »Die Möglichkeit, daß solche Kürzungen zur *Veränderung* der *Aussage* und des Sinnes einer Szene oder zu Veränderung der *Komposition* des Stückes führen könnten, und also intentional einen anderen Texte hervorbringen, ist im Hinblick auf den ›Don Karlos‹ noch nicht erwogen worden.« (ebd., S. 90 f.) Und da die »Entstehungsgeschichte vom Bauerbacher Entwurf bis zu den ›Briefen über Don Karlos‹ bestätig[e], daß Schiller eine von Anfang an feststehende Konzeption für das Stück nicht besaß«, kommt Kluge zum Fazit: G. Kluge

> »Die bisherigen Interpretationen des ›Don Karlos‹ sind durch fragwürdige Textauswahl fehlgeleitet, weil auf einen für die Entwicklungsstufe ihres Autors nicht charakteristischen Text zurückgegriffen wurde. [...] Zugespitzt ließe sich sagen, daß eine literarhistorische Interpretation des ›Don Karlos‹ bislang von verkehrten editorischen Entscheidungen abhängig war und auf der Basis einer historisch-kritischen Ausgabe neu anheben muß.« (ebd., S. 90)

Seinen programmatischen Äußerungen ließ Kluge Taten folgen, versuchte er doch als Mitherausgeber und Kommentator der Schiller Nationalausgabe (1984) wie der Frankfurter Ausgabe (1989), eine Neuinterpretation des Werkes auf der Grundlage der unterschiedlichen Fassungen zu initiieren. Und auch die wissenschaftliche Diskussion intensivierte sich, wie etwa eine Publikation der Universität Straßburg (Maillard 1998) belegt, in der verschiedene Verfasser ihre Ergebnisse ausschließlich zum *Don Karlos* versammelten. Unter ihnen auch Helmut Koopmann, der allerdings in eigener Sache unterwegs war, verteidigt er doch – neuere Forschungsergebnisse aufgreifend und zugleich zurückweisend – unbeirrt und in zweifelhafter Dialektik seine 20 Jahre zuvor aufgestellte These (Koopmann 1979) vom unpolitischen Familiendrama, das er bereits im *Bauerbacher Entwurf* zu erkennen glaubt. Er sieht in diesem

H. Koopmanns These vom unpolitischen Familiendrama

> »das ›Gesetz der Einheit‹ und das ›Gesetz der Entfaltung‹ auf beinahe vollkommene Weise umgesetzt. Daß Schiller hier mehr als nur eine bloße Handlungsskizze verfaßt hat, machen seine Überlegungen zum Ablauf des geplanten Dramas nur zu deutlich[.] [...] Schiller folgt hier vollständig seinen und den herrschenden Dramenvorstellungen, und mit Ausnahme des ›IV. Schrittes‹ sind seine Hinweise zum Fortgang des Ganzen stoffungebunden. Wenn überhaupt, ist die Einheit des *Karlos* hier, im Bauerbacher Entwurf zu finden[.] [...] Über das Thema des geplanten Dramas bestand von Anfang an kein Zweifel: Schiller plante eine Familiengeschichte[.]« (ebd., S. 98)

Und weil dieser mit historischen Vorgaben und Quellen relativ frei umgegangen sei, komme der politischen Dimension lediglich eine untergeordnete Rolle zu.

> »Am Ende ist das Politische, sofern es überhaupt je eine Rolle gespielt haben sollte, vollkommen ausgeklammert[.] [...] Und so haben wir es denn hier mit einer an die Grenzen des Möglichen und Wahrscheinlichen getriebenen Variante des Familiendramas zu tun; dazu gehört nicht nur die absurde Verwicklung der Konflikte ineinander, sondern ebenfalls die Transposition des Familienthemas in die Welt der hohen Tragödie.« (ebd., S. 99)

Begründet er die kategorische Zurückweisung des *Don Karlos* als politisches Drama mit einem angeblich textanalytisch unterbelichteten »Methodenpluralismus« und der Willkür des »synthetischen Interpretierens« (ebd., S. 87), so sieht er knapp zwei Jahrzehnte später – Kluges Einwände aufgreifend und missverstehend – die Gefahr, nicht nur das Werk als »Doppeldrama« (Karlos- und Posa-Drama) anzusehen, sondern auch mit dem Problem der Einheit des Stückes verknüpft:

> »[D]ie Koppelung der Frage nach der Einheit des *Don Karlos* mit der nach Gehalt, Sinn und Botschaft des Dramas führte fast zwangsläufig dazu, daß man entweder die dominante Perspektive des ersten Teils, also der *Thalia*-Fassung, auch auf die folgenden Teile bzw. auf die Buchfassung übertrug – oder daß man umgekehrt die Charakteristika des zweiten Teils des Dramas und damit der Buchfassung bereits in der Anlage des Dramas erkennen zu können glaubte. Der Hauptschuldige an den fruchtlosen und im Ergebnis fragwürdigen Diskussionen war freilich kein anderer als Schiller selbst, der mit seinen *Briefen über Don Karlos* die Frage der Sinn-Einheit ein für allemal mit dem Problem der Entstehungsgeschichte verknüpft hatte[.]« (Koopmann 1998, S. 10)

Auch wenn er in einigen Zwischenschritten wichtige, noch zu würdigende Ergebnisse wie die aus den Arbeiten Guthkes (1994), Malschs (1988), Polheims (1985) und Schings' (1992) in seine Argumentation integriert, bemüht er unvermittelt eine neue Argumentation, ohne jedoch auf den Dramentext selbst zu rekurrieren. Er führt eine andere interpretatorische Perspektive ein: »Vielleicht stellt sich ein neuer Zugang aber von einer ganz anderen Seite her, nämlich von der Frage, was Schiller mit seinem Drama beabsichtigte.« (ebd., S. 18) Derart die Differenz zwischen Autorintention und Werkintention einebnend, das Problem auf einen allgemeinen Nenner verflachend und zuvor mit Guthke die Alternative der genretypologischen Bestimmung des *Don Karlos* als »Familiengemälde« oder politisches Drama als wenig sinnvoll erachtend (ebd., S. 14), erklärt er das Stück – nunmehr mit Rekurs auf Lessings Theorie der Tragödie – nolens volens zum

> »Theaterexperiment, und so sollte es denn auch als solches betrachtet werden, zumal Schiller nur zu genau wußte, wo das damalige Theater Erfolg hatte: entweder im Familienstück oder in der hohen Tragödie. Beides miteinander verbunden und damit eigentlich erst recht dem Anspruch Lessings an die Tragödie entsprochen zu haben, macht die Eigentümlichkeit des Schillerschen Dramas aus.« (ebd., S. 19)

Sein Fazit kann daher kaum noch überraschen, glaubt er doch immer noch – jetzt allerdings selbst genretypologisch und dramentheoretisch argumentierend –, im »theatralische[n] Experiment der Vereinigung heterogener Gattungen – bürgerliches Trauerspiel und hohe Tragödie – als einheitsstiftendes Moment« (ebd., S. 20) die Lösung seines diskutierten Problems gefunden zu haben – eine Lösung, die bereits Benno von Wiese in seiner monumentalen Schiller-Monographie 40 Jahre früher formuliert hat (v. Wiese 1959, S. 247).

Konstanten in der literarwissenschaftlichen Diskussion

Mit dieser verwirrenden Argumentation und dem wenig überzeugenden Befund sind gleichwohl schlaglichtartig Konstanten in der literarwissenschaftlichen Diskussion über *Don Karlos* bezeichnet. Im Wesentlichen – und das spiegelt der jeweils aktuelle Forschungsstand wider, wie er von Koopmann (1982, 1992), Guthke (1994), Reinhardt (1998), Hofmann (2000), Alt (2000) oder Zymner (2002) beleuchtet wird – ist es v. a. eine signifikante Polarisierung.

> »Während die eine Gruppe von Interpreten das private Drama des Don Carlos in den Vordergrund stellt und die mit der Figur Posas verbundene Dimension des aufklärerischen Kampfes gegen den Despotismus und den Aberglauben vernachlässigt, deuten andere die ›Familiengeschichte‹ als Beiwerk, das gerade von dem ›eigentlichen‹ ideengeschichtlichen und politischen Drama abzulenken scheint.« (Hofmann 2000, S. 95)

In der neueren Forschung mehrten sich hingegen Stimmen, »die nicht zuletzt unter Berufung auf Schillers distanzierenden Rückblick auf die Posa-Figur in den *Briefen über Don Carlos* die Ambivalenz einer Position betonen, die im Namen universalistischer Prinzipien zu handeln beansprucht und dabei nicht davor zurückschreckt, die konkreten Partner im Handeln und in der Kommunikation zu schädigen und zu ›betrügen‹.« (ebd., S. 96)
Virulent und mit den beiden skizzierten Forschungssträngen organisch verbunden sind weiterhin die Probleme der sog. Einheit des Stückes, der Idee des Dramas, der Stringenz der Gesamtkonzeption, der genretypologischen Bestimmung und epochalen Zuordnung sowie Einzelfragen, die die Gesamtdeutung des Dramas entscheidend beeinflussen (Audienz-Szene, Großinquisitor-

Szene, politische Absichten Posas oder Karlos' behaupteter Läuterungsprozess).

Biographische bzw. geistesgeschichtliche Deutungen des Dramas

Bereits vor der die wissenschaftliche Auseinandersetzung beherrschenden Frage nach der Einheit des Stückes in kompositorischer oder handlungsstruktureller Hinsicht bemühte sich die Forschung seit der Wende zum 20. Jahrhundert um eine biographische bzw. geistesgeschichtliche Lösung des Problems. Der vorgebliche Wandel des Stoffes zum politischen Drama wird bei Strich (1912), Fricke (1927), Cysarz (1934) und May (1948) auf einer allgemeinen Ebene mit der Entwicklung Schillers zum Idealisten begründet, so dass das Verständnis des *Don Karlos* als Ideendrama konsequent Ausfluss seiner dichterischen Entwicklung gewesen sei.

B. v. Wieses geschichtsphilosophische Interpretation

Auch v. Wiese (1948) knüpft in seiner dramengeschichtlich angelegten Untersuchung an diese Tradition an, wendet sie aber entschieden in eine geschichtsphilosophische Richtung, wenn er behauptet, dass »der eigentliche Gehalt des ›Don Carlos‹ [...] sich von der Idee einer sittlichen Humanität aus allein nicht fassen [lasse], sondern [...] nur *in der zugleich menschlichen, politischen und geschichtlichen Verflochtenheit der drei Figuren*« (Carlos, Posa und Philipp) sichtbar werde (v. Wiese 1948, ^{8}1974, S. 192). Im Widerstreit zwischen Idee und Geschichte wirke die unsichtbare und unbedingte göttliche Ordnung, so dass am Ende des Dramas »der *Untergang zur Verklärung, die Weltgeschichte zum Weltgericht, die Tragödie zur Theodizee*« werde (ebd., S. 202).

Von methodischer Inkonsistenz und eigentümlicher Widersprüchlichkeit sind hingegen gut zehn Jahre später seine Ausführungen in seiner Schiller-Monographie geprägt. Während v. Wiese hinsichtlich der ersten beiden Akte auf die dem Pathos des Sturm und Drang verpflichteten *Thalia-Fragmente* zurückgreift, legt er in seiner Deutung der folgenden Akte die Ausgabe von 1805 zugrunde, ohne divergierende Textsinne und -intentionen zwischen den beiden Fassungen zu berücksichtigen. Und so verwundert es nicht, wenn er zunächst unterstreicht, dass trotz »aller Wandlungen, die ›Don Carlos‹ durchmacht, [...] die Grundkonzeption des Familiengemäldes ›in einem fürstlichen Hauße‹ erhalten [bleibt]«, Schiller aber dann »seine am bürgerlichen Trauerspiel gewonnenen Vorstellungen von Familie und Freundschaft [...] auf den neu gewonnenen Bereich der ›hohen Tragödie‹« (v. Wiese 1959, S. 247) übertrage. Tragisch nennt er deshalb das die dramatische actio bestimmende Verhältnis zwischen Posa und Karlos, das das Familiäre mit dem Politischen verknüpfe. Posas Handeln erfolge

> »unter dem doppelten Aspekt, mit und in dem Freunde zugleich die Idee der Menschheit zu retten und für die Niederlande zu erhalten. Besessen von diesem zweiten Ziele mußte das erste – die Rettung des Freundes – darüber zum bloßen Mittel werden. Umgekehrt wiederum gelangt Carlos erst jetzt [in der Abschieds-Szene des 5. Aktes] zur vollen Einsicht, was Posa wirklich für ihn getan hat. Die Schuld des Marquis bestand [darin, dass er] im ›stolzen Wahn‹ seine gefährliche Politik ganz alleine zu Ende führen wollte und daher Carlos sein Geheimnis unterschlug« (ebd., S. 271).

Mit der hier vorgenommenen dialektischen Verschränkung des Politischen mit dem Familiären verabschiedet sich v. Wiese von der eingangs getroffenen Festlegung des Dramas als eines »Familiengemäldes«.

Vollends zum philosophischen Geschichtsdrama – so ließen sich seine abschließenden Ausführungen verstehen – wandelt sich der *Don Karlos* mit der unvorbereitet eingefügten Großinquisitor-Szene am Ende des Dramas (V,10). Der gleichsam als deus ex machina auftretende Repräsentant der Kirche mache Posas Vermächtnis, das Karlos neben dessen Leiche gegenüber dem Vater (V,4) erfülle, für die dargestellte geschichtliche Welt, nicht aber für die übergeordnete ideelle zunichte. »Die dialektische Spannung der geschichtlichen Szene wächst aus diesem doppelten Tribunal, dem des unsichtbaren Gottes und dem der Inquisition. Triumphiert jenes an der Leiche Posas, so trägt dieses in der Schlußszene des Dramas den realen Sieg in der Geschichte davon.« (ebd., S. 274) Benno v. Wiese rettet mit diesem noch zu würdigenden Aspekt (vgl. S. 332) die Gesamtdeutung des Dramas vor einem abgrundtiefen Pessimismus, der in Posas Opfer und damit in seiner gesamten politischen Aktion nichts als eine letztlich zum Scheitern verurteilte Anstrengung sieht, ein despotisches, ja totalitäres System zu bekämpfen.

G. Storz' Deutung des *Don Karlos* als »Historiendrama«

Auch Storz (1960) sieht im *Don Karlos* genretypologisch und epochal ein Übergangswerk, wenn er es einerseits – zwischen dem *Fiesco* und *Wallenstein* positioniert – als »*Historiendrama*« (S. 131) bezeichnet, das andererseits jedoch »keineswegs die erste, jugendliche Phase der dramatischen Dichtung Schillers [abschließt]: er ist von dieser fast ebenso weit entfernt wie von der Epoche der meisterlichen Reife« (ebd., S. 130). Ausschlaggebend für diese Verortung des Werkes seien zwei unerklärbare Veränderungen, die Schiller einmal von seinen gegenüber Reinwald geäußerten Absichten (vgl. »Entstehungsgeschichte«, S. 302) zum *Bauerbacher Entwurf*, ein andermal von den *Thalia-Fragmenten* zur Erstausgabe vorgenommen habe. Das

> »*Thalia*-Fragment wie die Buchausgabe von 1787 offenbaren uns, daß sich gegenüber den ersten Absichten des Dichters eine bedeutsame Wandlung vollzog. Die Frage, wann und wodurch sich Schiller veranlaßt gesehen hat, die Gestalt des Posa das Übergewicht gegenüber der des Carlos zu geben, wird nie eindeutig und stichhaltig beantwortet werden können.« (ebd., S. 125)

Und doch lassen sich für diese grundlegende Veränderung textinterne Gründe anführen, die v.a. mit der Abfassung der Audienz-Szene (III,10), die in den Fragmenten noch nicht enthalten ist, zusammenhängen. Denn gerade hier wird nicht nur ein anderes Bild Philipps als das eines finsteren Despoten, sondern auch ein Posa gezeichnet, der die Gunst des Augenblicks für seine politisch-konspirativen Pläne zu nutzen weiß und dadurch die freundschaftliche Bindung zu Karlos seinen Zielen unterordnet, ja sie sogar für diese instrumentalisiert.

Für Storz ist mit dieser Schwerpunktverschiebung die Einheit des Stückes verloren, zieht er doch die falschen Konsequenzen aus dem Ausgang des Dialogs, obwohl er das doppelte Missverständnis, das dessen tragische Grundlage bildet (Posa will »kein Fürstendiener« sein; Philipp möchte keinen Idealisten und Politiker zum Ratgeber und Vertrauten), erkennt. Für Storz hätte sich eigentlich – wie er formuliert – ein »*happy end*« ergeben müssen, das jedoch dem historischen Verlauf und den benutzten Quellen widersprochen hätte. Die eine Seite der Alternative war aber

> »so unmöglich wie die Preisgabe der Tragödie. So mußte denn

in den letzten beiden Akten die dramatische Linienführung, die durch das Finale des III. Aktes eine so ganz andere Richtung gewonnen hatte, wieder auf den historischen Verlauf und zu einem tragischen Ausgang zurückgebogen werden. Ohne Gewaltsamkeit konnte dies jetzt nicht mehr geschehen, schon deshalb nicht, weil jenen beiden letzten Akten noch eine weitere Aufgabe gestellt war: sie bestand weniger darin, den Carlos zu retten, als den Posa auf eine ihm angemessene Weise zu Tode zu bringen.« (ebd., S. 135)

Eine solche Vertauschung von Ursache und Wirkung ist v. a. darauf zurückzuführen, dass Storz die schon in den ersten drei Akten grundgelegten, aber nicht stets dramatisch umgesetzten Voraussetzungen sowie die vor Dramenbeginn liegenden politischen Aktionen Posas übersieht.

P. Böckmanns Deutung des *Don Karlos* als »Tableau«

Um das nach wie vor bestehende Problem der Einheit des Dramas vom Gesamttext her anzugehen, bedurfte es allerdings nicht des groß angelegten Versuches Paul Böckmanns (1974), neben die vorhandenen Fassungen des Dramas gleichsam einen Ur-Karlos zu stellen, indem er auf die *Thalia-Fragmente* die zweite Hälfte der Buchausgabe von 1787 pfropft, so dass aus dieser Kontamination ein gewaltiges Textkorpus mit einem Umfang von 6925 Versen resultiert. Auf dieser Grundlage will er den Nachweis führen, dass »es sich im ›Don Karlos‹ nicht um die Einheit eines Handlungs- und Charakterdramas handeln kann, sondern um die des ›Tableaus‹, in der Gestalt eines dramatischen Gedichts mit seiner eigenen Kompositionsfreiheit« (S. 579). Böckmanns Absicht, alle nach der Erstausgabe gestrichenen Verse des *Don Karlos* wieder in *einem* Dramentext zu versammeln, gleichsam zu retten, und seine Interpretation durch die vorgängige Klassifikation des Dramas als »Tableau« genretypologisch zu präjudizieren, geht jedoch an den tatsächlichen Verhältnissen vorbei. Ein solcher »Ur-Don-Karlos« hat nämlich – wie Kluge rechtens konstatiert – »nie existiert und auch nicht in Schillers Vorstellung oder Willen gelegen. Er ist weder die Rekonstruktion eines allerersten Entwurfs noch einer beabsichtigten Fassung, sondern eine Fiktion, eine editorische Konstruktion zur Demonstration einer bestimmten Interpretation des Stückes« (Kluge 1984, S. 89).

Wohl aber wäre es für das von Böckmann 1974 aufgeworfene Problem hilfreich gewesen, wenn er den von ihm später eingeführten Begriff der »Rückspiegelung« und das mit ihm Gemeinte berücksichtigt hätte. Weil nämlich der

Böckmanns Begriff der »Rückspiegelung«

> »dramatische Vorgang [von] wechselseitigen Täuschungen und Verkennungen [lebt, gewinnt er] eine Vielschichtigkeit, die den Erkennungsszenen ihr tragisches Gewicht gibt. Die Macht des Irrtums wächst durch das Verschweigen der geheimen Wünsche und Absichten und wird erst offenbar, als es zu spät ist. Im Sinne der Aristotelischen Tradition lebt die Szenenfolge vom Wechsel des Verkennens und Erkennens.« (Böckmann 1982, S. 32)

Und was für die Handlungssukzession gilt, gilt auch für die Struktur der Dialoge als kleinerer Einheit. Sie

> »gewinnen ihre Eindringlichkeit nicht schon durch die aus den Charakteren ableitbaren Konflikte und Handlungen, sondern durch die Folgen falscher Vermutungen und Maßnahmen. Sie fordern den Leser zu einer Reflexion heraus, die das sich täuschende Bewußtsein der Beteiligten durchschaut; sie zeugen von der Wirkung eines Geheimnisses, das verborgen werden muß und doch nicht verdeckt bleiben darf. [...] [Erst die] Abfolge dieser Rückspiegelungen enthüllt den illusionären Charakter der subjektiven Erwartungen, als wäre die dramatische Ironie das eigentliche Element aller Vorgänge. Das Bewußtsein des Zuschauers übergreift das Wissen der Charaktere von sich und ihrer Situation und richtete sich auf die Folgen ihrer so begrenzten Einsichten, ihrer Hoffnungen und Befürchtungen.« (ebd., S. 33)

Böckmanns Begriff der »Rückspiegelung« zur Kennzeichnung eines dramenkonstitutiven Verfahrens vermag vermeintliche Ungereimtheiten, Widersprüchlichkeiten oder Sprünge in der dramatischen Handlung des Dramas als unzutreffend zu erweisen.

K. K. Polheims Untersuchung des Verhältnisses von poetischem u. theoretischem Text

Mit textphilologischer Akribie nimmt sich wenig später Karl Konrad Polheim (1985) des grundsätzlichen Problems an. Er sucht es genau an der Stelle auf, an der Storz (1960) es verlassen hatte, indem er die Hand in die wissenschaftliche »Wunde« des Verhältnisses zwischen den *Briefen über Don Karlos* und dem Drama legt. Auch wenn seiner Generalthese der »Übereinstim-

mung des poetischen und des theoretischen Textes« als unabdingbarer »Voraussetzung für die Gültigkeit jeder Interpretation« (Polheim 1985, S. 65) aufgrund ihrer fundamentalen Textsorten-Verschiedenheit nur bedingt zuzustimmen ist, stellt er gleichwohl die problemlösende Frage, ob nicht die immer wieder behaupteten »Unstimmigkeiten eine Schlüsselposition für die Klärung der Einheit zu besitzen vermöchten« (ebd., S. 66). Ohne von einer Gleichgewichtigkeit zwischen dem ersten und zweiten Teil des Dramas – wie es notwendig wäre – zu sprechen, »korrigiert« er Schiller in dessen Brief-Äußerungen dahingehend, »daß er nicht nur die zweite Hälfte der ersten, sondern auch die erste der zweiten angepaßt hat« (ebd., S. 67). Damit schafft Polheim allererst die Voraussetzungen dafür, das Drama als »künstlerische Einheit« zu sehen und klärende Differenzierungen vornehmen zu können. Zwei Aspekte des Einheits-Problems seien nämlich zu unterscheiden: »erstens die Einheit der beiden, durch die Genese getrennten Hälften und zweitens die Einheit der zweiten Hälfte in sich, also die Motivation der Handlungsführung und das Verhalten der Figuren ab der Mitte des III. Aktes« (ebd., S. 68).
Auch für Polheim besitzt die auffällige Ambivalenz in Posas und Philipps Verhalten und Reden während und nach der Audienz-Szene (III,10) Relevanz für das zu lösende Problem. Eingebettet und funktional abhängig sei die Szene in ihrer Bedeutung für die Handlungsmotivation im Zusammenhang mit der erneuten Begegnung Posas mit Karlos (IV,5), seinem sich anschließenden Monolog (IV,6) und der überraschend von ihm vorgenommenen Verhaftung Karlos' in IV,16. Die in der Forschung immer wieder gestellte Frage, warum »Posa seine Pläne und Absichten vor Karlos [verschweigt], obwohl er seine Aufgabe von Anfang an viel besser und leichter gelöst haben würde, wenn er Karlos in diese Pläne eingeweiht hätte« (Polheim 1985, S. 77), erweitert Polheim noch mit der nach der Rätselhaftigkeit des Verhaltens Posas, als er, Posa, Karlos verhaften lässt und Eboli mit dem Tode bedroht (IV,17). In präziser, textnaher Argumentation weist Polheim nach, dass mit dem von Posa befürchteten Geheimnisverrat seines Freundes nicht die der Eboli (seit der Szene II,9) längst bekannte Liebe Karlos' zur Königin gemeint sein

könne, sondern die Preisgabe der von Posa verfolgten politischen Ziele und Pläne, deren Umsetzung er schon durch seine Reisen vorbereitet habe.

> »Die Königin kennt das Kernstück, die Rebellion des Kronprinzen. Dieser selbst ist von Posa nicht genau informiert, aber doch von Anfang an darauf hingewiesen. Und er besitzt den Schlüssel zu allem: seine Freundschaft mit Posa. Von ihr hat der König nicht die leiseste Ahnung. Erfährt er davon, ist nichts und niemand zu retten.« (Polheim 1985, S. 82)

Mit dieser »neuen Deutung« der Szene sei,

> »von der Einheit der Handlung her gesehen, alles auf die Staatsaktion, nämlich auf die politischen Pläne Posas, abgestimmt: sein Schweigen darüber gegen Karlos hat jene Szenen veranlaßt; sein Benehmen dort ist bedingt durch die Furcht vor dem Verrat des Geheimnisses, dessen volle Bedeutung erst im V. Akt durch die Aufdeckung der von ihm betriebenen antispanischen Koalition ganz deutlich wird – wodurch diese so oft als überflüssig und störend empfundene Stelle nicht nur sinnvoll zu erklären, sondern auch als starkes Bindeglied im Gefüge des Ganzen zu erkennen ist« (ebd., S. 85).

Bette man diese Zusammenhänge in den größeren Handlungskontext auch des ersten Teils des Dramas ein, werde seine dichte kompositorische Fügung erkennbar, die die scheinbar auseinanderdriftenden Hälften wieder zusammenfüge.

> »Von der Komposition im einzelnen her gesehen, sind unsere Szenen des IV. Aktes erst jetzt das wahre Gegenstück zu den Eboli-Szenen des II., indem beide den jeweiligen Kern der Handlung: das Verhältnis des Karlos zu Elisabeth oder zu Posa, also Liebe oder Politik widerspiegeln.« (ebd.)

Wenn sich derart eine konsistente Motivation für das Handeln Posas in Szenen des 4. und 5. Aktes nachweisen lässt, dessen Gründe teils vor dem Beginn, teils in der ersten Hälfte des Dramas liegen, dann ist es nur konsequent, nach dem Verhältnis zwischen den beiden Haupthandlungssträngen, nach der Folgerichtigkeit der Handlungsführung insgesamt und damit nach der Einheit des Dramas auf dieser Ebene zu fragen. In überzeugenden Detailnachweisen gelingt es Polheim (ebd., S. 88 f.), ein dichtes Geflecht von Parallelen, Komplementärszenen, Vor- und

Polheims Entdeckung der symmetrischen Kompositionsstruktur

Rückverweisen in Handlung und Rede offen zu legen, das eine fast symmetrische Kompositionsstruktur enthülle. Diese sei bereits in der Verklammerung der Eingangs- mit der Großinquisitor-Szene zu erkennen. Kündige dort der König eine öffentliche Ketzerverbrennung durch das Inquisitionsgericht an, so liefere der König hier seinen Sohn an den Großinquisitor aus, derselbe Philipp, der Posa noch in der Audienz-Szene (III,10) vor dieser Institution gewarnt hat. Während also »die große Unterredung zwischen Posa und Philipp dem Mittelakt vorbehalten ist, finden die großen Gespräche zwischen Posa und Karlos in I und V statt, wiederum aufeinander bezogen: dem umfassenden Rückblick auf die Jugendzeit in I 2 korrespondiert in V 1–3 der Rückblick auf die Geschehnisse in der Zeitspanne des Dramas.« (ebd., S. 90) Somit könne von einem »Auseinanderfallen des ›Don Karlos‹« (ebd., S. 91) in zwei relativ selbstständige Teile auf kompositorischer und handlungsstruktureller Ebene nicht mehr gesprochen werden.

Polheim erweitert und komplettiert seine Beweisführung, indem er der Frage nach der Hauptfigur und der zentralen Intention, dem Thema des Dramas, nachgeht. Auch wenn sich alles »auf die eine oder andere Weise um Karlos« drehe, bewirke er selbst nichts, »er ist und bleibt der Träumer und Schwärmer, harmlos und leichtgläubig, schwachmütig und allen Einflüssen und Gefühlen unkontrolliert ausgeliefert« (ebd., S. 92). Von einem Reifungs- oder Läuterungsprozess, wie man ihn in der Abschieds-Szene mit der Königin (V,11) gesehen haben will, könne keine Rede sein.

Marquis Posas zentrale Stellung in der Figurenkonstellation

Für die die Gesamthandlung tragende und ausfüllende Figur des Marquis Posa als dominanter dramatis persona spreche auch seine zentrale Stellung in der Figurenkonstellation, wie sie eine wenig bekannte Arbeit Seufferts (vgl. »Literaturhinweise«) bereits 1911 herausgearbeitet hat. Da Posa einerseits im spannungsreichen Vater-Sohn-Verhältnis zwischen Karlos und Philipp vermitteln wolle, aber auch seine eigenen ideellen und politischen Absichten mit in diese Aufgabe einbeziehe, ergebe sich seine Mittelpunktsstellung – flankiert von Philipp, Alba und Domingo auf der einen, Karlos und Lerma auf der anderen Seite – zwingend aus der dramatischen actio, wobei Elisabeth und

Eboli als Mit- bzw. Gegenspielerinnen das Ensemble des Personals vervollständigten.
Auch aus der eigentümlichen Gebrochenheit der Posa-Figur könne man keinen Widerspruch zur Konsistenz der Hauptfigur und der dramatischen Handlung ableiten. Mit Rekurs auf die erhellenden Erläuterungen im 11. *Brief über Don Karlos* (vgl. »Wirkungsgeschichte«, S. 317), die Aufdeckung seiner Vorbereitungen für eine multinationale Armee gegen die spanische Vorherrschaft (V,8), die in der einschlägigen Literatur stets verschwiegen worden oder unbeachtet geblieben sei, sowie seine – wie Polheim meint – zweifellos »Despotismus« verratenen Ausführungen im Kontext der Audienz-Szene (V. 3247–3252) werde die Gefahr erkennbar, die von einer solchen Haltung ausginge – die Gefahr des Umschlags der »Idee der Freiheit zu einer Ideologie der Freiheit« (Polheim 1985, S. 100). »Schiller zeigt, modern gesprochen, die Gefahr der Ideologie auf, [...] die, um ihren allgemeinen, menschenbeglückenden Zweck zu erreichen, sich rücksichtslos über den lebendigen Mitmenschen hinweggesetzt und ihn auch vernichtet.« (ebd., S. 99) Damit setze das Drama literarisch und theatralisch das um, was Schiller – allerdings im Nachhinein – in den *Briefen über Don Karlos* als zentrale Intention des Werkes bezeichnet habe: »ein[en] *enthusiastische[n] Entwurf, [im Konflikt mit der Leidenschaft] den glücklichsten Zustand hervorzubringen, der der menschlichen Gesellschaft erreichbar ist*«.

Zentrale Intention des Werkes

Mit Polheims bahnbrechendem Aufsatz, Schillers *Don Karlos* unter dem Aspekt der Einheit des Stückes in engem Zusammenhang mit den *Briefen* zu sehen, rückt zugleich die Auffassung des Werkes als eines primär *politischen* Dramas nahezu unangefochten in den Mittelpunkt der wissenschaftlichen Diskussion. Mit dieser Rezeptions- und Verstehensverschiebung ändern sich auch weitere Zugriffe auf das Drama, die nunmehr seine politische Dimension differenzierter und schärfer in den Blick nehmen.

Deutung des Don Karlos als primär politisches Drama

So auch bei Niels Werber (1996), der aus den von Polheim vorgelegten Ergebnissen letztlich radikale Konsequenzen zieht. Weil nämlich einerseits die Figur Posa als konspirativer Kopf und Organisator einer europäischen Allianz gegen Spanien aufgebaut, er selbst als Idealist mit moralisch zweifelhaften Zügen

N. Werber

gezeichnet werde, darf andererseits nicht verschwiegen werden, dass seine Pläne und Aktionen – sieht man von eigenen Fehleinschätzungen und Überreaktionen ab – nicht in erster Linie an Philipp, sondern an der Inquisition scheiterten, der sie schon bekannt sind, wie die Großinquisitor-Szene deutlich mache. Die Kirche als »globale« Institution nämlich »rettet und regiert das Reich, das der König nur als Procurator verwaltet, um Hunderttausende von ketzerischen ›schwachen Seelen‹ auf den ›Holzstoß‹ zu bringen [...]. Im Drama *Don Carlos* ist der König nur ein Beamter der Kirche, die ihn leitet und berät, ermahnt und züchtigt wie einen Vasallen.« (Werber 1996, S. 230) Und so »triumphiert [am Ende] die Autorität des Apparates über jene der Person« (Alt 2000, S. 456). Damit erweist sich der Großinquisitor als Repräsentant der Institution ›Kirche‹ und nicht Philipp als der große Gegenspieler Marquis Posas. Seine und der Mitverschworenen Bemühungen sind von vornherein zum Scheitern verurteilt, einen von Ideen und Idealen der Freiheit, der Menschenrechte und der Aufklärung getragenen Staat gegen die despotische Monarchie Spaniens und das totalitäre System der Kirche errichten zu wollen. Der *Entwurf* eines idealen Staates mag – auch für die Zukunft – Bestand haben, nicht aber seine realhistorische Umsetzung. Und so wird die von Schiller im Brief an Reinwald (vgl. »Entstehungsgeschichte«, S. 302) angekündigte Abrechnung mit der Inquisition doch noch in das Drama integriert und eine – wie sie teilweise schon bei v. Wiese (vgl. S. 324) anklingt – tief pessimistische Geschichtsperspektive gezeichnet, wie sie aus der Kontrastierung der Audienz-Szene mit der komplementären Großinquisitor-Szene zu entnehmen ist.

Die pointiert geführte Auseinandersetzung mit dem Drama im Fokus des Politischen zeitigte weitere Probleme, die zentral in der Figur und den Handlungen des Marquis Posa gesehen wurden, und verwies die Interpreten auf die *Briefe über Don Karlos*. Deren Bedeutung für das von Schiller behauptete konsistente Motivationsgefüge der dramatischen actio Posas – und um dieses geht es im Wesentlichen (vgl. Kommentar zu den *Briefen*, S. 347 f. – sowie für die sich daraus zwingend ergebende Handlungslogik erwies sich als Kristallisationspunkt in den kontrovers geführten Diskussionen. Erweitert wurden sie durch grundsätzliche Fragen, ob etwa der Marquis Posa der *Briefe* mit der Figur im *Drama* identisch sei, wie es von Dieter Borchmeyer mehrfach (1983; Malsch 1988, S. 235) in Frage gestellt worden ist. Und letztlich war auch zu fragen, ob sich den *Briefen* abgerungene Ergebnisse gleichsam eins zu eins auf Problemlösungen im Zusammenhang mit dem Drama übertragen ließen.

W. Malschs Untersuchung des polit. Handelns Posas

Der schon eingangs des Kapitels erwähnte Aufsatz Wilfried Malschs steht ganz im Zeichen einer kritischen Beleuchtung des politischen Handelns Posas und seiner moralischen Beurteilung. Ins Zentrum seiner Überlegungen rückt er dessen beinahe zwangsläufige, schuldhafte Verstrickung, die im Konflikt zwischen dem von ihm in der Audienz-Szene (III,10) entworfenen »Traumbild eines neuen Staates« und den zu ihrer Erreichung angewendeten »schlimmen Mitteln« (Verrat und Rebellion) besteht. Der in Personalunion als Weltbürger, als der er dem König gegenübertrete, und umfassender als Politiker handelnde Posa sei »aufgrund seiner Mission dazu verpflichtet, diese unerwartete Chance [der Audienz] zu ergreifen und den König für die Versöhnung in Brüssel günstig zu stimmen, ja, wenn er dies in seinem Wahn für möglich hält, sogar zum Versuch, ihn zum Gesinnungsrepublikaner zu bekehren«. Er habe seine »Absicht, den König günstig zu stimmen, in einem Maße erreicht, wie er es niemals hätte erwarten können. Das macht ihn übermütig und verführt ihn zur Hybris« (Malsch 1988, S. 228). Zwar gewinne er nach dem Gespräch mit dem König Elisabeth als Mitverschworene, versäume es aber, Karlos in seine Pläne einzuweihen und über die moralische Legitimation seines Handelns zu reflektieren. Er unterliege deshalb, wie Schiller in seinem 11. der *Briefe über Don Karlos* darlege, der »moralischen Selbsttäuschung«. Posas Schweigen gegenüber Karlos sowie seine Fehleinschätzung der Situation, in deren Folge er Karlos verhaften lässt (IV,16), führten letztlich zum Scheitern seiner Pläne und zu seinem Untergang.

Zuvor jedoch besinne Posa sich auf sein Freundschaftsideal, das er mit seinem Elisabeth anvertrauten Vermächtnis (IV,21) und dem wiedergewonnenen Vertrauen zu Karlos (V,1–3) unangetastet sehen will. »Aus seiner Verstrickung in das immer sich verschuldende politische Handeln, das ihm die selbstlose Absicht in selbstische Überhebung wohlgemeint ›despotischer‹ Fürsorge kehrte, tastet sich der Todbereite zu seiner reinen Intention zurück [...].« (Malsch 1988, S. 232)

Als Grundlage für diese angeblich späte Umkehr meint Malsch einen Erkenntnis- und Läuterungsprozess sowohl bei Posa als auch beim Prinzen ausmachen zu können, der seine »zur bloßen Intimität verengte Liebe« zu Elisabeth überwunden glaubt.

> »Aus dem Gewahrwerden, daß er [Karlos] der zweimal beschworenen Freundschaft zweimal nicht entsprechen konnte, und der Furcht, daß ihn sein Freund wegen der zweiten Verfehlung [seiner Liebe zu Elisabeth] ›nicht mehr‹ achte [...], verzweifelt über Posas Schweigen und die Übergabe des Portefeuilles an den König (IV,13), wächst ihm darüber die Einsicht in die politische Verantwortung zu, die er allzu lange versäumte.« (ebd., S. 224)

Und dem »Reifungsprozeß des Don Karlos entspricht die Selbstreinigung Posas in den Abschiedsszenen« (ebd., S. 226).

W. Wittkowskis moralisch-psychologische Betrachtung Posas

Völlig anderen Sinnes ist Wolfgang Wittkowski (1990). Er vermag – mit Polheim – weder einen Läuterungsprozess Karlos' noch eine – gegen Malsch – Posa entlastende Umkehr zu den ursprünglichen Idealen seiner Freundschaft mit dem Infanten zu entdecken. Für ihn steht und fällt die kritische Sicht auf das Drama mit einer differenzierten, letztlich moralisch-psychologischen Betrachtung der Figur Posa unter Einbeziehung der Schiller'schen *Briefe über Don Karlos*. Ausgehend von den Abschieds-Szenen (V,1–3) sieht er gerade in der rückspiegelnden Reflexion Posas auf dessen moralisch höchst fragwürdiges Verhalten gegenüber Karlos und auch der Königin das zentrale Problem. »Hier verklagt Posa sein vorübergehendes Vorhaben, den neuen Staat schon durch den gegenwärtigen König zu verwirklichen, und daß er diesen Verrat an Karlos vor dem Freund verschwieg, als seine ›große Übereilung‹ (V. 4644). [...] Kein Wort, wie sehr Posa mit solcher Untertreibung von seinem Vergehen ablenkt, es bagatellisiert und derart sein Ego, sein Gewissen schont.« (ebd., S. 385) Selbst die Erweiterung seiner Schuldbeteuerungen, dass er nicht nur übereilt, sondern auch in der Zuversicht der Raserei (V. 4645 f.) gehandelt habe, die auf Karlos »ewiger« Freundschaft gegründet war, mache deutlich, »daß nicht er, sondern der Freund versagte, abermals und am allermeisten hier, wo (endlich einmal!) der überlegene Marquis versagt zu haben schien!« (ebd., S. 386) Solche Kaltblütigkeit, die selbst den Verräter an König und Freund »zufrieden« mit sich sein lässt, widerstreite seiner moralischen Integrität. Denn nicht »die Freundschaft oder de[n] Freund« führe er als Begründung für sein Verhalten an.

> »Es ist noch subjektiver: es ist der Preis, den er bezahlt, nämlich für die Strafe, die Karlos als Kind statt seiner auf sich nahm und wofür dereinst zu zahlen er beim Wiedersehen I, 2 versprach. Er ergreift die Gelegenheit, das Opfer des Freundes sogar zu überbieten durch großmütige Selbstaufopferung, mit Genugtuung: ›Ich habe es ja mit allem, allem, was mir teuer ist, erkauft‹ – sogar mit dem Verzicht auf weiteren Einsatz für den neuen Staat. Freilich soll dieser zugleich bedient werden durch Verpflichtung des Werkzeugs Karlos.« (ebd., S. 388 f.)

Aber nicht nur das mit einer weiteren Verpflichtung seines Freundes eingehaltene Versprechen gegenüber Karlos, sondern auch die Abschieds-Szene von der Königin (IV,21) werde für Posa zu einem moralischen Fiasko und dekuvriere seine eigentlichen Handlungsmotive. Er habe um »Bewunderung gebuhlt«, aus Stolz und Selbstsucht Freund und Königin hintergangen, um selbst mit »schlimme[n] Mittel[n]« (V. 3409) zu versuchen, sein Ideal rücksichtslos durchzusetzen. Dies lasse ihn – in der Terminologie Max Webers – nicht zum Verantwortungs-, sondern zum Gesinnungsethiker werden. Und mit Rekurs auf den 11. der *Briefe über Don Karlos* werde deutlich: Posa

> »strauchelt komplizierter, schlimmer als die frühen Helden. Aus ›enthusiastischer Anhänglichkeit an seine Vorstellung von Tugend und hervorzubringendem Glück‹ wird er zum Utopiker; ›Vernunftideen‹ betäuben sein Gefühl für ›Recht und Unrecht‹ (11. *Brief*). Er wird wiederholt und noch am Schluß zum Lügner, um seine Sache und noch mehr seine Größe zu bedienen. Wie alle Helden von Karl Moor bis Wallenstein, nur schlimmer, kommt er zu Fall durch seinen Willen zur Größe, und dabei hat er deutlichere Vorstellungen von ›Tugend und hervorzubringendem Glück.‹« (ebd., S. 391)

Mit der in gebotener Kürze skizzierten Malsch-Wittkowski-Kontroverse hatte die Auseinandersetzung um das Drama eine weitere Stufe erreicht. Die neue Polarisierung war gekennzeichnet von der völlig gegensätzlichen Einschätzung der Interpreten, ob Schiller mit seinen *Briefen über Don Karlos* Posas Handeln im Drama nachträglich rechtfertige oder verurteile. Das damit aufgeworfene, kaum zu lösende Grundsatzproblem, nämlich zu entscheiden, »ob und wo und inwiefern Schiller als Deuter seines eigenen Werkes in Bezug auf Posas Charakter recht habe oder nicht« (Guthke 1994, S. 138), führte Karl S. Guthke zu der Überzeugung, einen – wie schon so oft in der literarwissenschaftlichen Auseinandersetzung mit dem Stück – interpretatorischen Neuansatz zu wagen. Der desolate Zustand der *Karlos*-Forschung müsse überwunden werden, um das Werk als »tragisches Charakterdrama um Posa in den Blick« (ebd., S. 142) zu nehmen. Denn die Charaktertragödie sei »Schillers eigenstes Terrain [...], und zwar speziell die, die den Charakter von der Frage nach den Verwirklichungschancen des Idealismus in der menschlich-geschichtlichen Realität her ins Auge« (ebd., S. 143) fasse. Ausgangspunkt für einen solch neuen Ansatz bilde eine andersartige Sicht als die geläufige auf die Audienz-Szene (III,10), in der Posa sich expressis verbis als »Künstler« bezeichne.

K. S. Guthkes Deutung des Stücks als Charaktertragödie

Hier nämlich spreche nicht nur der enthusiasmierte »Schwärmer«, der Idealist und Aufklärer, sondern es agiere auch der Verschwörer, der Verräter und Politiker Posa, der sich mit seinen Aktionen durchaus in Widerspruch zu den von ihm vorgetragenen Idealen und politischen Prinzipien befinde. Um diese Diskrepanz zu verstehen, sei es sinnvoll, »Posas eigenmächtig manipulierendes Handeln, das die Freiheit anderer zu verletzen angetan ist, mit seiner Neigung zum Künstlerischen in Verbindung zu bringen« (ebd., S. 154). Denn in der nahezu unlösbaren Verbindung zwischen genialischem Entwurf und seiner praktisch-politischen Umsetzung, in der engen »Verflechtung von Künstlertum und moralischer Fragwürdigkeit« (ebd., S. 155) stelle sich die Frage nach der Verantwortlichkeit des »Künstlers« Posa, dessen rücksichtslose Eigenmächtigkeiten und Manipulationen gegenüber Freund, König und Königin mehr als bedenklich seien. Posas moralische Konfliktsituation habe auch Schiller gesehen, wenn er im 11. *Brief* dessen Neigung zum »willkürlichsten Despotismus« als »fehlerhaft« geißle, der ihn »an den Rand des Untergangs führe«. Denn »Posa entferne sich ›bei den reinsten Zwecken und bei den edelsten Trieben‹ von dem ›natürlichen praktischen Gefühl, um sich zu allgemeinen Abstraktionen zu erheben‹. Gerade in der Schilderung *dieses* Posa sei er der ›Erfahrung‹ und ›der menschlichen Natur zur Seite geblieben‹. [...] Damit verurteilt und entlastet er zugleich – und spricht als Tragiker.« (ebd., S. 156)

Guthkes Akzentuierung des Künstlerdaseins Posas

Konkreter als Schillers allgemein anthropologisch ausgerichtete Begründung für Posas Handeln in den *Briefen* sieht Guthke die moralische Entlastung des Marquis in den spezifischen Bedingungen seines Künstlerdaseins. Über moralische Prinzipien entscheide der Künstler selbst, wie das »kurze Besinnen« auf »ein andres Mittel« (V. 4132) zeige, in dem sich Posa zur Selbstaufopferung entschließe. Die mit dieser Entscheidung implizierte Schuldanerkenntnis sollten als »Akzente des Tragischen, der Tragik des Idealisten« (ebd., S. 161) verstanden werden, genauso wie die Motive der Eitelkeit, des Stolzes und des Buhlens um Bewunderung, die ihm die Königin (IV,21) unterstellt. Denn erst im Tod gewinne »sein Leben eine Geschlossenheit, die den Künstler in ihm befriedigt hätte. Indem Posa als Künstler scheitert, aber seine Lebensaufgabe als Vermächtnis Karlos' hinterläßt, sieht er sein Leben als in sich schlüssige Einheit« (ebd., S. 163). Auch wenn er zeitgebunden und in der dargestellten Situation das »Kunstwerk seiner Lebensleistung« nicht mehr zu realisieren vermag, so sei es »doch durch Karlos, den er durch sein Opfer auf eine höhere Bewußtseinsstufe geführt hat, auf dem Wege zur Vollendung« (ebd., S. 164).

Guthkes Versuch, die Dramenfigur Marquis Posa vor Schillers – wie er meint – »Denunziationen« in den *Briefen* zu schützen, die moralische Integrität seines Schuld behafteten Handelns mit der approximativen Vollendung seines Lebenswerkes retten zu wollen, scheitert nicht nur an den harten Fakten des dramatischen Werkes. Denn weder ist Karlos aufgrund seiner Überantwortung an die Inquisition in der Lage, das Werk seines Freundes zu Ende zu führen, noch ist er durch das Opfer seines Freundes Posa »auf eine höhere Bewußtseinsstufe geführt« (ebd.) worden. Posas

Scheitern sowie der von tiefem Pessimismus geprägte Ausgang der dramatischen Handlung können nicht zeitlich versetzt und außertextlich mit dem weiteren Gang der Realhistorie in einen späten Sieg des »Künstlers« umgedeutet werden. Auch scheint Guthke mit seinem »neuen« interpretatorischen Zugriff auf das Drama über den »Künstler« Posa zu übersehen, dass diese von ihm vorgenommene Selbstapostrophierung *metaphorischer* Natur ist und sich nur auf den engen gedanklichen Kontext seiner Argumentation in der Audienz-Szene bezieht. Für eine Gesamtdeutung des Dramas als einer Charaktertragödie um die Figur Posa erweist sich die »Künstler«-Metapher als zu eng und damit nicht tragfähig.

Textextern ausgerichtete Deutungen

Angesichts solch wiederholt vorgenommener Versuche, das Drama neu zu interpretieren, verwundert es nicht, wenn die kritische Würdigung der vielschichtigen, facettenreichen und faszinierenden Figur des Marquis Posa im Zusammenhang mit der problematischen Umsetzung seines idealistischen Staatsentwurfs in Zeiten despotischer Herrschaft auch textextern ausgerichtete Beiträge hervorgebracht hat, die mit Rekurs auf Ergebnisse soziologischer Forschung etwa von Reinhart Koselleck oder Jürgen Habermas nach »Prinzipien des höfischen Lebens« (Beyer 1990), nach »Technologien der Macht« (Werber 1996) und nach Strukturen von »Machtspiele[n]« im Bereich des Politischen (Alt 1998) fragen. Allen Untersuchungen liegt übereinstimmend die Erkenntnis zugrunde, dass nicht die Differenz »von *öffentlich und privat*«, sondern die »von *öffentlich und geheim*« (Werber 1996, S. 212) die Strukturen despotischer Herrschaftsausübung kennzeichne. Die damit einhergehende Machtausübung folge den Strategien »der Verschleierung, der Täuschung und Lüge«, die auch Posa anwende, der somit »durch die Wahl seiner Mittel notwendig die Motive, die sein Unternehmen ursprünglich leiten«, diskreditiere (Alt 1998, S. 134). Das »Kalkül der Macht« führe dazu, dass sich »im *Don Karlos* ein herrschaftsstrategischer Diskurs [entfalte], in dem der optimistische Entwurf des Menschen hinter das praktische Interesse des nach Macht strebenden Individuums zurücktritt« (ebd., S. 135).

D. Borchmeyers Sicht auf Posa als »Robespierre *ante portas*«

Als eher spektakulär denn seriös ist dagegen Borchmeyers wiederholt geäußerte These einzustufen, wenn er den Marquis Posa der Briefe anders als den des Dramas als einen »Robespierre *ante portas*« (Borchmeyer 1983, S. 65) bezeichnet. Dieser These hat Wilfried Malsch (1990) entschieden widersprochen. Posas unverkennbarer Zug, sowohl Karlos als auch Philipp und die Königin nicht für sich, sondern für die Umsetzung seines idealtypischen Staatsentwurfs zu instrumentalisieren, rechtfertige keineswegs den Vorwurf eines »terroristisch gewordenen Revolutionärs« (ebd., S. 95). Vielmehr sei Posa ein »Idealist von Welt«, der versuche, »sein hohes menschheitliches Ziel in der rauhen Wirklichkeit der praktischen Politik durchzusetzen« (zit. n. Guthke 1994, S. 138). Und Walter Müller-Seidel sekundiert, wenn er feststellt:

W. Müller-Seidel

> »Er ist kein Ideologe, und auch ein Träumer ist er nicht. Den höheren Zweck, die Befreiung der Niederländer von einem menschenunwürdigen Staatssystem, verliert er nie aus dem Auge. In diesem Punkt ist er mit niemand sonst zu vergleichen – am wenigsten mit Robespierre, auch nicht mit dem Wortführer im Geheimbund der Illuminaten.« (Müller-Seidel 1999, S. 218)

Mit der Nennung dieses 1776 gegründeten Geheimordens, dessen Ziel es war, durch Aufklärung und sittliche Verbesserung die Herrschaft von Menschen über Menschen überflüssig zu machen, spielt Müller-Seidel auf groß angelegte Untersuchungen an, deren Ergebnisse Hans-Jürgen Schings in mehreren Beiträgen (1992, 1993, 1996, 1998) publiziert hat. Intensives Quellenstudium führte ihn zu der Auffassung, dass sich Schillers Figur des Marquis Posa in Geisteshaltung und politischem Handeln wesentlich aus dem Gedankengut der Illuminaten speise, könne der »Sonderling« doch nicht mit den verwandten Figuren aus seinen früheren Dramen vergleichen werden. »Das ist kein enttäuschter Universalhasser und bramarbasierender Selbsthelfer wie Karl Moor, kein falscher Republikaner und ›schwungsüchtiger‹ Verschwörer-Machiavellist wie Fiesko, kein gegen Mode und Konvenienzen Sturm laufender Metaphysiker des Herzens und der Liebe wie Ferdinand von Walter.« (Schings 1998, S. 104) Nein, dieser »Freie«, dieser »Philosoph« sei aus anderem Holz geschnitzt. »Nicht Sohn, nicht Liebender, nicht Fürstendiener, ist er ganz und gar Instrument und Medium einer

H.-J. Schings über Posas Nähe zum Gedankengut der Illuminaten

Idee, ihr Emissär, der dieser Idee auch noch die letzte Privatrolle, die ihm bleibt, unterordnet, die Freundschaft mit dem Königssohn.« (ebd.)

Das von Posa transportierte Gedankengut speise sich primär aus dem des vorrevolutionären Jahrzehnts des 18. Jahrhunderts, in dem Menschen- und Bürgerrechte als zentrale Themen die politische und intellektuelle Diskussion bestimmten – und hier besonders die staatsphilosophischen Reflexionen Montesquieus (1689–1755), wie Schiller in seinem 10. *Brief* bestätige. Gerade sie spiegelten sich in Posas Zielen wider, die er in der Audienz-Szene gegenüber Philipp verfolge: »de[n] Umbau des monarchisch-despotischen Staates zu einer gesetzmäßigen Republik und die Konversion des Monarchen zur Menschlichkeit« (ebd., S. 108). Was Posa nämlich mit Hilfe des Königs umzusetzen trachte, sei nichts Geringeres als »eine Revolution von oben, de[n] Austausch der Staatsprinzipien ›honneur‹ bzw. ›terreur‹ gegen die ›vertu‹« (ebd., S. 109).

Der Schritt in die konkrete politische Praxis gestalte sich jedoch schwieriger als vorgestellt. Posa sei darum gezwungen, den König wie Karlos und auch die Königin zu instrumentalisieren, sie ihrer Selbstbestimmung zu berauben. Er verstricke sich damit in moralische Probleme, die Schiller in seinen *Briefen* schonungslos, aber gleichwohl mit Herzblut aufdecke.

> »Es ist die Wahrheit, die Erfahrung vom Umschlag der Liebe zum Ideal in Willkür und Despotismus, vom Umschlag des Menschheitspathos in Mißachtung der Individuen. Schiller versucht sich an einer psychologischen Deduktion, die das künstliche Ideal der theoretischen Vernunft gegen das natürliche des Menschenherzens und die ›praktischen Gesetze‹ ausspielt und so die Genese von ›Herrschsucht‹, ›Eigendünkel‹ und ›Stolz‹ erklärt.« (ebd., S. 112)

Wenn Schings in zeitlicher, programmatischer und personaler Hinsicht plausibel darzulegen vermag, dass »Aufstieg und Fall des Ordens« mit der Entstehungszeit des *Don Karlos* zwischen 1782 und 1788 zusammenfallen; dass Menschenwürde, Menschenrechte und der »Kampf gegen den weltlichen und geistlichen Despotismus« sowie die »Überzeugung vom unaufhaltsamen, selbsttätigen Prozeß der Aufklärung, der, mit oder ohne

Gewalt, das Absterben aller Vorurteile und aller Herrschaftsverhältnisse und damit das Reich der Vernunft herbeiführen wird« (ebd., S. 110); dass diese Ziele und Motive Kernpunkte der programmatischen Schrift der Illuminaten, der sog. »Anrede an die neu aufzunehmenden Illuminatos dirigentes« (ebd.), seien; dass Schillers »philosophischer Lieblingslehrer« an der Stuttgarter Karlsschule, Jakob Friedrich Abel, 1783 Ordensoberer des Geheimbundes wurde und der Ordensgründer Adam Weishaupt Ende 1787 aus politischen Gründen von Bayern nach Thüringen flüchten musste und in Weimar – nach Schillers Äußerungen – für aktuellen Gesprächsstoff sorgte, der auch in seinen *Briefen* (namentlich dem 10.) durchscheine, dann drängen sich gewiss Parallelen der genannten Art auf. Inwieweit jedoch derart vermitteltes positivistisches Faktenwissen die von Schings behauptete Diskrepanz zwischen der Figur Marquis Posa im Drama und den *Briefen* erklärbar macht, bleibt dunkel. Und ob für Schiller die ihm durch zahlreiche Kontakte mit Ordensmitgliedern und Sympathisanten bekannten, aber von ihm missbilligten konspirativen Umtriebe des Geheimbundes sowie inhumane Praktiken wie die Ausspähung von Ordensbrüdern Gründe oder Anlässe für eine kritische Sicht auf seine Posa-Figur abgegeben haben mögen, kann nicht überzeugend nachgewiesen werden. Generell ist zu fragen, welche Verstehenshinweise oder Deutungshilfen für das Drama und dessen Hauptfigur solch zeitgeschichtliches Hintergrundwissen zu geben imstande ist.

Ähnliche Probleme zeitigen auch Anwendungen nicht genuin literarwissenschaftlicher Methoden auf das Drama und sein Personal. So will Michael Hofmann (2000) mit einem teils soziologisch, teils psychologisch ausgerichteten Ansatz den Nachweis führen, dass im *Don Karlos* unterschiedliche Konditionierungsformen dafür verantwortlich zu machen seien, dass Neigungen und Gefühle wesentlicher Figuren manipuliert oder instrumentalisiert würden.

M. Hofmanns sozio-psychologischer Ansatz

Insbesondere Karlos sei einem doppelten Konditionierungsprozess ausgesetzt: zum einen durch seinen Vater, zum anderen durch seinen Freund Posa. Die im Drama sichtbar werdende »›barbarische‹ Erziehung des Thronfolgers, die offenbar das Ziel hat, diesen in der Hinsicht zu konditionieren, daß er eigene Ge-

fühle unterdrückt und die ›sachliche‹ Haltung eines zukünftigen Herrschers anzunehmen vermag«, werde in »anachronistischer Weise« mit dem empfindsamen Freundschaftskult kontrastiert. »Aus der Sicht des achtzehnten Jahrhunderts [...] erscheint die feudalistische Erziehung als eine Konditionierung der Sinne und Gefühle im Dienste einer dynastischen (später absolutistischen) Machtpolitik[.]« (ebd., S. 102) Was im 16. Jahrhundert noch herrschaftspolitischem Allianz-Denken verpflichtet gewesen sei, wandele sich zu einer aufgeklärten Empfindsamkeit. »Die Pointe einer neuen Deutung des *Don Carlos* liegt nun aber in dem Verweis auf die Tatsache, daß die neuen Modelle nicht ihrem eigenen Anspruch gemäß schlicht und einfach die ›Stimme der Natur‹ vertreten, daß vielmehr in und mit ihnen lediglich eine andere, eine bürgerlich-aufklärerische, der feudalistischen Konditionierung der Gefühle entgegengesetzt wird. Schillers Stück geht über die Logik des bürgerlichen Trauerspiels weit hinaus«, denn die »bürgerliche Mentalität bedeutet keineswegs eine ›Befreiung‹ aus einer ›unnatürlichen‹ Unterdrückung von Gefühl und Spontaneität; sie bindet vielmehr die libidinösen Energien des Individuums an abstrakte ideologische Gehalte, an humane Ziele, deren Vermittlung mit den Interessen des einzelnen sich als äußerst problematisch erweist« (ebd., S. 103).
So instrumentalisiere Posa Karlos' Liebe zur Königin für die Umsetzung seiner idealistischen Ziele, die er im Namen einer universalistischen Menschenliebe durchzusetzen trachte, ohne dass dadurch – wie scheinbar am Drama nachweisbar und oft behauptet – ein Läuterungsprozess in Karlos ausgelöst werde. Und auch Elisabeth unterliege einer fremdbestimmten Konditionierung ihrer Gefühle, wenn die durch Rückspiegelung zutage geförderte Diskrepanz zwischen ihrer von Posa vorgenommenen Stilisierung zum Idealbild der sittlichen Vollkommenheit (des »Schicklichen« II,15) und der von ihr im Abschiedsgespräch (IV,21) nachdrücklich reklamierten Sinnlichkeit im Sinne der »Dialektik der Aufklärung« wahrgenommen werde (ebd., S. 113). Vor diesem Hintergrund müsse die Figur der Eboli ebenfalls einer Bewertungsrevision unterzogen werden, um sie vor Diskreditierungen zu schützen, die Posa gezielt vornehme, um Karlos aus ihren ›Fängen‹ zu befreien und ihn für seine Ziele nutzbar zu machen.

So interessant es auch sein mag, durch eine Erhellung des kontextuellen Umfeldes – wie Schings sie vorgenommen hat – extratextuelle Bezüge des Dramas zum Gedankengut der Illuminaten aufzuweisen und damit *Don Karlos* in einen größeren zeitkritischen und ideengeschichtlichen Zusammenhang zu stellen, oder – methodisch – einen soziologisch-psychologischen Zugriff auf den Text vorzunehmen, um ihn – wie Hofmann – unter Aspekten der »Dialektik der Aufklärung« zu lesen und zu verstehen, so dass die Komplexität, die eigentümliche Gebrochenheit und Spiegelung der Hauptfiguren kritisch aufgezeigt werden können, die allerdings schon Böckmann (1982) auf der Grundlage des von ihm geprägten Begriffs der »Rückspiegelung« für das dem Drama zugrunde liegende Verfahren nachgewiesen hat, so tragen Ergebnisse solcher Art kaum zu einer Neuinterpretation des Stückes sowie zur Lösung fundamentaler Probleme bei, die immer noch ihrer präzisen Bestimmung und Bearbeitung harren.

L. Pikuliks These von der »Identitätsspaltung« aller Hauptpersonen

Und eine literarwissenschaftliche Auseinandersetzung mit *Don Karlos* gerät spätestens dann methodisch und begrifflich aus den Fugen, wenn – wie bei Lothar Pikulik (2004) – der Autor aus den zutreffend analysierten drei Zwangs- und Kontrollsystemen (höfische Etikette; despotisch regierter, absolutistischer Staat; katholische Kirche und Inquisition), deren Auswirkungen im Drama zur Darstellung kämen, meint ableiten zu können, dass alle dramatis personae mit der durch diese Zwangssysteme hervorgerufenen »Heimlichkeit ihres Tuns eine Identitätsspaltung in Schein und Wahrheit« (Pikulik 2004, S. 174) erlitten. »Die Intriganten Alba und Domingo sind praktizierende Psychologen« (ebd., S. 176), und da »Karlos an seiner Leidenschaft regelrecht krankt und Posa aus politischen wie menschlichen Gründen an seiner Heilung interessiert ist, nimmt ihr Verhältnis zudem Züge einer Arzt-Patienten-Beziehung an« (ebd., S. 179).
Der hier vorgelegte kursorische, wichtige Etappen der Forschungsarbeit markierende Abriss der wissenschaftlichen Literatur zu *Don Karlos* führt zu einem ernüchternden Befund. Zwar sind unfruchtbare Polarisierungen wie die in der genretypologischen Bestimmung des Werkes (Familiengemälde vs. politisches Drama, Charaktertragödie vs. Ideendrama), in der Be-

stimmung der Mittelpunktsfigur (Karlos, Marquis Posa oder Philipp) oder in der epochalen Kennzeichnung und Zuordnung (Stück des Sturm und Drang, der Klassik oder des Übergangs) mittlerweile überwunden, aber die vermeintlichen Lösungen von Grundproblemen (Einheit des Stückes, Verhältnis zwischen dem Drama und den *Briefen über Don Karlos*) halten einer kritischen Revision kaum stand.

Wenn man nämlich Kluges Fazit aus der üblichen Interpretenpraxis hinsichtlich der jeweils gewählten und für die Arbeit zugrunde gelegte Fassung des *Don Karlos* ernst nimmt (vgl. S. 319), wenn man zur kaum widerlegbaren Einsicht gelangt, dass das Drama in dem Sinne ein »*work in progress*« (Zymner 2002, S. 65) ist, dass seine unterschiedlichen Fassungen die sich je wandelnden Ansichten und Objektivationen Schillers in ästhetischer, philosophischer und politischer Hinsicht spiegeln, literarische Repräsentationen seiner künstlerischen Entwicklung in verschiedenen, auch pragmatisch bestimmten Situationen darstellen und dass es *nicht* ein »unfertiges« Werk auf dem Weg zur Klassik bis zur *letzen Ausgabe* von 1805 ist, dann ist die Forderung unabweisbar, allererst die Grundlagen für weiterführende Fragen zu legen.

Eine solche Basisarbeit müsste zunächst darin bestehen, die differenzrelevanten, nicht marginalen phänomenalen Spezifika einer jeden der wichtigen Fassungen des *Don Karlos* – von den *Thalia*-Fragmenten über die Erstausgabe und die besonders interessante Hamburger Bühnenfassung bis zur *letzten Ausgabe* – präzise zu bestimmen. Die Bearbeiterin des *Karlos*-Bandes in der Ausgabe des Aufbau-Verlages, Regine Otto, hat hierfür bereits unentbehrliche Vorarbeiten geleistet, wenn sie in einer synoptischen Übersicht der unterschiedlichen Textfassungen die von Schiller vorgenommenen Veränderungen versgenau auflistet (AV 3, S. 886–888).

Nunmehr käme es darauf an, durch komparative Arbeiten, wie sie etwa schon Kluge (1982) für die Figur der Eboli und Peter Schäublin (1973) für Änderungen im Verhältnis zwischen Karlos und der Königin in den *Thalia*-Fragmenten und der Erstausgabe vorgelegt haben, mögliche divergierende Text-Sinne und Text-Intentionen der verschiedenen Fassungen zu bestimmen.

Dann nämlich erscheint auch die bislang immer wieder gestellte, allumfassende Grundsatzfrage nach der sog. Einheit des Stückes und den sich aus ihrer Beantwortung ergebenden Konsequenzen in einem völlig neuen Horizont. Vielleicht ergäbe sich dann sogar die Erkenntnis, dass dieses von Schiller in seinen *Briefen* bezüglich der *Erstausgabe* aufgeworfene Problem ein Scheinproblem sein könnte, um die unabweisbare Tatsache zu kaschieren, dass *Don Karlos* als »work in progress« schon in seiner Entstehung verschiedensten Akzent-, Schwerpunkt- und Interessenverschiebungen ausgesetzt war, die die Frage nach der Einheit eines oder im Uneinheitlichen als deplatziert, weil der Sache unangemessen erweisen.

Don Karlos als »work in progress«

Und auch die Bestimmung des höchst diffizilen Verhältnisses zwischen – so müsste jetzt präziser formuliert werden – einer bestimmten Fassung des Dramas, den *Briefen über Don Karlos* sowie anderen Briefzeugnissen Schillers und späteren Rezensionen unterläge einer völlig neuen Bewertung. Dass damit jeder Versuch einer vereinheitlichenden Vereinnahmung des Stückes etwa in generischer, dramenpoetologischer oder epochaler Hinsicht von vornherein zum Scheitern verurteilt ist, ergibt sich auch aus der Grundüberlegung, dass jede Lösung eines textübergreifenden Problems der vorgängigen, harten textphilologischen Arbeit nicht entraten kann.

Viele der bislang vorgelegten Ergebnisse bedürfen der – im Wortsinn gemeinten – radikalen Überprüfung. Die Arbeit am *Don Karlos* ist also noch lange nicht zu Ende. Sie hat gerade erst begonnen.

Kommentar zu den *Briefen über Don Karlos*

Nichts spiegelt die Problematik des Dramas *Don Karlos* eindringlicher als die Tatsache der *Briefe über Don Karlos*. Zunächst im Juli (1. bis 4. Brief) und Dezember 1788 (5. bis 12. Brief) in Wielands Zeitschrift *Der Teutsche Merkur* veröffentlicht, 1792 vollständig als essayistisches Werk in Schillers ersten Band seiner Sammlung *Kleinere prosaische Schriften* aufgenommen (vgl. Otto, AV 3, S. 936), legen die zwölf Briefe Zeugnis ab von der Einschätzung des Autors, sein Drama gegen Missverständnisse, Fehlurteile oder gar Unterstellungen seitens der Literaturkritik (vgl. »Wirkungsgeschichte«, S. 309) verteidigen zu müssen, aber auch Unklarheiten im Drama zu konzedieren und nach Möglichkeit auszuräumen.

Drei zentrale Ziele der Briefe

Seine im Wesentlichen Rechtfertigungen darstellenden Ausführungen verfolgen drei zentrale Ziele: Zum Einen bemüht er sich um den Nachweis, dass das von ihm selbst aufgeworfene Fundamentalproblem der »sogenannte[n] Einheit des Stückes« (8. Brief; S. 270) im Sinne seiner Intention und »Hauptidee« (9. Brief) bruchlos gelöst worden sei; zum Anderen will er die Konsistenz der »Charakterzeichnung« der Figur des Marquis Posa (2. bis 4. Brief) und – zum Dritten – die Stringenz der daraus resultierenden Handlungen, insbesondere seine Selbstaufopferung (12. Brief) und sein moralisch fragwürdiges Verhalten gegenüber Karlos (11. Brief), ergänzend zu ihren Darstellungen im Drama aufweisen.

Im Rahmen dieser nachgeschobenen Erklärungs- und Rechtfertigungsversuche wird allerdings erkennbar, dass Schiller neben kritisierten auch »erweiternde Aspekte zur Sprache [brachte], die das Drama selbst nicht in dieser Weise vermittelte« (AV 3, S. 935). Solche Erweiterungen betreffen vornehmlich die den Handlungen Posas zugrunde liegenden Motive. Schiller liefert im 3. Brief eine weit ausholende Beschreibung des Werdegangs und der Bildung des Marquis, so dass »Posas Erfahrungen, die Entwicklung seiner Ideen und seine ›pragmatische‹ Tätigkeit« (AV 3, S. 938) als Politiker hier ausführlicher als in den Szenen III,7, IV,21 und V,8 des Dramas beschrieben sind. Posas eigentümliche Beziehung zu Karlos, der bei seines Freundes Rückkehr in »einen schmerzlichen, wollüstigen Zustand des *Leidens*« (S. 249) versunken sei, wird von Schiller als »akademische Freundschaft« (ebd.) bezeichnet, da die gleichen Gefühle, der gleiche »Enthusiasmus für Wahrheit, Freiheit und Tugend« (S. 247) nur mehr als Erinnerungen an frühere, gemeinsame Jahre vorhanden seien und es darauf ankäme, sie für den Freiheitskampf der Niederländer zu nutzen.

Die Umsetzung dieses von Posa verfolgten politischen Ziels führt auch dazu, dass er nach der Audienz beim König seine weiteren Pläne Karlos vorenthält. Die für dieses Schweigen und für den darin enthaltenen Vertrauensbruch angeführten Motive im Drama (v. a. in IV,3, IV,21 und V,3) bestätigt Schiller zwar, mildert sie aber mit Hinweis auf »Delikatesse« im Sinne von Zartgefühl und »Mitleid« (S. 266) ab, um »den von den Kritikern verurteilten moralischen Ehrgeiz in Posas Handlungsweise zu relativieren« (AV 3, S. 940). Und zu einer ausgedehnten, anthropologisch fundierten Rechtfertigung hebt Schiller im 11. Brief an, wenn er Posas Verhalten gegenüber Karlos zwar, als von »Herrschsucht«, »Eigendünkel« und »Stolz« bestimmt, für moralisch verwerflich erklärt, dann aber in rhetorischen Fragen verständlich zu machen sucht, dass die »Durchsetzung« eines »noch so freien moralischen Zweckes«, wie es die Verwirklichung seiner Idee des idealen Staates darstellt, notwendig dazu führen müsse, »sich an fremder Freiheit zu vergreifen, die Achtung gegen anderer Rechte, die ihnen sonst immer die heiligsten waren, hintanzusetzen, und nicht selten einen willkürlichen Despotismus zu üben, ohne den Zweck selbst umgetauscht, ohne in ihren Motiven ein Verderbnis erlitten zu haben« (S. 282). Diese Ausführungen zur Differenz zwischen »Vernunftideen« und den Rechten der »Individualität« gehen weit über das hinaus, was im Drama zu dieser Problematik durchscheint, wie Schiller in seinem Brief vom 20. 8. 1788 an seinen Freund Körner einräumt.

Anthropologisch fundierte Rechtfertigung

Und auch Posas Entschluss zur Selbstaufopferung, der im Drama (IV,17) seltsam kryptisch nur zu erahnen ist und unmotiviert scheint, erfährt im 12. Brief eine nachvollziehbarere Begründung. Es käme darauf an, Posa gleichsam aus dessen Innenperspektive und den dargestellten situativen Umständen in den Szenen IV,16/17 verstehen zu können. Dann nämlich würde klar, dass seine Lage von »*Schrecken*« und »*Zweifel*« darüber, ob Karlos Eboli das Geheimnis seiner politischen Mission verraten habe, von »*Unwille[n] über sich selbst*« sowie »*Schmerz und Verzweiflung*« geprägt sei, diesen Zustand durch »unglückliche Zurückhaltung« und »Übereilung« (S. 286 f.) selbst heraufbeschworen zu haben. Posa opfere sich auf, »›um für sein – in des Prinzen Seele niedergelegtes – Ideal alles zu tun und zu geben, was ein Mensch für etwas tun und geben kann, das ihm das Teuerste ist; um ihm auf die nachdrücklichste Art, die er in seiner Gewalt hat, zu zeigen, wie sehr er an die Wahrheit und Schönheit dieses Entwurfes glaube, und wie wichtig ihm die Erfüllung desselben sei‹« (S. 285).

Schiller über die Einheit des Stückes

Auf eine solch abstrakte Ebene schließlich verlagert Schiller auch das oft zitierte Problem der Einheit des Stückes. Zwar gesteht Schiller im 1. Brief freimütig seine Interessen- und Schwerpunktverlagerung während der Ausarbeitung des Dramas ein, die in der zeitgenössischen Kritik und in der Forschung zur These von den zwei »Teilen« oder »Hälften« des Stückes und damit zum Problem seiner Einheit führte. Aber im 5. Brief soll sie »nachträglich als ästhetische Notwendigkeit« (AV 3, S. 939) ausgewiesen werden, wenn er behauptet:

> »Durch Karlos Leidenschaft für die Königin und deren unausbleibliche Folgen bei dem König wurde dem Marquis seine ganze Laufbahn geschaffen: darum war es nötig, daß auch das ganze Stück mit jener eröffnet wurde. Gegen sie mußte der Marquis selbst so lange im Schatten gestellt werden, und sich, bis er von der ganzen Handlung Besitz nehmen konnte, mit einem untergeordneten Interesse begnügen, weil er von ihr allein alle Materialien zu seiner künftigen Tätigkeit empfangen konnte.« (S. 260)

Insofern besitze die vorbereitende Handlung um Karlos' Liebe zu Elisabeth funktionalen Charakter für die letztlich politische Umsetzung seiner Ideale im Drama.

Die Einheit des Stückes ließe sich nicht, wie zeitgenössische Kritiker des Dramas unter Berufung auf die aristotelische Kategorie der Einheit der Handlung meinten (vgl. »Wirkungsgeschichte«, S. 312), auf der Ebene der Handlungsführung nachweisen, sondern auf der der Gesamtkomposition und Intentionalität oder »Hauptidee des Stückes« (S. 276), den »enthusiastische*[n] Entwurf*« eines idealen Staates »*im Konflikt mit der Leidenschaft*« (S. 272 f.) umzusetzen. Wie allerdings mit einer Verständigung über diese spezifische Bedeutung des Begriffes der Einheit der Vorwurf der »*Überladung*« des Stückes entkräftet und sich gar »alle Bestandteile desselben auflösen lassen« (S. 276), bleibt Schillers schwer zu durchdringendes Geheimnis.

Literaturhinweise

A. Textausgaben »Don Karlos«

Erstausgabe:

Dom Karlos. Infant von Spanien. Von Friedrich Schiller. Leipzig, bei Georg Joachim Göschen 1787.

Ausgabe von 1805:

Theater von Schiller. Die Huldigung der Künste. Don Karlos. Die Jungfrau von Orleans. Erster Band. Tübingen in der J. G. Cottaschen Buchhandlung. 1805. [*Don Karlos*, S. 17–354].

Hamburger Regiebuch:

Möller, Marx: *Studien zum Don Karlos*. Nebst einem Anhang: Das Hamburger Theatermanuskript, Greifswald 1896.

Friedrich Schiller. *Sämmtliche Schriften*. Hist.-krit. Ausgabe. Hg. v. Karl Goedeke. 15 Theile, Stuttgart: Cotta 1867–76. [*Don Karlos* in T. 5, Bd. 1. 2. Hg. v. H. Sauppe].

Friedrich Schiller. *Sämtliche Werke*. Säkular-Ausgabe. In Verb. mit Richard Fester, Gustav Kettner [u. a.], hg. v. Eduard von der Hellen. 16 Bde., Stuttgart/Berlin: Cotta [1904–05]. [*Don Carlos* in Bd. 4. Mit Einleitung und Anmerkungen von Richard Weissenfels].

Friedrich Schiller. *Werke*. Nationalausgabe. Bd. 1 ff. Begr. v. Julius Petersen. Fortgef. v. Lieselotte Blumenthal u. Benno von Wiese. Hg. v. Norbert Oellers u. Siegfried Seidel, Weimar 1943 ff. [*Don Karlos* in Bd. 6 (1973). Hg. v. Paul Böckmann u. Gerhard Kluge]. [Sigle: NA].

Friedrich Schiller. *Sämtliche Werke*. Auf Grund der Originaldrucke hg. v. Gerhard Fricke u. Herbert G. Göpfert in Verb. mit Herbert Stubenrauch. 5 Bde., München: Hanser 1980 ff. [*Don Carlos* in Bd. 2].

Friedrich Schiller. *Werke und Briefe in zwölf Bänden*. Hg. v. Klaus Harro Hilzinger, Rolf-Peter Janz [u. a.], Bd. 3: Friedrich Schiller. *Dramen II*. Hg. v. Gerhard Kluge, Frankfurt/M. 1989. [Bibliothek deutscher Klassiker] [Sigle: FA 3].

Friedrich Schiller. *Sämtliche Werke* (10 Bände). Bd. 3. *Don Karlos. Briefe über Don Karlos. Körners Vormittag*. Bearbeiterin des Bandes: Regine Otto, Berlin: Aufbau-Verlag 2005. [Sigle: AV 3].

B. Quellen

Abbé de Saint-Réal, César Vichard: *Histoire de Dom Carlos, Fils de Philippe II. Roy d'Espagne*, Amsterdam 1691.
– : *Geschichte des spanischen Prinzen Don Carlos*. Aus den Werken des Abbts Saint-Réal gezogen, Eisenach: Johann George Ernst Wittekindt 1784.
– : Neudruck der Ausgabe von 1691: *Des Abbé de Saint-Réal Histoire de Dom Carlos*. Nach der Ausgabe von 1691 hg. v. Albert Leitzmann, Halle 1914.
Brantôme: *Les Vies des Hommes Illustres et Grands Capitaines Etrangers*. (S. 97–128 : »Philippe II, Roy d'Espagne«; S. 128–138: »Don Carlos«), La Haye 1740.
v. Ferreras, Johann: *Allgemeine Historie von Spanien mit den Zusätzen der französischen Uebersetzung nebst der Fortsetzung bis auf gegenwärtige Zeit*, Bde. 9–10, Halle 1758–1760.
de Mercier, Jean Louis Sébastien: *Portrait de Philippe II, Roi d'Espagne*, Amsterdam 1785.
Watson, Robert D.: *Geschichte der Regierung Philipps des Zweyten, König von Spanien*. Leipzig 1778.

C. Werkübergreifende Literatur zu Friedrich Schiller

Alt, Peter-André: *Schiller*. Leben – Werk – Zeit, Bd. 1, München 2000, bes. S. 433–465.
Borchmeyer, Dieter: *Tragödie und Öffentlichkeit – Schillers Dramaturgie*, München 1973, bes. S. 76–95.
Cysarz, Herbert: *Schiller*, Halle a. d. S. 1934.
Fricke, Gerhard: *Der religiöse Sinn der Klassik Schillers*. Zum Verhältnis von Idealismus und Christentum, München 1927.
Hofmann, Michael: *Schiller*. Epoche – Werk – Wirkung, München 2003, bes. S. 60–71.
– : *Schiller und die Geschichte*, München 2006.
Luserke-Jaqui, Matthias (Hg.): *Schiller-Handbuch*. Leben – Werk – Wirkung, Stuttgart, Weimar 2005, bes. S. 92–109.
May, Kurt: *Friedrich Schiller*. Idee und Wirklichkeit im Drama, Göttingen 1948, bes. S. 52 ff.
Pikulik, Lothar: *Der Dramatiker als Psychologe*. Figur und Zuschauer in Schillers Dramen und Dramentheorie, Paderborn 2004, bes. S. 170–195.
Safranski, Rüdiger: *Friedrich Schiller oder Die Erfindung des Deutschen Idealismus*, München 2004, bes. S. 229–257.
Strich, Fritz: *Schiller*. Sein Leben und sein Werk, Leipzig 1912.
v. Wiese, Benno: *Die deutsche Tragödie von Lessing bis Hebbel*, Hamburg [8]1973, bes. S. 191–213.
– : *Friedrich Schiller*, Stuttgart [3]1963, bes. S. 241–278.

Wittkowski, Wolfgang (Hg.): *Verantwortung und Utopie*. Zur Literatur der Goethezeit. Ein Symposium, Tübingen 1988.
Zymner, Rüdiger: *Friedrich Schiller*. Dramen, Berlin 2002, bes. S. 61–77.

D: Interpretationen zu »Don Karlos«

Alt, Peter-André: »Machtspiele. Die Psychologie des politischen Dramas in Schillers *Don Karlos*«, in: Maillard, Christine (Hg.): *Don Carlos*. Théâtre, psychologie et politique, Strasbourg 1998, S. 117–141.
Batley, Edward M.: »Zur Problematik der Glaubwürdigkeit der Geschichte, mit besonderer Berücksichtigung der Marquis-Posa-Figur in Schillers *Don Karlos* und der *Maltheser*-Fragmente«, in: Brandt, Helmut (Hg.): *Friedrich Schiller*. Angebot und Diskurs. Zugänge, Dichtung, Zeitgenossenschaft, Berlin/Weimar 1987, S. 250–263.
Beyer, Karen: »Staatsraison und Moralität. Die Prinzipien höfischen Lebens im *Don Karlos*«, in: Aurnhammer, Achim/Manger, Klaus/Strack, Friedrich (Hg.): *Schiller und die höfische Welt*, Tübingen 1990, S. 359–377.
Bloch, Peter André: »Die dramaturgischen Probleme des *Don Carlos* aufgrund der verschiedenen Theaterkonzepte Schillers«, in: Maillard, Christine (Hg.): *Don Carlos*. Théâtre, psychologie et politique, Strasbourg 1998, S. 23–39.
Blunden, Allan G.: »Nature and Politics in Schillers's *Don Carlos*«, in: *DVjs* 52, 1978, S. 241–256.
Bohnen, Klaus: »Poetik im Drama. Anmerkungen zu Schillers ›Don Carlos‹«, in: *JbDSG* 24, 1980, S. 15–31.
Böckmann, Paul: *Schillers ›Don Karlos‹*. Edition der ursprünglichen Fassung und entstehungsgeschichtlicher Kommentar, Stuttgart 1974.
– : *Strukturprobleme in Schillers »Don Karlos«*, Heidelberg 1982.
– : »Politik und Dichtung im Werk Friedrich Schillers«, in: *Schiller*. Reden im Gedenkjahr 1955, Stuttgart 1955, S. 192–231.
Borchmeyer, Dieter: »Rhetorische und ästhetische Revolutionskritik: Edmund Burke und Schiller«, in: Richter, Karl/Schönert, Jörg (Hg.): *Klassik und Moderne*, Stuttgart 1983, S. 56–79.
v. Gronicka, André: »Friedrich Schiller's Marquis Posa: A Character Study«, in: *Germanic Review* 26, 1951, S. 198–214.
Guthke, Karl S.: »Don Karlos. Der Künstler Marquis Posa: Despot der Idee oder Idealist von Welt?«, in: ders.: *Schillers Dramen*. Idealismus und Skepsis, Tübingen/Basel 1994, S. 133–164.
Hofmann, Michael: »Bürgerliche Aufklärung als Konditionierung der Gefühle in Schillers *Don Karlos*«, in: *JbDSG* 44, 2000, S. 95–117.
Kluge, Gerhard: »Edition und Interpretation von Schillers ›Don Karlos‹«, in: *Edition und Interpretation*. Edition et Interprétation des Manuscripts littéraires, Bonn/Frankfurt/Las Vegas 1981 (= *Jb. f. Intern. Germanistik*, Reihe A, Bd. 11), S. 23 ff.
– : »Um Eboli betrogen. Vom Auf- und Abbau einer dramatischen Figur in

Schillers ›Don Karlos‹«, in: Kuhn, Dorothea/Zeller, Bernhard: *Genio huius loci*. Dank an Leiva Petersen, Weimar 1982, S. 79–110.

– : »Fehlgeleitetes Verstehen. Kritische Anmerkungen zu Edition und Interpretation von Schillers *Don Karlos*« in: *Neophilologus* 68, 1984, S. 81–97.

– : »Die Kartäuserszenen in Schillers *Don Karlos*«, in: *ZfdPh* 109, 1990 (Sonderheft), S. 27–40.

Koopmann, Helmut. »Don Karlos«, in: Hinderer, Walter (Hg.): *Schillers Dramen*. Neue Interpretationen, Stuttgart 1979, S. 87–107.

– : »Schiller-Forschung 1970–1980. Ein Bericht«, in: *Deutsches Literaturarchiv*. Verzeichnisse, Berichte, Informationen, Bd. 12, Marbach a. N. 1982.

– : »Don Carlos«, in: Hinderer, Walter (Hg.): *Interpretationen*. Schillers Dramen, Stuttgart 1992, S. 159–201.

– : »Politisches Drama oder nicht? Der Ärger mit *Don Karlos* und ein Versuch, einen Zugang zu gewinnen«, in: Maillard, Christine (Hg.): *Don Carlos*. Théâtre, psychologie et politique, Strasbourg 1998, S. 9–22.

Kufner, Stephanie: »Utopie und Verantwortung in Schillers ›Don Carlos‹«, in: Wittkowski, Wolfgang (Hg.): *Verantwortung und Utopie*. Zur Literatur der Goethezeit. Ein Symposium, Tübingen 1988, S. 238–255.

Maillard, Christine (Hg.): *Don Carlos*. Théâtre, psychologie et politique, Strasbourg 1998.

Malsch, Wilfried: »Moral und Politik in Schillers ›Don Karlos‹«, in: Wittkowski, Wolfgang (Hg.): *Verantwortung und Utopie*. Zur Literatur der Goethezeit. Ein Symposium, Tübingen 1988, S. 207–237.

– : »Robespierre ad portas? Zur Deutungsgeschichte der *Briefe über Don Karlos* von Schiller«, in: Bauer-Pickar, Gertrud (Hg.): *The Age of Goethe Today. Critical Reexamination and Literary Reflection*, München 1990, S. 69–103.

Manger, Klaus: »Schillers *Don Karlos* – ein Universalhistoriendrama«, in: Maillard, Christine (Hg.): *Don Carlos*. Théâtre, psychologie et politique, Strasbourg 1998, S. 40–53.

Mönig, Klaus: »Despotismus und Freiheit. *Don Karlos*« in: Sasse, Günter (Hg.): *Schiller*. Werk – Interpretation, Heidelberg 2005, S. 57–83.

Müller, Klaus-Detlef: »Die Aufhebung des bürgerlichen Trauerspiels in Schillers ›Don Karlos‹«, in: Brandt, Helmut (Hg.): *Friedrich Schiller*. Angebot und Diskurs, Berlin/Weimar 1987, S. 218–234.

Müller-Seidel, Walter: »Der Zweck und die Mittel. Zum Bild des handelnden Menschen in Schillers *Don Carlos*«, in: *JbDSG* 43, 1999, S. 188–221.

Polheim, Karl Konrad: »Von der Einheit des *Don Karlos*«, in: *JbdFDH*, 1985, S. 64–100.

Pörnbacher, Karl (Hg.): *Erläuterungen und Dokumente*. Friedrich Schiller. Don Karlos, Stuttgart 2004.

Reinhardt, Hartmut: »Don Karlos«, in: Koopmann, Helmut (Hg.): *Schiller-Handbuch*, Stuttgart 1998, S. 379–394.

Schäublin, Peter: »Don Carlos und die Königin. Ein Beitrag zur Interpretation von Schillers *Don Carlos*«, in: *GRM* N.F. 23, 1973, S. 302–320.
Schings, Hans-Jürgen: *Die Brüder des Marquis Posa*. Schiller und der Geheimbund der Illuminaten, Tübingen 1996.
–: »Schillers *Don Karlos* und die Illuminaten«, in: Maillard, Christine (Hg.): *Don Carlos*. Théâtre, psychologie et politique, Strasbourg, 1998, S. 103–115.
–: »Die Illuminaten in Stuttgart«, in: *DVjs* 66, 1992, S. 48–87.
–: »Freiheit in der Geschichte«, in: *Goethe-Jahrbuch* 110, 1993, S. 61–76.
Seidlin, Oskar: »Schillers ›Trügerische Zeichen‹. Die Funktion der Briefe in seinen frühen Dramen«, in: *JbDSG* 4, 1960, S. 247–270, bes. S. 261–268.
–: »Schillers ›Don Carlos‹ – nach 200 Jahren«, in: *JbDSG* 27, 1983, S. 477–492.
Seuffert, Bernhard: »Beobachtungen über dichterische Komposition, III«, in: *GRM* 3, 1911, S. 622 ff.
Storz, Gerhard: »Die Struktur des Don Carlos«, in: *JbDSG* 4, 1960, S. 110–139.
–: »Der Bauerbacher Plan zum Don Carlos«, in: *JbDSG* 8, 1964, S. 112–129.
Vazsonyi, Nicholas: »Schiller's *Don Carlos*. Historical Drama or Dramatized History?«, in: *New German Review* 7, 1991, S. 26–41.
Werber, Niels: »Technologien der Macht«, in: *JbDSG* 40, 1996, S. 210–243.
Wittkowski, Wolfgang: »Höfische Intrige für die gute Sache. Marquis Posa und Octavio Piccolomini«, in: Aurnhammer, Achim/Manger, Klaus/Strack, Friedrich (Hg.): *Schiller und die höfische Welt*, Tübingen 1990, S. 379–397.

E. Sonstige Literatur

Habermas, Jürgen: *Strukturwandel der Öffentlichkeit*. Untersuchungen zu einer Kategorie der bürgerlichen Gesellschaft, Neuwied/Berlin [5]1971.
Horkheimer, Max/Adorno, Theodor W.: *Dialektik der Aufklärung*. Philosophische Fragmente, in: Theodor W. Adorno: *Gesammelte Schriften*, Bd. 3, Frankfurt/M. 1981.
Ingarden, Roman: *Das literarische Kunstwerk*, Tübingen [3]1964.
Koselleck, Reinhart: *Kritik und Krise*. Eine Studie zur Pathogenese der bürgerlichen Welt, Frankfurt/M. 1973.
v. Matt, Peter: *Die Intrige*. Theorie und Praxis der Hinterlist, München 2006.

Wort- und Sacherläuterungen

Ein dramatisches Gedicht: Der erst der letzten Ausgabe von 7.4
1805 hinzugefügte Untertitel verweist zum einen auf die poetisch-ästhetische Besonderheit des in reimlosen, fünfhebigen Jamben (Blankvers) verfassten Dramas, zum anderen auf Schillers *Wallenstein* und Lessings *Nathan*, die ebenfalls diese genretypologische Bestimmung tragen. Allerdings wehrte sich Schiller früher (Brief an Göschen v. 23. 10. 1797) dagegen, dass unter diesem Aspekt seine noch jugendliche Arbeit, der die Reife »nicht mehr gegeben werden« könne, in die Nähe des Lessingschen Alterswerkes gerückt werden sollte, um nicht den »Schein einer Anmaßung« (AV 3, S. 839) aufkommen zu lassen.

***Philipp* der Zweite, König von Spanien.**: 1527–1598, Sohn 8.2
Kaiser Karls V. (1500–1558) und Isabellas von Portugal (1503–1539). Seit 1555 König von Spanien. In erster Ehe mit Maria von Portugal (1527–1545), in zweiter Ehe mit Maria Tudor (1516–1558), genannt »Bloody Mary« oder »die Katholische«, und in dritter Ehe mit Elisabeth (Isabel) von Valois verheiratet. Obwohl zur Zeit der Handlung (1568) erst 41 Jahre, erscheint er im Drama als 60-jähriger Greis. Durch seine Eheschließung mit Elisabeth versucht er, den beginnenden Verfall des von seinem Vater ererbten Weltreiches aufzuhalten, scheitert aber letztlich an den Freiheitsbestrebungen der protest. Niederländer und Engländer. Als weltliches Haupt der Gegenreformation unterstützt er willfährig die Inquisition und wird von der Geschichtsschreibung als brutaler Innen- und Außenpolitiker bewertet.

***Elisabeth* von Valois, seine Gemahlin.**: Elisabeth (Isabel) (1545– 8.3
1568), Tochter Heinrichs II. von Frankreich (1519–1559) und Katharinas di Medici (1519–1589). Zunächst besteht die Absicht, sie mit dem span. Thronfolger zu verheiraten. Eine offizielle Verlobung mit Karlos lässt sich jedoch nicht nachweisen, wie überhaupt die Quellenlage zum Verhältnis zwischen Elisabeth und Carlos sich teils lückenhaft, teils widersprüchlich darbietet. Zur Befestigung des Friedens mit Frankreich im Geist des Vertrags von Cateau-Cambrésis (1559) wird durch Herzog Alba, der den König vertritt, ein Ehevertrag mit Philipp II. ausgehan-

delt. Trauung Philipps II. mit Elisabeth am 31.1.1560, Vollzug der Ehe aber erst ein Jahr später. Aus dieser Ehe gehen zwei Töchter hervor: Clara Eudoxia Eugenia (1566–1633) und Catarina Micaela (1567), bei deren Geburt sie stirbt. Alle Quellen rühmen übereinstimmend Elisabeths Schönheit, Klugheit und Charakter. Ihre Zuneigung zu Karlos hat sie genauso wenig verhehlt wie eine leichte Enttäuschung über ihren wesentlich älteren Gemahl. Ein Liebesverhältnis zwischen Elisabeth und Karlos, das das Zentrum in Saint-Réals »historischer Novelle« bildet, hat sicher nie bestanden.

8.4 ***Don Karlos*, der Kronprinz.**: Carlos (1545–1568), Sohn Philipps II. und Marias von Portugal. Strenge Erziehung und weitgehender Ausschluss von polit. und militär. Aktivitäten führen zu Konflikten mit Philipp und melancholischer Schwärmerei des Jünglings. 1561 hält er sich gemeinsam mit Don Juan d'Austria und Alexander Farnese in Alcalá auf. Nachdem er ein Porträt Annas von Österreich (1549–1580), der Tochter Kaiser Maximilians II. und Marias, einer Schwester Philipps II., gesehen hat, verliebt er sich in seine Kusine, die 1569 Philipps vierte Ehefrau wird, und will nur sie heiraten. 1562 erleidet er nach einem Treppensturz schwere Kopfverletzungen, die offensichtlich der Grund wiederholt festgestellter Exzesse in den Folgejahren sind. In einigen hist. Darstellungen (wie bei Brantôme und Ferreras) wird er als exzentrisch, mit Merkmalen von Wahnsinn gezeichnet. Gerüchte eines Attentatsplanes auf den König führen im Januar 1568 zu seiner Verhaftung. Am 24.7. stirbt Carlos im Gefängnis. Ein gewaltsamer Tod lässt sich nicht nachweisen.

8.5 **Alexander *Farnese*, Prinz von Parma, Neffe des Königs.**: Alessandro Farnese (1547–1592), Sohn von Philipps Halbschwester Margarete von Parma (1522–1586) und Ottavio Farnese (1524–1586). Seine Mutter war von 1559 bis 1567 Statthalterin des span. Königs in den Niederlanden. Vgl. auch Goethes Jugend-Drama *Egmont*.

8.6 **Infantin *Klara Eugenia*, ein Kind von drei Jahren.**: Isabel Clara Eugenia (1566–1633), erste Tochter Philipps II. und Elisabeths.

8.9 **Prinzessin von *Eboli***: Anna de Mendoza (1540–1592), Prinzessin (später Fürstin), seit 1559 verheiratet mit Ruy Gomez de

Silva, Prinz (später Fürst) von Eboli, Hofmeister des Infanten und Günstling Philipps II. Aus dieser Ehe gehen zehn Kinder hervor. Als Hofintrigantin soll sie gleichzeitig Geliebte des Königs und des Staatssekretärs Antonio Perez gewesen sein. Da sie an Schönheit und Geist Elisabeth nachsteht, versucht sie, Karlos zu beeindrucken, um über ihn ihre Ränkespiele auszutragen. Nach dem Tod der Königin steigt zunächst ihr Einfluss am Königshof bis zum Tod ihres Mannes 1572. Danach fällt sie in Ungnade und stirbt in strenger Haft.

Marquis von *Posa*, ein Malteserritter: Keine realhistorische Ge- 8.11
stalt. Allerdings ist ein Sanches de Roxas Henríquez, Marquez de Poza, als Finanzpräsident unter Philipp II. bekannt. Schillers Zeichnung der Figur geht auf die Darstellung bei Saint-Réal zurück. Hier spielt er eine herausragende Rolle als Vermittler zwischen dem König und dem Infanten, unterhält eine vertrauensvolle Beziehung zur Königin und gerät in den Verdacht, der Vater Klara Eugenias zu sein. Auf Veranlassung Philipps wird er ermordet.

Herzog von *Alba*: Fernando Alvarez de Toledo, Herzog von 8.12
Alba (1508–1582). Hat bereits Philipps Vater, dem Kaiser Karl V., in führenden militär. Stellungen gedient. Oberster Heerführer des Königs, der 1567 gegen die aufständischen Niederländer entsandt wird und dort mit äußerster Härte und Grausamkeit die Statthalterschaft, die er von Margarete von Parma übernommen hat, ausübt. Vgl. auch Goethes Jugend-Drama *Egmont*.

Toledo's Mauern [...] seinem Handkuß drängten: Im Jahr 9.11–13
1560 huldigten in der Hauptstadt Kastiliens die Stände Aragoniens und Kastiliens dem Thronfolger Don Karlos.

Sechs Königreiche: Nach Brantôme (vgl. »Entstehungsge- 9.15
schichte«, S. 303) waren die Regenten der Königreiche Jerusalem, Sizilien, Sardinien, Majórca, Minórca und Westindien anwesend.

Mutter! – O Himmel [...] meiner Mutter machte!: Karlos spielt 10.27–29
auf die Tatsache an, dass erst durch die Eheschließung seines Vaters Philipp mit Elisabeth, seiner ehemaligen Braut, die Königin zu seiner Stiefmutter wurde.

Hochwürd'ger Herr [...] war Ein Muttermord.: Karlos' Mut- 10.30–33 ter, Maria von Portugal (1527–1545) und erste Ehefrau Philipps II., starb vier Tage nach der Geburt ihres Sohnes.

10.35–36 **Und meine neue […] Liebe schon gekostet?**: Zu Beginn der Dramenhandlung werden schon die Auswirkungen der Liebe Don Karlos' zu Elisabeth auf das Vater-Sohn-Verhältnis genannt.

11.81–82 **Versprach er Ihnen […] Spanien vergeben würde?**: Der span. König hatte ein Vorschlagsrecht beim Papst zur Erhebung von Geistlichen in den Kardinalsstand.

13.122–123 **Beweinenswerter Philipp, wie dein Sohn Beweinenswert!**: Diese monologisch, in Katachrese gesprochenen Verse verschärfen nicht primär den Vater-Sohn-Konflikt, sondern antizipieren bereits in der 1. Szene den unversöhnlichen Ausgang des Dramas, die endgültige Zerrüttung des Verhältnisses zwischen Philipp und Karlos.

14.155–158 **Denn jetzt steh' […] Umarm' ich Sie**: Die Figur des Marquis Posa wird in mehrfacher Funktion eingeführt: als enger persönlicher Freund des Prinzen sowie als Idealist und polit. agierender Vertreter der gesamten Menschheit. Damit werden die beiden Haupthandlungsstränge des Politisch-Öffentlichen und des Familiär-Privaten grundgelegt, zentrale Begriffe des Erhabenen (V. 166), der Menschlichkeit (V. 167) und der Freiheit (V. 172) genannt sowie die große Audienz-Szene (III,10) vorbereitet (vgl. FA, S. 1195 f.). Vgl. auch Schillers Abhandlungen *Über das Erhabene* und *Vom Erhabenen*.

14.164–165 **Auf Kaiser Karls […] dieser edeln Lande.**: Im Gegensatz zum Vater-Sohn-Verhältnis wird das zwischen Karlos und seinem Großvater, Kaiser Karl V. (1500–1558), als besonders innig und erzieherisch positiv bewertet.

15.180 **Laß mich weinen**: Tränen sind äußere Zeichen des Freundschafts- und Gefühlskults der Empfindsamkeit und des Sturm und Drang. Sie gewinnen für das Drama leitmotivische Bedeutung für starke emotionale Zuneigung, aber auch heftige Erschütterung (vgl. V. 219, 325, 4465 f.: Der König hat Geweint).

15.193–194 **Ich weiß ja […] bin Ein Königssohn**: Karlos klagt die emotionale Kälte seines Vaters an, der seinen Sohn ausschließlich auf die Rolle als zukünftigen König des span. Weltreiches vorbereiten will.

Da fing ich […] mir kalt zurück.: Ideal und Wirklichkeit der 16.215–217
Freundschaft zwischen Karlos und Posa klaffen weit auseinander. Der stolzen, mehr intellektuellen Art des Marquis begegnet Karlos mit einer weichen, empfindsamen und auch unterwürfig-werbenden, auf Ausgleich bedachten Zuneigung.

Ich liebe meine Mutter.: Mit Karlos' Geständnis seiner Liebe zu 18.271
Elisabeth, mit der er verlobt war, weitet sich der Vater-Sohn-Konflikt aus, der nicht mehr nur auf das Familiäre beschränkt bleibt, sondern von der polit. Dimension der Eheschließung zwischen Philipp II. und Elisabeth, der Tochter des franz. Königs Heinrichs II., überlagert ist. Konsequent wird dieses wichtige Motiv auf einer eigenen Handlungsebene dramatisch entfaltet, ohne jedoch das Drama thematisch zu dominieren.

Der Sohn liebt […] Verdammen diese Leidenschaft.: Karlos 18.276–278
spricht die moralische und rechtliche Verwerflichkeit seiner leidenschaftlichen Liebe an. »Sowohl vor dem Naturrecht, dem im Wesen des Menschen, der Vernunft, begründeten und daher unwandelbaren, Recht als auch vor dem positiven, dem staatlich gesetzten [sowie dem kanonischen, kirchlichen] Recht ist Karlos strafbar.« (FA 3, S. 1203).

Der Fürchterliche: Die von Karlos vorgenommene Apostro- 19.313
phierung Philipps II. als »Fürchterlicher« oder »fürchterliche[r] Name« (V. 308) zieht sich leitmotivisch durch das Drama (vgl. auch V. 825 ff., V. 895 ff.).

Enthülle du dies […] ihrem Umkreis nicht.: Der hochdramati- 19.329–
sche Konflikt zwischen Karlos, Philipp und Elisabeth wird als 20.334
Ausfluss der selbstwirkenden Natur (natura naturans) und der Vorsehung und nicht als vom Menschen heraufbeschworener gesehen.

Was Sie auch […] in deine Arme.: Aus Verzweiflung und mit 20.359–
gänzlich ungebrochenem Vertrauen in seinen Freund autorisiert 21.363
Karlos alle Handlungen Posas, die den Konflikt mit seinem Vater entschärfen oder lösen können. Diese Selbstaufgabe ist für die Behandlung der Schuldfrage im Hinblick auf den tragischen Ausgang des Dramas ähnlich wichtig wie in Lessings *Emilia Galotti*. Auch dort unterwirft sich in der Dramenexposition der Prinz von Guastalla dem Ränkespiel seines Kammerherrn Marinelli.

22.396–401 **Hier bin ich [...] Lüfte wehen hier.**: Elisabeths Begeisterung für den ländlichen Garten spiegelt ihre Vorliebe für freie, natürliche Lebensformen im Gegensatz zum streng geregelten Leben am Madrider Hof, dem sie noch immer abweisend gegenübersteht.

24.452–453 **Es ist Ein hartes Schicksal, aufgeopfert werden.**: Elisabeth zeigt Verständnis für das drohende Schicksal der Eboli, da auch sie aus Gründen der Staatsraison die Ehe mit Philipp eingehen musste, obwohl sie schon Karlos als Gemahlin versprochen war (vgl. Erl. zu V. 271). Ihr Schicksal wird in einer Nebenfigur gespiegelt.

25.466–468 **Noch nicht die [...] wenn sie kommt.**: Die Unmenschlichkeit des höfischen Zeremoniells, in dem natürliche Regungen keinen Platz haben oder reglementiert sind, wird von Elisabeth mit Ironie kritisiert.

27.515–519 **Und jetzt, sagt [...] ein Freier! Ein Philosoph!**: Die gegenseitige Wertschätzung Elisabeths und Posas gründet in der gemeinsamen Vorliebe für die freie, franz. Lebensart. Die Königin sieht im Marquis einen unabhängigen, unbestechlichen, nicht korrumpierbaren Freigeist, der sich dem Hofschranzentum des span. Hofes nicht beugt. Grundlagen für die große Audienz-Szene (III,10) werden hier gelegt.

28.553–30.598 **Zwei edle Häuser [...] auf immerdar verloren.**: Die in die poetische Fiktionalität der Dramenhandlung integrierte Erzählung Posas spiegelt in leicht abgewandelter Weise die Situation, in der sich Elisabeth und Karlos zu Zeiten ihrer Verlobung befanden, und leitet nahezu unmerklich in die dramatische Gegenwart (ab V. 609) über (vgl. hierzu auch: Schäublin 1973, S. 308 ff.), um die in der nächsten Szene stattfindende Begegnung zwischen Elisabeth und Karlos vorzubereiten. Die funktionale Parallele zur sog. Ringparabel in Lessings *Nathan* ist wohl keineswegs zufällig.

34.720–722 **Weil meine Pflicht [...] ich gehorchen müssen?**: Elisabeths Konflikt zwischen Pflicht und Neigung hat sie für sich zugunsten der Pflicht entschieden, ohne jedoch damit moralischen Anforderungen gerecht zu werden. Sie beugt sich nur ihrem ›politischen Schicksal‹, ohne ihre Zuneigung zu Karlos zu vergessen (vgl. V. 801–803).

So viel, Daß […] Glücklichste zu sein.: Karlos' unbedingte Liebe zu Elisabeth entspringt dem Geist des Sturm und Drang, der umstürzlerisch die eigene Natur gegen jede Art von Gesetzen durchzusetzen willens ist. Diese »Freigeisterei der Leidenschaft« (Titel des Schillerschen Gedichts von 1785) kennzeichnet auch Franz Moor in den *Räubern* und Ferdinand in *Kabale und Liebe*. 35.724–730

kann die Verordnungen […] das Feu'r vertilgen: Nach St. Réal (vgl. »Entstehungsgeschichte«, S. 299) enthielt das Testament Karls V. ketzerische Glaubensmeinungen. Es sollte mit den Beratern des Königs verbrannt werden, doch verhinderte Philipp die Vollstreckung des Inquisitionsurteils. 35.736–737

Wie groß wird […] ihrer Übung bricht!: Elisabeth fordert Karlos im Namen der Tugend zum Verzicht auf seine Liebe zu ihr auf und vertritt damit Gedankengut der Klassik. 36.768–769

Bringen Sie […] besseren Geliebten weichen!: Das hier sichtbar werdende Motiv der Entsagung und der Sublimation der Liebe zu Elisabeth in eine solche zum span. Weltreich kann als Appell zur Läuterung der Leidenschaften Karlos' gedeutet werden. In der Komplementärszene V,11 (V. 5312 ff.) am Ende des Dramas will Karlos diesen Läuterungsprozess vollzogen haben. 37.789–795

Was darf ich […] aus den Niederlanden.: Elisabeth verleiht dem privat-familiären Verhältnis eine polit. Dimension, die erkennen lässt, dass sie durchaus mit dem Freiheitsdrang des niederl. Volkes, auf den sie Karlos hinweist, sympathisiert. 38.807–809

Er meidet meine […] empfehl' es Euch.: Die Spannungen im Verhältnis zwischen Vater und Sohn bleiben hier noch undifferenziert. Sie gehen über ein allgemeines Misstrauen hinsichtlich der Absichten Karlos' nicht hinaus. 40.874–41.878

Ein schauerndes Exempel […] ist feierlich geladen.: Philipp wird seinem Beinamen (der »Fürchterliche«) gerecht, wenn er den gesamten Hofstaat zur Furcht und Schrecken (»schauernd«) verbreitenden öffentlichen Verbrennung von Ketzern einlädt. Er fühlte sich durch seinen Eid, die Gesetze der kath. Kirche zu respektieren und die Urteile der Inquisition zu vollziehen, zur Demonstration solcher Grausamkeiten berechtigt und verpflichtet. 41.895–900

Ich bin entschlossen […] zum Gouverneur ernannt.: Anknüp- 42.901–905 fung an das Ende der Szene I,5. Karlos wähnt sich in Übereinstimmung mit den polit. Absichten Elisabeths, die niederl. Provinzen zu befreien.

42.913–918 **Vielleicht gelingt es […] Lippen wird vermögen.**: Vorbereitung auf die Szene II,2, in der Karlos neben seinen polit. Ambitionen auf das Amt des königl. Statthalters in Flandern auch menschlich auf eine Aussöhnung mit seinem Vater hofft.

44.950–952 **Ein ungeheurer Spalt […] Mensch noch war.**: Die Aufspaltung des Menschen in Amt und Person, die unüberbrückbare Diskrepanz zwischen seinen natürlichen und sozialen, polit. Eigenschaften streicht Posa in diesem düsteren »Gemälde von Monarchen« (V. 946–969) plastisch heraus. Karlos setzt dieser pessimistischen Vision die Erneuerung seines Freundschaftsbundes mit Posa und die Idee der Gleichheit entgegen (vgl. V. 1008).

45.1004–1008 **Und jetzt noch […] Ahnungen von Gleichheit.**: Karlos strebt in seinem Bemühen um Verbrüderung mit Posa auch eine Aufhebung der Standesgrenzen an (vgl. Schillers Ode »An die Freude«).

46.1013–1014 **Arm in Arm […] in die Schranken.**: Im Geiste des erneuerten Freundschaftsbundes jenseits aller Standesschranken will Karlos gemeinsam mit Posa vor den König treten. Die Standesschranken niederreißen will auch der Sekretär Wurm am Schluss des Trauerspiels *Kabale und Liebe*, um den Präsidenten von Walter mit in den Abgrund zu ziehen: »Arm in Arm mit *dir* zum Blutgerüst! Arm in Arm mit *dir* zur Hölle! Es soll mich kitzeln, Bube, mit *dir* verdammt zu sein!« (V,8).

49.1077–50.1085 **Wer ist das? […] Noch nachzuholen haben.**: Karlos' Vorwurf gegenüber seinem Vater enthält die ungeheuerliche Anklage, dass Philipp außerhalb des Menschseins, ja jenseits der Menschlichkeit stehe. Denn Tränen stehen hier nicht für den Freundschaftskult (vgl. Erl. zu V. 180), sondern als Zeichen der Zugehörigkeit zum Gattungswesen Mensch. Zugleich fungiert Karlos' Warnung als zukunftsgewisse Vorausdeutung auf die Szene IV,23, in der Philipp seiner Tränen nicht Herr wird.

50.1109–51.1111 **Mir graut Vor […] Ich bin allein.**: Philipp gesteht, durch Karlos vor Augen geführt, seine Einsamkeit als Herrscher ein und zeigt zum ersten Mal eine menschliche Regung.

Drei und zwanzig […] ich fühle mich.: Karlos drängt es zu bedeutsamen Taten, die ihn in die Geschichte eingehen lassen werden. Er will den Bereich des rein Familiären verlassen. 52.1149–1151

Mich ruft die […] Glorreiche Schranken aufzutun.: Die Weltgeschichte und das Jüngste Gericht rufen Karlos zu polit. Handlungen und damit zum Eintritt in die Geschichte. Karlos versteht »den Augenblick seines Eintritts in die geschichtliche Welt als Bewährungsprobe, als Urteilsspruch über sein Menschsein und als seine Bestimmung als Regent« (FA 3, S. 1235). Zum Aspekt der Bedeutung des Welthistorischen vgl. auch: Manger 1998. 52.1155–1161

Vertrauen Sie mir […] Messer meinem Mörder?: Philipp misstraut seinem Sohn zutiefst und fürchtet, dass Karlos dessen bestes Heer gegen ihn führen könnte. 53.1191–1193

Sagt an, Wer […] meinem Throne näher.: Das allgegenwärtige Misstrauen am Hofe und die von Philipp selbst geduldeten Ränkespiele missfallen ihm hier, so dass der König die privilegierte Stellung Herzog Albas einschränkt. Er »will die Probe wagen« und Karlos künftig in Staatsgeschäften bevorzugt anhören (vgl. auch V. 2667–2669). 56.1252–1257

Noch hab' ich […] ihrer Hand gelesen: Offenkundiger Widerspruch zu V. 3621 ff., ist Karlos doch ein Brief Elisabeths, den sie in der Verlobungszeit an ihn schrieb, besonders wichtig. 57.1268

Den Brief gab dir der König?: Karlos zweifelt an der Echtheit des Briefes, da er sich nach den Erfahrungen mit Elisabeth aus der Begegnung in I,5 nicht vorstellen kann, dass die Königin ihn zum Stelldichein lädt. In früheren Fassungen des Dramas schloss der Brief Ebolis mit der Signatur ‹E.›, die in den Ausgaben ab 1801 getilgt ist (vgl. FA 3, S. 1241). 57.1277

Wer war ich, […] Sie liebt mich!: Die Selbsttäuschung Karlos' kann dadurch plausibel gemacht werden, dass er nach seinen Enttäuschungen am Ende von II,2 im Hinblick auf seinen Tatendrang und im Willen, polit. Großes zu leisten, wieder auf sich selbst und seine schwärmerische Liebe zu Elisabeth zurückgeworfen ist. Nur aus Karlos' Situation heraus wird die verhängnisvolle Wirkung des Briefes verständlich. 58.1298–1300

Hier sucht der König seine Nattern nicht.: Obwohl Karlos den Pagen gerade in die höfische Lebensart und ihre adäquaten Ver- 59.1323 haltensweisen unterweist, glaubt er nicht daran, dass selbst Pagen für Hofintrigen instrumentalisiert werden.

63.1425–1430 **Dies Schwert Schrieb [...] ich auf Erden –:** Die von Alba in der Vergangenheit begangenen Grausamkeiten rechtfertigt er in seiner Selbsteinschätzung mit seinem staatlichen und kirchlichen Auftrag, im Namen des Königs und des christl. Gottes gehandelt zu haben. Er sieht sich als Vollstrecker höherer Mächte.

67.1508–1513 **Alles Trifft zu. [...] Falkenblick der Liebe?:** Eboli beschwichtigt ihre Zweifel an der Liebe Karlos' mit ihrer Erinnerung an das Gespräch mit der Königin in I,3, in dem sie die Zurückweisung des Heiratswunsches des Grafen Gomez bekräftigte (vgl. V. 434 ff.).

68.1539–1540 **Wo bin ich? [...] rechte Kabinett verfehlt.:** Schon zu Beginn der Begegnung mit Eboli ist sich Karlos seines Irrtums bewusst. Gleichwohl weiß er nicht, wie er sich aus seiner und Ebolis unangenehmen Lage befreien kann, die ihren Irrtum noch nicht erkannt hat. So kommt es in dieser Szene zu teilweise komödiantisch wirkenden Missverständnissen.

76.1762–1763 **Da! Hier! Dies [...] diesen Heiligen entlarven.:** Der von Eboli aus moralischer Empörung achtlos hingeworfene Brief des Königs dokumentiert Philipps angestrebte Liebesnacht mit ihr und zeitigt – in falsche Hände geraten – sowohl am Ende der Szene (V. 1881–1886) als auch in II,15 (vgl. Erl. zu V. 2394 ff.) seine gefährlichen Folgen.

77.1774–1777 **Die Liebe ist [...] ungenossen, Verscharren muß:** Die Liebesauffassung Ebolis trägt streng idealistische Züge und schließt jede Form der käuflichen, sich kompromittierenden oder berechnenden Liebe aus.

79.1832–1842 **Prinz, diese Hand [...] jetzt, Gleich jetzt – :** Gerade weil Eboli zur Unteilbarkeit der Liebe sich bekennt, steht ihre Absicht, ausschließlich die Geliebte des künftigen Königs und nicht zugleich auch die künftige Königin zu sein, nicht im Widerspruch zu ihrer in V. 1784 ff. geäußerten Liebesauffassung. »Um nicht selbst in die Situation der Königin zu geraten, die durch den verhängnisvollen ›Spalt‹ vom Menschsein getrennt ist, erhofft sie sich Karlos' ganze, ungeteilte Liebe.« (FA 3, S. 1257 f.)

84.1946–1947 **Das fordert Rache! [...] wisse den Betrug:** Erst der Klarsicht über Karlos' Beziehung zur Königin vermittelnde Monolog sowie die schwere Kränkung, die der Prinz ihr zugefügt hat, bewirken ihren fundamentalen Gesinnungswechsel. Der Größe ihrer leidenschaftlichen Liebe zu Karlos entspricht die ungeheure Kraft, sich an ihm bis zur moralischen Selbstvernichtung zu rächen (vgl. hierzu: Kluge 1982). Diese fundamentale Änderung distinktiver Merkmale bei Eboli lässt sie auf die Seite des Intriganten-Duos Alba/Domingo wechseln.

Und ein Augenblick […] in Jahren bauten?: Domingo enthüllt 86.2008–
schon längere Zeit andauernde, gemeinsam mit Alba gesponnene und durchgeführte Intrigen und Ränkespiele gegen Karlos, die vor Dramenbeginn zu situieren sind. 2009

Er denkt! Sein […] verehrt den Menschen: Karlos wird als 86.2022–
Anhänger der Aufklärung und der Humanitätsphilosophie des 18. Jh.s gezeichnet. »Er verehrt den Menschen um seiner selbst willen und begreift das Denken als Ausdruck seiner Autonomie.« (FA 3, S. 1264) 2024

Erfahren Sie also, […] Königin uns blühn.: II,11 kann als ty- 87.2058–
pische »Planszene« einer Intrige (vgl. von Matt 2006, S. 33) bezeichnet werden, die zwei Ziele verfolgt: zum einen die vorgebliche eheliche Treue des Königs durch eine Liebesnacht Philipps II. mit Eboli zu desavouieren, zum anderen dadurch den »Spalt« zwischen Vater und Sohn zu vertiefen, um eigene polit. Ziele zu erreichen. 88.2068

Jene Lilien Von […] in Einer Mitternacht.: Poetisch verdichtete 88.2070–
Aussage über die Folgen des Ehebruchs, den Eboli in die Tat umzusetzen entschlossen ist (vgl. V. 1948). 2072

Melden Sie Dem […] ich ihn erwarte.: Eboli zieht mit dieser 89.2100–
Willensbekundung eine unmittelbare Konsequenz aus ihrem Sinneswandel (vgl. V. 1946 ff.), stellt sich als Werkzeug den Intriganten Domingo und Alba zur Verfügung und vollzieht so ihre Rache an Karlos und Königin zugleich. 2101

Die Fürstin Eboli […] uns erfahren sollte.: Die Zusammenfüh- 91.2149–
rung der Absichten Ebolis sowie Albas und Domingos führt zu einer gemeinsamen, gegen Karlos und die Königin gerichteten Intrige, die zugleich die Anzahl der Verschwörer auf drei erhöht. 2151

Ob Sich Briefe […] Hier Wirkung tun.: Die Bedeutung von 92.2178–
Briefen als wichtige Requisiten zur Durchführung von Intrigen 2181

beruht u. a. auf ihrer Funktion, Verdächtigungen gegen bestimmte Personen zu schüren, um sie eines (vermeintlichen) Fehltritts oder Verbrechens zu überführen (z. B. Franz Moors Briefintrige in den *Räubern*, die Briefintrige des Sekretärs Wurm in *Kabale und Liebe*, vgl. auch: Seidlin 1960, S. 262–268). Hier begründen sie eine zweite Intrige, die den Verdacht eines Liebesverhältnisses zwischen Karlos und Elisabeth erhärten soll und auf die Eifersucht des somit hintergangenen Königs zielt. Der Raub der Schatulle Elisabeths (vgl. III,1 und IV,1) durch Eboli wird hier geplant.

93.2211–94.2214 **In ein'gen Tagen [...] auf meinem Zimmer.**: Zeitpunkt und Umstände des Stelldicheins mit dem König, das auf der Grenze zwischen dem 2. und 3. Akt anzusiedeln ist, werden festgelegt.

94.2218–2220 **Herzog, diese Rosen [...] uns stürzen soll!**: Die Siegesgewissheit der Dreiergruppe Alba, Domingo und Eboli beruht – poetisch komprimiert – auf der Macht der Schönheit der gekränkten Prinzessin und dem ungebrochenen Gottvertrauen des Geistlichen.

98.2325–2330 **Die Fürstin Eboli [...] Eigennutz der Liebe.**: Posas klare Analyse der Situation, in der sich Eboli befindet, und seine Annahme, dass sie sich wegen der durch Karlos erlittenen Kränkung an ihm rächen will, geben ihm die Möglichkeit, Maßnahmen gegen die von ihrer Seite zu erwartenden Intrigen (vgl. II,11/12) zu ergreifen.

99.2344–2348 **Wird sie der [...] Flammen zu verzehren?**: Hellsichtig sieht Posa, dass Karlos' Liebesgeständnis in Gegenwart Ebolis diese zu Rachegedanken und -plänen führen wird. Implizit gibt er damit Karlos die Alleinschuld an möglichen negativen Auswirkungen der von ihr sowie Alba und Domingo eingeleiteten Intrige.

99.2351–100.2368 **Mir kam vor [...] belohnt – sie fällt.**: Die von Posa bewusst vorgenommene Kontrastierung der unterschiedlichen Tugendformen, die Eboli und die Königin verkörpern, unterstreicht deren Distanz zueinander. Während Eboli angeblich tugendhaftes Verhalten nur aus Berechnung nachahme, um ihre sinnlichen Neigungen zu kaschieren, fielen bei der Königin Sinnlichkeit und Sittlichkeit ungezwungen und von Natur aus zusammen. Sie verkörpert damit das Ideal des Schicklichen und Anmutigen, wie es Schiller später in seinen Abhandlungen *Über Anmut und*

Würde (1793) und *Über das Erhabene* (1801) theoretisch fundiert hat. Posa zeichnet Elisabeth als Verkörperung eines moralischen Ideals, das Karlos anstreben und erreichen soll.

Sagtest du mir [...] zerriß ich ihn.: Indem Posa den Brief zerreißt, beraubt er Karlos des einzigen Mittels, den König gegenüber Elisabeth zu kompromittieren und endgültig der Hoffnung, doch noch seine Liebe zur Königin in Erfüllung gehen zu lassen. Auf der Ebene der Handlungssukzession oder -führung sind mit der Vernichtung des Briefs sowohl der Handlungsstrang ›Liebe Karlos' zu seiner Mutter‹ und sein Komplement ›Liebe Ebolis zu Karlos‹ beendet – nur deren Konsequenzen wirken sich noch aus – als auch die nunmehr dominierende *polit.* Dimension etabliert (und nicht erst mit III,10 oder dem Beginn des 4. Aktes). Darum bedarf es dieses Briefes nicht mehr, hat doch – zum einen – Karlos seine Liebe zu Elisabeth in Gegenwart Ebolis selbst verraten, Eboli – zum anderen – in die Intrige der Höflinge Alba und Domingo gegen Karlos und die Königin mit dem Ziel eingewilligt, die Eifersucht des Königs und seine Zweifel zu schüren, was ihr selbst Genugtuung verschaffen soll, und – zum dritten – Posa nunmehr freie Hand, unter dem Vorwand, ein Treffen zwischen Karlos und Elisabeth zu arrangieren, die Königin für seine umstürzlerischen Pläne zu instrumentalisieren. Darum kommt es auch vor der Schluss-Szene zu keiner weiteren Begegnung der Königin mit Karlos. Die Weichen für eine *Dominanz* der beiden verbleibenden, polit. motivierten Handlungsstränge (Vater-Sohn-Konflikt und Posas Freiheitskampf für Flandern) sind gestellt. 101.2394–2403

Da warst du [...] liebst als Dich!: Der von Posa gegen Karlos erhobene Vorwurf des Egoismus verdrängt den privat-familiären Konflikt und stellt die ehemals gemeinsam vertretenen polit. Ansichten (und Absichten) des Marquis und seines Freundes in den Vordergrund. 101.2414–102.2423

Du hast Mein [...] in meiner Phantasie.: Ohne konkret zu werden, deutet Posa an, dass er angesichts der gegenwärtigen Situation Maßnahmen ergreifen will, die nur er allein durchzuführen gedenkt (vgl. Erl. zu V. 359–363), so dass hier der Ausgangspunkt für Posas Gegenintrige gegen die Machenschaften des Verschwörertrios zu sehen ist. Genauere Konturen gewinnen seine Absichten erst nach der Audienz-Szene im Gespräch mit Elisabeth in IV,3 (vgl. V. 3468–3477). 103.2450–2453

103.2457–2460 **»ein Anschlag, Den […] aufgegeben werden darf.«**: Diese Sentenz enthält kein Zitat, sondern hebt Posas Willen zur rücksichtslosen Verwirklichung seiner Idee hervor, auch wenn dafür menschliches Leid in Kauf genommen werden muss (vgl. FA 3, S. 1273 f.).

103.2465–2470 **Halt! noch ein […] hat geheime Befehle. –**: Karlos' Warnung wird später handlungsrelevant, gibt sie doch Posa die Möglichkeit, seinen Brief an Wilhelm von Oranien in die Hände des Königs (IV,22) zu spielen.

105.2472 ***Medaillon und Papiere***: Offenbar handelt es sich um Gegenstände, die Eboli inzwischen aus der Schatulle der Königin entwendet und in der beabsichtigten (V. 2211 ff.) gemeinsamen Nacht dem König ausgehändigt hat. Sie fungieren als angebliche Beweise für die Untreue Elisabeths im Sinne der geplanten Intrige (II,12) und entfalten zunächst (v. a. in III,1 und III,2) ihre beabsichtigte Wirkung auf Philipp.

106.2506–2507 **Der Name Des Weibes heißt Verleumdung.**: Anspielung auf Shakespeares *Hamlet:* »Gebrechlichkeit, dein Name ist Weib!« (I,2)

107.2515–2518 **Ich schlage An […] Mir glühend Gold.**: Zweifache Anspielung: zum einen auf Moses, der an den Felsen am Horeb schlagen sollte, damit Wasser hervorsprudele (2.Mose 17,6), zum anderen auf die Sage des Königs Midas, dem es an Wasser mangelte, weil alles, was er berührte, sich in Gold verwandelte.

107.2522–2531 **Euer Haar Ist […] ihre Tugend nicht.**: Die Wirkung der Intrige der Höflinge auf den König dokumentiert diese Projektion der psychischen Verfassung Philipps auf eine mögliche des Grafen Lerma im Sinne einer Spiegelung. Das »Gift« der Verdächtigungen wirkt.

111.2617 **Ein Schnupftuch lag, das der Infant vermißte**: Dieses Requisit setzte Schiller auch in *Kabale und Liebe* ein. Hofmarschall von Kalb verliert dort (III,2 u. IV,3) mit seinem Schnupftuch den vom Sekretär Wurm diktierten, Luise belastenden Brief, damit er in die Hände Ferdinands gerät und bei ihm seine Wirkung entfaltet.

112.2634–2636 **Der Frevel Begann […] Madrid zuerst empfing**: Die von Schiller herangezogenen Quellen Saint-Réals und Brantômes (vgl. »Entstehungsgeschichte«) erwähnen, dass Elisabeth in Begleitung Albas, der Prinzen Karlos und Alexander Farnese von Parma in Madrid von König Philipp II. begrüßt wurde und sich despektierlich über dessen grauen Haare geäußert haben soll.

Die Furcht war [...] empfing Ein Diadem: Albas sophistische 112.2643–2657
Argumentation unterstellt Elisabeth, dass sie nach ihrer Eheschließung mit Philipp ihre Leidenschaft für Karlos nicht aufgegeben habe (vgl. auch Erl. zu V. 4344–4350), sondern nur ihrer staatspolit. Pflicht nachgekommen sei, als Königin dem span. Reich zu dienen.

Das Volk denkt [...] der glücklichen Entbindung –: Domingo 116.2737–2741
spielt auf den Verdacht im Volke an, dass die Infantin Klara Eugenia nicht das gemeinsame Kind Philipps und Elisabeths ist. Da die Geburt der Tochter bereits sieben Monate nach der schweren Erkrankung des Königs erfolgte, vermutete das Volk einen anderen Vater und zieh damit die Königin des Ehebruchs.

Was damals Wunder [...] um seinen Ruhm.: Die Widersprüch- 116.2751–2757
lichkeit in den Aussagen Domingos nährt beim König den Verdacht eines gegen ihn geschmiedeten Komplotts. Damit werden seine Zweifel an der ehelichen Geburt seiner Tochter größer, die in IV,9 dramatisch zum Ausbruch kommen.

Ich bin der [...] den Anfang machen.: Mit dieser Anspielung auf 117.2771–2775
Shakespeares *Hamlet* (III,3) macht Philipp seinen Widerstand gegen die Absichten Domingos und Albas deutlich. Er will sich nicht von ihnen instrumentalisieren lassen.

Königliches Blut Geb' [...] Verwerf' ich. Geht: Philipp reagiert 118.2803–2807
mit Verachtung und Zurückweisung auf Albas Angebot, sein Leben zu wagen, da er der Auffassung ist, dass es weit schlimmer für Alba sei, wenn er es behielte.

Gib mir Den [...] finden helfen kann: Der die Auseinanderset- 119.2822–2825
zung mit den Intriganten abschließende Monolog zeigt Philipp in einem anderen Licht als bisher. Als Mensch, nicht als König vertraut er sich der Vorsehung an, öffnet sich und sucht Wahrheit.

dieser Mensch entzog [...] für mich haben.: Einzig in Posa sieht 120.2843–2851
er den erhofften Ratgeber und Aufklärer, da er die niedrige Gesinnung der von ihm selbst gewählten Günstlinge kennt und darum von ihnen Wahrheit nicht erwarten kann. Mit der Entscheidung für Posa sind die Voraussetzungen für die Audienz-Szene (III,10) geschaffen.

123.2893–2895 **Der Chevalier Ist […] ganz Europa unternommen.**: Von umfangreichen Reisetätigkeiten Posas durch ganz Europa zur Vorbereitung der Rebellion Flanderns gegen die span. Vorherrschaft ist des Öfteren die Rede (vgl. V. 139, 470, 503, 544). Die wahren Gründe für diese Reisen werden erst später (V,8, V. 4989–4993) enthüllt.

125.2946–2951 **Ich übergebe Sie […] geht er Verloren.**: Albas Rat an Posa artikuliert den Glauben an die Schicksal bestimmende Kraft der Gestirne.

126.2965–2974 **Den Zufall gibt […] will ich handeln.**: Posas Monolog bildet eine wichtige Gelenkstelle sowohl für den Abschluss des 3. Aktes als auch für die Handlungsstruktur des gesamten Dramas. Der bereits *handelnde* Posa ist sich der Dialektik von Wort und Tat, des nicht vorherbestimmbaren Zusammenhangs von Aktionen und Gegenreaktionen bewusst. In einem typischen Reflexionsmonolog erkennt der Marquis seine Situation und Aufgabe, im Vertrauen auf Zufall und Vorsehung seine Chancen für seine polit. Absichten im folgenden Gespräch mit dem König auszuloten. Die Audienz-Szene (III,10) wird damit zum vorläufigen Höhepunkt des polit. Handlungsstranges und zum Mittelpunkt des Dramas zugleich.

128.3022 **Ich kann nicht Fürstendiener sein.**: Zu Beginn seines heiklen Dialogs mit Philipp ist Posa zunächst um eine Darlegung, eine Klärung seiner Beziehung zum König bemüht, die er mit einem mutigen, durch Wiederholung (V. 3065) bekräftigenden Bekenntnisses seines Standpunkts unterstreicht. Dem schließen sich andere Aspekte und Themen an, die die umfangreiche Szene strukturieren helfen:

V. 2975–3091: Posas Selbstverständnis und sein Verhältnis zum König.

V. 3092–3136: Menschenwürde und Selbstbestimmung des Menschen.

V. 3137–3216: Entwurf eines idealen Staates in Abgrenzung zur Ausprägung des zeitgenössischen unter Philipp II.

V. 3217–3281: Bedeutung von Freiheit und Natur.

V. 3282–3301: Übertragung dieser Gedanken auf die historische Situation in den Niederlanden.

V. 3302–3354: Einbettung und Rückbezug der Szene in den dramatischen Handlungskontext.

Ich aber soll [...] Künstler könnte sein?: Posa lehnt es ab, lediglich als Mittel, als ausführendes Organ dem König zu dienen. Er sieht sich als unabhängiger, schöpferischer Mensch, metaphorisch: als Künstler (vgl. zu dieser Apostrophierung: Guthke 1994). 129.3036–3037

Ich liebe Die [...] als mich selbst.: Diese Haltung aus dem Geist polit. Tugend im Sinne Montesquieus weist Posa als Menschheitsliebhaber aus, der sich – wie schon in seiner ersten Begegnung mit Karlos in I,2 (V. 155 ff.) – für die gesamte Menschheit verantwortlich fühlt. 129.3037–3039

Ihr seid Ein [...] auch Der meinige.: Philipps Behauptung im Sinne eines Vorwurfs, einer Anschuldigung erkennt Posa als mögliche polit. Gefahr, aber auch als eine für Leib und Leben (Auslieferung an die Inquisition, vgl. V. 3269 ff.), war doch der Protestantismus die *weltanschauliche* Grundlage der niederl. Freiheitskämpfer. Posa verteidigt deren Freiheitsdrang, ohne jedoch seine *religiösen* Überzeugungen aufgeben zu müssen. 130.3065–3067

Das Jahrhundert Ist [...] welche kommen werden.: Im Gegensatz zu zweifelhaften und unbefriedigenden Reformen versteht Posa sein radikales Ideal als eine weit in die Zukunft reichende, visionär-utopische Vorstellung. 130.3078–3080

Ich höre, Sire [...] mit Anstand tragen.: Im Geiste staatsphilosophischer Entwürfe eines Aristoteles, Hobbes oder Rousseau legt der Marquis zunächst anthropologische Grundlagen für seine Konzeption eines idealen Staates. Durch Eigennutz hätten sich die Menschen selbst der Würde und des freien Gebrauchs des Verstandes begeben und diese – kantisch gesprochen – »selbstverschuldete Unmündigkeit« als Tugend gefeiert, die Posa kurz darauf, mit der Gottähnlichkeit des Monarchen, als »[u]nselige Verdrehung der Natur« (V. 3118 f.) brandmarkt. 131.3091–3103

Sanftere Jahrhunderte verdrängen [...] wird menschlich sein.: In Posas idealem Staat findet ein Ausgleich zwischen Bürgern und Fürsten statt, ohne die Unterschiede zwischen ihnen aufzugeben. »Der Staat wird seine Ansprüche an den Bürger zurückstellen und reduzieren.« (FA 3, S. 1310) 133.3150–3155

Die Ruhe eines Kirchhofs!: Nur um den Preis der Freiheit ist in der Despotie der Frieden garantiert, der sich jedoch als eine bloße Absenz des Krieges darstellt. Die produktiven und geistigen 133.3162

Kräfte der Menschen fallen einer solchen Friedhofsruhe – wie schon Montesquieu und Rousseau gezeigt haben – zum Opfer.

134.3195–3201 **Geben Sie, Was [...] Königen ein König.**: Posa appelliert an den König, die Menschenrechte zu verwirklichen und selber als Vorbild für die Anerkennung der Würde eines jeden Menschen einzutreten, damit aus Untertanen Millionen Könige werden.

135.3206–3216 **Geben Sie Die [...] Geben Sie Gedankenfreiheit. –** : Posas gegen den Absolutismus gerichtete Argumentation gipfelt in der Forderung nach Gedankenfreiheit, die nur der zu geben vermag, der – wie Philipp – sowohl über die Macht als auch über den Willen dazu verfügt: eine göttliche Tat eines gottähnlichen Wesens. Der Sinn des Begriffs geht über seine wörtliche Bedeutung hinaus. Er reicht von der Freiheit des Denkens, des Glaubens bis hin zur Freiheit des polit. Handelns (vgl. hierzu: Böckmann 1974, S. 508–528; Safranski 2005, S. 252 ff.)

136.3247–3252 **Wenn nun der [...] Welt zu unterwerfen.**: Die endgültige Verwirklichung der Freiheitsrechte und die Wiederherstellung des Menschen in seiner Totalität bis hin zur Handlungsautonomie sieht Posa zugleich als Aufforderung, sie weltumspannend zu verbreiten und durchzusetzen. Damit jedoch wird keiner neuen Despotie das Wort geredet (kontrovers hierzu: Wittkowski 1990, Malsch 1988, Safranski 2005), sondern ein moralisch-politischer, ja philosophischer Anspruch erhoben.

137.3275–3280 **Nicht alle Glückseligkeit [...] wollt' ich führen.**: Konsequent vertritt Posa weiterhin nicht ausschließlich eigene Interessen, sondern primär die der ganzen Menschheit. Offenbar hat Philipp die Reichweite der von Posa vorgetragenen Gedanken nicht verstanden.

139.3329–3331 **Haßt nicht der [...] als sie alle.**: Philipp hat die auf ihn und seine Familie zielenden Intrigen offensichtlich durchschaut, weiß er doch von Domingos Hass auf Karlos, Albas gekränkter Eitelkeit und der Tugend Elisabeths trotz der gegen sie erhobenen Vorwürfe.

140.3347–3353 **Dränget euch zu [...] in dem meinigen.**: Am Ende des Dialogs mit Posa wird die Bereitschaft des Königs erkennbar, sich mit Karlos auszusöhnen und dem Verdacht der Untreue gegen Elisabeth selbst nachzugehen. Für *ihn* jedenfalls – so seine pointierte Formulierung – sind gewonnene Einsichten und Bemühungen um die Wiederherstellung der familiären Harmonie keine ›verlorenen‹ Anstrengungen. Ob dies auch für Posa gilt, lässt Philipp – nahezu hellsichtig – offen.

Und kann Die […] schlimme Mittel adeln?: Elisabeth verweist 143.3408–
auf die philosophische Problematik, ob moralisch verwerfliche 3409
Mittel zu rechtfertigen sind, um einen guten Zweck zu erreichen (vgl. auch: Wittkowski 1990). Offenbar zweifelt die Königin an der moralischen Integrität des Marquis.

Ihm selbst Gedenk' […] mir aufgetragen hat.: Diese ein wenig 144.3414–
kryptisch formulierte Absicht lässt sich verstehen, wenn sie auf 3416
Posas »wilde[n], kühne[n], glückliche[n] Gedanke[n]« bezogen wird, den er in II,15 (V. 2452) gegenüber Karlos äußert. Sein immer noch nicht enthüllter Plan sieht wohl vor, »dem König zu dienen, Karlos zum Handeln zu bewegen und ihn damit von seiner Leidenschaft zur Königin zu befreien und Flandern zu helfen.« Gerade weil diese Absicht nicht deutlich genug (vgl. V. 3468–3474) hervortritt, muss »Posa als Intrigant und als Verräter am König und an Karlos erscheinen […], [wie] das negative Urteil der Kritik am Fortgang der Handlung nach III 10 [ausweist]« (FA 3, S. 1320). Mit der Anknüpfung der dramatischen actio an die Schluss-Szene des 2. Aktes wird deutlich, dass die beiden Handlungsebenen des familiären und des polit. Konflikts enggeführt werden, ja gleichsam die beiden Seiten derselben Medaille bilden.

Der Monarch Läßt […] Er ist abgetan.: Im Text lässt sich ein 144.3423–
solcher Auftrag nicht nachweisen. Entweder war Posa ein zwei- 3427
tes Mal beim König, oder er benutzt einen Vorwand.

Nein! die Idee […] er muß handeln. –: Die polit. interessierte, 147.3491–
aber zur Untätigkeit gezwungene Königin sympathisiert offen 3496
mit dem Gedanken einer »Rebellion« (V. 3468) gegen den span. König und unterstützt damit Posas Plan (V. 3468–3477) zur Befreiung der Niederlande. Sie verspricht Unterstützung durch Frankreich und Savoyen.

Gib mir die […] übrige Nimm alles.: Bezug genommen wird auf 153.3621–
eine bei Saint-Réal erwähnte Episode. Nach einem Reitunfall 3628
verletzte sich Karlos schwer und rang mit dem Tode. Sein an die Königin gerichteter Abschiedsbrief beantwortete Elisabeth, den der wieder genesene Prinz wie eine Reliquie verehrte.

154.3648–3652 **Warum Dem Schlafenden […] heller Himmel ist.**: Schillers 7. *Brief über Don Karlos* gibt Aufschluss über die Motive Posas, warum dieser ihm seine Absichten verschweigt.

157.3688–3689 **Es waren Briefe […] von dem Infanten.**: Elisabeth gesteht freimütig, im Besitz dieser Requisiten gewesen zu sein, und sieht darin weder ein schuldhaftes Vergehen noch einen Grund für ehrenrührige Verdächtigungen.

158.3713–3717 **Wenn also dieser […] Mittel sich verlohnen.**: Philipp bestätigt, den Diebstahl der Briefe angeordnet zu haben, den Eboli in seinem Auftrag durchgeführt und die sie ihm in der gemeinsamen Nacht ausgehändigt hat (Grenze zwischen dem 2. und 3. Akt.). Mit diesem provokanten Geständnis Philipps eskaliert die Auseinandersetzung zwischen den Ehegatten, die am Ende der Szene ihren Höhepunkt erreicht.

160.3766–3768 **Wenn Ihre Staatsmaxime […] sie zu lösen.**: Den aus staatspolit. Interesse erzwungenen Verzicht Elisabeths auf eine Ehe mit Karlos hat die Königin offensichtlich immer noch nicht verwunden. Sie vermisst gebührende Rücksichtnahme ob dieser Aufopferung.

160.3785–3788 **Dann wehe mir […] es gekommen – Gott!**: Philipps Drohung mit einer möglichen Hinrichtung Elisabeths wegen erwiesener ehelicher Untreue zeigt den König wiederum voller Misstrauen, obwohl er bereits in III,4 (vgl. Erl. zu V. 2771–2775) und in III,10 (vgl. Erl. zu V. 3329–3331) erkennen ließ, dass er die Intrigen Domingos und Albas durchschaut habe. Von einer Wandlung des Königs kann also schwerlich die Rede sein.

162.3809–3813 **Die Königin in […] meiner Überzeugung nichts.**: Philipp projiziert seine Bestürzung über den Ausgang des Gesprächs mit Elisabeth auf Alba als einen der Urheber der Verdächtigungen gegen die Königin und offenbart damit einmal mehr sein leidenschaftliches, ungezügeltes Temperament, ja seine Wankelmütigkeit.

166.3909–3913 **Ein geheimer Verhaftsbefehl […] Desselben zu bedienen –**: Um Karlos vollständig in der Hand zu haben und vor dessen möglichen, unbedachten Handlungen, da er Posas Absichten nicht kennt, gefeit zu sein, erhält der Marquis den Haftbefehl und gewinnt damit uneingeschränkte Handlungsfreiheit.

169.3971–3975 **Sein Busen war […] ich ihn verloren.**: Den angeblichen Verrat seines Freundes Posa rechnet Karlos dessen Tugend zu. Er meint zu erkennen, dass dieser neben seiner Freundschaft zu ihm noch andere wichtige Aufgaben zu erfüllen hatte, die sich ihm nicht vollständig erschlossen haben.

Gott! Woran mahnen [...] und doch ließ!: Karlos beschwichtigt sich selbst und glaubt nunmehr den Sinn erkannt zu haben, als er Posa in blindem Vertrauen seine Brieftasche (vgl. IV,5) aushändigte. Er sieht Gefahr für die Königin, die von ihrem Brief an ihn ausgeht, wenn er in die Hände des Königs fällt. 170.3984–3986

Ich bin gekommen, [...] nicht unversöhnlich sein.: Mit dem Ende des unbedingten Vertrauensverhältnisses des Prinzen zu Posa kehrt Karlos zur pathetischen Sprache des Gefühls zurück, die Eboli an ihre schmerzliche Begegnung mit ihm in II,8 (vgl. V. 1813 ff.) erinnern muss. 174.4075–4081

Was hat er [...] Sie ihm nicht.: Die sich überstürzenden Ereignisse haben nicht nur Karlos, sondern auch Posa kopflos gemacht. In Verkennung der wirklichen Situation glaubt er, Karlos habe der Eboli die ihm bekannten Teile seines polit. Planes verraten (vgl. auch: Polheim 1985). Um ihn zum Schweigen zu bringen, vollzieht er den gerade vom König erwirkten Haftbefehl gegen ihn. 175.4099–4100

Was hat er [...] niemand mehr erzählen.: Nachdem Posa als Folge seiner falschen Einschätzung der Situation schon Karlos hat verhaften lassen, wendet sich sein Misstrauen nunmehr gegen Eboli, die er als vermeintliche Mitwisserin seiner polit. Pläne meint ausschalten zu müssen. 176.4115–4119

Noch gibt's ein andres Mittel!: Posas übereilte Aktionen gegen Karlos und Eboli zeigen ihn im Zustand des bloßen Affekts. Nachdem er – in plötzlicher Eingebung – bemerkt hat, dass seine Handlungen unangemessen, ja überzogen sind, sieht er in der erst später im Drama (vgl. V,3, V. 4674–4684) explizierten Selbstaufopferung einen Ausweg aus der verfahrenen Situation. Poetologisch markiert die Stelle exakt die Peripetie des Dramas. Das Weimarer Regiebuch weist einen Monolog Marquis Posas aus, den er unmittelbar nach den kryptisch formulierten Worten hält: 177.4132

»So seis! So rett ich ihn! Auf ⟨mich⟩
Will ich den Donner seiner Rache ⟨lenken?⟩
Verwirren will ich dieses Königs Sinne,

Mich selber klag ich als den Schuldgen an,
Und Frist verschaff ich i h m, daß er entrinne!
Doch wie vollbring ich's? – Wie? Hält es so schwer
Den Argwohn der Tyrannen aufzuwecken?
Das Gute nur hat Mühe, zu dem Thron
Hindurch zu brechen, doch auf tausend Straßen wandelt
Das Böse ihrem offnen Ohre zu?
Vor ihrem Einbruch schüzt nicht Schloß noch Riegel,
Sie lösen selbst der Beichte heilig Siegel.
Dank sei es der Tyrannen Kunst u⟨nd⟩ List
Vor der nichts heilig und verschloßen ist,
Die selbst der Beichte heilig Siegel öfnet,
Ihr eigen Werkzeug soll sie mir jetzt leihn
Den Freund aus ihren Händen zu befrein.« (Zit. n. FA 3, S. 987)

(Vgl. auch den 12. *Brief über Don Karlos*; Kommentar S. 346).

179.4173–180.4180 **Ich – ich war [...] keine Gegenliebe fand.**: Eboli gesteht gegenüber der Königin ihren Diebstahl der Briefe, der im Drama nur als verdeckte Handlung (Grenze vom 2. zum 3. Akt) und in seinen Auswirkungen (heftige Auseinandersetzung zwischen dem Königspaar in IV,9) erkennbar ist, sowie ihre Liebe zu Karlos. Damit wandelt sich diese Figur von einer gefährlichen Rächerin (II,11) zu einer bedauernswerten Dulderin (vgl. hierzu: Kluge 1982).

180.4188–4190 **Das Verbrechen, dessen [...] Beging es selbst.**: Mit diesem letzten Geständnis bestätigt Eboli nicht nur den von ihr in II,11 beabsichtigten und angekündigten Ehebruch mit dem König, sondern dekuvriert sich auch als moralisch verwerfliche Person.

182.4213–4217 **Ich ehre Ihre [...] hab' es Verloren.**: Elisabeths Unverständnis für die Aktionen Posas und sein Eingeständnis der Niederlage in einem ›gewagten Spiel‹ signalisieren die irreversible Entwicklung der Lage. Das Schicksal des Marquis ist besiegelt.

182.4224–183.4231 **Wer ist der [...] für mich fallen?**: Posas Einsicht, rechtens gescheitert zu sein, führt er auf seine Überheblichkeit zurück, Vollstrecker der geschichtlichen Vorsehung zu sein und den Zufall beherrschen zu können. Er hat die entscheidende Situation und die Umstände, die sich ihm boten, nicht nutzen können.

183.4255–184.4260 **Mir ward Ein […] Paradies für Millionen.**: In diesen Äußerungen wird ein Missverständnis zwischen den Freunden deutlich. Während Posa glaubt, in Karlos die geeignete Person für die Umsetzung seiner polit. Idee zur Beförderung der Freiheit und Menschwürde in einem besseren Staat gefunden zu haben, da er selbst nicht über entsprechende Machtmittel verfügt, sieht Karlos (vgl. V. 3965–3975) in der Aufopferung seiner Person und Freundschaft durch Posa das geeignete Mittel, um die gemeinsame Vision Wirklichkeit werden zu lassen (vgl. hierzu FA 3, S. 1331).

184.4272–4278 **Sagen Sie Dem […] ihm, den seinigen –**: Obwohl Posa wissentlich gescheitert ist, glaubt er in selbstgerechter Weise, von Karlos den Einsatz seines Lebens fordern zu können, um die gemeinsam begonnene, aber nicht gemeinsam durchgeführte Sache zu Ende bringen zu können (vgl. auch V. 4298–4306).

186.4337–4342 **Ich wollt' ihn […] Liebe zu erklären.**: Posa hat die leidenschaftliche Liebe Karlos' zu Elisabeth unterstützt, weil er den Prinzen zu einer Sublimierung dieser Neigung in eine Liebe zum neuen Staat hinführen wollte.

186.4344–187.4350 **Glaubten Sie Im […] Namen Leidenschaft veredeln.**: Beinahe schroff weist Elisabeth das Ansinnen Posas hinsichtlich der ihr zugedachten Rolle im Erziehungsprozess des Prinzen zurück. Sie besteht nachdrücklich darauf, nicht nur als Mittel benutzt, sondern auch als Frau in ihrer Sinnlichkeit und Leidenschaft wahr und ernst genommen zu werden.

188.4382–4389 **Sie stürzten Sich […] ich nicht vorbereitet –**: Elisabeth wirft Posa Ehrsucht, Eitelkeit und Selbstherrlichkeit als die beherrschenden Motive seines Handelns vor, die der Marquis zu entkräften nicht in der Lage ist. Ob sich hieraus ein Eingeständnis von Schuld ableiten lässt, kann mit Gewissheit nicht behauptet werden. Allerdings wird die moralische Integrität Posas erschüttert und das ehedem von gegenseitiger Achtung gekennzeichnete Verhältnis zwischen Königin und Marquis schwer belastet.

190.4416–4422 **An wen ist […] Ihres Königs Dienst!**: Der von Taxis abgefangene Brief macht deutlich, worin das »andre Mittel« Posas besteht, als er in IV,17 darauf verzichtete, Eboli zu erdolchen. Dieser Brief ist das Mittel, um seine Selbstaufopferung in die Tat umzusetzen, weil er durch die Warnung Karlos' am Ende von

II,15 (V. 2465 ff.) weiß, dass die Post nach den Niederlanden überwacht wird.

193.4465– **Der König hat Geweint.**: Mit dieser für einen König unerhörten
4466 menschlichen Regung wird die tiefe Bestürzung Philipps über den (vermeintlichen) Verrat Posas ausgedrückt.

194.4484– **Lassen Sie In […] Sieg ist unser.**: Trotz ernster Schwierigkeiten
4486 haben sich die Intrigen Albas und Domingos gegen Karlos, Elisabeth und indirekt auch Posa letztlich als erfolgreich erwiesen. Die von Täuschungen, Verstellungen und Fehleinschätzungen geprägte dramatische actio ist damit beendet. Der 5. Akt zeigt die Folgen dieser Entwicklung.

196.4506– **Du selbst wirst […] mir umsonst gehofft.**: Komplementärstelle
4509 zu IV,21 (V. 4335–4342). Während dort Posa der Königin Gründe für seine Selbstaufopferung darlegt, sieht Karlos in seinem Scheitern die gegenteilige Intention: Posa solle das vollenden, was er nicht habe erreichen können. Von solchen Missverständnissen unter den Freunden wird der gesamte 5. Akt, vielleicht das gesamte Drama durchzogen.

197.4540– **Hier Sind von […] bei dem König.**: Auch diese Erklärungen
4554 Posas verschleiern mehr, als sie enthüllen. Wenigstens einen der Briefe (nämlich den Ebolis an Karlos), die Karlos Posa in IV,5 (V. 3621 ff.) widerstrebend und ohne Einsicht in den Sinn dieser Verwahrung überreichte, liest der König oberflächlich in seiner zweiten Begegnung mit dem Marquis (IV,12, V. 3845 ff.). Diesen Sachverhalt bestätigt Graf Lerma Karlos (IV,13, V. 3945 ff.). Es bleibt rätselhaft, *welche* Briefe Posa dem König vorenthalten hat, warum er überhaupt in Frage stellt, dass Philipp auch nur *einen* gelesen habe (V. 4548 f.), und dann den Verbleib einer nicht bezeichneten Anzahl von Briefen beim König einräumt (V. 4554).

200.4599– **O Karl, wie […] Mit mir zufrieden.**: Nach Schiller wird in die-
4601 ser hochpathetischen Geste der Augenblick des Erhabenen sichtbar, weil Posa sich selbstzufrieden aus dem »leidenden Zustand zu reißen, sich den freien Genuß seines Wesens und die Herrschaft über seine Empfindungen wieder zu verschaffen« vermag (NA 22, S. 176).

201.4640– **Doch ich, von […] War meine Zuversicht.**: Posa gesteht hier
4646 seine Schuld an der Entwicklung der Verhältnisse ein. Seine

Überheblichkeit, den Freund nicht in seine Pläne eingeweiht zu haben, seine mehr und mehr unkontrollierten, weil vom Affekt bestimmten Aktionen sowie seinen Stolz führt er als Gründe des Scheiterns an.

Da wird es […] Brabant zu flüchten.«: Die nachträgliche Enthüllung der Motive seines Handelns konzentriert Posa hier auf den Übergang vom bloßen Affekt (Eboli zu erdolchen IV,17) zur überlegten Selbstaufopferung und Täuschung des Königs (»ein andres Mittel!« V. 4132). Offenbar änderte Posa in dieser Situation seine Handlungsstrategie (vgl. Erl. zu V. 4132 u. 12. *Brief über Don Karlos*). 202.4670–203.4684

Ich schreibe An […] frei zu nah'n.: Die Wirksamkeit einer solchen Behauptung hängt von der Wahrscheinlichkeit ab, die Philipp einer möglichen Beziehung zwischen Posa und der Königin beimisst. Von einem Verdacht in dieser Hinsicht ist jedoch im Drama nicht die Rede. 203.4685–4691

Höre, Karlos – War […] war der meinige.: Posa löst mit seiner Selbstaufopferung das Versprechen ein, das er Karlos in Kindertagen gegeben hat und in I,2 (V. 261–264) erneuert. Damit ist die strenge kompositorische Fügung des Dramas (Verklammerung des 1. Aktes mit dem fünften) in einem weiteren Detail nachgewiesen (vgl. auch: Polheim 1985). 204.4715–4720

Ich will Dich […] wird er verzeihn –: Karlos' illusionäre Einschätzung der Situation macht die große Diskrepanz zwischen seinen radikalen, alle Grundlagen des menschlichen Zusammenlebens erschütternden Handlungsabsichten in I,9 (V. 1013 f.) und seinen rührseligen Vorstellungen einer Versöhnung mit dem Vater deutlich. Tritt Karlos gleichsam als Kraft strotzender Sturm-und-Drang-Held in die dramatische actio ein, so endet er als empfindsamer Schwärmer. 204.4722–205.4730

Natur? Ich weiß […] es keinen Gott?: Karlos beschuldigt Philipp nicht nur des Mordes, sondern zeiht ihn auch eines Verbrechens gegen die Menschheit, weil er sich an der Natur vergangen habe. Die göttliche Schöpfung gerate damit aus den Fugen. 207.4765–4773

Wir waren Brüder! […] er erlitt, entgegen.: Die Verklärung der Freundschaft zwischen Karlos und Posa trägt geistig-ideelle Züge, die über das Natürliche weit hinausgehen. Sie ist der subjektiven Sicht Karlos' geschuldet, der in Posas Zuneigung nur Liebe 208.4793–4807 und nicht – wie Schiller (11. *Brief über Don Karlos*) selbst sagt – Schwärmerei sehen will. In seiner auch ironisch gefärbten Verspottung Philipps gibt er wesentliche Motive der Handlungen Posas preis.

210.4852–4855 **Mein Urteil ist […] haben mich Gerichtet.**: Philipp gesteht sein Scheitern ein, weil er im Kreise der Granden keine aufrichtige Unterstützung und erst recht – wie er schon weiß – keinen Freund finden kann.

215.4943–4955 **König meiner Kinder! […] Sie der Himmel!**: In Graf Lermas privater Huldigung des künftigen Königs Karl wird Posas Vision einer besseren Monarchie, eines menschlicheren Staates (III,10) Wirklichkeit, freilich als Projektion der Zukunft in die Gegenwart. Lerma verbindet seinen Abschied von Karlos mit der Warnung vor einem Vatermord.

217.4989–4993 **Eben diese Briefe […] Freiheit zu bewaffnen.**: Mit der an das Dramenende verlegten Enthüllung der Motive für die in I,2 (V. 139), I,4 (V. 503, 544), und III,10 (V. 3137 f.) erwähnten Reisen Posas wird die weitsichtige, logistisch herausragende Planung des Befreiungskampfes der Niederlanden durch ihn, die dem Feldherrn Alba höchsten Respekt abnötigt (V. 5002 f.), zu einem wichtigen, bislang kaum erkennbaren Handlungsmovens. »Der Diplomat, der in historischen Dimensionen denkende und handelnde politische Stratege, wird jetzt erst ganz sichtbar, nachdem wir bisher vornehmlich den politischen Philosophen kennengelernt haben« (FA 3, S. 1340 f.), ohne dass in dieser Hinsicht ein Bruch in der Figur des Marquis entstünde.

220.5049–5056 **Wär' er mir […] ich Dank verdient.**: Posas außergewöhnliche Persönlichkeit führt dazu, dass Philipp ihn mit seinem Sohn Karlos vergleicht. In seinen Augen können die Unterschiede zwischen den beiden größer nicht sein.

220.5059–5062 **Für einen Knaben […] Der ganzen Menschheit.**: Philipp bestätigt mit seinen Argumenten die Haltung, die schon Karlos in seinem Dialog mit Graf Lerma gegenüber Posa angesichts des vermeintlichen Verrats eingenommen hat (vgl. IV,13, V. 3965–3975), während Karlos in V,4 (V. 4787 f.) meint, Posa sei nur für ihn gestorben.

221.5077–5081 **Ich will Ihn […] und sein Jahrhundert!**: Da der König die Tragfähigkeit und polit. Gefährlichkeit der von Posa vertretenen

Ideen erkennt, diese aber nicht widerlegen und somit seine intellektuell-moralische Niederlage nicht verhindern kann, will er ihn durch Gespött und Denunziation seiner Ideen als bloßen Einbildungen einen zweiten, geistig-moralischen Tod sterben lassen.

Sein Leben Liegt […] war ich auch.: Mit diesen Äußerungen des Großinquisitors werden die im Drama dargestellten Machtverhältnisse einer neuen Sicht unterworfen und zeitigen Konsequenzen für die Gesamtinterpretation. Die ungeheure Machtfülle der kath. Kirche und ihrer Institutionen schränkt Philipps absolutistische Stellung radikal ein, zeigt ihn als Marionette der Inquisition und neutralisiert die von Posa in III,10 entwickelten Ideen und Gedanken über Freiheit und Menschenrechte (vgl. Werber 1996). 224.5155–225.5161

Die prahlende Vernunft […] Als blut'ge Hände.: Während Philipp Posa ›nur‹ ermordete und sein Andenken der Lächerlichkeit preisgeben wollte, intendierte die Inquisition eine Verhöhnung des menschlichen Geistes, der aufgeklärten Vernunft. Nicht in der physischen Zerstörung Posas bestand ihr primäres Ziel, sondern in der Ermordung seines Intellekts, seiner Gedanken. 225.5183–5187

Warum rufen Sie Den Schatten Samuels herauf?: Im Buch Samuel des AT (28,11–18) wird König Saul aufgetragen, den zu bestrafen, der sich – wie hier Philipp – seinen Befehlen widersetzt. 228.5250–5251

Mein Sohn Sinnt […] Holze Gottes Sohn.: Obwohl Philipp noch nicht entschlossen ist, Karlos zu opfern (V. 5264), kann er dem fürchterlichen, unerbittlichen Anspruch der Kirche nichts mehr entgegensetzen, da ihr Glaube selbst das Sohnesopfer für unumgänglich hält. 228.5262–5270

Wem hab' ich […] als Der Freiheit.: Diese an Grausamkeit, an restloser Illusionslosigkeit kaum zu überbietende Antwort des Großinquisitors stellt einen radikalen Affront gegen die in III,10 ausgebreiteten Gedanken über Menschlichkeit, Moral, Natur und Vernunft dar. In Philipps Kapitulation vor den Ansprüchen der Kirche wird seine äußere wie innere Zerstörung manifest. 229.5278–5280

Und dieses Blut […] einem Hirngespinst geflossen?: Auf Elisabeth wirkt die von Philipp und der Kirche beabsichtige Verhöh- 230.5289–5290 nung des Andenkens Posas nicht. Insofern ist die Schluss-Szene auch als unmittelbare Replik auf die beiden vorangegangenen zu sehen.

231.5314–5317 **Fürchten Sie keine […] mein Wesen Geläutert.**: Die von Posa und der Königin (vgl. I,5, V. 789–795) des Öfteren beschworene Erziehung und Läuterung Karlos' scheinen ihr Ziel erreicht zu haben, obwohl im Drama ein entsprechender Prozess weder dargestellt noch erwähnt wird. Karlos behauptet lediglich, seine von Leidenschaft bestimmte Liebe zur Königin aufgegeben zu haben.

233.5369–5370 **Kardinal! ich habe […] Sie das Ihre.**: Mit dieser völlige Unterwerfung signalisierenden Aufforderung an den Großinquisitor ist Philipps Niederlage besiegelt.

Suhrkamp BasisBibliothek
Eine Auswahl

Annette von Droste-Hülshoff
Die Judenbuche
Kommentar: Christian Begemann
SBB 14. 136 Seiten

»Der vorliegende Band entspricht den Anforderungen, die man an einen ›Arbeitstext für Schule und Studium‹ stellt, vorbildlich.« *Literatur in Wissenschaft und Unterricht*

Max Frisch
Andorra
Kommentar: Peter Michalzik
SBB 8. 166 Seiten

»Vielleicht bringt dieser multimediale Kontakt mit Frischs Stück manch einem, der Deutschstunden bislang als lästige Pflicht erlebte, einen neuen Zugang und damit Spaß an der Literatur.« *stern*

Johann Wolfgang Goethe
Die Leiden des jungen Werthers
Kommentar: Wilhelm Große
SBB 5. 221 Seiten

»Auch wer sein zerfleddertes *Werther*-Bändchen seit Schülertagen mit sich schleppt, wird Platz suchen für die neuen Bände der Suhrkamp BasisBibliothek.« *Die Zeit*

NF 320/1/5.01

Hermann Hesse
Demian
Kommentar: Heribert Kuhn
SBB 16. 220 Seiten

»Heribert Kuhns Kommentar erweist sich als gehaltvolle, fordernde und inspirierende Anleitung zum Verständnis des Romans. Als *die* Leseausgabe für Studierende kann dieser Band daher unbedingt empfohlen werden.«
Literatur in Wissenschaft und Unterricht

Hermann Hesse
Der Steppenwolf
Kommentar: Heribert Kuhn
SBB 12. 306 Seiten

»... Der 50 Seiten umfassende Kommentar allein lohnt die Anschaffung dieses Textes. Er ist auch ideal für eine Klassenlektüre.« *lesenswert*

Rainer Maria Rilke
Die Aufzeichnungen des Malte Laurids Brigge
Kommentar: Hansgeorg Schmidt-Bergmann
SBB 17. 300 Seiten

»Den größten Teil des Kommentars machen jedoch Wort- und Sacherklärungen aus; da sie nicht stichwortartig im Telegrammstil gehalten sind, erklären sie vorzüglich auch komplexe Zusammenhänge.«
Neue Zürcher Zeitung

NF 320/2/5.01